教育实话

陈桂生 著

上海教育出版社
SHANGHAI EDUCATIONAL
PUBLISHING HOUSE

序
正当且恰当审视教育的尝试

我于2000—2014年先后发表教育杂文三百余篇，随后从中挑选，结集成十本左右小册子问世。如今，这些小册子大都随着岁月的流逝，到其该去或该留的地方。每想起其中或有可取之处，不无遗憾。恰逢上海教育出版社责任编辑董洪君一再追问还有什么东西出版，才萌生把那些短作择优结集的念头。话虽如此，毕竟犹豫：这堆短作究竟如何选择？如何编排？以什么面目重新问世？这个问题还得从自己对杂文和杂家的看法谈起。

一

明眼人知道，"杂家"原是不知何许人也"送"给鲁迅的贬义词，想不到鲁迅居然接过这个名目，把自己的大量短作美其名曰"杂文"，从而把这个贬义词翻成褒义词。把"杂家"作为贬义词，至少是出于专业的偏见。如今撇开以往文坛上的争议，倒觉探明"杂家"与"专家"的区别对于纠正专业偏见不无价值。

不讲别的，从马克思主义"人的全面发展"[①]理论来看，在一般情况下，所谓"专业"，是指对其本专业知识、理论或比非

---

① 所谓"人的全面发展"，全称"普遍的个性全面而自由的发展"，或简称"个性全面发展"，其中"个性"是复数用法。

专业的人知之更多、更深，而对非本专业的知识与理论或知之较少，甚至无知。如是，可知"杂家"，至少可能成为脑力劳动"全面发展"的人。不过多写杂文，不一定成为"杂家"。这就涉及杂文同一般理论文章的区别。

其实，产生一定影响的杂文，不限于知识的陈述与论证，更是运用智慧分析与解决所要解决的问题，并且触动人们的灵魂。由于运用所知正当而又恰当地分析与解决问题，才可能触动人们的灵魂。智慧的运用，其中恰当地分析与解决问题，即恰如其分地分析与解决问题，其中涉及对问题本身的恰当判断和对解决问题的可能性与可行性的恰当判断。为此，不仅需要随时可动用的相关知识，更有赖于问题意识和运用智慧解决问题的经验。"正当"的规定性表示智慧有别聪明，因为聪明可能反被聪明误。

二

回归本题，从自己治学经历中逐渐发生智慧"虽不能至，然心向往之"的念头。这个念头何以发生呢？自己一向以教育专业理论研究为价值取向，虽有若干研究成果问世，尽管大体上以平常心看待教育，无非说些教育的常理常规，并无什么深文大义，问题在于有些年轻朋友对我的东西居然发生"心向往之"却"不能至"的说法，曾令我百思而不解。后来终于知道，原来我的所谓"理论"，往往不接地气，又不知如何才接地气。不期从2000年开始，一个偶然的机会，促使我写教育杂文，更想不到很快被吴国平等好友盯上，一发而不可收，几乎把我从

"天"上摔到"地"上。尽管如此变化大致止于2004年，逐渐意识到自己的"理论"研究倒于无形中也发生了变化，由此发生对正在谋求出版的随笔结集将以什么面目问世的想法。

三

这本杂文集有别于一般杂文集，是以教育为专业话题。本人以往出版的杂文集大致是教育学科中诸问题领域的专集。如《学校实话》《课程实话》《师道实话》《聚焦教育价值》《聚焦班主任》《聚焦学生角色》等，并且正在谋求把相关文集改为"引论"，如《德育引论》《课程引论》等，反映自己教育专业理论研究的动向。正在准备的教育杂文集拟改弦更张，从选集目录可知，将从以教育理论课题选文尺度改为以正当又恰当地分析与解决实际问题选文。不过并不表示其中的选文都堪称"以智慧识教育"。话虽如此，也不能不承认："正当"是"不正当"的对应词，"恰当"为"不恰当"的对应词，故"正当"与"恰当"未必存在明确的界定，在实际问题的分析与解决中，只要得到当事人双方认同，并无疑问，即可。问题在于"智慧"概念或多或少常有神秘的意味，如通常以为聪明出自天赋，智慧更是如此。岂不知那是对具体人个体社会化的具体经历不够理解所致。固然其中的选文都是近二十年前的旧作，如今汇编成册，并无为其贴金之意，不过是以另一面目出现而已。

陈桂生
2020年10月25日

目录

II

另眼看待教育言行的正或误 / 83

III

权衡教育价值判断的对或错 / 145

IV

以规范权衡教育言行的对或错 / 189

V

理性地判别教育言行的信或疑 / 255

VI

根据事实判断教育言行的真或假 / 331

VII

客观评议教育的人或事 / 389

VIII

放眼考察教育的古与今 / 445

I

根据事实和逻辑判断
教育言行的是或非

话说教育的人文精神

对话者：F（教育学硕士）　S（教育学硕士）
　　　　L（教育学硕士）　M（教育学博士）
　　　　C（教育学教授）
时　间：2001年8月27日
地　点：天问居茶室

F：《教育参考》杂志从2001年第7—8合刊开始，新辟《人文与教育》专栏，已经发表了部分来自高等学校的专家学者的言论。其实，最近几年间，有关基础教育的人文精神和学生的人文素养问题的议论颇多，只是关于什么是教育的人文精神，什么是学生的人文素养，衡量这个问题的是非标准，作出这种或那种判断的依据是什么，至今仍不清楚。有关这个问题的议论，除了少数学者的发言有针对性以外，一般的讨论像是聋子之间的对话，各说各的，也就难得见到不同思想撞击迸发的火花。我希望我们能就这个问题议论一下。

S：关于"人文精神""人文素养"，并非没有共识。只是有的时代使用这个概念，有的时代遗忘了这个概念。不同时代使用这个概念的语境不同，其含义也就不尽相同。"人文"原是同"神道"对举的概念，后来，或是同"自然"对举，或是同"科学技术"对举。在每种语境中，它的意思并不含糊，只是在拜读我国现在一些专家学者的大作以后，反而糊涂了。

L：是专家学者糊涂，还是你糊涂？

S：怎敢说专家学者糊涂？我自认糊涂。

M：有哪些问题弄不清楚呢？

S：譬如有人列举"人文素养"的含义，有11点之多。不能说其中任何一点都同"人文素养"无干，然而一个概念的含义如此之杂、如此之多，这个概念还可以用于论证么？又如有人认定"人文精神"有别于"人文素养"，并针对时下不少人把"人文精神"同"科学技术"对立起来的倾向，提出"人文精神"既含"人文关切"，也含"科学理性"，并且理解"人文精神"应"强调科学理性"。我虽有同感，仍感到不解："人文关切"的"人文"何义？其中是否包含"科学理性"？以"人文关切"解"人文精神"是不是属于同义语的反复？

C：关于所谓"教育的人文精神"与学生的"人文素养"问题，有些杂志曾来函约稿。我觉得自己既缺"人文精神"，又乏"人文素养"，故一直不敢应约。如果说有些讨论像是聋子之间的对话，那么我则是一个旁听（或并未旁听）的哑巴。现在诸君要逼我这个哑巴开口说话，岂不是勉为其难么？

L：就算是这样吧，既然这个问题已经引起大家关注，不妨议论一番，真理愈辩愈明。

M：那倒不尽如此。譬如"人文"，原是同"自然"对举的概念，经此一辩，它忽然露出了与生俱来的"自然本性"。"人文"又是同"科学技术"对举的概念，经此一辩，它同"科学"的界限反而模糊了。我不懂得，我们现在是有鉴于对人的自然素质和科学理性的忽视，才讨论"教育的人文精神"问题么？

S：一方面，我们在议论这个问题之前，不宜轻易怀疑专家学者的观点。因为专家学者毕竟比我们（至少比我）懂得多，想得深刻，也可能是我们把他们的意思理解错了。另一方面，也不是不可以力求在不违背人们通常赋予"人文精神"这个词含义的基础上，对这个问题加以澄清。

C：好！那就言归正传吧！

一、何谓"教育的人文精神"

L：所谓"人文精神"，原是人文主义者所张扬的精神，而"人文主义"是一个历史形成的概念。现代人一般不再以"人文主义者"自居，只弘扬人文精神。众所周知，欧洲文艺复兴时期的近代思想先驱率先倡导人文主义。18世纪与19世纪之交，德国启蒙思想家，如莱辛（Gotthold E. Lessing）、赫尔德（Johann G. von Herder）、康德（Immanuel Kant）、席勒（Johann F. von Schiller）、歌德（Johann W. von Goethe）又重新鼓吹人文主义，史称"狂飙运动"，属于"新人文主义"。见诸教育领域，则有裴斯泰洛齐、赫尔巴特等教育家的建树。不过，到19世纪才贴上"人文主义""新人文主义"标签。[1]

---

① 陈桂生.学校教育原理［M］.长沙：湖南教育出版社，2000：133-136.

"人文主义"原称"人文学"（拉丁文humanitas），指的是崇尚人的自由与完美发展的古希腊（民主制时期）、古罗马（希腊化时期）的文化。尽管在当时以及尔后不同时代，由于使用"人文""人文主义"诸词的语境多少有些区别，这个词的含义也就不免发生变化。惟任何一个词若失去其基本含义，它也就丧失其交流功能了。

F："人文主义教育"或"教育的人文精神"的基本含义是什么呢？

M：这个问题不说你也知道。人文主义者所主张的人文主义教育，是以古希腊-罗马典籍、历史文化为载体的教育。作为一种教育价值观念，主要强调每个人就其本性来说，都能接受教育；合理的教育应使人"灵肉一致""身心既美且善"；应当采取合乎人性、使人愉快的方式进行教育。原先是一种设想和在个别学校中体现的精神，后来逐渐形成以古典人文课程占优势的教育，即传统的古典中学、文科中学所实施的教育，旨在训练理智能力，陶冶性格，培养高尚的情操，发展自由个性。由此可见，人文学之"人"，非指泛泛的人，而指的是独立的自由个性。所谓"文"，非指一切人文学科知识，而是同人的尊严、独立的完善的个性相关的学问。在近代早期的欧洲，特指古希腊-罗马文化。

S：人文学科课程的任务只是发展个性么？

F：照你这么说，仿佛只有欧洲那种古典中学才具有人文精神。如是，我们现在讨论"教育的人文精神"问题还有什么意义呢？

L：看来不宜把"教育的人文精神"同与学生的"人文素养"相关的"人文学科"混为一谈。

二、人文精神与人文素养

M：说得对！我只是就"人文精神"的本义而言。由于独立的完善的个性发展，是一个有待长期实践才能普遍实现的崇高理想，作为这种理想源头的人文精神具有深远的意义。不过，尔后社会思潮与教育实践表明，人文学只是历史形成的观照社会、观照人生、观照教育的一种视角，它在理论上的意义相当有限。它原有的以古典文化为载体的教育经验形式颇有局限性，所以到了19世纪与20世纪之交，传统的古典人文教育已经失去优势。随着现代人文科学的兴起，逐步把人文科学引入课程，并且它在课程中的优势越来越大，只是日趋科学化、知识化的人文课程中，到底还保持多少人文精神，成为一个不容忽视的新问题。这正是不少专家学者至今仍关注人文精神的理由。

L：不仅如此，时至20世纪，随着社会本位思潮的兴起，人们早已超越从抽象的人性来演绎教育的狭窄视野。开始把教育放在社会范围内考察，放在具体的复杂的社会关系中审视，认定教育旨在实现个体社会化。也许由于个体社会化的滥用，导致对个性的漠视，这又成为重新提出人文精神的理由。

F：说到个体社会化的滥用，在经历人文主义洗礼的国度与未经这种洗礼的国度，情况稍微不同。在西方，即使是张扬社会本位教育的有识之士，如纳托普（Paul Natorp）、涂尔干

（Émile Durkheim），其通过教育实现个体社会化的主张，并不同个性相悖，而是认定人的个性只有在一定社会条件下、在社会交往中，才能得到健全发展。而在中国以往的教育实践中，颇有把个体社会化与个性对立起来之嫌。这才更有理由弘扬教育的人文精神。

M：人文学原是人文主义影响的产物。进入20世纪以后，随着社会本位思潮的兴起，一般把有别于古典人文学科的人文科学，称为"社会科学""社会学科"。我国如今虽兼用"人文科学""社会科学"提法，而它们的外延大部分是重叠的。

L：说得是。我虽然无意杜撰新词，给理论界添乱，但为便于比较，不妨说，如今的"人文学"实际上已经变成了"社文学"，"人文精神"变成了"社文精神"。所以，属于社会科学的人文学科，是否有助于提高学生的人文素养，取决于这种学科是否体现人文精神。不过，人文主义时代已经一去不复返了。现在的问题是在个体社会化与个性之间寻求适当的平衡。所谓"教育的人文精神"，充其量只能当作一个纠偏的口号。

C：诸君居然道出了这么多大道理，不简单。不过，时间有限，还是议论一下前面提出的人文精神与科学技术素养的关系问题吧。

三、人文精神与科学技术素养

F：现在引起关注的"教育的人文精神"与学生的"人文素养"是两个相互关联的不同问题，它们与科学技术素养的关系也不尽相同。如果说"人文素养"是同"科学技术素养"相对的概念，那么在形成独立个性的意义上，人文学科既可能比科学技术学科更富有人文精神，也可能比科学技术学科更缺乏人文精神。

S：同理，现在出于对德育的异常关注，还把德育纳入人文与教育论题。能不能说重视德育就意味着是具有人文精神的教育呢？其实，现行德育，或许比其他什么"育"更缺少人文精神。

M：话虽如此，能不能说，现行人文学科应是具有人文精神的人文学科，现行德育应是具有人文精神的德育呢？

C：这个问题提得好！这个问题的提法中不就包含回答这个问题的线索么？

M：是的！依我之见，人文学科、德育固然应有人文精神，同时，也少不了社会精神。这倒不是什么独到见解，而是我们这个时代已有和应有的共识。

L：除此以外，学生也该有科学精神。

C：这就涉及前面提到的人文精神中是否包含科学理性问题。

L：这也同提出人文精神的背景以及使用"人文精神"一词的语境相关。在文艺复兴时期，针对神道而论人道，以人性与兽性之分作为论证涉及人的问题的出发点，以理性为人有别于兽的标志，故科学理性为人文精神题中应有之义。现代人文科学与传统人文学科的区别，实质上就是科学理性与超经验的思辨哲学的区别。就连关于"教育的人文精神"问题的讨论本身，论者若缺乏起码的科学理性，就很可能流于形而上学的空谈。

F：科学理性未必同人文精神相悖，惟在现代，不仅科学技术素养同人文素养有别，而且把"科学精神"作为同"人文精神"对举的概念。

四、我国基础教育到底缺什么精神

S：讨论至此，我还是弄不懂，无论就我国学生状况，还是基础教育状况来说，我们更缺乏的，到底是人文素养与人文精神，还是科学技术素养与科学精神？

M：也许我们的学生既缺乏人文素养，又缺乏科学技术素养。除此以外，不仅个性不鲜明，社会性也未必尽如人意。如是，也就反映我们的基础教育不仅缺乏人文精神、科学精神，其实也还缺乏社会精神。至于主要缺乏什么精神，由于我国历次课程改革，虽兴师动众，却一直缺乏大规模的严谨的实证调查，只能智者见智，拙者见拙。惟其如此，各种教育价值取向似乎都有成立的理由，而其理由却未必充分。它既难证实，又难证伪。这样，我国基础教育到底（主要）缺什么精神，也就成为谁也没有足够的事实根据来回答的问题。

F：反正谁最有权有威，就听谁的，倒也省力。

L：我们叽叽喳喳，说了不少。C先生有何高见？

C：低见也无，谈何高见？只想提醒一下：说到所谓"教育的人文精神"，你们不会不知道，早在约两个世纪之前，黑格尔（Georg W. F. Hegel）就对德国新人文主义提出质疑。在将近一个世纪之前，杜威（John Dewey）又重提黑格尔对新人文主义的评论。他说:"黑格尔很懂得抽象的个人主义哲学的缺陷……黑格尔在他的历史和社会哲学中总结了历来德国著作家如莱辛、赫德尔、康德、席勒、歌德等人（按:他们都是新人文主义翘楚）的学说,使人认识到伟大的人类集体制度的产物的教育力量,从那以后,凡是认识这个运动（按:指新人文主义的狂飙运动）的教训的人,都不可能把制度或文化看作人为的东西。……和制度相比,个人没有精神的权利;个人的发展和教养在于对现存制度的精神的恭顺同化。"[①]这就是说,早在19世纪初,黑格尔就超越新人文主义的眼界,意识到制度作为一种不以个人意志为转移的客观现实,对个人有制约作用,并有不可忽视的教育力量。我们关注我国基础教育的健全发展,在理论上何必到19世纪以前去寻求精神支柱？这其实是对人类已经达到的认识成果的尊重与吸收问题。不过,我国毕竟缺乏有些国家在几个世纪中形成的人文主义教育传统,又有几千年形成的等级制传统,也就有必要关注学生有约束的自由,关注学生独立而健全的个性,关注学生个性与社会性的适当平衡发展。更重要的是具体考察导致学生缺乏自由、缺乏个性与社会性的那种教育机制,并从实践中发掘新教育机制的要素。这便是我们议论人文精神的语境。此见,不知当否？

---

① 约翰·杜威.民主主义与教育［M］.王承绪,译.北京:人民教育出版社,1990:63-64.

话说"以不教为教"

"以不教为教",为千古不朽的教育名言。问题在于,从字面上看来,"不教"与"教"正好相反。"不教"原是轻而易举之事,谁都做得到,为什么"不教"又会成为教育的价值追求呢?尽管千年以来人们对这个论断深信不疑,且越到后来,越珍视这个箴言,却甚少见到对这个似乎矛盾统一的命题作出合理的解释。其实,这是一个未解的深层次教育理论问题。

一

原来,在这个判断句中,"教"同"不教"之"教",并不是一回事。因为中国古代单音词"教",至少有两义,并有两种读音。一是平声的"教"(今第一声,音"交"),为动词,中性,相当于后来的双音词"教学";一是去声的"教"(今第四声,音"较"),原为名词,属规范词,相当于后来的双音词"教育"(这里只就其狭义而言)。

依此看来,所谓"以不教为教",意思是:不以教(音"交")的方式(实指说教)而使人真正受到教育影响。如今看来，这个判断正是对大致同时代古希腊苏格拉底之类哲学家之间"美德可教吗"争议的异曲同工的回答。[①]不仅很有意思，而且是一个具有深远影响的教育命题。

说到何以"以不教为教"，还得从这两"教"之别谈起。

"教学"与"教育"（狭义）原是相关而又有区别的两个概念。无论古今中外都是如此。因为这两个词指称的，是不同的对象。

"教学"之"教"，原为教（音"交"）弟子学。什么东西非教不可呢？自文字发生以后，因有传承文字及由书面语言所表达的间接经验的必要，才导致教学以至学校的出现。

本来意义的"教育"，则是指善的影响，主要是道德影响。所谓"影响"，指的是外部动因在人的心理与意识中发生的效应。这种效应有正负之分。唯有善的效应，才称之为"教育"。故"教育"为规范词。

教育与教学的区别，如赫尔巴特所说，在教学中总是有一个"第三者的东西"为师生同时专心注意的；相反，在教育中，"学生直接处在教师的心目中，作为教师必须对他产生直接影响的实体。"[②]其中"第三者的东西"，主要是指作为教与学联结中介的教材，而教材正是文化传承的媒介。

惟其如此，教育与教学性质的区别在于：教学是外铄的，而教育是内发的。因为社会历史文化并非个人与生俱来的本性，

① 关于西方从古至今"美德可教吗"的争议，参见：陈桂生.西方历史上关于"美德可教吗"的议论［M］//陈桂生.中国德育问题.福州：福建教育出版社，2006：213-219.
② 赫尔巴特.普通教育学·教育学讲授纲要［M］.李其龙，译.北京：人民教育出版社，1989：146.

个人只能从自身以外获得。所以教与学是一种文化传承的活动；真正意义的教育，则是把内在的心理倾向、价值倾向引向善的方向的过程。它是一种主体与客体交流中发生的影响。难道教育不也是一种道德传承的活动么？教学不是主体与客体在文化传承中发生的影响么？这是很久以后在教育与教学演变过程中才提出与解决的问题。

本来意义的教育观念是这样的：

1. "以善先人者谓之教。"（《荀子·修身》）意思是：一个人比他人更善，对他人便可能发生教育影响。这同这个人是否"教育者"无干。至于他人是否受到这种善行影响，则取决于其自我修养如何。所以，从根本上说来，教育是每个有教育需求的人自己的事情。

2. "教，上所施，下所效也。"（《说文解字》）上之所施，未必是所谓"教育措施"，但必须是善举。因属善举，便可能为下属所效，即荀子所谓如影随形，如响应声。这便是儒家的教化之说，也是"影响"一词的出典。同样表明，教育是就行为的结果对某种措施作出的判断。所以，教育的固有价值在于使人为善。

这既是教育的原始观念，也是迄今为止最能得到普遍认同的教育价值观念。至于随着教育事业的演进，不同时代教育价值观念在此基础上发生怎样的变化，那是另外的问题。[①]如今间或出现"教育的'家'在哪里""教育的移花接木"（错位）、

① 陈桂生.普通教育学纲要［M］.上海：华东师范大学出版社，2009：7–11.

"中国还有教育吗"之类疑问，正与此相关。

二

所谓"以不教为教"，是基于两"教"之别的模糊才发生的问题。这种意识早在中国先秦时代和西方古希腊时代就因教学组织的萌芽而发生。随着教学组织日趋结构化与制度化和教育价值观念的变化，它作为教育过程中有待解决的课题，才越来越受到关注。

在中国，最初出现的私学，作为教学组织的萌芽，教与学、修业与修身的界限并不分明。那种教学组织的活动，与其说是"教"，毋宁说是"学"，与其说是"修业"，毋宁说是"修身"，即事实上是"以不教为教"。如孔子所谓"不愤不启，不悱不发"（《论语·述而》）。

即使如此，时至战国时代，已经萌生接近"以不教为教"的自觉意识。如孟子所谓"教亦多术矣！予不屑之教诲也者，是亦教诲之而已矣！"（《孟子·告子章句下》）。"诲"者，晓教也，即明明白白地说教。

不可忽视的是，庄子所谓"不言之教"，把此意表达得更为明确。据称在孔子所处时代，同在鲁国，还有一位设学授徒的"圣人"，叫作王骀。"从之游者与夫子中分鲁"，即同孔子并驾齐驱，平分秋色。此公"立不教，坐不议"，而弟子"虚而往，实而归"，"固有不言之教，无形而心成者邪"。用如今的话说，便是"无痕教育"。惟其如此，就连孔子还"将以为师"（《庄子·德充符》)。即使后人认定这不过是杜撰的寓言，至少表明在这则寓言中，已经明确地表达了"不言之教"的价值观念。

这自然不足为怪。"以善先人者谓之教""上所施，下所效也"，岂不都是"不言之教"么？或因孔门之学中，不无"言教"；或因战国时期已经察觉"说教"之弊，庄子才杜撰出比说教高明的"不言之教"（姑且这么一说）。所以，"以不教为教"是针对"言教"（说教）之于道德修养的意义有限，防止与克服以"教学"代"教育"的倾向，提出来的命题，旨在回归"教育"的本义，或者说追求教育的固有价值。

中国古代解决这个问题的办法，其实非常简单。这便是区分言教与身教、经师与人师。由于言教和经师是为师的起码条件，故在实践上容易发生经师重于人师，言教甚于身教的状况。惟其如此，在理论上才更推崇人师与身教。"人师重于经师""身教重于言教"，此之谓也。只是"形势比人强"。问题在于，我国如今所谓"管教又管导""教书又育人"之说，表明至今尚未超出自古以来有关经师与人师、言教与身教的认识水平。

三

尽管"以善先人者谓之教"的观念，至今仍未过时，仍是个体社会化过程中不可或缺的修身之道，然而它毕竟属于教育原始状形成的观念。随着教学组织正规化和教育价值取向的变化，简单的言教、身教之分，经师、人师之别，早就不足以解决导致教育弱化的复杂问题。

　　时至现代，不仅对"教学"与"教育"重新加以界定，而且发现现代教学与教育之间可能存在的内在联系。不过，在这里只能说，关于这方面的问题，本人在《西方历史上关于"美德可教吗"的议论》一文及有关德育与教学的论著中多有陈述，也就毋庸赘言了。

　　可喜的是，在我国教育杂志中，已经出现"让教育回'家'""无痕教育"之类议论，偶尔还可见到无痕教育尝试的报道。可见，哪里存在问题，那里就可望有解决问题的尝试出现。

喜闻"无痕教育"的见识

在现代社会，几乎没有人不知道什么是教育。这是由于越来越多的人不仅受到过教育，而且在受了教育以后，还教育自己的孩子，又因关心自己的孩子而关心他们在学校中所受的教育。这么说来，教育是什么好像就不成其为问题了。其实不然。因为除了当教师的人、管教育的人和研究教育的人之外，其余的人对教育的认识，大都属于业余水平。即使是当教师、管理教师的人，亦有千万之众，自然参差不齐。所以，教育究竟是什么，恐怕是一个真问题。

为什么会发生这个疑问呢？今天刚刚喜读《教师月刊》创刊号。首先被其中的"优秀教师的核心品质"这个专题吸引。在这个专题中，5位优秀教师自述的"核心品质"，就不尽相同。本人从中惊喜地发觉，张思明老师的自述，道出了教育的题中应有之义，从中可以体会实践中教育的真谛。

1. 张思明如是说："我不是去教育你，我是把我所理解的东西说给你听，有时候我还故意给出一个错误的命题，让学生把我驳倒。"他是得到一位高明的导师启发。他的导师告诉他："最好的老师是把学生托起来，而学生还以为是自己站得高呢。"这就是他所谓"不留痕迹的教育"。

关于人之所以需要教育，人们历来标榜的理由，也是无可辩驳的理由，是学生的成长和发展。按理每个人的成长和发展，主要靠他们自己的努力。这种努力是别人无法代替的。尽管个人的成长仍有赖于家长和老师的指导和帮助，而别人的指导和帮助是否有效，还取决于学生本人是否接受这种指导和帮助。然而，未成年的学生未必懂得这种简单的道理，也就是说，他们未必把个人的成长看成是自己的事情。其实，问题更在于，学校中通常所谓"教育"，倒是明示或暗示他们：他们的成长是社会和国家的事情，是家长和老师的事情，而他们不得不接受别人为他们安排的教育。

我小时候，偶然读到一本"共和国教科书"小学一年级国文课本。其中第一课的课文是："学生入校，先生曰：汝来何事？学生曰：奉父母之命，来此读书。先生曰：善！人不读书，不能成人。"从那时起，到现在，多少年过去了，试看如今的学生，有多少人不是"奉父母之命"到学校读书的？何况如今读的这些"书"，要比将近一个世纪以前，不知沉重多少倍，复杂多少倍。这便是教师这个职业提供的服务同各式各样职业的服务最大的区别所在，也是教师职业困难所在。

明乎此，也就不难明了，张老师的追求正在于使学生知道，教育（或者学习）是关乎他们自己成长和发展的事情，并使他们相信他们正在自己教育自己。

关于有意识地给出一个带有错误的命题，让学生把老师驳倒，徐特立在许多年以前，就提出过类似的设想。只是从来未闻有谁做过这种尝试。故张老师这样做，起码想到这样做，非常难得。张老师能够心甘情愿地在学生面前放低姿态，正由于他领略了教育的真谛。

优秀的教师可以对学生说"你很好""你真棒""你说得比老师好"，这没有太大的困难。而要学生相信这些善意的高评，那就不容易了。何况如果竟有学生真的相信这类廉价的奉承话，倒也未必是好事。相比之下，张老师刻意让学生相信他们自己的能力，实在高出一筹。

2. 关于如何做一个数学教师，张老师说，"首先要做的是用学科的魅力去感染学生"。学科的魅力何在？"你教给学生的不仅仅是数学知识，你还要教出数学知识背后的那些东西，那种理性的精神，那种对世界的客观态度。这就是数学可以给予人的一种文化素养。"不仅要学生懂得数学知识，"更要促进他作为一个人的发展"。

教师的本职是教学。学校中不以教学为基本任务的工作者，或许可以具有教师身份，列入教师编制，其工作或许比一般教师还重要，只是还称不上名副其实的教师。通常认为教师还应当是教育者，否则便贬之为"教书匠"。这也对。问题是对"教书匠"以及教师所应承担的教育职责如何理解。

在我国，几乎把"教育"（狭义）作为"德育"的同义语。这种对狭义"教育"的片面理解，容易模糊教学与教育的联系。把教育视为教学以外的事情，往往触发教学与教育的冲突。教师固然应当关心学生的品德，问题是，现代"教育"的内涵不局限于品德修养，品德修养又根植于一般文化教养。由于对"教育"的理解不同，在处理教学与教育的关系时，就存在两种不同的选择：一是把教育作为教学以外该做的事情（叫作"教育工作"），一是把教育作为教学本身应当实现的价值，即课程的教育价值。说到底，又牵扯到"教育是什么"的问题。

张老师作为数学教师，既注重数学知识的传授，又讲求使学生领悟数学中蕴涵的价值。其中理性精神、逻辑推理、对事物的客观判断，又超越数学学科而具有普遍价值。这便是发掘数学内在的教育性。这种教学便堪称"教育性教学"。

教师单以低姿态，还不足以使学生把教育（学习）看成他们自己的事情，让学科文化本身吸引学生，才是"教育性教学"的根本之途。

数学教学要求学生热爱数学，语文教学要求学生热爱语文。在教师看来，好像是理所当然的事情。焉知不致被学生视为"王婆卖瓜，自卖自夸"？更重要的问题倒在于，要求所有学生热爱教师所教的学科，不仅事实上很难做到，而且无此必要。因为中小学实施的是普通教育。课程专家泰勒（Ralph W. Tyler）早就有见及此。张老师作为数学教师，并不要求他所教的学生都热爱数学，而是让他们都知道数学有用。证明他懂得基础教育是怎么一回事。他能超越"教书匠"和狭隘的专业观念，正由于他把握了"教育"的真谛。

张老师声称"要有教育的大视野"。他所谓"大视野"，其实是教育本身应有的视野。只是由于如今教育的视野越来越狭窄，这才显示其教育视野之大。他的自述引起我的兴趣，只是由于如今附加在教育上的名堂越来越多，我从他那里依稀见到了教育本色的还原。

喜闻"无痕教育"的尝试

　　最近刚从张思明老师访谈记录中,知道"无痕教育"一说,又从《中国德育》杂志2009年第8期刊载的楼江红君的《让无痕德育走进课堂》一文中,知道一个"无痕德育"的案例。尽管不知"无痕德育"出自何典,单从不同地区出现同一教育趋向的提法,就感到异常兴奋,仿佛从风萧萧、雾茫茫中发现了一缕霞光。因为我们在鲜有实效的德育中消磨的时间与精力太多,在教育炒作的迷乱中困惑得实在太久了。

　　何谓"无痕教育"?实施"无痕教育"是否可能?提出这个问题和进行这种尝试的意义何在?且从楼君介绍的案例谈起。

一

　　据介绍,金华外国语学校的邵红老师,在讲授《思想品德》教科书中《享受学习》课文时,从一个小游戏导入,即先出示两块巧克力,请两个学生进行品尝巧克力比赛。比赛规则是,谁先把巧克力吃完,老师就把自己手中另外一块巧克力奖给谁。比赛结束,要两个参赛者回答巧克力味道如何。接着又请两个

23

学生进行同样的比赛。比赛规则改为，谁先尝出它的真正味道，老师手中的巧克力就奖给谁。同样，在比赛结束后，要他们回答巧克力味道如何。由于前后两次比赛规则不同，学生对巧克力味道的体验自然不同（如以学生难得吃到的食品代替巧克力，两种吃法的对比可能更加鲜明）。接着要学生回答，两组同学对巧克力味道的感受为什么不同？老师又以学生都体会得到的儿时游戏为例，说明游戏主要是享受游戏过程中的乐趣。经过如此铺垫，这才进入正题：学习不是为了考试，而是为了"享受学习"。尽管就连这篇课文本身，也不过是哄哄学生，因为为考试而学习，又何尝是出于学生的本意。如此繁重而又复杂的课文，又能给学生多少"享受学习"的机会？只是"享受学习"倒也是学生应当懂得的道理。

楼君的大作，妙在于介绍邵老师的案例之前，先提到一个哲学家上课的故事，作为对"无痕德育"的铺垫。故事是，一位哲学家，选在杂草丛生的荒地给其弟子上最后一课。他要弟子回答：如何铲除这些杂草？四个弟子作了不同的回答，或铲除，或火烧，或撒石灰，或挖根。老师未置可否，只是约弟子一年后仍在此地相聚。一年后，老师未到。弟子发现此地已经成为一片庄稼地。学生由此领悟到，铲除杂草的根本办法是种庄稼，进而引申为：要让灵魂无纷扰，唯一的办法是让美德占领灵魂。这个故事类似于我国禅者"论道不滞于迹象"，不依教义教学，唯求以心传心，诉诸体验，属"不传之传"。

套用如今习俗说法，这个哲学家上课的故事和邵老师的案例，都堪称"经典案例"。这两者的区别，在于后者为"道是无痕实有痕"。虎头无痕，蛇尾有迹是也。自然，故事出于假设，案例不免受实践条件限制。故能达到邵老师那样的水平，也就非常难得了。

二

所谓"无痕教育"，原是狭义"教育"题中应有之义。在我国，早就有另一种说法，叫作"以不教为教"。前一个"教"字，专指说教；后一个"教"字，是指教育（狭义）。这种说法，可以远溯到先秦时期。据庄子称，和孔子同时代的另一位设学授徒的"圣人"，叫作王骀。他"立不教，坐不议"，而弟子"虚而往，实而归"，"固有不言之教，无形而心成者邪"（《庄子·德充符》）。意思是，他不言而教，居然使弟子头脑空空而来，思想充实而去。这或许出于庄子的杜撰。由于这个故事贬抑孔子的意图非常明显，故一般只把它当作寓言看待。而这毕竟是两千多年以前的一种见识。不过，通常认为"以不教为教"是叶圣陶的说法。

值得注意的是，在一般情况下，狭义"教育"的含义，中西有别。西方著名教育家所谓的"教育"，是指有价值的影响，即善的影响。我国通常把教育作为一种影响人的"活动"。两者之别，犹如耕耘与收获的不同。前者重在强调没有收获的耕耘是无效的劳作，后者重在强调没有耕作何来收获。只是这个比喻并不完全恰当。因为耕耘与收获都有迹可循，而教育影响不见得都立竿见影。然而，是不是教育，当以学生是不是受到影响衡量，也才是合情合理的判断。

为什么要通过无痕迹的活动，即不摆出教育人的姿态，才更能发生有价值的影响呢？这是由于教育（狭义）有别于教学。教学旨在使学生掌握一定的基础知识技能。知识、技能之于学生成长的意义，学生或多或少是能够了解的。因为没有一个未成年人没有求知欲。至于简单灌输、机械训练和不堪承载的课业负担，因无视甚至扼杀学生的求知欲而引起厌学，那是另外一回事。教育涉及对学生价值观念的影响，学生是否受到某种教育活动的影响，既同他们的生活体验相关，又可能同他们原有的价值倾向发生冲突。如同他们的价值倾向冲突，就可能发生逆反心理的抗阻。学生即使认同道德教育中的种种道理，要使懂得的道理见诸行动，又可能同学生原先的行为习惯发生抵触。即使是成年人往往也不免如此。所以有效的教育活动，应避免灌输和强制，而成为"无痕教育"。

严格说来，纪律属于行为管理的范畴。在行为管理中，强制性、纪律与个人自由的适度平衡是必要的，而超越纪律与管理的教育，重在对学生的价值观念发生影响。

三

以上谈到的，还只是"无痕教育"的个案。至于普适性的"无痕教育"的设计，按理，凡是学过教育学的人，都该懂得。因为这是教育原理中核心的价值观念。连这种核心价值观念都似懂非懂，还谈什么教育学或教育原理？只是在这里，不适合细谈这种似乎高深的道理，只得简单地提示一下。

1. 在西方理论界，"美德可教吗"，从苏格拉底到杜威，一直是争议不休的问题，一直到现在都是。不过，在近代以前，尽管颇多分歧，而对于美德并非经由传授客观知识的教师去教，并无争议。这就预先排除了说教的必要性，并已成为教育的传统。其中就包含"无痕教育"意识。

2. 随着近代学校的兴起，作为公共教育机构的学校，既承担教学的职责，又承担教育（狭义）的职责，教师也就相应地承担这双重职责。只是并不把它们作为互不相关的两件事情，而是致力于探究它们之间的内在联系。这便是赫尔巴特提出的"教育性教学"和"通过教学进行教育"的构想。意思是：教师的基本任务就是教学，而教学本身必须具有教育性。那么，教学为什么具有教育性呢？因为通过教学可以培养学生多方面的兴趣，使学生系统地掌握基础知识和基本技能，成为有文化教养的人，也就是基于理性判断力而成为具有独立个性的人。这种教养，便成为学生德性的基础。按照这种学说，教育仍然是无痕的。

3. 在西方社会文化中，教育原先与宗教融于一体。到了近代，随着崇尚个性与理性成为风尚，宗教本身趋于道德化，进而实行教育与宗教分离，客观上需要建构与弘扬世俗道德。学校中的"道德课"以及"公民课"遂应运而生。"道德课"意味着从"无痕教育"变成"有痕教育"。不过，它只不过是课程体系中微不足道的补充。即使如此，由于西方素有"无痕教育"的传统，故"道德课"的有效性，经常受到质疑。其中最为突出的，便是杜威针对"直接的道德教学"，提出"间接的道德教育"新命题。所谓"间接的道德教育"，也就是"无痕教育"。至于"间接的道德教育"的总体构想，它同欧洲大陆"教育性教学"之间的联系与区别，它本身存在什么问题，也就不必讲下去了。

在中国，虽然早有"予不屑之教诲也者，是亦教诲之而已矣"（《孟子·告子下》）一说，早有"不言之教"（《庄子·德充符》）、"以善先人者谓之教"（《荀子·修身》）之类观念萌生，后来更有禅者"不立文字""不传之传""教外别传"之类大量语录和公案，但并未形成"无痕教育"的传统。与此相反，到了现代，却越来越追求教育的可见效果和附加在"教育活动"上的外在效果。个中缘由，在这里也无须赘言。

惟其如此，这才对新近发生的所谓"无痕教育"新芽，油然而生喜悦。倒是这种未必根植于教育理论中的新芽，恰恰证明，不管教育的道路何等曲折，只要具有探索精神，尊重事实，讲求实效，不为外在诱力所动，即使从教训中，也能重新回归教育的常理。

喜闻教学的"教养"见识

　　《教师月刊》创刊号《优秀教师的核心品质》栏目中，载有访谈5位教师的记录，读了很受启发。受到什么启发呢？作为教育学教师，三句不离本行。只是一向主要从书本上了解教育学，张思明老师的自述帮助我了解实践中教育的真谛，从张思明和华应龙老师的自述中，又进一步了解实践中"教养"的含义是什么。且从他们的自述谈起。

一

　　北京第二实验小学华应龙如是说：

　　作为数学教师，你必须借助数学这个通道，引导学生去感悟世界的奥秘，而不仅仅是传授数学知识本身。数学的好玩，学数学有趣，也就在这里。我没有停留在数学知识上，而是展现了数学文化，展现了我对数学的理解。

　　你是带着你所了解的数学世界，而不只是一种数学教材，走近学生的。只有这样你才会感到数学教学的生动与多样，学生的数学学习、数学思考也才可能丰富多样。①

北京大学附属中学张思明也是数学教师，他如是说："数学教育工作者首先要做的是用学科的魅力去感染学生。"

你教给学生的不仅仅是数学知识，你还要教出数学知识背后的那些东西，那种理性的精神，那种对世界的客观态度。这就是数学可以给予人的一种文化素养。

如何解读这两位老师的这种数学课程价值取向和探索尝试呢？

数学教学如果按照教科书传授数学知识及技能，依照我国通常的教学观念，没有理由指其不是"数学教学"。不过，在把"教养"作为教学的核心价值的社会-文化中，便可断定，简单地传授基本知识与技能的教学，不见得具有"教养价值"。

所谓"教养"，简单的解释，是指学生掌握某种学科的基本知识与技能。其中的关键词，一是"掌握"，一是"知识与技能"。我以往就是参照德国和俄国的教育辞典及教科书这么解释的。其实，按照张老师和华老师的理解，学生如果只是机械地学习数学知识和技能（或许也算是"掌握"这些知识与技能），并不表示他们已经获得了"数学文化"，成为其"教养"的组

---

① 我就是数学——华应龙教育随笔［J］.小学数学（数学版），2010（5）：52.

成部分。于此可见，这两位老师实际上已经自觉或不自觉地以"教养"和"教育性教学"为其教学的价值取向。

按照这两位老师的看法，数学教学是否具有"教养价值"，首先取决于教师是不是走进了数学世界，是不是掌握了数学文化，是不是具有"把学生带进数学世界"的自觉。

数学文化，并不是在数学知识以外的东西，而是蕴涵在数学知识中的价值，即蕴涵在有关变化中的量与量之间的相互制约关系和图形间相互变换的知识中的价值。正如张老师所说，是指"数学知识背后的那些东西，那种理性的精神，那种对世界的客观态度"。

学生如果从数学课程中获得数学文化，并依此类推，从物理、化学、生物之类课程中，获得经验科学文化，便可能对外部世界形成理性的判断力。加上从语文、历史、地理之类课程中，形成人文教养与社会教养，便成为具有普通教养的人。这种普通教养，是独立个性和社会人格的最为可靠的基础。

把学生带进数学世界，并不意味着把所教的学生，都培养成为未来数学家的苗子。张老师说得好：不要求所有学生都热爱数学，但让学生都知道数学有用。此说证明这位老师算是具有我国教育界普遍缺乏的普通教养意识。

二

借助于这门或那门课程，引导学生去感悟世界的奥秘，将是一个很长的探索过程。关于这两位老师如何带着自己所了解

あ

的"数学世界"走近学生，在简短的访谈中并未具体介绍。这是可以理解的。我虽然没有机会做中小学教师，但曾经作为学生，倒从有些老师那里或多或少领受学科文化。

记得在学习高中代数时，有一天，景子拔老师提出一个似乎非常简单的问题，要我们回答。题目是：1和0的数值之差是多少？全班同学异口同声回答：1。老师反问：再想一想，你们的回答对么？我们还没有理解老师为什么会提出这样一个"怪问题"。老师只得又问：难道数值中只有整数么？我们这才醒悟过来。原来在0和1之间，还存在从0.1到0.9，在0.01与0.1之间又存在从0.01到0.09……可见，0与1之间的距离非常遥远，证明我们尽管从小学起，就学过小数知识，曾经做对数不清的小数练习题，其实并未真正建立小数观念。经过老师这么轻轻一点化，这才舔破这层窗户纸，觉得妙不可言。

又如，在学习初中物理时，刘子平老师讲到水在零摄氏度以下结成冰，加温到100摄氏度时化为蒸汽。他接着顺便引申一下：可见固体、液体、气体都不是一成不变的。水的这种变化，显示出事物在一定条件下质与量互变的辩证法。

三

这么一说，好像把问题扯远了。其实，在欧洲大陆社会-文化中，这原是教师都该懂得的普普通通的道理和应有的教学价值追求，即把学生培养成为有文化教养的人。

如果说得明白一些，这正是凯洛夫《教育学》中的基本思想。其实，凯洛夫《教育学》不过是一个贴上"苏维埃"标签的欧洲大陆传统教育学文化中的一个不够完善的文本。这个文本虽早已失效，而这种文化在那种社会-文化中，至今仍未必过时。以至在某些国度，至今仍间或有人以此种文化傲视世界。

说起凯洛夫《教育学》，我们对它岂止不陌生，至今似乎还常常见到它的影子。然而，记得我国还在发这种热的时候，我的老师萧承慎教授就曾对我说，别看现在大讲苏联教育学的人很多，其实，讲教育学的先生，不见得都懂得他们所讲的教育学。据我当时体会，这句话的意思，实际上是，在他看来，我国真正读懂这个文本的教授，其实屈指可数。其中的关键问题，正在于没有弄懂这种教育学中渗透的是欧洲大陆传统文化中的教养价值观念。

欧洲大陆社会-文化中的教育学，有三个基本概念。即"教育"（广义、狭义）、"教养"和"教学"。在英语国家中，"教养"并非专业术语。在我国，曾经用汉字"教养"翻译德语Bildung、俄语образование一词，但亦未把它作为专业术语。

这倒不只是一个语词的翻译和用语习惯问题。因为在未成年人教育趋于大众化的情势下，公立学校的目标，不宜局限于培养"有教养的等级"，但仍有必要关注普通公民的教养。由此也就产生许多值得研究的新课题。我国半个世纪以来的情况更加特殊。故实践中凯洛夫《教育学》残留的影子和人们的印象，只是简单地灌输书本知识。所以，在我国虽有必要解决本土发生的问题，并没有理由把我们的问题归咎于什么教育学。在我国教育决策中，何尝把教育学当着一回事！

说到这里，自然不宜把这个话题扯得更远。以上所述，无非是表达一种感受：读了这两篇短短的访谈记录，实在感到意外。由于自己孤陋寡闻，也就想不到居然会有这样的老师、这样的见地和这样的价值追求。也就不免为灰蒙蒙的教育舆论迷雾中透露的这一丝丝亮色，感到喜悦。如此而已。

喜闻以伦理底线规范学生行为的尝试

鉴于"道德教育的伦理底线"问题，说得多，做得少，多年来，本人一直致力于从中小学中寻求把握这种"底线"的经验形式，至今所获不多。值得一提的是，上海市民办平和双语学校正在进行这种尝试。

这所学校规定的《学生行为规范底线》为：

1. 中学生不许谈恋爱；

2. 不得有偷窃行为；

3. 不得有任何考试作弊行为；

4. 不得故意破坏学校公物；

5. 不得擅自离校；

6. 不得恶意辱骂老师；

7. 不得以任何方式欺负同学；

8. 不得浏览、散布暴力、色情信息；

9. 不得带手机、摄像机等贵重物品来校；

10. 不得因违反宿舍作息时间而导致严重影响他人正常休息

的行为。①

这十种被禁止的行为,大体上可分为两类:一类是带有恶意的较为恶劣的行为,多少有点霸气、邪气与流气;一类是不带恶意或不一定带有恶意但属"学生不宜"的行为,应加以防范。两者各占一半。具体分析如下:

学生不宜行为		规范1、3、5、9、10
较为恶劣的行为	霸 气	规范7
	邪 气	规范2、8
	流 气	规范4、6

对这两类性质不同的行为,在处理时应区别对待。

该校关于学生行为的管理、违规行为的处分与撤销,另有明文规定。关于这所学校构筑"道德教育的伦理底线"的实际情况,本人曾在该校学生座谈会上问及:"我们学校不允许学生有哪些不正当的行为?""为什么要禁止这些行为?"学生大体上知道什么是违规行为,也能说出一些理由。我在这所学校档案中查到一份关于一个学生的处分决定。这个学生在与同学随意打闹时,把一根拖把柄摔到另一个学生头上,造成不是很严重的伤害。学校的处分决定包括:(1)向受伤害的同学当面道歉;(2)在全班同学面前公开检讨并道歉;(3)警告处分;(4)停止

---

① 此件由该校万玮老师提供。

两个星期在校住宿。这种相当严厉的处分显示了这所学校严守"学生行为规范底线"的决心。

这里只就"道德教育的伦理底线"而言。这并不意味着把学生行为规范只归结为这么一些"底线"而置其他学生必须遵守的行为规范于不顾，更无意以"管理"代替"教育"，以狭义的"道德教育"代替广义的"德育"，是无须多说的。

教育话语中的流行"公式"赏析

对话者：S［教育学硕士］　　　　D［教育学硕士］

　　　　M［教育学硕士研究生］　　L［中学教师］

　　　　C［教育学教授］

时　间：2004年1月8日

地　点：天问居茶室

C：又到一起来了。今天议论什么话题呢？

S：读了《漫话教育学中"××性""公式化"现象》一文以后，很受触动。上星期小D提到我那篇谈教师职业特点的文章，我以为他在讥笑我，很不高兴。因为我的那篇文章中，就罗列了不少"××性"。现在议论一下常见的教育套话好吗？

D：天地良心！你的大作小弟我学习还来不及，怎敢讥笑师兄？我是对大作中关于教师来源的提法感兴趣，哪里还记得你罗列的那些宝贝"性"？我赞成你的建议，谈谈教育套话问题。

C："××性"，并非不可用。不过，至少注意：究竟从什么角度谈"××性"，是某种事物已经形成的"××性"（特征），或它可能形成"××性"（逻辑推理），还是它应有"××性"

（价值取向），并加以证明、论证；还须对"××性"本身加以界定。例如"开放性"，要讲明在什么限度内开放，开放到什么程度才算开放，还是干脆拆窗、拆屋、拆边界，无边无际的开放？不过，关于"××性"公式，今天就不必再议了，除此以外，还有什么套话可以议一议？

M：教育套话，成批成套。什么"××从娃娃抓起""××教育""学会××"，多得很。

L：还有"以××为本""以××为主导""以××为主体""以××为核心""以××为重点"。

S：再就是"校本××"系列。什么"校本课程""校本管理""校本培训"，直至"校本督导"。

D：倒不是说这些原话一概不对，某种话语被滥用，才成为套话。大家提到的套话，可分为两类：一类是原话名不副实而又被大量机械重复，如"以××为本""以××为主体"等；另一类是话语公式，如"校本××"。

S：高论！不失为"套话论"。但"以××为××"，也是话语公式。所以，可以统称为"教育话语流行式"。

L：妙！

C：闲话少说，言归正传。就算是"教育话语流行式"吧！先从什么"流行式"谈起呢？

一

S：我先讲一个真实的故事。上星期天回家，老姐问我：什么叫作"成功教育"？我老实回答："不知道。"老姐是教师，说我连"成功教育"都不知道，算什么教育学硕士。表哥为我辩护。他说，这不奇怪！"不成功的教育"到处都一样，"成功教育"各不相同，怎么可以一概而论呢？

L：令表兄说得倒蛮有意思。他把幸福的家庭都是相似的，不幸的家庭各有不幸，移植过来，又翻出了新意。

D："成功教育"是讲"教育"本身成功不成功么？

M：且别管它！我也讲一个故事。前天回寝室，阿凡、阿彦他们正议论"尊重教育"，劲头十足。当时我很累，对于他们喋喋不休，感到心烦，便说了一句：现在谁还不尊重教育，尊重教育有什么可说的？想不到他们哈哈大笑。我莫名其妙：这有什么可笑的？

D：看来你有资格当"笑星"了。

L：故事也好，笑话也好，我从中倒悟出一个解读"××教育"的诀窍。这就是：别望文生义。譬如：

"尊重教育"，同对教育是不是尊重无干。

"赏识教育"，并不表示把教育像名画那样装进镜框，以便随时观赏。

"反思教育"，主要不是要你对教育本身进行反思。

这样，即使不了解它们的深文大义，至少不致说外行话，被人讥笑。

D：好是好！不过，词不达意，义从何来？叫人如何理解？

L：有什么必要去捉摸这类杜撰的词儿的"义"呢？比较起来，"学会××"，"望文"便可"生义"。不像"××教育"那样容易引起误解。

M：所以，有一位名气不小的名人，一下子就玩起了"学会××"公式。他把"德育"说成"学会做人"，把"智育"换成"学会学习"，把"体育"改成"学会健康"。好不聪明！

D：改几个词，就改变了事实么？恐怕这聪明有点过分。

C：你们这么一说，使我也想起一个真实的故事。有一次，有一所实验中学提出一份题为"学会学习"的课题研究方案，约我参加审议。我说：你们提出的"学会学习"的设想很好，只是从你们的方案中，还看不出你们打算对现行课程作什么根本性的改革，以实现"学会学习"的构想。因为现行课程仍以学科课程为主，若不违背学科逻辑教和学，总的说来，不能不以"教"字当头；若以"学"字当头，势必需要对课程作比较大的改革。在一所学校中，做得到吗？

二

C："以××为××"公式问题在哪里？

S：例如，"以德育为核心""以学生为主体""以学生为本"，都属规范性命题，表示教育价值取向。其中，如"以德育为核心""以创新精神和实践能力为重点"，又属于政策导向，故易于流传。人们不管是不是真正以此为导向，都在这么说。若不这么说，仿佛就跟不上形势，故流为套话。

D：有些地区、有些学校或出于宣传的需要，还振振有词地介绍"以德育为核心""以学生为主体"之类经验，只举一些例子、口头反映、上峰评语，并未以充分的事实证明。实际上是把这类规范性命题当作描述性命题使用。

M：这些规范性命题本身能够成立么？

D：为了便于说明，不妨把"以××为××"公式改为"以A为X"。这些都属于表示事物与事物之间的关系的公式。更确切地说，是一堆关系判断，其中，A、B、C为关系判断主项（关系者项），X、Y为关系判断谓项（关系项）。例如"以德育为核心"，属于有关德育、智育、体育等在整个教育中的地位的判断。其中的"关系者项"，为德育、智育、体育等，"关系项"为核心。既然"以德育为核心"，就意味着智育、体育等在整个教育中处于"非核心"（即边缘）地位。

这些公式中的关系者项多为对举的概念，如德育与智育、基础知识与创新精神及实践能力，教师与学生、政府与学校；所用的关系项多为（几乎全为）对举的概念，如核心与边缘、重点与轻点、主体与客体、主导与被导、本与末。这类概念只有对举，才有意义，即没有"边缘"，就无所谓"核心"，没有"客体"，何来"主体"？没有"末"，这"本"何由显示？如果不承认教师是客体，如果教师事实上还没有成为客体，那么，所谓"学生是主体"，岂不是假话、大话、空话？

S：这类口号，如果不失为一种主张，即所表达的是一种信念，并成为一种学说，就得对事物与事物之间的关系，作全面表述。如既然相信"以学生为主体"是真理，就得老老实实地承认"以教师为客体"。像20世纪初美国进步主义者那样，提倡"以儿童为中心"，也就毫不含糊地认定教师只能处于从旁指导

教育实话

42

（边缘）的地位。

M："以儿童为中心"，毕竟行不通。

S："以学生为主体"岂不是更加行不通？"以儿童为中心"虽未免简单化，并受一定时期实践条件限制，由于它不失为一说，也就开阔了视野，形成了思路。"以学生为主体"，思路在哪里？

L：我认为现在只张扬值得提倡的关系，而不明确贬低现存的关系，如"不以智育为边缘""不以基础知识为轻点""不以教师为末"，是出于策略的需要。

S：要说策略，其实现在既说"以学生为主体"，又说"以教师为主导"，既说"以德育为核心"，又说"以教学为主""健康第一"。岂不更加"策略"？问题是处于"主体地位"的学生，只能发挥"被导"作用，处于"客体地位"的教师，都不容许"客随主便"，偏要发挥"主导作用"，岂不尴尬？

D：说是"健康第一"，那么"德育"算老几？

M：由于张扬这些口号，并不意味着从根本上改变现存的关系。即，言不必尽信，行不必尽果，这才使诸如此类口号能轻易地扩散，成为套话。

L：诸位所论，全都在理。我还是认为现在的教育主管当局提出这类口号能起导向作用，指引教育改革的方向，而还没有把这些口号绝对化，没有用这些口号演绎教育实践（像"文化大革命"那样），是相当明智的。大家都说这些是套话，我也无法说这些不是套话。不过，这些套话汇成一种强有力的舆论声势，可以触动根深蒂固的传统教育价值观念。这种效应，恐怕

43

不可低估。只是教育理论工作者即使出于善意，如果误把这类口号当作理论上的命题，牵强附会地加以论证，那是失职。同实践工作者使用这些口号的意义不同。

C：对于这堆口号，的确要善意地理解。如把它们当作理论上的命题，加以推敲，自然可以找出许多漏洞。因为这堆口号距离我国教育中的现实关系和根本性改革的可能性，实在太遥远了；然而，总不能让教育上现存的种种不合理、不合情、不符合实际需要的关系继续维持下去，故需逐步调整现存的种种关系。要从根本上变革现存的教育格局，不但不能一蹴而就，恐怕十蹴八蹴也难就，只能逐步调整现存的种种关系，而调整这种关系，总得有个方向。这类口号已指示了教育改革的方向。由于实践口号带有鼓动性才有力量，故难免言过其实。如不把它们当作理论上的命题，那就不必求之过深。

好了，大家提供了丰富的精神食粮，大概肚子里早就闹饥荒了吧！关于"校本××"，不理它吧！在"以××为××"公式中，恐怕还是"民以食为天"最重要。

教育话语中的"××性公式"赏析

　　我国以往的教育学，关于各种教育事实的论述，虽也罗列不少大抵是零碎的数据，总的说来，对教育事实以定性分析为主，其实，我国教育学中更多的倒是对教育事实的定向分析，值得研究的是教育学是怎样给教育事实定性、定向的。由于教育学内容相当复杂，这里只着重分析其中一种特殊现象，即以"××性"作为教育定性或定向分析的语言现象。

一

　　在《教育学》中，"××性"是一种使用频率较高的语言。不妨举例如下：

关于教育本质	永恒性
	社会性
	历史性
	阶级性
关于教育与社会的关系	教育的社会制约性

关于教育与社会的关系	教育的相对独立性
	教育的历史继承性
关于德育的特点	德育影响的复杂性、广泛性、社会性和可控性、渐进性、长期性、反复性

其实，如果把中国教育学与以往苏联那种教育学相比，这种定性语言还只能算是小巫见大巫。在各种教育书籍、论文中，"××性"或许比教育学更多。以致人们曾经大不敬地加了个恶谥——"性"科学；而在西方教育学中，至少在最近若干年译成中文出版的几本近于"教育"之学的书中，却鲜有此类表达方式。

看来，用有用的道理，不用有不用的理由，虽不必一概而论，这种现象却值得研究。

就以以上列举的这些定性语言而论，或许很难否定这些性质的存在。这也许是它们存在的理由。问题在于：

1. 以上关于"教育本质""教育与社会的关系"所列的这些"性"，既适用于教育，同样也大体上适用于别的社会意识形态。道德不具有以上所列"所有"这些"性"么？文学、哲学、宗教大体上不也如此么？所以，这些大抵属于社会意识形态的共性。

不过，假定以社会意识形态的共性作为教育的一般属性，其中不免隐含着一个前提：教育属于社会意识形态。这是一个需加论证的命题。至少杨贤江早在20世纪30年代初，就注意到：马克思每当论及社会意识形态时，所列举的，是哲学、道德、宗教等，从未把教育明确列入社会意识形态。如果认定教育属于社会意识形态，少不得要加以论证，而《教育学》并未就此提出有力的论证。

2. 就"教育的本质"而论，所列几乎得到公认的几种属性，有的内涵过于浅薄，有的表述有简单化之嫌。

（1）所谓"教育的永恒性"，是一种含义浅薄且又模糊的观念。"永恒性"含义虽浅薄，却不含糊。它认定事物的永在性与不变性，且以三者循环论证。实际上任何事物都是可变的，没有不可变的"永恒性"；任何事物都有一定发生、发展和消灭的过程，即使就广义的教育而论，它虽与人类同在，也还只能算是自身不断变化的存在。就连人类本身也不具有"永恒性"；如果系针对"学校消亡论"而肯定教育的"永恒性"，这种论据未免太贫乏了。不仅如此，无论是20世纪20年代苏联的"学校消亡论"，还是当代一度流行的"非学校化"理论，虽失之偏颇，它们把批判的锋芒指向"制度化教育"，却也具有片面的真理。至少比所谓"教育的永恒性"的空论，显得富有生气。固然，《教育学》所谓"永恒性"，只肯定"教育的永在性"，原不存在认定教育的"不变性"的初衷，因为它随后还肯定"教育的历史性"。然而，这样一来，所谓"教育的永恒性"也就成为含糊的概念了。所以，虽然道德这种社会现象也许与教育同古、同在，而伦理学一般不承认所谓"道德的永恒性"。恩格斯对永恒道德的批判是众所周知的，虽然道德现象的"寿命"决不比教育短。大概在社会科学各领域，唯有《教育学》认定自己的研究对象具有"永恒性"。

（2）所谓"教育的社会性"，就其把教育限定为人类社会中的活动而论，这种定性划清了同"教育学生物学化""教育学心理学化"倾向的界限，但其意义大体上也只局限于此。

就教育属于人的活动而论，它在总体上不能不带有"社会性"；但任何具体情境的教育却既可能具有一定时代所需要的那种"社会性"，也可能不具有一定时代所需要的"社会性"。就特定的"社会"意义来说，教育并非自然具有"社会性"。

固然，《教育学》并不止于此。其中还有教育的"历史性""阶级性"的表述；不过，关于"历史性""阶级性"的表述本身，依然带有如关于"社会性"表述中那种空泛议论的缺陷。

3. 以上所列的这些"性"，又可区分为两种情况：关于"教育的本质"的表述，除了揭示教育所体现的社会意识形态的共性以外，还提到教育的特性，不过，基本上采取共性加特性的表述方式，这也罢了；而在"关于德育的特点"的表述中，所列诸"特点"究竟"特殊"在哪里？难道智育、美育甚至体育不也可以这样表述么？哪一种教育只具有"简单性""狭窄性""非社会性""不可控性""突进性""短期性""不可反复性"？如果不暗示智育、美育等具有什么"简单性""狭窄性"……又怎样显示出德育的"特点"？反之，关于德育影响所列的诸种"性"，也未必全然如此、绝对如此。例如在社会道德风尚良好的氛围中，德育问题不见得都那么复杂。更不用说，德育的"可控性"甚至比智育、体育更为有限。

以"××性"表达教育的性质，其优点在于简明、句式整齐；不过由于所用概念如"社会""实践""复杂""广泛"等过于一般化，不能反映具体事物的特殊性质，遂不免有把复杂事物简单化之嫌，成为"简"而"不明"。

二

《教育学》中还有另一类"××性"表达方式，可见诸关于教育原则、教育要求的表述中。这些"性"所表达的是教育的应有属性，属定向分析的语言。事实上在《教育学》中的"××性"，大多数属于这一类。

不妨以凯洛夫《教育学》（1948年）为例：

教育本质 （定性）	阶级性
	历史性
	国家性
	普通教育学校多型性
教育学性质 （定性）	党性
教学原则 （定向）	直观性
	学生自觉性、积极性
	巩固性
	系统性、连贯性
	通俗性、可接受性

教材、教科书 （定向）	教材排列系统性
	思想性、原则性
	一致性
	正确性
教法（定性） （定向）	教学任务对于教学法的决定性
	年龄特征对于教学法的决定性
	学科的专门性对于教学法的决定性
	讲授的确实性、思想坚定性、逻辑连贯性、直观性、生动性
	练习的学生自觉性、系统性、多样性
	学生答案的逻辑正确性、文学文体正确性、连贯性
德育原则 （定向）	共产主义的目的性、思想性
	实践性
	系统性、一贯性
	连续性
国民教育制度 （定性）	阶级性
	学校的国家性
	国民教育制度的统一及其一切环节的连贯性

其中作为定性分析语言，使用11次，作为定向分析语言，使用30次，共41次。

《中国大百科全书·教育》所列"教学原则"共9条，其中5条用"××性"表达，有"科学性与思想性统一原则""教师主导作用与学生主动性结合原则""系统性原则""巩固性原则""量力性原则";"学校体育原则"有:"全面性原则""健康性原则""群众性原则";值得注意的是,关于"德育原则"倒是采用命题表达方式。或许由于其中若干原则是由马卡连柯在丰富实践经验基础上总结出来并纳入凯洛夫《教育学》(1956年)的现成原则。

如果说,现今《教育学》中"××性"字样已经较之以往有所减少,那么,由于这种现象几乎一直未引起注意,以致它至今仍属教育研究中的常见现象。以一本较为流行的教育著作(教育学子学科教材)为例,其中单是大小标题中的"××性"字样,就颇开人们的眼界。计有:

标题 1	标题 2	标题 3	标题 4
坚持性	科学性(2次)	准确性	政策性
预见性(2次)	控制性	负责性	理论性
简明性	临时性	创造性	实践性
群众性	经常性	自觉性	
严肃性	合理性	积极性(4次)	
教育性	计划性	层次性	
目的性	整体性(2次)	可行性(3次)	——
非行政性	方向性(2次)	社会性(2次)	
有效性	客观性	指向性	
可检性	——	综合性	

这还只是从大小标题中取样的结果(行文中重复使用的字样未计)。共有32项、42项次。单就此项统计而论,实可谓不让凯洛夫《教育学》专美于前了。

三

对《教育学》及教育著作中"性"偏多现象，须作具体分析。

1. 在人们使用的数十个"××性"中，只有为数甚少的提法，业已形成术语，如"阶级性""直观性""可接受性"等；其中的多数尚未形成术语，只宜在行文中使用，不适于作为定性、定向的命题。如"严肃性""合理性""准确性""正确性"等，因为这些都不是任何一种教育现象、教育举措的专门属性。至于所谓"负责性"则是一个杜撰的词。

2. "××性"作为定性分析语言与定向分析语言情况不同。

（1）由于"××性"，一般只能是简约的语言，作为定性分析的语言，充其量只能揭示事物的一般属性（如"社会性"），不足以表达具体事物的特殊属性。或许由于以命题方式较准确地表达教育实有的特殊属性，远比以"××性"搪塞困难得多，故不易为人们所取，但这也就不免留下许多问号；作为定向分析语言，情况稍有不同。由于所揭示的不是事物的实有属性，而是尚未具有、应当具有的属性，只揭示大致方向，故较作为定向分析语言可取。不过由于教育原则作为教育活动的准绳，旨在指导实践，所以，即使作为定向分析语言，也鲜有以命题表达的方式所可能具有的明确的规定性，故"××性"作为定向分析语言终究不妥。

（2）作为定向分析语言的同一组"××性"，可以从不同侧面定向，如使用互有矛盾的术语，可依具体情况而定；若在定性分析的场合，同一组定性分析语言使用互相矛盾的术语，势必模糊事物的性质。如有一本著作断言，它具有"实践性""理论性""政策性""综合性"。试问：同一门学科既有"实践性"又有"理论性"，"理论性"著作而又具有"政策性"，既有以上"三性"而又具"综合性"，这种学科的性质究竟如何？仿佛回答了，又仿佛没有回答。也许合适的回答是：它属"四像四不像"学科。即使作这门学科"应有"的性质，也因不具明确的规定性，而成为无意义的交代，称其为"综合性"学科足矣。

3. 我们尝试对滥用的"××性"作定性分析语言与定向分析语言的区分，不过在中国教育著作中，事实上却常常存在把二者混为一谈的现象。

（1）在把"××性"作为定性分析语言时，之所以用"社会性""阶级性"之类简约的语言表述复杂的教育现象的属性，实际上或多或少倾向于认定这才是教育应有的属性。以致片面强调教育的"社会性"，忽视教育与自然因素（包括人自身的自然因素）相关；笼统地议论教育的"阶级性"，而忽视一定情境中的教育，既可能带有"阶级性"，也可能不带这种属性，只强调资本主义教育的"阶级性"，而忽视现实的资本主义教育与社会主义教育之间还具有由大生产的共同背景所决定的某种共性。

（2）在把"××性"作为定向分析语言时，有些《教育学》认为作为"教育原则"的"××性"，以一定"教育规律"为依据；亦有某些《教育学》则把"××性"本身认作"教育规律"，即教育的固有属性。

单纯从应然状态出发，而不从实然状态出发，以致实际上忽视了教育研究的"科学性""层次性""可行性""可检性""准确性""客观性""有效性",或许正是我国教育著作中"性"偏多的奥秘。

教育话语中的"××性公式"再认识

　　这算是旧话重提了。记得1996年，有一次在教育系学生聚会时，有人突然冒出一句："现在的教育学可算是'性'科学。"在座的学生心中有数，他所指的，是教育学话语中的"××性"公式化现象。当时有感于此，曾发表一篇题为《教育学中的"定性、定向语言"现象》的短文，其中并无深文大义，无非是指陈"××性"公式的应用，未分辨定性与定向之义，并常以"应当是什么"代替"是什么"的回答。话虽如此，看看从那时以来有关教育的著作、文章，那就不得不承认，如今我国教育学向这种"性"科学演化的势头正远比20世纪90年代强劲得多。

一

　　就以20世纪90年代出版的《教育大辞典》来说吧，其中单单同"德育"相关的辞目就有："德育的重复性""德育的多端性""德育的渐进性""德育的实践性""德育的同时性"以及"道德的成熟性""道德的可塑性""道德的相对性""道德理性"。如果就这堆辞目细论，不免浪费笔墨，不妨略举一二例。

　　什么叫作"德育的重复性"？如果就狭义"教育"来说，由于教育无不是在特定环境中由特定教师对特定学生施加有价值的影响，以致同样内容、同样方法，每次运用对不同学生的影响都不尽相同，因此严格说来，整个狭义"教育"都不具有"可重复性"。至于德育，因涉及学生的价值取向，同一般教育比较起来，那就更无什么"重复性"可言。尽管蹩脚的教师，不看对象，不计效果，把同样内容、同样方法机械地重复运用，谁也禁止不了，然而那算得上什么德育？

　　说到"德育的多端性"，这又奇了。端者，头也。德育作为一种影响学生的过程，正像其他任何工作过程一样，总不免有头有尾，有从头到尾的转化历程。"多端性"表示德育没有固定的端绪，而是像"九头鸟"那样有许多"头"。这些"头"或者轮流，或者穿插指挥身躯。只是没有说明当一个"头"伸出来以后，另外的许多"头"是怎样缩进身躯的。

　　如此批评，不免有望文生义之嫌。不过，还得反问一句：如此之"文"到底能生出什么大义？它们能表达什么价值取向？它们称得上原则么？

　　如果说德育有什么"渐进性""实践性""同时性"，那么能不能证明"非德育"，如智育、美育、体育，只有"突进性""理论性""继时性"，而无"渐进性""实践性""同时性"？如果不能否定别的"育"也有这些"性"，那么岂不证明为了说明德育特有的性质或原则而贡献出的，只是一堆废话？至于道德有没有"成熟性""可塑性""相对性"，只能让伦理学家去考虑了。

如今"××性"公式中使用频率最高的,莫过于"社会性""开放性",或许是大势所趋。

由于所有的人无不是社会人,所有的人际关系都属社会关系,至少带有社会关系印记,因此提到任何教育现象、教育措施、教育事件,加上一个"社会性"都不算错,但也算不上是对所涉及的现象、措施、事件的恰当表述。"社会性"一词,指的是"社会化的程度"。由于并不是所有的社会人、社会关系、社会上的事业都达到一定时代、一定工作领域所需要的"社会化程度",这才发生"社会性"问题,所以,如果不具体分析已有的、可能的、应有的"社会化程度"如何,那么泛泛的"社会性"之说,不啻是空谈。

当今中国与世界都处在开放时代,客观上要求整个教育,包括各种教育机构、教育事业,从封闭的系统逐步转为开放系统。这样,谈到教育问题,不管是大是小,若不照例加个"开放性",就不算合乎时宜。问题在于什么叫作"封闭性",什么叫作"开放性",有没有不带有开放性的绝对的"封闭性"与不带有封闭性的绝对的"开放性",譬如一扇门、一扇窗,如果只开不关,算是彻底开放了。不过,它们还算是门、窗么?

中国教育在20世纪50年代,总体上属于封闭系统。然而就在那时,对苏联教育的一套倒是开放的,并且大开大放,特开特放,以至就连世界上教育最开放的国家也不至于像我国当时那样,一度对别国教育的一套顶礼膜拜;如今,加入WTO,在教育领域势必将加快对外开放的步伐。惟WTO讲求的是按共同约定的规则开放,可以说,它有多少规则,就有多少扇门,多少扇窗,多少开关之规。至少迄今为止，我国还不准备让外国人当中国学校的校长。可见，不讲明开关之规，所谓"开放性"同白说何异？

二

"××性"公式通常用于表达"××教育"的性质或原则。在用于表达"××教育"的性质的，至少须用充分的经验事实证明，方可成立；若用于表达"××教育"的原则，则须把它作为一种价值取向进行有说服力的辩护，才可确认。如今正由于既不讲究证明，又不在乎辩护的理由是否充足，这才导致"××性"公式化。

惟其如此，现在套用"××性"公式几乎已经成为教育题材写作的诀窍。去年曾看到一篇题为《诚信教育的策略》的文章，可算是诸多运用这种诀窍的范例之一。其中提到的"策略"原则，有"主体性"，有"集体教育与个别教育相结合""因材施教"，照例也少不了"实践性""系统性"。如果嫌不够，再用"社会性""开放性"来凑，也不算错。只是若把"诚信教育"换成"爱国主义教育""集体主义教育"，或者别的什么名目的教育，不也可以么？这正是"××性"可作为公式的证明，也是这种公式的妙用所在。既有如此诀窍，各种信息把关大员与评审大员对此又不介意，还有什么题目作不出文章？惟其如此，当今之世，谁不用此诀窍，那就只能怪自己聪明尚未到家了。

"××性"并非全不可用，但"××性"公式实在可以休矣！

教育话语中的"A与B关系公式"赏析

教育实践中客观存在的矛盾甚多。对客观存在的矛盾，原应在对矛盾双方具体分析的基础上，揭示这种或那种矛盾的特殊性质，才可望发现问题的症结，针对不同的矛盾，提出不同的解决问题的方法。不过，且不说对具体事物作具体分析，谈何容易，从具体事物的分析中引出一般性的结论更难乎其难。为了以一种简易的方法化解矛盾，在教育话语中，尤其是在教育学陈述中，"A与B关系公式"便应运而生，并从这一母公式衍生出一套又一套"亚公式"。这便是"A与B结合""A与B联系""A与B统一""A与B融合"。由于从这类公式中套出来的命题，其"正确性"是无可否定的，故又把这类命题奉为"规律"。由于A（如"教育"）与B（如"生产劳动"，或"政治"，或"经济"），各为复杂的系统，其中的要素和不同要素在不同层级上的联系都是变数，所以A与B之间的关系，如"结合"或"分离"、"联系"或"不相关"、"统一"或"冲突"、"融合"或"抗阻"的可能性相当复杂，并不可避免地会发生变化。惟其如此，从这类"公式"中得出的结论，虽难以否定，亦难以证明。这类既不能否定又不能肯定的"形而上学"的结论只能算是"正确的空话"。虽是"空话",因其"正确",也就易于流行。这里姑且从这类化为套语的命题中,择其一,为"教学的科学性与思想性统一"的原则,尝试加以剖析。

一

有一些教育学教科书断言:"在我国学校里,教学的科学性和思想性是统一的。"在形式上这是一个事实判断。还有一种论调:科学性和思想性的统一是一条"规律",并摘取古今中外某些论断或举措予以证明。这里的问题是:

1. 什么叫作"科学性"?据说,"科学性指教学给予学生的应是反映客观真理的知识,教学要反映当代最新科学成就"。这算不算是"科学性"的定义?如果算是定义,那么这条原则是否适用于当代以前、近代以前的教育呢?如果现在某所学校的某学科教学没有"反映当代最新科学成就",能否断定这门学科教学不具有"科学性"?

2. 什么叫作"思想性"?"思想性指教学要体现社会主义政治方向、辩证唯物主义世界观和共产主义道德精神……",同样产生这是不是定义的问题。

3. "思想性与科学性的统一"是一条"教育规律"吗?如果确是一条被发现了的"规律",那么规律固然要靠人去掌握与运用,但规律毕竟不以人的意志为转移。果真存在这样一条"规律",事情确实好办得多;然而,科学性与思想性"不统一",倒是常见的现象。那么,这条"规律"究竟是从多大范围内的教育事实中概括出来的呢？

4. 为了证明这样一条"规律"，遂列举不多的事实，证明"自古皆然"，中外教育"概莫能外"。且不谈这已经越出了"科学性""思想性"的界定讨论范围，就以其列举的证据而论，事实果然如此么？教育学上援引孔子"博学于文，约之以礼"与宋代周敦颐所谓"文以载道"，证明自古皆然。问题在于孔子所谓"文"是指"科学"么？其教学内容有何"科学性"可言？中国古代长期流传的经史之学、义理之学、训诂之学、辞章之学的"科学性"何在？可见这类引证往往不能证明所要证明的东西，甚至连说明也谈不上，文不对题；再说，"科学性"与"思想性"是近代教育中才开始产生的矛盾，而近代教育讲求"科学性"，削弱"思想性"，曾经是一种进步的趋势。一些教育学教科书基本上无视这一事实，讲这一原则，大抵只是一味强调"思想性"。

5. 至于"在我国学校里，教学的科学性与思想性是统一的"，这又像是一个事实判断。这个判断如果能够成立，那该多好啊！不过，果真如此，是不是还需要提这样一条原则，反而成为问题，而千百万置身于教学情境中的人们能够认可这一判断么？其实，就连编者也未必相信这是事实。它实际上是以事实判断的句式表述一种价值判断。

二

教育原则不是规律，而是体现价值取向的实践原则。假定

"思想性与科学性的统一"这一原则能够成立，关于这一原则的表述固然应当体现教育价值取向，还该以科学态度（更该以科学方法）表述这一原则。这恰好说明教育学教科书本身也不能违背它所确定的这一原则。

所谓"科学态度"，起码是尊重客观事实，客观的历史事实与现实。叫作"实事"求"是"，而不是以"是"去求（剪裁）"实事"。规范理论与科学理论不同，它倒像是以"是"（基于价值观念的判断）去求"实事"，即"改变"实事，而说明其"是"（即"求"法）则不应违背事实。其实，换一种表述方法（尊重事实）依然能够说明这一原则。所应尊重的事实是：

1. 古代教育是"非科学的"，所以，古代教育中不存在"科学性"与"思想性"矛盾的困扰，而在近代以来的教育中，这是一个不可忽视的矛盾。

2. 科学从怀疑出发，教育所应体现的思想（价值观念）则同信念相关，所以，"科学性"与"思想性"可能存在矛盾。

3. 我们所讲求的"思想性"，不同于古代以独断与盲从为基础的"思想性"，而是基于理性的"思想性"，是尊重事实、尊重科学的"思想性"；"科学"的起码要求是尊重事实，故同怀疑论有别，我们相信事实能说服人（基于对本国信念），也应当以事实说服人（这是这一原则的要求），所以"科学性"与"思想性"有统一的可能性。

4. 事实上社会现实有不尽如人意之处，成长中的学生信念尚未形成，有随意怀疑的可能，教育中亦可能存在盲从、独断的影响和忽视思想性的倾向，所以有必要把"科学性与思想性的统一"作为原则。

这里的说明，以这一原则能够成立为假定，它只是有关这一原则得以成立的理由的说明，而这样的说明中已经隐含着关于这一原则的界定。至于怎样界定，这里无须多议。

有些教育学教科书，没有弄清楚事实判断与价值判断的区别，"教育原则"与"教育规律"的区别，表明编者尚未真正了解"教育原则"是一种什么性质的问题；既把原则误解为规律，关于规律的陈述又不尊重事实，以至关于"原则"的界定，单纯从"当然"出发，游离于命题的逻辑之外，关于贯彻"原则"的说明，也就难"规则化"，失之空泛议论，各条原则的要求大同小异，有人断定是教学方法、教育组织形式的重复，是有见地的。

了解关于"科学性与思想性统一"原则的表述状况，关于其他以"××与××结合""××与××联系""××与××统一"之类公式表示的原则的表述，也就不难"举一反Ｘ"了。

教育话语中的"教师主导、学生主体公式"赏析

  《当代教育科学》杂志2003年第1期发表了一篇有关"教师主导作用"与"以学生为主体"的署名文章。这是一个老话题。在中国,关于"教师主导作用",已经谈了半个世纪,至今谈锋尚健,究竟谈出了什么名堂呢?这篇文章在其第一部分,告诉了我们:所谓"以学生为主体"口号以及"教师主导、学生主体"公式,至少也谈了20年。在此期间,不知就此发表了多少大作,又有不少国家级、省市级课题立项并通过,还开过许许多多研讨会,也有试验,到如今情况究竟如何呢?此文第一部分所列种种情况,也让我们心中多少有点数。惟其如此,至今仍觉得没有谈透。何妨再谈它30年,老一辈学者退休了,新一辈学者接着谈。如果能用一个世纪普及这个公式,倒也值得。就怕到一代又一代学生毕业以后,理论界仍未必理得清这笔账。但愿这是多虑。

  以后的事,现在且不管它。就这篇署名文章来说,其中的观点,对,确"对"得明白;不对,也"不对"得明白,非那些"正确的空谈"可比。故不妨以此作为讨论这个公式的参照。

一

这一公式最大的用途在于，它既充分肯定了教师的作用，叫作"主导作用"，又十分肯定了学生的地位，叫作"主体地位"。公允而无片面性。问题在于具有"主导作用"的一方，不处在"主体地位"，而处在"主体地位"的一方又不起"主导作用"。不知这"地位"与这"作用"是否冲突？这"主体地位""主导作用"如何落实？

要说如何落实，得具体分析：在教师一方，虽无"主体"之名，却有"主导"之实，故这不是落实问题，而是正名问题，有此文所列事实为证；至于学生一方，虽有"主体"之名，却无"主体"之实，这才有待"落实"。

幸而如今的学生忙于应试以及其他有谓或无谓之举，对理论界的这种议论知之不多，也不感兴趣。假如他们获悉理论家早已送给他们一项桂冠，封他们为教与学过程中的"主体"，那些整日穷于应付、叫苦不迭的学生，说不定会大发雷霆："这不是对我们这种处境的讽刺么？"好在一般教师陷入教与学的事务中，无暇顾及理论界的议论。如果有些人或有所闻，硬要去循名责实，将会非常开心：既然我们是"客体"，哪怕是"教学活动诸多客体中的主要客体"，那就"客随主便"吧！世界上哪有反客为主的道理？正由于身临其境的当事人都缺少闲工夫，这才使理论家可以从容谈它20年。

二

众所周知，不管这一公式是否查有实据，它倒是事出有因。

"教师主导作用"，原是苏联在20世纪30年代初期矫正时弊的口号。经过理论家的论证，才把当时体现这个口号的经验形式绝对化。我国早就接受了这个口号。不过约从1958年开始，就对苏联经验发生怀疑，进而把这种经验武断地概括为"三个中心"，即"书本中心""教师中心"和"课堂中心"，接着头脑更加发热，试图反其道而行之，来它一个"实践中心""学生中心"和"社会中心"。在1958年和1968—1978年，什么"开门办学""以社会为课堂"，确实热闹过一阵子、几阵子。说到"以学生为中心"，那时的学生，在称之为"教育革命"的运动中，不仅居于"主体地位"，还确实起过"主导作用"。后来，先是1959年，再就是1979年以后，发觉否定"教师主导作用"把事情闹得不像样子，但又无意重蹈苏联经验的覆辙，动了不少脑筋，遂有"教师主导、学生主体"公式的发明。

至于这个公式已经谈了20年，为什么还要继续谈下去呢？除了由于实际问题并未解决以外，恐怕还由于这一公式本身存在一堆似是而非、纠缠不清的问题。

1. "主体"是同"客体"对举的概念；"主导"是同"从属"或"被导"对应的概念（尽管教师随时遇到学生"不从""不被导"的难题，只是不便采用"从属""被导"之类说法）。它们都表示事物或人们之间的关系属性，即没有"客体"，也就无所谓"主体"，没有"被导"，何须"主导"？"教师主导、学生主体"的提法，如果不失为一种主张（不论对错），势必需要相应地承认"学生被导、教师客体"。否则，"主"耶、"主"耶，不是搪塞之词，便是空谈。

2. 自然不致有人说"主体即主导""客体即被导"。假定如此，那就意味着"主体与客体""主导与被导"是有区别的两重关系属性，而用这两重关系属性，解决同一教与学过程中的一对关系（师生关系）问题，虽然很聪明，又怎样使"主客体关系"与"主被导关系"不致互相牵掣呢？这叫作"剪不断，理还乱"。

3. "学生是主体"，这是一个"描述性命题"。这个命题如果能够成立，按理要以经验事实加以证明。经验事实不仅要充分，而且要经得起证伪的检验。如今除了一些学校在媒体上的夸大宣传外，不知有谁对这个命题作过论证和检验？其实，如今的小学生、中学生、大学生都还算不上是教与学过程中的主体。所以，这是一个伪命题。不过，正由于学生远未成为教与学过程中的主体，这才提倡"使学生成为主体"。这种倡议很对。这样说来，按其本意，这是一个"规范性命题"，即"学生应当是主体"。既然是规范性命题，就得按照这类命题得以成立的规则，提供充分的理由，并经受批判的检验，才不失为一种理论之见。

至于"教师主导作用"，在抽象的意义上，可以说它在学校中普遍存在，然而谈这种泛泛的"教师主导作用"又有什么意义呢？尽管几乎所有教师在教与学过程中都处于"主导地位"（这是其职责所系），而实际上不同教师所发挥的作用往往大相径庭。笼统地肯定"教师主导作用"，是不是意味着就连在《当代教育科学》杂志上发表的那篇文章中提到的"教师主导作用"都值得肯定呢？

4. 有没有"以教师为主导"的经验形式和"以学生为主体"的经验形式呢？有的。谁都知道，前者如凯洛夫《教育学》为代表的构想，后者如克伯屈（William Heard Kilpatrick）的"设计方法"（曾译为"设计教学法"）。历史证明这两种经验形式都有局限性，问题在于"以学生为主体"的经验形式不适用于学科课程，而"教师主导作用"为经验课程所不取，学科课程与经验课程各有所长，又各有局限性。所以，这里讨论的问题，同课程编制直接相关。正是不同的课程编制（不只是学科课程与经验课程），为教师和学生的地位与作用提供不同的可能性与限制。由此可见，我国长期以来，离开作为教师与学生之间的中介的课程（特别是课程编制），抽象地议论师生之间的关系，岂不知早已堕入形而上学的五里雾中。

唠叨了一通，若问：到底如何表述教与学过程中教师和学生的地位与作用呢？直率的回答是：拒斥形而上学。还得反问：这种设问的前提是什么？所问的是什么课程编制中教师和学生的地位与作用？因为在学科课程前提下是一种回答，而在经验课程或核心课程编制中，将是另外的答案。我国如今初步改变了单一学科课程编制，正在建构包括学科课程、综合课程与综合实践课程的课程结构，这样，对"以谁为主导""以谁为主体"，那就更不能一概而论了。

话虽如此，在我们这里能同形而上学告别吗？就连这篇拙作中不也包含某种"形而上学"么？

"教师集体"要义

——马卡连柯建构的"教师集体"范例

在教育工作中，长期存在一个未能合理解决的难题，即按照历史形成的教育常理常规，每个教师都承担教育学生的责任。其中包括对学生价值倾向的关注，对学生行为的管理与指导，而事实上，一般教师往往只注重学科教学，却疏于此道，学校当局对此又无从问责。为填补学生行为管理与指导的真空，遂有班主任教师职务的设置。只是单凭常识就可知道，再能干的班主任也包办不了学生的教育。"教师集体"问题便由此发生。

问题在于什么是"教师集体"？"教师集体"是苏联教育家马卡连柯（Антон Макаренко）率先建构的教育概念。他不仅成功地创造出教师集体的范例，而且从其实践经验中概括出"教师集体"的逻辑。其范例虽未必适用于普通教育学校，其逻辑对教育价值追求与教师职能的取向却不无启发。

一

何谓"教师集体"？似乎不难回答。其实，关于这个问题的回答中有习俗看法与专业见解的区别。

如果把它理解为有组织的教师集合体，那么似乎所有学校都已经形成了教育集体，教师集体也就不成为问题；如果从社会组织的视角追问：某所学校的教师集合体是否形成共同目标，教师彼此之间是否沟通，各个教师在职能分工基础上是否协调一致，那么，是不是所有学校中的教师集合体都堪称"教师集体"，也就成为问题。若进一步追问：一所学校要有效地教育学生，主要诉诸各个教师的职能活动，还是发挥教师整体的功能与效应，那就涉及学校管理的价值取向问题。

由此可见，"教师集合体""教师组织"与"教师集体"是三个不同的概念。其中，把"教师集合体"看成是"教师集体"，属于习俗的看法；运用组织社会学、社会心理学、管理学的研究成果，分析教师组织，虽有助于教师集体的建构，由于学校毕竟不同于一般社会组织，故局限于非教育学科的视野，还算不上是对教师组织的专业思考。

所谓"教师集体"，是苏联教育家马卡连柯提出的新概念。他既以此表述教师职能的新见解，又由此打开了解决学生教育（狭义）问题的新思路。尽管其教育实体同一般学校有重大的区别，其见解对一般学校教师集体的建构也不无启发。

二

马卡连柯在1920—1928年、1927—1935年，先后创立高尔基工学团和捷尔任斯基公社两个以少年违法者为对象的劳动集体，由称之为"社员"的少年自主管理与监督。这个劳动集体与附设的学校（起先为工农速成中学，尔后为十年制学校）平行设置，社员即学生，实行半工半读，取得了举世瞩目的成就。马卡连柯关于"教师集体"的构想与实施，根植于自主管理与监督的少年劳动集体之中。

马卡连柯认定，以往教育书籍"往往把教导员（教师）看成了孤立的个人"，仿佛只有"好教师"才能教育学生，而庸碌无能的教师一定教不好学生。结果把教育工作的希望寄托在"孤立的个别教导员"身上。然而，儿童、少年数以千万计，哪有那么多"好教师"呢？[①]同时，有些教师往往过分看重个人对学生的影响，或追求学生对自己的爱戴，甚至还因别的教师不受学生爱戴而高兴，其实，很难指望在这样的教师参与下，会有真正的教育过程。[②]他针对上述情况，尤其是根据建构学生集体的需要，确立了教师集体的价值观念和思路，即：

1. 无论哪个教师"都不能单独地进行工作，不能作个人冒险，不能要求个人负责"，而应当成为"教师集体的一分子"。

因为"凡是教师没有结合在一个集体里的地方，凡是集体没有统一的工作计划，没有一致的步调，没有一致的、准确的对待儿童的方法的地方，那里就不会有任何的教育过程"。[③]反之，有些教师即使个人能力较弱，如果形成教师集体，并且教师集体的成员合理配置，那么教师集体中能力较弱的教师，其作用未必比各行其是的优秀教师小。"如果有5个能力较弱的教师团结在一个集体里，受着一种思想、一种原则、一种作风的

---

①②③ 马卡连柯.普通学校的苏维埃教育问题［M］//马卡连柯.马卡连柯全集（第5卷）.南致善，等，译.北京：人民教育出版社，1956：168-169，171-174.

鼓舞，能齐心一致地工作的话，就要比10个各随己愿地单独行动的优良教师要好得多。"[①]

教师集体不应当是偶然集合起来的，而要"合理地组织起来"。教师集体的成员在年龄、性别、经验，甚至个人风度方面要合理配置。"应当有一定数量的有经验的年长教师，也一定要有一个刚刚从高等师范学校毕业还没有工作经验的女青年。"[②]有的教师即使能力弱一点也不妨事。其中至少要有一个年轻英俊的男教师和一个年轻漂亮的女教师，要有乐观愉快的人、绝顶聪明的人，哪怕只有一个也行。

2. 教师集体和学生集体并不是两个集体，而是一个集体，而且是一个教育集体。

在统一的教育集体中，教师集体与学生集体的关系是：

（1）建立教师集体，不是为了分别培养各个学生，而是为了培养学生集体。"我认为我们不应该教育个别的人，而要教育整个集体。这是正确教育的唯一途径。"[③]

（2）单靠各个教师个人的努力，不足以培养学生集体。要培养学生集体，只有诉诸教师集体："如果没有教师集体的话，是不是可以培养出集体——或者最低限度能培养出一个儿童集体呢？……毫无疑义，如果有15个教师，每人都根据自己的能力和意愿来进行教育工作，那是不能培养出集体来的。因此，也应当有教师集体，这是很明显了。"[④]

（3）在学生集体形成之前，学生集体是教师集体的教育对

①② 马卡连柯.普通学校的苏维埃教育问题［M］//马卡连柯.马卡连柯全集（第5卷）.南致善，等，译.北京：人民教育出版社，1956：168-169，171-174.
③④ 马卡连柯.我的教育经验中的若干结论［M］//马卡连柯.马卡连柯全集（第5卷）.南致善，等，译.北京：人民教育出版社，1956：227.

象；学生集体一旦形成，它本身就成为教育的主体。那时，主要不是由教师集体教育学生和学生集体，而是学生在集体中通过集体进行自我教育。

3. 教师集体具有一般社会组织的特征，"有共同的见解，有共同的信念，彼此间相互帮助，彼此间没有猜忌，不追求学生对自己的爱戴"。①

只有这样的集体，才能够教育儿童。它与一般社会组织的区别，在于其共同见解、信念及相互关系都根植于学生集体之中。一切为了培养与维护学生集体，而不是游离于学生集体之外，或凌驾于学生集体之上。在学生集体形成以后，教师集体转而成为学生集体的辅助力量。

如此教师集体价值观念与通常的教育观念、教师观念的区别在于：

1. 一般认为教师越高尚越好，其能力越强越好。马卡连柯关于教师的选择与配置，主要不是着眼于教师个人品质，而是着眼于各种教师的优化组合。

2. 在一般情况下，教育工作的成效，主要取决于各个教师的努力。马卡连柯则趋向于诉诸教师集体的合力。

3. 一般教师主要以班级学生集合体为教育的对象。马卡连柯则把教师的合力引向建构学生集体。

明乎此，也就不难了解，我国如今虽也间或提到"教师集体"，同马卡连柯所谓"教师集体"未必是一回事。更不用说，

---

① 马卡连柯.普通学校的苏维埃教育问题［M］//马卡连柯.马卡连柯全集（第5卷）.南致善，等，译.北京：人民教育出版社，1956：172.

我们有些说法，有些作为，如所谓"名师工程"、所谓"我的教学我做主"，或许正同如此教师集体的逻辑背道而驰。至于谁是谁非，只能根据实际情况论定，并接受实践的检验。

二

正如一般有独到建树的人物往往倾向于宣扬其建树的普适性一样，马卡连柯也反复强调其经验适用于普通教育学校。就连我国如今不少"名校""名师"也热衷于张扬其"特色"。其实，就事论事，他们所标榜的"特色"，若果有独到色彩，正好表明它并无什么普适性可言。否则，便不成其为特色。因为别的学校、别的教师未必具备如此特色得以形成的客观条件与人格因素。故诸如此类宣传，不过是宣传而已。其等而下之者，或近于有偿或无偿的广告。

马卡连柯的建树同我们如今特色宣传的区别，在于他从自身的独特经验中，已经概括出如上所述的理论见解。即使如此，其普适性依然有限。不讲别的，就连他本人也未曾尝试在他们附属十年制学校中，推广他们在少年劳动组织中建构教师集体的经验。

所以，他所谓"教师集体"，其实是指他们那个劳动集体中的"教导员集体"，而同他们办的十年制普通教育学校中的教师无干。这正是普通教育学校中难以运用马卡连柯经验的缘由。然而马卡连柯试图推广其经验，故把他们的"教导员集体"，泛称为"教师集体"。

话虽如此，马卡连柯毕竟突破了长期以来在"以教师为主体"与"以学生为主体"两种教育价值取向之间徘徊的困境，而在所谓"传统教育"与"新教育"两种价值取向之外，独辟蹊径，创造性地提出通过建构教师集体培养学生集体的新思路。不过，由于马卡连柯主持的教育实体有别于一般实施普通教育的学校，故在我国普通教育学校，即一般中小学建构教师集体，尚须倾听我国实践的呼声。

三

现在的问题是：在中国现行教育体制与课程机制状况下，怎样建构教师集体？

1. 现有教师组织包括全校性教师组织、年级组、教研组、年级组与教研组中的备课组、班主任以及同一班级的任课教师。其中每一级教师组织都可能形成教师集体，也可能并未形成严格意义的教师集体。

在多级教师组织中，全校性教师组织、年级组与教研组，虽具有功能性组织的性质，又带有教师管理组织的性质；备课组中的教师、同一班级的任课教师和班主任，是直接教育、教学过程的参与者。这些教师占中小学教师的大多数。如果他们合理地组织起来，那才是真正的功能性组织，也才是真正的教师集体。

2. 直接教育、教学过程以外的教师组织，如果符合社会组织的一般标准，即其中的教师形成共识与共同的教育价值观念、教育目标及统一的行动步调，彼此协作，也只能算是健全的社会组织。

因为其共识、价值观念、目标同实际的教育对象存在距离，而学校管理意义上的教师组织是教师集体形成的必要前提。

近三十年间，我国相当多的学校，采取积极措施调动教师积极性。其中包括改善教师待遇与工作条件，创造教师进修的机会，有限的民主管理，表彰先进教师等，有助于增强学校的凝聚力。不过，要使这种努力真正发生教育效应，还需在这种前提下，建立以直接教育、教学过程为基础的，即"第一线"的教师集体。例如在备课组中，从学生实际出发，形成明确、具体的目标，并协调一致地行动。

我国班主任工作头绪纷繁，往往事倍功半。这是由于班主任往往忙于琐碎事务，应付突发事件，而忽视其主要职责，即他应是本班任课教师的纽带，以他为核心，建立班级教师集体，主要依靠教师集体进行教育、教学工作；他更应是班级学生集体的组织者。学生集体一旦形成，主要依靠学生集体（不限于班干部）自主管理与相互监督。其条件是：充分尊重而绝不侵犯约定的学生组织的权利。建立班级教师集体与学生集体虽然不易，而这两种集体一旦形成，班主任工作将比较轻松。自然，如今班主任工作茫无头绪，主要责任不在班主任，实因没完没了的行政事务和徒有形式的活动，迫使班主任成为孤军奋斗、包办代替的事务员。

3. 名副其实的教师集体，大体上是三层或多层的塔形结构。其中包括有威望的带头人，与带头人志同道合的骨干教师和受到尊重的一般教师。

如马卡连柯就是该公社中有威望的带头人，他甚至以"独裁者"自命；但他非常尊重教师集体与学生集体的权力。他的学生集体权力之大，甚至可以开除社员。有一次社员大会通过决议，开除某少年社员资格。这就意味着把这个少年赶出公社。马卡连柯虽觉得不妥，却承认自己无权改变社员大会通过的决议。可见他实际上并非独裁者。他有时为了维护师生合理权益，不惜顶撞他的顶头上司。他在教师集体与学生集体中的崇高威望是自然形成的。

综上所述，在现行教育体制与课程机制下，在学校中建构小型教师集体还是有希望的。

"一师多生，一生多师"格局中的师生关系

有一次到上海浦东去看望一位朋友，正赶上那里举行隆重的教师节集会，遂在毫无精神准备的情况下，被推出来作即席发言。仓促间倒是说了几句心里话，这就是：

在现代，存在"一师多生，一生多师"的情况。每个学生的业师多到几十位，而每个教师的学生多达数以千计。问题是就一个学生来说，在众多的老师中，到底有没有、有多少是自己"心目中的老师"。就一个教师来说，在数以千计的学生中，到底有没有、有多少被公认为是"这位教师"的高足。每个教师一辈子教了成千个学生，如果没有在一些学生成长中留下比较深刻的影响，这样的教师所做的工作，即使没有白做，也不致有什么趣味。教师心目中如果没有这个或那个学生，所做的工作怎么可能在这个或那个学生成长过程中留下什么深刻的影响？又怎么可能成为学生"心目中的老师"？

当时随意发表的这种看法，自然同我的经历相关。因为我在作为学生时，心目中有"自己的老师"，并被认为是某老师的

"得意门生"；后来作为教师，心目中有"自己的学生"。所以，自己的人生是幸运的，自己的职业生涯充满幸福感。现在看来，作为一般性的师生关系，仍须进一步加以申述。

一

　　心目中有"自己的学生"的教师，与心目中无"自己的学生"的教师相比，其工作状态、工作中的精神状态、工作中的自我感受，或不相同。同样，心目中有"自己的老师"的学生，与心目中无"自己的老师"的学生相比，其学习状态、学习中的精神状态、学习中的自我感受，也不致相同。尽管教师都希望有自己的"高足"，学生也不致不希望成为"名师的门生"，然而，在现代"一师多生，一生多师"的格局中，这种机会实在难得。如有，因情况特殊，说不清楚，一般只能以缘分解释。其实，这是未加解释的解释。

　　不过，这种师生关系还是存在的。萧子升、毛泽东、蔡和森之于乃师杨昌济，便是绝好的典型。其前提条件是乃师有"强避桃源作太古，欲栽大木柱长天"之志，毛、蔡二子在乃师心目中属"海内人才，前程远大"。自然，类似的例子，当不在少数。表明这种缘分一般存在于有育才之志的教师与可堪造就的学生之间。只是师生双方，或其中一方，名声越大，便传之越广。反之，即使是名副其实的师生派对，也难免为习俗的烟尘所遮蔽。

　　且举一个小小的例子。我的小学老师谢乃江先生，在语文教学，尤其是作文教学上，既有独到的建树，也有明显的实绩。我觉得让其湮没，颇为可惜。在将近三十年前，《文汇报》连续刊载若干回忆教师之作，我也不揣浅陋，冒昧投稿。不久收到该报编辑石俊升兄回函。据称该报只刊载有关"名人的教师"或"教师中的名人"之作。由于我和我的老师属于名不见经传的人物，只得自认贸然投稿，失之唐突。可见我们毕竟置身于数千年之久的"名教"之邦。由此类推，更能领会如今大兴"名师工程"的奥秘。

二

其实，在现代学校中，教师没有"自己的学生"，学生没有"自己的老师"，乃是一种正常的现象。不仅由于在"一师多生"的情况下，每个教师是许多学生共同的老师，在"一生多师"的情况下，每个学生是许多教师共同的学生，更由于现代学校属于公共教育机构，师生关系属于公共关系。教师的职业行为受通行的职业规范约束，个人不得违背通行的职业规范自行其是。其中自然包括平等地对待所有学生，每个教师同学生之间的关系，对其他学生或其他教师都不得具有排他性。总之，在公共机构中，职业活动不得受私人关系的干扰。

自然，这是就师生关系的公共性质而言。事实上，由于教师、学生都是活生生的人，各有自己的个性、情感和价值倾向，每个教师与不同学生相处，每个学生与不同教师交往，都可能有自己的选择，但以不违背通行的价值规范为前提。

就师生个别联系的类型而言，事实上除一般情况，即趋于疏远化的师生关系以外，师生之间个别联系较为密切，甚至相当密切的关系，存在两种性质不同的情况：一是教师同某个、某些学生不以私利为基础的密切联系、亲密接触，虽超越一般师生关系，但不违背通行的价值规范，属于正当的，甚至是值得赞赏的师生关系；一是把师生关系变为私人之间的关系。通常所谓"师生如父子（女）"，或"师生如母女（子）"，也得具体分析。此种说法虽然不妥，如不以私利为基础，其动机仍可以肯定。如以私利为基础，应当加以否定。

谈到师生关系，久有"门生"一说。"门生"也者，原指再传弟子，以别于授业弟子。在科举时代，以登上师门门生录者为门生，也是科举及第者对主考官的自称，都同是否授业无干。故门生只表示一种实实虚虚的人际关系。

由于有此传统，如果在现代学校中还存在"师门"，那就得看这种"门"里到底干些什么事情。是传承学问，还是另有所图？是谋求公益，还是东拉一帮，西结一派，成为排他性的势力？

历史经验证明，以私利为基础的"师门"，只是暂时现象，终究树倒猢狲散。最伤心的是，树尚未倒，小猴子们已经各怀鬼胎。尽管以道义和传承学问为纽带的"师门"，或有凝固的力量，"师门"，毕竟是过时的概念。

不过，学生没有"自己的老师"，教师没有"自己的学生"，师生关系疏远化，终究是憾事。

II

另眼看待教育言行的正或误

"恳谈式"主题班会实录[*]

缘 起

1998年3月10日下午，无锡市扬名中心小学六（3）班学生W，因和另一名男生Z争抢座位玩，不慎摔倒，右腿碰在桌腿上，造成骨折。我急忙把他送往医院救治，心里直为他着急——再过两个来月就毕业了，现在竟闯下这种大祸！

尤仁德校长再三叮嘱，要妥善处理这起事故。一要注意W受伤后的心态，认真听取W父母对事故的处理意见；二要顾及肇事者的心理感受，毕竟离毕业的时间不长了，不要给任何学生造成心理压力。

按照校长的要求，我奔走在W和Z两人的家庭之间，协调处理这起突发事件，并发动学生探望W。尤校长也多次去看望W，了解W的伤情，并与其家长讨论W的学习安排等事项，在W伤情稳定好转时，建议W的父母及早送孩子上学。

* 执笔者：赵国梅，"学会关心"课题组成员，时任无锡市扬名中心小学六（3）班班主任。原题《学生伤害事故发生以后》，该实录是在黄向阳博士指导下整理的，收入本书时稍作技术处理。

W返校前，校长又与我及其他科任教师商量，怎样才能使W克服伤痛给学习带来的不便，以及帮助W补习落下的两周课。果不出所料，W母亲护送孩子返校时提出：希望尤校长发动班级师生给W以帮助和方便。尤校长当场答应，并和我商量，希望在我班里围绕W骨折事件，开一次主题班会。

因为时间事先已经排满，主题班会推迟了几天开。下面就是这次班会的实录。

班 会 实 录

尤（校长，下同）：我们六（3）班W因为在课间和同学打闹造成右腿骨折。作为他的同学，你该怎么做？请每位同学拿出纸和笔来，回答尤老师的第一个问题："W的腿受伤后，我该怎么做？"（板书）请你们用五分钟时间，写出你的真实想法。

（学生笔答，尤校长巡视）

尤：好，请同学们放下笔。时间到了，无论你答了多少，都请放下笔，我们应该养成好习惯。你是怎么写的，你就怎么说。即使没有写完，也可以照你原来的思路来回答。请你们脱稿回答，让我看看六（3）班同学回答问题的能力如何。

学生1：W课间因为和同学打闹摔倒，右腿骨折。我不能代替他肉体上的疼痛，但可以从思想上帮助他。

尤：你在思想上帮助他。那么，你将怎样具体做呢？

学生1：我会和他谈一谈，交流交流思想。

尤：这很好，的确，我们谁也不能代替W肉体上的伤痛，而我们能做的只是从其他方面给予他一定的帮助。刚才的一位同学讲得很有水平，下面还有哪位同学想谈一谈的？

学生2：我将从生活上帮助他。替他领饭、洗饭盒子，扶他上厕所。

尤：嗯。这倒是很实际的，对W来说，这一点也是很重要的。

学生3：我将帮他补习脱掉的两个星期的课，耐心地讲解、辅导，直到他弄懂为止。

尤：对，这也是个很好的想法。那么，你有时间给他补课吗？

学生3：我会利用休息时间给他补习。

尤：你不怕影响自己的学习吗？不怕毕业考试的成绩受影响？

学生3：不会的。通过帮助他，我会更理解学过的知识，对我只会有益。

尤：同学们讲得都很好，考虑得比较全面，从生活上、学习上和思想上都能为W着想，可见大家的确在想该如何帮助W并且准备付诸行动了。还有没有同学想谈谈自己的想法的？

学生4：我在课间可以和他多谈谈，让他忘记疼痛，和我们一起快乐。当然，我还希望别的同学课间时不要在他课桌附近玩耍。一旦碰到他的身体或课桌椅，都会移动他，这会给他造成疼痛的。因为他的腿还没有完全长好，不可以移动的。

尤：这也是值得我们注意的一方面。这位同学，她想到了别人没有想到的。我们来听听——W在受伤之后，是怎么想的？

学生W：我受伤之后，感到很痛苦。不仅是因为身体上的痛，不能移动，主要是不能来上课。离毕业的时间又那么短，学习紧张。我希望同学们从我身上吸取教训，在玩的时候要适当，不要再有人像我这样。

尤：W同学的回答很有意义，希望同学们和他一样，记住这"血的教训"。在我们关心他的同时，他反过来关心我们每一位同学，这样的精神是值得我们学习的。现在，请同学们接着刚才的答案后，空两行，用三分钟的时间回答："从这次事件中你吸取了什么教训？"（板书）

（学生笔答，然后再次口答）

学生5：同学之间不该为一点小事争吵。我以后一定会谦让，避免类似事件发生。

学生6：我要严格遵守小学生日常行为规范，不在课间吵闹，不玩危险性游戏。

学生3：同学之间开玩笑是可以的，但应该适可而止。

学生7：如果有同学打架，我会及时制止他们。

尤：你当时制止了吗？

学生7：制止了。不过没有用，因为当时太乱。

尤：这证明你们的"力量"太小。教室里有没有起哄的同学？

学生齐答：没有。

尤：很好。这证明六（3）班的同学明辨是非，知道事情的对与错。我们都知道，小学生应该遵守小学生日常行为规范，课间不能互相追逐打闹。同学之间的玩笑可以增进友谊，但玩笑开过分了，就会变质，往坏的方面发展，这样不可避免地会出现伤害。因此尤老师希望六（3）班的同学在平时能够注意自己的言行，有问题可以向老师汇报，一起来解决。这就是最可行的办法。尤老师这里还有最后一个问题，请你们空两行，写下题目后再回答。题目是："扬名中心小学的特色教育是什么？"

（学生笔答）

尤：这项特色教育我们学校已经坚持搞了好多年了，你们再好好想一想。好，时间到了，请每个小组最后一位同学往前收。我相信这些答案都是同学们的真实想法，是你们布置给尤老师的作业，今天晚上我一定认真阅读。那么，我想请同学回答刚才的问题：我校的特色教育是什么？

学生8：学会关心。

学生9："五助"特色。

尤：那么，是哪"五助"呢？

（由两位同学互补回答出"五助"特色：助老、助小、助寡、助残、助贫）

尤："五助"特色，也是从"一助"（"助残"）慢慢发展起来的。我们学校最早是从1984年开始这项特色教育的，到今年已经有13年了。现在我们又由"五助"特色进一步发展成一个研究课题，那就是刚才第一位同学回答的"学会关心"。我们应该关心自己，关心他人，关心环境……1993年时，我们学校排了一个舞蹈，不知道你们还记得不记得，它的主题就是我们今天讨论的，你们知道吗？

学生1：我们今天讨论的主题应该是"助残"吧？嗯……不……

（全班学生笑）

尤：同学们都笑了，因为W同学不是个残疾人，他只是一时间的腿骨折，不便行动罢了。但是，我们可以用"助残"的精神来帮助他。你们中有哪位同学记得刚才尤老师提到的舞蹈的？

学生10：好像是一个在轮椅上的小女孩，手里拿着一只风筝，想放飞却没有成功。

尤：对。一个坐在轮椅上的小姑娘，想放风筝，没有放起来，自己和轮椅一起翻倒在地上。有一群学生帮助她扶起轮椅，一起把风筝放飞上蓝天，风筝飞得很高很高。我们这个舞蹈名称叫《奋飞》。你们说，这个名字好不好？

学生齐答：好！

尤：是的，《奋飞》的含义很深刻。我们六年级的毕业生，在扬名中心小学的学习时间只剩两个多月了。在这两个多月里，你们将以怎样的学习态度来完成小学阶段的学习任务呢？在将来的社会里，你们又将以怎样的工作态度来参加社会建设呢？一切都要靠每个同学自己去努力，这样才能实现自己的人生价值。现在的时代是科技时代，要求我们在座的每位同学努力学习文化知识，打好基础，以便将来学习更先进的科学技术。小学是人生中不太起眼的六年，这六年却教会了你最基础的知识和做人最基本的道理。它和初中、高中相比，占了一半时间，和你一生中最有作为的时间比，也占了四分之一的比例呢！今天，我和六（3）班全体同学一起围绕W的事开了一次班会。尤老师发现你们是一群很懂道理的少先队员。希望你们以切实的行动，来帮助W和你们一同度过小学里的最后两个月。

班主任：今天，尤校长抽空来到我们六（3）班，和同学们一起开了一次班会。这次班会是非常成功的。同学们在认真回答尤校长提出的三个问题之后，对"学会关心"的认识更深刻了。希望大家在认识道理的基础上，再用行动去帮助W同学。

尤校长在最后提醒我们，在小学最后阶段，我们将交上一份怎样的答卷向老师、家长汇报呢？我希望每位同学通过自己的努力，让大家都满意。

班 会 以 后

第二天晨会时，尤校长就收上的答卷给六（3）班全体学生进行了总结和分析，并肯定了一些学生的想法，鼓励学生按照自己的想法去做。

我在旁听了，对学生的许多想法出乎意料，连忙把学生的答卷要来作系统分析。根据学生的答卷和班会上的回答，全班学生对于如何对待受伤的W这个问题的反应综合如下（括号内数字为作出该反应的学生数）。

当W受伤时，我们会立即实施救护。首先，小心安放好W受伤的腿（1），安定伤员的情绪，使他保持良好的心理（1），然后，一面报告老师（3），一面组织力气大的男同学，把他送往校医护室检查和治疗（4）。如果伤势严重，就送他上医院（3），并通知他家长（2）。

W在家养伤，我们对他的伤势和康复情况深表关注（3），会去看望他（12），送上水果、营养品或其他东西，表示慰问（9）。设法安慰他（8），陪他聊天，向他讲述学校发生的事情，或者和他做游戏，开开玩笑，帮助他消除痛苦和忧愁，心情变得舒畅一些，在快乐中养伤（5）。如果W心情不好，就开导他，劝他不要为腿伤泄气和悲伤（4），并且鼓励他（4），使他振作起来，克服困难，不向困难低头，好好学习，迎头赶上（4）。

W在家休养了两个星期，脱下许多功课。我们会在学习上帮助他（7），利用休息时间帮他补习或温习功课（18），耐心帮助他解答学习上遇到的疑难问题（5）。

W拖着未痊愈的腿返校上课，行动困难。我们会在生活上帮助他（4），帮他做他不便做的事（8），如帮他交或领取作业本或其他东西（5），帮他捡东西或买东西等（4），帮助或代替他劳动、做值日等（2）。我们还会在生活上照顾W，背他上学（1），扶他走路及上下楼梯（3），扶他上厕所（5），替他领饭菜，洗饭盒（1）。

我们会特别注意保护W，防止他的腿再度受伤（1）。不在他周围吵闹，避免碰着他受伤的腿（4），提醒大家不能为了察看W的伤势而碰伤他的腿（1）。我们还要爱护W（3），不欺负他（2），不因他腿伤而嘲笑他（2）。遇到有人欺负或嘲笑他，坚决制止（1）。

此外，Z不是有意伤害W的，我们还想让W恢复与Z以前的友谊（1）。

学生们对同伴受伤作出了众多反应：从同学受伤时的及时而恰当的"救护"，到同伴养伤时的"看望""慰问""安慰""开导""鼓励"；从学习上的"帮助"，到生活中的"照顾"；从"保护"到"爱护"，直至"帮助冲突双方恢复友谊"。如此无微不至的关心，令人惊叹不已。平心而论，作为一个成年人，我也没有想得如此周到、细致。这些孩子关心人的意识水平，实在不容低估。

后　记

W右腿骨折以及由此引发的一系列事件，给人以许多启示。

1. 突发事件即教育契机。在W骨折事件发生之后，作为班主任的我以为把事情处理妥当即可，并没有去深究。我也曾想利用这起事件，让全班学生从中吸取教训，但一想到学生毕业在即，时间紧迫，也就作罢。如果不是尤校长要求，如果不是需要发动学生照顾腿伤未愈的W，这事就算过去了。校长组织这次班会，不把W受伤当作事故处理，而把它当作一次难得的教育契机。不仅发动学生照顾和帮助行动尚不方便的W，更是利用这起突发事件教育全体学生，启发学生关心同学。作为一名班主任，其中有许多地方值得我学习和琢磨。我们可以利用班集体帮助个人，也可以利用个别事件教育整个班级学生。

2. 教师既要引导学生学会关心，又可向学生学习关心他人。关心人，需要成熟的人际与社会经验，也需要细致、周到和耐心。就前者而言，我们成年人有优势，可以成为少年儿童的教师；就后者而言，我们未必强于学生，有时我们需要向孩子们学习。从这个意义上说，在学会关心上，师生之间存在相互学习的可能性。学生受伤了，如何照顾他？他的同窗好友最清楚。这种事情，与其让我去教全班学生，不如让学生来教我。

3. 以发生在学生身上的真实事件为教育情境，设计适当的问题，启发学生关心他人。六年级的学生其实已经懂得关心他人的道理，关键是在具体的生活情境中要有关心他人的意识。教师的责任主要不在于给学生讲关心他人的道理，而在于采取有效的方式引起学生关心他人的意识。

我班学生之所以在关心 W 上想得如此周到，首先是因为他们身临其境，W 又是他们的同学或好朋友，所以能够设身处地为之着想。其次是因为尤校长向他们提出了一个富有启发性的问题——"W 腿受伤了，我该怎么办？"这样的一个情境问题，看似简单，却比苦口婆心的教导更能引导学生体谅受伤伙伴的处境、心情和需要，更富于启发。情境问题，是唤起学生关心他人的意识的一种有效的刺激。

4. 当学生在帮助、照顾、关心同学上形成强烈的意识，显示出高度的创造性时，教师所要做的，就是和学生们一起努力将各种想法付诸行动，与学生一起在关心中学会关心。

学生行为习惯养成设计示例

　　现在中小学教师参与教育研究的热情甚高，中小学教师教育研究成果层出不穷，显示出我国教育研究的一派新气象。自然，这类研究成果中的"研究"含量参差不齐，这倒也不足为奇。撇开愈演愈烈的炒作现象不说，对于试图认真研究一些教育问题的中小学来说，究竟如何开展教育研究，尽管在不少相关著作中有全面、系统的介绍，人们遇到研究过程中的实际问题时，依然发生困惑。其实，就我国教育研究的现状来说，即使是懂得教育研究一般道理的人也不能不发生困惑。不讲别的，单看如今不少中小学教育研究的"选题"和"课题研究方案"，就不免对这种"课题研究"产生怀疑。因为相当多的中小学选择的课题，一味求大、求全、求新，而忽视改进本校工作的切实需要和在本校具体条件下进行这种研究的可行性。似乎只有又大又全又新的课题才有研究价值，也才容易得到教育研究主管部门的批准而正式立项。这几乎已经成为现在申请课题立项的经验。由于课题空泛，也就导致课题研究方案成为欺上不瞒下的虚假承诺。这样，对于许多课题研究承担者来说，从课题立项开始，就注定了这种所谓"课题研究"的结局。不过，如果不计较"研究"含量而又善于炒作，其结局倒未必差。至少结题时不难顺利通过，碰运气还能得个什么奖哩。只要看看什么级、什么级教育研究得奖名单，便不难明白，倒是大而空、空而新的课题才更易博得青睐。可见，按照某些教育研究主管部门行动中的逻辑，教育研究课题非求"大、全、新"，不足为功。正是在这种背景下，才显示出深圳市蛇口小学教育研究的选题和课题研究方案至为难得。不妨一议。

关于课题的选择

蛇口小学是广东的一所"省级小学"。2002年5月，我慕名访问该校。这所学校新近参与列入中国教育学会"十五"科研规划的"中小学素质教育操作性策略研究"课题中一项子课题研究。我在该校访问期间，曾就此项课题研究问题向他们请教。

该校原先择定的课题是"提升学校德育实效性基本策略研究"，并拟订了课题研究方案初稿。这是由于"德育实效性"是目前我国教育界颇为关注的问题。我在同他们的交谈过程中，发觉该校郑耀辉校长话虽不多，却反复强调"小学生行为习惯养成"。许多老师也都谈了这方面的经验和体会。原来该校曾于2000年在深圳市南山区立项，开展"学生行为规范"课题研究。我认真翻阅了他们积累的几十份材料，相信他们的研究工作比较扎实。看来他们的兴趣和真实的想法是在原先课题研究（已结题）基础上，着重研究"小学生行为习惯养成"问题。后来，他们干脆把"提升学校德育实效性基本策略研究"课题改成"小学生行为习惯养成"。

从表面上看来，"小学生行为习惯养成"远不如"德育的实效性"时新。在他们看来，"德育"虽不限于行为习惯的养成，而对于小学生来说，养成良好的行为习惯至关重要。小学的"德育"只有养成小学生良好的行为习惯，才算得上有"实效"。对于学校来说，正是像"小学生行为习惯养成"这样日常生活中最平常、最需解决的问题，才更值得研究，也才有可能进行研究。

这种课题选择的过程，显示出中小学有关教育研究课题选择的带有普遍意义的经验。这就是从各种值得研究的题目中，选择：（1）本校需要解决的问题；（2）本校有研究这个问题的实践条件与经验基础；（3）本校校长和教师有志于研究这个问题。看来只有符合这些起码要求的选题，才能激发教师研究的兴趣和动力，也才有可行性。

关于课题研究方案

按理，只有对"课题"本身的含义和性质以及所要研究的"问题"所在（即所"问"之"题"）有较为深刻的理解，才有条件着手拟订课题研究方案。不过，现在的情况往往是提出迎合教育主管部门意向的课题，在填写教育研究主管部门预制的表格时，强调研究此项课题的意义和价值，作出有关此项研究的种种承诺，把学校中所有有高级职称的教师和各部门的负责人都囊括在课题组中，再把顶头上司和校外专家奉为顾问，就大致形成了课题研究方案。相比之下，蛇口小学的课题研究实施方案，算得上是基于对"小学生行为习惯养成"这一课题本身有较为成熟考虑的方案。它在总体上体现了包括"问题提出""问题分析"和"问题解决预想"（目标与思路）的问题研究的过程。

关于"小学生行为习惯养成"这一问题提出的依据，包括对小学生道德行为现状的具体分析和对于小学生行为习惯培养中存在问题的具体分析，说明这是一个需要研究与解决的问题。

在方案的"理念"部分，表达了对"小学生行为习惯养成"的理解和价值取向。其中认定小学生的良好行为只有经过反复练习，才能形成习惯，进而形成良好的品德；而学生的行为习惯主要靠他们自己养成，但又不能任他们自发形成，故还要诉诸班级健康的舆论、严格的规范管理与及时的个别指导。这种学生行为管理与个别指导，又不同于传统的机械训练，而是出于对学生的人文关怀，并使学生适应现代信用体系对人格的要求，从而体现了关于"小学生行为习惯养成"的新观念。

关于"小学生行为习惯养成"的目标，它不仅列入"学生行为习惯"方面的目标，还包括教师"更新学生管理观念"方面的目标与学校"建立可行的学生行为规范体系"方面的目标。因为只有建立比较合理的学生行为规范体系和更新教师有关学生行为管理的观念，才能合理地解决学生行为习惯的养成问题。

关于"小学生行为习惯养成"的思路，由于对这个问题的含义与性质的认识比较清楚，目标较为明确，所以在此方案中设想的思路较为清晰。其中包括，按新的设想调整学校原有的

学生行为规范体系（重在简化），有计划、分步骤地试验与逐步
推广，以及改进学生管理。

如果说某项课题的选择和课题研究方案的制订，在一定程
度上预先决定了这种课题研究的结局，那么就有理由相信，蛇
口小学此项课题研究可望得到良好的成果。看来这一课题研究
方案，无论是对中小学教育研究课题的设计，还是对学生行为
习惯养成问题的解决，都有一定的参考价值。

［附　录］

"小学生行为习惯养成"课题研究方案

一、行动依据

（一）情况分析

深圳蛇口小学是一所已有48年办学历史的"老校"，改革开放前
是一所渔村小学。学生大多来自渔民、蚝民、农民的家庭，在学习、
卫生、纪律等方面均未形成良好的习惯。建立特区以后，教育得到了
前所未有的重视，伴随着深圳特区的神奇崛起，蛇口小学也在教育、
教学、管理等方面进行了诸多的改革、创新，完成其历史性的三级跳
跃：1992年成为区一级学校，1996年成为市一级学校，1998年跃居省
一级学校。学校综合办学水平得到了迅速提高，从养成良好的习惯入
手，培养学生健全的人格，已成了蛇口小学教育工作者的共识，学生
的精神面貌有了较大的改观。问题在于，如今的小学生大道理、小道
理都能讲一点，但往往不能见诸行动；多数学生有上进的愿望，也有
良好的行为表现，但未必都能坚持。这表明，一般学生良好的行为习
惯有待养成，少数学生的不良习惯还需矫正。

小学生行为习惯的养成，固然同家长对子女行为的指导关系甚大，单就学校教育来说，以往在德育中虽然指导思想上并未忽视小学生行为习惯的养成，问题是：教育头绪过多，活动频繁，常常顾此失彼，有始无终；小学生行为规范条目过多，难以逐条落实，以致不少行为规范成为空文；对学生要求过多，缺乏行为指导，甚少发动学生自己分析学生中的行为表现（好的表现或差的表现）；对学生违规行为的处理不够严格。由于行为规范过多，事实上也难以对违规行为都严格处置。

（二）理念

学生的良好行为只有经过反复练习，养成习惯，才能形成良好的品德。

学生的行为习惯主要靠学生自己"养成"。对学生行为的指导，主要诉诸班级健康的舆论建设、严格的规范管理和个别指导，而主要不是诉诸教师苦口婆心的说教。

现代学校的学生行为指导同传统教育中对学生行为的机械训练（甚至奴化训练）不同，它出于对学生的人文关怀，并使学生适应现代信用体系对人格的要求，主要诉诸学生的理性，唤起学生的自觉，使学生从小养成待人、做事、学习、生活等方面的好习惯，为其终身发展奠定好第一块基石。

二、目标

1. 梳理小学生行为习惯养成的思路，建立可行的"学生行为规范体系"，确立不同阶段学生行为指导的重点；建立以学生行为指导为主的"学生教育与管理的模式"。

2. 通过教师继续教育和教育行动研究，使教师逐步更新学生行为管理的观念，建立有关"学生行为指导与管理的评估体系"。

3. 经过3—4年的"行为习惯的养成"，使蛇口小学的学生能基本达到《公民道德建设实施纲要》要求的"20字"标准，成为一个行为习惯良好、人格健全、有发展潜力的合格小公民。

三、行动设想

（一）思路

1. 建立可行的学生行为规范体系。原先把学生行为规范划分为7个领域，即：① 思想道德行为；② 学习行为；③ 纪律行为；④ 生活行为；⑤ 卫生行为；⑥ 礼貌行为；⑦ 劳动行为。由于各个概念的外延重叠，导致行为规范重复，头绪纷繁，所定行为规范多达百条以上。故需着眼于简化行为规范，并从确定划分学生行为规范领域的依据入手，对原先行为规范的划分重新加以整理。

2. 区分每个学生必须遵守的学校纪律与此项研究着重逐步培养的学生行为习惯：学校纪律（行为规范）原则上按照学生在校活动的历程与场所划分；从各项行为规范中选择一定班级，确定在一定时间（学期）内着重要求学生养成的行为习惯（各班要求不尽相同）。这种要求可简化为"几要"与"几不许"。为此，需对各实验班级在不同学期分步培养学生行为习惯的要求作统一部署；学校在每学期可以从中选择一定量的"规范"统一要求（不仅适用于实验班），以形成氛围。各项要求最好用较为生动的、鲜活的口号表达。

3. 学生行为习惯的养成，立足于在班级营造健康的舆论、全校性的检查评比和在班级中发动学生自我分析与相互分析行为表现。

每个实验班每学期提供2—4个学生行为分析的案例，并至少提供2篇书面陈述。

（二）行动步骤

1. 准备阶段（2002年2月—2002年7月）

（1）与总课题组签订合同。

（2）接受课题组挂牌。

（3）确立子课题，组建课题组，形成研究方案。

（4）参加总课题组的开题，科研骨干培训，开展课题研究。

（5）在校内及家长中进行动员，造成家校人人重视"习惯养成"的声势，为课题的开展做好充分的准备。

（6）在专家小组的指导下，论证方案的可行性，完善方案。

（7）校中心课题组成员负责梳理小学生行为习惯养成的思路，建立可行的"学生行为规范体系"。确立不同阶段学生行为指导的重点，建立"学生行为指导与管理评估体系"。

2. 第一轮：实验阶段（2002年9月—2003年4月）

（1）1—6年级各确立一个实验班。

（2）各实验班可根据本班实际及学生年龄、心理特点，从学校学生行为规范体系中，确立本班需逐步养成的良好行为习惯，制定分学期、分步培养的研究计划与方案。

（3）将"文明礼仪"作为校级重点实验内容，由学校及大队部主抓，制定计划及方案。

（4）在专家指导小组的协作指导下，研究各实验班实验方案的可行性和实验价值。

（5）启动实验。

（6）重点研究各个实验怎样有声有色地开展，各实验班给自己的实验提出一个有童趣的生动的"口号"，即实验主题。

（7）开展有关"班级舆论"与"学生行为自我分析"的专题研究。

（8）各实验班及校级实验对照实验初制定的方案计划"自我检查，自我反馈"。小结第一轮实验中的得失，形成实验班阶段性实验报告。

（9）校中心课题组将对各实验班师生进行考核评估。

（10）校课题中心组形成"子课题的阶段性实验报告"。

3. 第二轮：深化推广阶段（2003年9月—2004年9月）

（1）制定"深化推广阶段"的实施计划。

（2）修订"学生行为规范体系"，初步探讨各年级行为习惯养成的可行性有效策略及操作方法。

（3）用更换实验班或增加实验班的形式，开展第二轮的深化研究和推广实验。

（4）召开第一轮实验研究阶段性小结暨第二轮深化推广研究的课题会议，邀请总课题组专家参加并对深化研究给予指导。

（5）新、老实验班可根据前一阶段的实验情况，结合本班的实际或重新选择新的实验内容或深化上一阶段的研究主题。

（6）各新、老实验班制定第二轮实验的方案并开始实施实验。

（7）各实验班在生动活泼地开展实验的基础上深化研究，形成本班的特色和优势，学校将命名一批特色班。

（8）总结有关"建立班级健康舆论"与"学生行为自我分析"的经验，并提出改进措施。

（9）参加总课题组组织的实验基地学校之间的科研交流活动。

（10）参加总课题组组织的实验学校到国内外参观学习活动。

（11）深化推广阶段成果展示活动，可以是具体形象的展示，也可以是播放VCD或其他形式。

（12）中心组和各实验班开始着手进行第二轮的"阶段性实验报告"的撰写。

（13）结集出版第二轮实验的"个案研究"、VCD电子制品，争取论文发表。

4. 总结阶段（2004年9月—2004年12月）

（1）在专家指导小组指导下，开始系统整理实验成果，为结题做准备。

（2）各实验班老师撰写"实验总结报告"，提交实验论文。

（3）对第二轮实验班进行评估验收。

（4）课题中心组整理各实验班的实验计划、方案，评选优秀个案、优秀论文，正式出版课题个案论文集和电子制品。

（5）反思、完善、修订"学生行为习惯规范体系"，总结并撰写

"操作策略指南"。

（6）参加总课题组组织的实验基地学校之间的交流活动。

（7）向总课题组提交"子课题实验总结报告"，申请科研成果，争取论文评奖。

四、课题组成员

课题组负责人（略）。

课题组组长（略）。

课题组成员（略）。

五、课题组研究活动的制度

1. 学校中心课题组每学期初制定课题研究的计划与方案，各实验班根据总计划与方案制定本班实验方案、计划并进行交流，论证其可行性。

2. 学期末中心组及各实验班进行课题进展情况小结，提出修改、完善的意见和建议，为新学期实验工作更有效地开展提供依据。

3. 高、中、低段各实验小组每学期至少开展一次校级展示活动，供课题组研讨。

4. 根据实验进展情况，随时召开课题组会议，共同研究、解决新情况、新问题。

5. 实验教师建立实验观察记录本，随时记录"被试"情况和个人感悟，使之成为个人与课题结伴成长的成长册，促使教师成为反思型、研究型教师。

6. 各实验教师注意积累资料，每学期交两篇个案研究，每学年提交一篇论文或教育随笔，学校中心组将结集出版"个案研究集"。

7. 实验教师的工作全部纳入学校教师业绩考核之中，最终培养一批科研骨干教师。

六、对学生行为习惯的测试

1. 各实验班自行设计"学生行为习惯测试方法"，课题组共同论证其科学性及可行性。

2. 对校级"文明礼仪"习惯的测试,由课题中心组制定统一考核标准及操作方案。

3. 根据实际情况采取定量与定性相结合的方法,对学生行为习惯进行检测。

4. 针对每个实验班的选题需要,采用班级评、家庭评或自评、组评、师评的方法进行考核测试,让学生们学会如何正确对待集体中的自己,他人心中的自己,以及自己心中的自己,学会处理好三者的关系。

(深圳市蛇口小学课题组蒋庆节执笔)

且说“想象力是怎样升腾的”

——《想象力是怎样丧失的》别解

　　《教育参考》杂志2004年第6期刊登一篇题为“想象力是怎样丧失的”署名文章。这篇短作，构思奇巧。作者虚拟了一个电视台拍摄智力测验节目的小故事。其中所谓“智力测验”，实是戏说。测验题目非常简单，是在黑板上用粉笔画一个圆圈儿，请大家回答“这是什么”。测验分四组进行。四组对象分别是：机关干部、大学中文系学生、初中生和小学一年级学生。各组对同一问题的回答或反应不同。简单地说，小学生说“这是个月亮”；初中生说“这是个零”，或“英文字母O”；大学生对这个问题不屑一顾；机关干部在心目中似乎觉察其中必有文章，不便回答。看罢这个故事，我也不由得想了一下：假如电视台要我回答，我将何以言对？

　　联想到《教育参考》杂志去年还曾发表过一篇从智力测验谈起的文章，那是一个“参与式校长培训”的小故事。要参与培训的校长，各自画出自己的学校。我也曾试图画出自己工作过的学校，不过，在知道老师的“标准答案”（画出学校中的人）以后才明白，这其实是一道无法回答的怪题。由于有此经历，这一次也就不加犹豫了。我的回答是：黑板上的这个圈，不过是一个符号。至于这个符号表示什么意思，就得看这个题目本身的规定如何。它作为图形像个满月，或别的什么圆形的东西。作为数字，是个零。作为字母，是英文字母，或汉语拼音字母中"O"。由于这道题目本身缺乏应有的规定性，即所"问"之"题"不明确，所以这是一个本身就成问题的问题。只是我的这种回答，未免煞风景，毫无"想象力"可言。

就这个小故事中虚拟的不同对象的答案来说，小学生、初中生的答案同我的答案相近，都比较平常，可以说"缺乏想象力"。大学生表示对这道题目不屑一顾。其实，不过一种掩饰。他们或许会想象到其中可能还有什么题外文章，但怕说漏了嘴。至于机关干部，对于回答这道题目可能牵涉到的因素的考虑，那就更多了，以致他们那种特异的想象力，是小学生、中学生、大学生即使振足了想象的翅膀也"想象"不到的。所以，从这个小故事中显示出来的，倒是人们的想象力的奇特的升腾。可见，各组的答案都未必错，倒是以"电视节目"名义出现的作者，或许"错"了。因为在他看来，从小学生、中学生到大学生、机关干部，呈现"想象力逐渐丧失"的趋势，恐怕低估了中国这种教育和这种环境在刺激过剩的想象力方面的影响。

话虽如此，作者精心编造的这个小故事，不仅有趣，而且言外之意相当深刻。在我国，如今原创精神的缺失，同人们自然的想象力从小经常受挫不无关系。故各种智力游戏以及"异想天开"之类的电视节目颇为盛行。有些文人借智力游戏说事，更属别具一格。不过，关于这个小故事，若就事论事，它所显示的，倒未必是"想象力的丧失"。我的"想象力过剩""想象力升腾"云云也属戏言。认真地说，这个小故事告诉我们的，倒是理性判断力的缺失。如果从小到大，尊重事实，相信真理，明辨是非、对错，那么，遇到此类本身就成问题的问题，大学生、机关干部就会用我曾经引证过的马克思的话说，便是"对这个问题的唯一的答复应当是对问题本身的批判"。[①]何须在一个如此简单的问题上瞎琢磨，驰骋过剩的"想象力"呢？

话虽如此，仍不得不承认，如果说作者的估计"错"了，他倒是"错"得明白。一篇像这样"错得明白"的文章，其价值实不在多篇"对得糊涂"的文章之下。至于我的如此解读，即使"读"错了，恐怕也还"错得明白"。

---

① 马克思致斐迪南·多梅拉·纽文胡斯（1881年2月22日）[M] //中共中央马克思恩格斯列宁斯大林著作编译局，编译.马克思恩格斯文集（第十卷）.北京：人民出版社，2009：458.

假如"一切为了孩子" 话语成真

上星期三上课，由于原先的教室另做他用，临时改在阅览室。一踏入"本单位"阅览室，就为几乎占满一个墙面的红字大标语所吸引。这条标语是："一切为了孩子，为了孩子的一切，为了一切孩子。"本来，对这条在中国中小学到处张贴的标语，早就习以为常，为什么会对这条标语出现在"本单位"大惊小怪呢？这倒并非由于本人原先所在的这个单位没有孩子，也不是觉得其中缺少"为了孩子"的老师，只是由于这也是一个"教育研究机构"，按理对这条标语少不得进行一番"研究"。

"为了孩子"的正当性是不容置疑的，何况这条标语又相当精致！

其精致在于：

"一切为了孩子"——涉及教育者的动机与出发点。

"为了孩子的一切"——涉及教育的内涵，即"人的全面发展"。

"为了一切孩子"——涉及教育对象的外延，即"所有学生"。

"一切"也者，无穷大之谓也。"一切孩子的一切"，是内涵无穷大、外延无穷大的"教育"。惟其如此，作为教育者应当也只能"一切为了孩子"。否则便无法实现如此艰巨的历史使命。

这是非常合乎逻辑的推理。

我们知道，任何命题都是由概念组成的，表示概念之间的关系。概念由语词表达，命题由判断句表达。即使是由同样语词组成的判断句，由于语法关系的不同，同样的概念可以组成不同的命题。本人以往曾以"不怕辣，辣不怕，怕不辣"为例，如今看来，由"为了""孩子"和"一切"三个词组成的三句口号，才可算是更为恰当的例证。

本人孤陋寡闻，以致不明这套口号的出典，不知道它是哪位高士的创意。如此动人的口号，算得上是教育理想境界的极致。只是由于这套口号传播如此之广，又赫然出现在教育之学的学府，这才不免使人萌生一堆疑团：假如这套口号都落实为行动，那将是一种怎样的情形呢？

首先，假如教师"为了孩子的一切"话语成真，教师将会怎样行动呢？即使不是对孩子"样样都管"，就说对孩子"样样都指导"吧，本人作为一个教育"研究者"（其实是旁观者），自然认为那是再好不过的事情了。不过，本人也是从学生时代过来的人，当年我们的许多老师可算是"一心扑在学生身上"的好老师，可惜我们那时毕竟幼稚，不但不怎么领情，反而怕老师"扑到我们身上"。我们虽然需要老师关心，但并不需要老师关心"我们的一切"。尽管多数同学都努力学习，也还守规矩，而老师总是叮咛复叮咛，告诫又告诫，不断指点、不断批评，总希望我们不要自满，好了还要更好。然而，我们那时偏偏不懂事，虽不懂得孩子也得有自主活动的时间与空间的番番道理，却一味逃避老师的关心与指点。我们那时是住校生，每逢周末，总是迫不及待地逃出学校，三两同伴，到河堤上去享受片刻的自由。有时一群男女同学同行，一路上肆无忌惮地引吭高歌，声音高到近于喊叫。那种感觉真好。尽管是夜晚，倒觉得那种空气特别新鲜。现在才知道，"学生的一切"，该由老师关心的和老师不该关心的，在课程设计、管理制度设计中早已考虑周到。老师只要尽职就好，用不着"为了孩子的一切"。

教师"为了一切孩子"是什么意思呢？只要是自己的学生，都该平等地对待。这是无论哪位教师都懂得的道理和规矩。至于别的班级、别的学校、别的地区学生的教育，那是别的教师的责任。何况"为了一切孩子"，事实上任何教师都做不到。大洋彼岸美国的孩子，战火中挣扎的伊拉克孩子，我们照顾得到么？

如果"为了一切孩子的一切"，这个假设能够成立，那么教师势必非得"一切为了孩子"不可。"一切为了孩子"是什么意思呢？简单地说，自己的学生就是自己的"唯一"。只此而已，岂有他哉？如果有哪位教师，间或考虑自己的生活、自己的病痛，自己的孩子、自己的家庭，自己的职称、学校的形象工程，那还称得上"一切"么？如果说这些归根到底也还是"为了孩子"，岂不是强词夺理？自然在为数众多的教师中，倒也不乏"一切为了孩子"的好教师，而那种可敬的教师只能在一年一度的教师节表彰中见到。他们在教师中虽是凤毛麟角，但如果不是希望所有教师都达到他们那种境界，那么这种表彰的意义又将何在呢？若问一般教师能否普遍达到"一切为了孩子"的境界，先得问问弘扬这种理想的高士，自己试过没有。

　　诚然，实践口号不等于行为规范，但它也有别于吹牛和说大话。故也得讲求分寸，至少得有个边际。这一套口号，犹如"一切"的立方，病在没有边际，以致几十年以来，那些高唱入云的口号，如与这套口号相比，或许倒还有些微"实事求是之意"。因为什么"一年扫除文盲""三年普及教育"，总算还有一点边际。假如三个"一切"话语成真，不知是不是还有作为"正常人"的教师和学生？惟其如此，世界上也就不存在"三个一切"的学校，而"为了孩子"的学校和教师倒不在少数。好在标榜这种口号的聪明人，心中倒不是没有数，这种口号在他们那里，也只是口号而已，所以用不着过虑。不过，果真如此，说不定又犯了一个教育者的大忌，这就是绝不可少的诚实。这种事一般小民自然不用操心。所以，本人多年来一向对这类口号大抵熟视无睹、充耳不闻。如今也只是对一个号称"教育研究"的单位，标榜这种口号，才敢冒昧发这么一通议论。这就是说，只攻这么"一点"，不及其余，同那些林林总总的大学、中学、小学张贴的标语不相干。

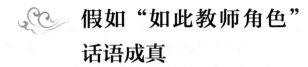

假如"如此教师角色"话语成真

有一个作文题目，叫作"假如……"。有一位学生写的是《假如我是老师》，有一位老师读了以后，写了一篇"读后感"，载于《教育文汇》杂志2005年第7期。以下是这篇"读后感"的读后感。

一

不妨把这位学生关于老师的假设和这位老师的读后感摘录如下：

关于老师的假设	读 后 感
1. 我会带着同学们到一片绿地上坐下，……在谈笑间把该传授的知识都讲出来。	1. 这不正是新课标中所提倡的吗？……到绿地上坐着上课绝对是一个好办法哟。
2. 我会带着他们去游览祖国的名山大川，到博物馆、艺术宫去参观……指导他们拍照、画一幅画，然后……写下作文。	2. 生活中处处皆学问，……如果真的这样，我们还愁学生写不出好的文章来吗？

关于老师的假设	读　后　感
3. 我会让同学们到超市或菜市场，让他们亲自动手买，……学会加减乘除，……学习有关盈亏和利润等等数学问题。	3. 学数学应该学有价值的数学，而且要让学生亲身实践、合作交流、勇于创新。
4. 在课外，我会做同学们的大朋友，让他们爬到我的背上，坐在我的腿上……	4. 新课程中要求教师的角色应由传授者转化为促进者，由管理者转化为引导者……看来这也是学生发自肺腑的要求呀！
5. 我不会布置太多的家庭作业。因为同学们都不情愿多做家庭作业。	5. 有句话说得好，不会休息就不会学习……学生的作业也应该是以学生感兴趣的、对学生有意义的实践性作业为主。这样就不必为学生完成作业而发愁了。

　　这个学生不像他的同学那样，写什么"假如我是爸爸""假如我是总统""假如我是哈利·波特"，而从现实的学生生活实际出发，借"假如我是老师"这个话题，驰骋自己想象的翅膀，写出了学生生活的童话。这则童话中的意象，像是在单调、枯燥、低效、不堪重负而又无可奈何的处境中萌生的梦幻。不过，正如任何梦幻无不是清醒时保留的印象的错乱组合一样，尽管这个学生的想象力非常丰富，他所能产生的意象，终究受其经验局限。

二

114　　这个学生和他的老师或许意识不到，如果这种梦想成真，那情形未必比现在更加美妙。他们大概不知道，在中国20世纪50年代后期至70年代末期，他们的祖辈、父辈的学生生活曾经远远超出他们的梦想。那时，不仅没有"太多的家庭作业"，而且不满足于到小菜场去学加减乘除，而"以社会为课堂"，到工厂、农村的广阔天地去经风雨、见世面。在某些年月，不仅有机会"去游览祖国的名山大川"，而且是免费加伙食供给的游历。那时让学生爬到老师背上，还是小事一桩，把老师打翻在地，"再踏上一只脚"，也不少见。这都不是什么"梦"，而是过来人永远不会忘记、谁也不想提起的恍如噩梦的现实。

尽管以往那种现象远远超出如今学生和某些老师的想象，而这个学生梦幻的锋芒所指，同以往斗争的矛头倒还有一致之处。这就是：老师"整天绷着个脸，摆着一副师道尊严的架子到课堂上给学生们上课"，老师"让同学们面对着永远不变的墙去编造出一篇篇毫无生气的作文"，老师"只在课堂上跟同学大讲什么工程问题、行程问题和什么分数呀百分数的"，老师"布置太多的家庭作业"。表明如此现实是很容易转向其反面的。

这位老师的"读后感"表明，他全以学生之"是"为是，以学生之"非"为非，倒不像有些人那样，口称"以学生为本"，心里不知想些什么，做的是哪一套？不仅如此，他还认定"学生之是"即"新课程标准之是"。可见近几年来，决策层精心策划、课程专家四方游说，所花的工夫并没有白费。

话虽如此，荀子有言在先："不以梦剧乱知。"（《荀子·解蔽》），不也值得深思么？

假如德育成为"无底洞"

　　"假如德育成为'无底洞'"，这是一个假设，这个假设如果成立，那么事实将会是：学校中的"德育教师"一天从早忙到晚，一年忙到头。日复一日，年复一年，这种工作也做不完。即使如此，虽然不能说做得不好，倒也很难说做得很好。只有在汇报成绩时，或许例外。

　　然而，德育很可能就是这样一个"无底洞"。这是由于处在如今这种社会急剧变化的时代，新旧价值观念的撞击相当尖锐。即使是新价值观念，也莫衷一是。成年人尚且难以适应，何况未成年的学生？这种适应将是一个历史的过程，而问题的解决又迫不及待。更由于没有一种"德目"不堂而皇之，也就没有理由阻止"德目主义"泛滥。吃"德育饭"的人越多，德育的头绪越乱，做"德育"事越难。再大的困难也得克服、克服、再克服，德育不就成为"无底洞"了么？

　　如果睁开眼睛看中国的德育，它成为无底之洞，既不是什么假设，也不属盖然状态，而是相当普遍的活生生的事实状态。几乎每个"德育教师"的工作状态都是证明。首长频频指示，专家步步出招，无穷无尽的会议，无边无际的议论，此起彼伏的竞赛，此伏彼起的评比，不也都是明证么？

德育就这样天天讲、月月讲、年年讲，果能有些成效，倒也罢了，或者还算值得。不过，据说它"缺乏实效"。这其实是老生常谈。此种常谈之"老"，少则三五年，多则七八载。即使追溯到十年二十年以前，也不为过。无非是一代人谈够了，下一代人接着谈。如果再向前追溯下去，三十年前，四十年前，那个情况可就不同了。据说真有奇效大验。只是那种实效实在太奇了，奇得反常，也就更加令人怀疑。

如此重要的德育，却缺乏实效，怎么办？少不得把"德育为什么缺乏实效"探究一番。说它一通又一通，通通都有道理。说到如今，虽还是老生常谈，倒也不是没有新意。一面"越说越新"，以至新得难以再新的"德育理念"层出不穷。如今新的"教育品牌"众多。一面"越说越旧"，旧得几乎难以再旧。如今攻读千年古典的学生也越来越多。私塾，其中包括仿原生态私塾，也日益走俏起来。尽管有些塾师和生徒的装束有点滑稽，毕竟还能博得某些专家的青睐。就连放肆"鞭打"学生的"西点男孩训练中心"，也不失为"人间天堂"的一道风景线。有些专家为其喝彩，某报还一登再登，据说它击中当今"教育的软肋"哩！这样一来，德育固然更加丰富多彩，惟头绪越来越乱，焉知不会成为德育"缺乏实效"的新源头？而缺乏实效，又会成为新一轮探讨"缺乏实效"的理由。就这样在"没有实效"与"议论实效"的循环中又度过了不下于一代人的时间。

欲问中国德育为什么会出现如此状态，有道是这种"德育"过于复杂了。它并非单指"道德教育"，还包括"政治教育"与所谓"思想教育"。此说不无道理，本人还曾在杂志上发表系列文章，加入议论中国德育缺乏实效写手行列。惟据本写手所写，在现代，别的国家何尝只有道德教育？它们未必没有政治教育、思想教育，无非是说法不同，做法不同。只是大致可以肯定，在信仰自由的国家，此类教育并非"无底洞"。而中国何尝不是信仰自由的国度？

或谓中国"德育目标过高"，本写手也曾参与此议。倒也不能不承认，近二十年间历次表达"德育目标"的正式文献表明，这种目标早已呈现从伦理高线递降的趋势。从1998年的《中小学德育规程》看来，其中的"德育目标"已经相当接近伦理底线了。如果还以为"德育目标过高"，那就不知道怎样的表达才合适了。话虽如此，真正的德育目标不在纸上，而在人们的心目中，更隐含在各种德育实践之中。成文的德育目标如果算数，又怎会出现那么多的德育高调和"无底洞"式的德育实践呢？

如果说德育问题的症结，不在要不要进行"政治教育""思想教育"，也不在成文的"德育目标"如何表述，那么要把握问题的症结，先得问：德育到底是怎么一回事？学校中德育的"工作"在哪里？

德育，原是学校中教育的一种成分。在古代，除希腊以外，"道德教育"几乎是"教育"（狭义）的同义语。现代教育，除道德教育以外，还包括社会教育、智育、美育、体育以及技术教育等。由这样多种成分构成的"教育"的实施，便是学校中的"工作"问题。这种"工作"主要纳入课程框架之中。课程作为学校级别与类别的规定性，规定某级、某类学校实施什么教育。课程基本上通过教-学活动加以实施。教-学（教学生学）便是学校工作的基本方式，旨在使学生获得现代教养，作为个体个性化与个体社会化的基础。只是由于课程的实施是一个逐步提高学生教养水平的过程，到基础教育阶段结束时才告一段落，而在此过程中，成长中的未成年人的行为有待管理与指导，故有必要实施"学生行为管理"与"学生行为指导"，作为对课程实施的补充。由于迄今为止的课程并不完善，即并非所有课程都有"教育价值"，故更有必要对学生的行为加以管理与指导，同时讲求"课程的教育价值"。

这样，欲问学校中的德育在哪里，按照现代学校的一般情况，学校德育实践系统大致包括：

1. 有教育价值的课程（或教育性教学）；

2. 思想道德类课程（属于直接道德教学）；

3. 学生行为管理（含学生自主管理）；

4. 学生行为指导（"指导"与"管理"有别，但二者可以在"班主任""指导教师"之类名义下合并）。

上述诸种经验形式或工作方式，各自对学生道德学习、正当价值观念与优良品质的形成可能发生的影响不同。它们或可相互补充，但相互替代不了。

相比之下，中国多年来孜孜追求、纷纷议论、津津乐道、层层部署的"德育"的"工作"，基本上局限于"思想道德类课程""学生行为管理"与"学生行为指导"（相当模糊、相当薄弱）。现行《中小学德育规程》的调整对象便是明证。这倒并非无由。这是由于我国缺乏别国校内或校外的宗教教育，而在中国应试化的课程中，教育价值的含量比别国更加稀少。由于课程实施是多数教师和所有学生的基本任务，就教师和学生在校活动的时间、空间和精力来说，我们所谓德育的工作，不啻是"在螺蛳壳中做道场"。然而正由于这个"道场"过小，也就更加需要广布此道，以致把其中的道理无节制地扩大。到头来，居然似乎相信所宣传的就是事实本身。那是由于我们看到的，是自己制造的放大镜中的"德育"。尽管这番道理，犹如用大炮打蚊子，而其功力实在不可低估：它为中国德育打造了一个"无底洞"。

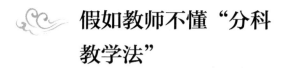# 假如教师不懂"分科教学法"

假如教师不懂教学法，那教学将是怎样的情形？如果教师懂得教学法，教学又将是什么情况？提出如此设问，像是在兜售教学法。其实，本人并没有发明什么牌号的教学法，手上也没有什么货色需要兜售。只是提出问题，请老师们自己去考虑。

这位或那位老师是不是懂得教学法，他们自己心中有数。如果他不懂教学法，而教学效果很好，并成为高级教师、特级教师，是不是表示教学法无用呢？这就得看那是什么教学效果。如果他的教学效果主要表现为学生分数高、升学率高，那还不足以证明教学法无用。如果他的教学效果"真好"，能不能证明教学法无用呢？还得看其教学实践是不是违背教学法。因为是不是懂得教学法是一回事，其实践是不是符合教学法，则是另一回事。如果他只是没有违背教学法，而教学效果"真好"，那也说得过去，因为教学法不是万应灵药。它固然对教学成效有影响，而教学成效还取决于教师的人格和努力程度。教学法如被教师自觉地恰当地运用才可望有效。

说到这里，只是一堆"如果"，也就是一个又一个假设的问题。至于事实情况如何，自然用不着我来回答，因为老师们比我更清楚。不过，我也不是无端地提出这些问题。无非是在听课中、在参与备课中、在评课中有感而发。这些感想，说穿了，就是教学法离我们的教学已经渐行渐远了。

拿感想说事，自然不可靠，重要的是看普遍的事实情况如何。事实究竟如何呢？追根究底，尽管如今教师继续教育、教师培训如火如荼，而从有关报道和"课题研究成果"看来，其中似乎难觅教学法的影子。根子如此，茎叶可知！至于这种存在的合理性或不合理性，还得进一步考虑。这种考虑又得从"教学法是什么"说起。

一

教学法是什么？本人既没有发明过什么教学法，也非教学法研究者，这个问题还用得着本人来回答么？只是既然提到它，也就回避不了。

教学法原是学科名称。据唐钺、朱经农、高觉敷主编的《教育大辞书》解释："凡依据由实验而得之原理，以教儿童学习各种学科之方法，谓之各科教学法，或教学法各论。而讨论教学上一般的原则，为各科教学所共通适用者，谓之教学法概论，或教学法通论。"①这个解释不错，但有必要补充说明。

1."教学法"一词，原为"教授法"。由于陶行知倡议把"教授"改称"教学"，这才把它改称"教学法"，只是换个语言

---

① 唐钺，朱经农，高觉敷，主编.教育大辞书［M］.上海：商务印书馆，1928：1068.

符号，并不表示事实就自然而然地随之变化。它事实上仍是教授法，涉及教师如何"教"的问题。

2. 教学法之"法"，容易被误解为教学的"方法"。其实，它指的是教学的"法则"。"依据由实验而得之原理""教学上一般的法则"，此之谓也。

所谓"法则"，原有"自然法则"与"当然法则"之分。"自然法则"即规律；"当然法则"即"原则"，是指作为价值观念凝结用以指导实践的原则。后来，把"法则"作为"规律"的同义语，才把"当然法则"改称为"原则"。它们之间的区别在于，"规律"是隐含在已经发生的历史的现实的事实中的诸种现象的必然的联系；"原则"则是自觉地变革已经存在的事实的实践价值取向。以往有些教育学教科书把"原则"说成是"规律"，那是出于对"原则"与"规律"的误解。

3. "教学法"脱胎于"教学艺术"。所谓"教学艺术"，其中的"艺术"，是同"自然"对举的概念。相对于自然发生的事物，艺术是指对自然事物人为加工改造的系列动作。不过，对自然发生的事物进行人为加工、改造的系列动作，又有机械的（刻板的）手工技艺与艺术之别。"艺术"专指在原则指导下的实践，又称为"自由艺术"。

综上所说，教学法的研究对象是教学艺术；"教学艺术"即"教学的当然法则"；"教学的当然法则"即"教学的原则—规则体系"。17世纪经夸美纽斯概括的，是称之为"教学艺术"的有关教师如何教学生学的一套原则—规则体系；19世纪第斯多惠称之为"教学法"的，是更带民主色彩的教学原则—规则体系。

明乎此，那就不难了解，我国如今纷纷应市的各种品牌的"教学法"到底是正品还是赝品了。

二

如今，教学法同教师的教学渐行渐远，并非无由。

1. 教学法原先作为教学的"当然法则"指导实践，后来，随着科学潮流的涌动，教学艺术、教学的当然法则，都显得客观依据不足，从而出现研究教学的"自然法则"的尝试。不过，前辈学者的头脑倒还不至于简单到只承认"自然法则"，否认"当然法则"。从此形成教学法研究的科学取向与实践取向（价值取向）分途。

2. 随着教育研究的进展，教学法本身也发生了分化，这就是"普通教学法"与"分科教学法"的分野。

普通教学法在形成过程中，首先遭遇教育学的挑战。"教育学"原本是"教育"之学，与"普通教学法"并行。其中并无"教学理论"部分。19世纪初，赫尔巴特率先在《普通教育学》中建构"教学理论"。教育学中的教学理论越丰富，越显得"普通教学法"缺乏理论深度，最终以作为独立学科领域的"教学论"取代"普通教学法"，而剩下的"分科教学法"，由于缺乏教学一般法则的内涵，而成为处理教材的"方法"。其学术声誉可想而知。

3. 分科教学法得以长期存在，也不无原因。因为"方法"是同"内容"对举的概念。按照杜威的说法，方法是处理材料的方式。所谓不同的方法，其实是在不同的处理材料（内容）方式的比较中形成的抽象的概念。事实上任何方法与内容都是同一活动的两个不可分割的方面。例如，在数学中，由于小数、分数与整数不同，几何图形与四则运算不同，教法也就随之不同。语文课程中说话、写字、阅读、作文各有特点，自然课程、社会课程的教材又有别于数学、语文教材，也就得根据不同教材的特点，采取不同的教法。这正是分科教学法得以存在的理由。相比之下，教育学、教学论、课程论的那些"教学方法"即使确有根据（即撇开杜撰的"教学方法"），因游离于具体教材，也就不足以解决教学实践中对具体教材如何处理的问题。惟其如此，分科教学法的生命力也就不在教育学之下。问题在于分科教学法的核心内容，是在同中小学每节课程中一系列具体教材的联系中构成的，也就不免给人们留下"小儿科"的印象，以致难登"教育科学""教育理论"的大雅之堂。

4. 尽管分科教学法比其他教育学科同中小学课程的联系更为密切，然而它比其他教育学科更不适宜于作为教师职前教育的课程。因为这类学生心目中并不存在具体教材处理的难题。对这些学生开设这种课程，不啻是无的放矢，而且有碍这门课程的声誉。而这种课程在教师职后教育中，倒像是"及时雨"。

三

其实，教学法命运多舛，还另有深层的缘故。

分科教学法，植根于学科课程。其命运也就同学科课程编制联系在一起。尽管迄今为止，即使是教育发达国家，学科课程仍是课程编制的主要类型。然而这种课程编制的局限性，早从进入20世纪开始，就已经充分暴露出来。它也就受到了挑战。人们遂在学科课程之外，另辟蹊径，导致多种课程编制的出现，如经验课程、核心课程等。相应地出现如克伯屈的"设计方法"、华虚朋（Carleton Wolsey Washburne）的"文纳特卡计划"、莫里森（Gary R. Morrison）的"单元教材精习制"等风靡一时的新建树。如果说教学法原是教授法，那么这些新尝试所要解决的，则是学生如何在教师辅导下学习的问题，并且"教材"观念也同以往的"教科书"或多或少有区别。不过，这并未妨碍我国学者仍以教学法的眼光看待这类新尝试，把它们称之为"设计教学法""文纳特卡教学法""莫里森教学法"。由于即使在发生这类"新教育"尝试的国度，仍以学科课程为课程编制的主要类型，故这些新尝试的命运也只能是昙花一现。然而正由于这些新建树已经打开了人们的眼界，学科课程连同本来意义的教学法，也就更加显得逊色。

一个世纪以来，既然学科课程未废，也就证明教学法的生命并未终结。只是由于其学术声誉不高，教学法终究式微。尽管教学法的命运如此，正由于学科课程的地位并未从根本上动摇，以致就连进步教育盛行一时的美国，教学法在中小学，尤其是中学仍有相当影响。美国课程专家古得莱得（John I. Goodlad）在"学校教育研究"课题报告《一个称作学校的地方》中提到，小学教师一直在用一些不能使所有学生真正参加学习的教学和分班的方法。"因为教师本人对他们所受的培训的认识，证明他们具备应有的知识，所以我们可以假定问题出在教学法上，而不是教师的学术背景上。"不过，教学法本身也存在问题，"教学法中只有某些方面是可以各专业通用的，其他的要根据不同科目的特点而定……需要更加重视学生是怎样学习的，以及学习科目是怎样组成的，才能填补这一缺陷"，"不管怎样，对具体学习科目的教学法的兴趣始终集中在中学教育阶段，不是小学教育"。①这种看法还是比较到位的。教学法同"不同科目的特点"相关，是其长；其中缺乏"各专业通用"的法则，是其短。取长补短之要，在于"更加重视学生是怎样学习的，以及学习科目是怎样组成的"，即以学习心理研究与课程研究弥补教学法的缺陷。

20世纪50年代之后，我国对教学法的了解，得益于苏联的教学法研究成果。苏联在20世纪20年代，曾经在欧洲"新学校"和美国进步教育影响下，进行大规模的改革。其激情与规模曾使西方学者望尘莫及。从1931年开始，急流勇退，迅速转向，近代以来的传统教育以超强的力度全方位反弹，在重建学科课程过程中，重新建构教学法。

在苏联，教学法之于教师，实非同寻常。由于实行国定课程体制，"教学大纲就是法律"，学校和教师无权更动课程与

① 约翰·I.古得莱得.一个称作学校的地方［M］.苏智欣，胡玲，陈建华，译.上海：华东师范大学出版社，2006：196-197.

教材，主要在教学法上下功夫，旨在使法定的课程转化为学生的教养。为此，在学校中建立"教学研究组织"（简称"教研组"），在教育行政机构中建立"教学研究室"。"教研组（室）"的主要职能，为"教学法研究"。时至1970年，干脆把"教研组"更名为"教学法小组"。在学校中，还以"教学法委员会"取代"教务会议"，实际上实行教师教学自治。可见教学法在苏联的命运特佳。

五

教学法在中国的命运如何呢？

我国在20世纪上半期，教学法研究非常活跃，涌现出一批杰出的教学法专家，如俞子夷、吴研因、沈百英、赵廷为。他们堪称我国教学法研究的开拓者。由于汉字有别于西方文字，在中国语文教学研究方面，更有独创性。他们不仅在中国国内而且在华人世界，都有很高的声望。他们一生与时俱进。从对赫尔巴特学派的教学法研究到主持和参与新教育试验，直到后来引进与推广苏联教学法，都作出了贡献。

我国从1952年开始，就参照苏联的先例，在中小学设置教研组，后来又在教育行政机构中，陆续建立教学研究室。20世纪50年代，在中小学，教学法颇为盛行。这是由于当时教学法是教师职前职后教育的必修课程之一。一般教师或多或少受到过一定的教学法训练。在发达地区，大抵能按照教学法评价教学，以致在很长时间里，从事一般教育理论研究的大学教师，如果不懂中小学教材教法，因同中小学教师缺乏共同语言，而很难走进中小学。鉴于在我国学科课程比美国、苏联课程中的优势更大，按理比别的国家更须讲求教学法，而实际情况与此恰恰相反。昔日教学法的繁荣，早已一去不复返了。

如此状况，首先同分科教学法本身的局限性相关。我国从进入教育改革的新时代开始，客观上需要更新传统的教育价值观念，而教学法涉及的是这部分或那部分教材如何教的问题，成不了高头讲章。同各种崭新的教育价值观念相比，它像是无关紧要的"小儿科"。它既登不了教育理论的大雅之堂，也难以列入"学校形象工程"，或教育行政部门的"政绩工程"。一些地方即使冒出这种或那种教学法品牌，终究由于缺乏教学法应有的普遍适用性而各领风骚不多天。

我国教学法研究者，大都来自中小学教学经验丰富的教师。就一般情况来说，他们虽有可贵的实践经验，却因受狭隘分工的局限，缺乏一般教育理论的视野与教育研究的训练；而教育理论水平甚高、研究能力较强的学者，又不屑关注这种教育研究领域的"小儿科"。故原有的"教学法"，为了提高"理论水平"，往往羼入教育学、教学论、课程论和心理学话语，反而不伦不类，弄巧成拙。到如今竟走上了末路，成为淡化教学法特点的"学科教育学"。剩下的各种赝品教学法，总算还给人们留下一点教学法的记忆。如此这般的"教学法"，就连在教师职后教育中消失，其合理性也不言而喻。

然而，不同课程、不同教材如何有效地教学，毕竟是每个教师回避不了的难题。这样，问题就出现了：假如教师不懂得教学法，那教学将是怎样的情形？凭经验解决么？拍脑袋从头摸索么？如果那样的话，要教研组何用？要教研室何用？这且不谈，就说那些先进的"教学理念"吧，如果不是一直飘浮在口头上，羼入文章中，那么只有以教材教法为载体，即落在实地，才称得上是教学的理念。

如果这只是一个对教学法的认识问题，事情也许还不难解决。困难在于"教学法的命运"原不是真正的问题，真正的问题是"教学法研究者"的命运。因为教学法的学术声誉高不高，实同中小学教师无干，而对于"教学法研究者"，却是至关重要的问题。譬如有一位在数学教学研究方面颇有建树的专家，仅仅由于"数学教学法"学术声誉受到质疑，这位专家就进不了"博士生导师"的殿堂。

如今，不懂教学法的"专家"，可以大摇大摆地进出中小学（惭愧，本人就是一例）；教研室的研究人员、大学的教学法教师，不论教育理论的功底如何，却玩起了"教学理念"。这就叫作"外行人干起了内行事，内行人干起了外行事"。教学法研究者的状况如此，教学法的命运又能怎样呢？

缺乏智慧的课程现象
发生的缘由

　　《教育参考》杂志2001年第4期发表吴志宏教授《呼唤有智慧的教育》一文。这篇针砭时弊的大作，所论合情合理，恰如其分。它本身就不失为一篇富有教育智慧的作品。只是其中关于什么是智慧，智慧是不是等同于兴趣、求知欲、想象力、自信心以及对真善美的渴望，何谓"有智慧的教育"，在教育中人类理想为什么会"沉落到与我们的实际持平的地步"等，似乎作了回答，但言犹未尽。这里拟就这些问题作一点补充说明。

一

　　何谓"智慧"，鲜见精确的定义。洛克（John Locke）称："我对于智慧的解释和一般流行的解释是一样的，它使得一个人能干并有远见，能很好地处理他的事务，并对事务专心致志。"①这可算是当时英国约定俗成的"智慧"含义，同别的国家对"智慧"的理解亦无多大出入。这一解释表明"智慧"的要义

---

① 约翰·洛克.教育漫话［M］.傅任敢，译.北京：教育科学出版社，1999：117-118.

是 :(1) 它是在恰当地处理事务中显示出来的机智的选择 ;(2) 它是在正当地处理事务中显示出来的善意。前者表示"智慧"与"知识"的区别，后者表示"智慧"与"狡猾"的界限。这二者又使"智慧"有别于"聪明"。因为"聪明"不一定诉诸理性，又不见得出于善意。

通常有所谓"大聪明"与"小聪明"之说，说的正是"智慧"与"聪明"之别。聪明人若失去善意，便可能变得狡猾。"狡猾的计谋只能使你占一次便宜，但是以后永远要吃亏。"因为"无论什么掩饰决不能巨大或细致到不被别人发觉"。[①]这就是"聪明反被聪明误"的道理，以致"机关算尽太聪明，反误了卿卿性命"。有智慧的人并不自作聪明，或者说惟其不卖弄聪明，不作秀，不煽情，不炒作，不低估别人的识别能力，才堪称"明智之士"。这就叫作"去小知而大知明"(《庄子·外物》)。

说到有智慧的人都"对事务专心致志"，这要具体分析。虽然如歌德所说，智慧的最后结论是 : 生活也好，自由也好，都要天天去赢得，才有资格去享有它。即智慧出于勤奋，出于执著的追求 ; 惟勤奋、执著的追求未必都能出智慧。真正的智慧在于知道最值得知道的事，只做值得做而又能够做的事。"多闻而择焉，所以明智也。"(刘向《说苑·建本》)

智慧只存在于真理之中，而真理是在求知中获得的。知识有助于开阔视野，有助于人们对复杂而多变的事务，作出理性的判断与明智的选择。由于现成的知识是从无数相关事实中概

① 约翰·洛克.教育漫话 [M].傅任敢，译.北京：教育科学出版社，1999：117-118.

括出来的，如不在复杂而多变的事务中具体运用，它只是抽象的符号而已，故知识能否转化为智慧，全在于运用。智慧无不是在正当地、恰当地处理事务过程中显示出来的。不过，这里所谓"事务"，不限于实际工作。书本学习本身，也可视为一种事务。关于为什么学习、学习什么、怎样学习所作的选择，也存在是否明智问题。"智出于争"，在理论争议中，不同见解之间的撞击，更能迸发智慧的火花。

有大智慧的人，被公认为"别具慧眼"。自然，不是由于他们的眼睛特殊，而是由于他们能摆脱习俗的偏见，甚至从平凡中发现奇迹。原因固然很多，至少由于他们具有独立个性、自主人格。兴趣、好奇心、想象力、自信心，都属个性、人格的显示。兴趣、好奇心，可以打开心灵的门户，把心灵引向对象的深处；想象力犹如心灵的翅膀，使心灵得以超越具体对象在广阔的视野中飞翔；自信心赋予心灵以直面对象的勇气。但它们本身都还算不上是智慧，它们只有在实际处理事务时，才聚集在智慧之中。

可见，智慧是一种综合能力，也是一种德性。尽管大智大慧的杰出人士可遇而不可求，而普通人倒也不乏智慧。因为正当地、恰当地处理事务的人比比皆是。惟其如此，才可以把智慧作为教育问题讨论。

二

何谓"有智慧的教育"？无须从"智慧"定义中去推求。

既然认定曾经有过一个"有智慧的教育"的时代，不妨看看那种教育是怎样的情形，进而考察为什么会从"有智慧的教育"演变成"乏智慧的教育"。

"哲学"一词原为古希腊语，"爱智"之义。故如怀特海（Alfred North Whitehead）所说，在古代学校里，哲学家们渴望传授的是智慧；到了近代，洛克把绅士教育理解为"四件事情"，"就是德行、智慧、礼仪和学问"，并且认定在这"四件事情"中，"学问最不重要"。[①]可见，他所谓"教育"，算得上是"有智慧的教育"。这倒不只是出于哲学家的职业兴趣与偏好，而是古代与近代之交欧洲正规教育的一般取向，属时代使然。

不过，按照洛克的见解，智慧是一种"善良的天性、心灵的努力和经验结合而成的产物"。故它"不是儿童所可企及的"，"儿童对于智慧最能做到的一件大事就是，要尽力阻止他们变狡猾"，因为"狡猾模仿智慧，但是它与智慧相离最远"。这样，他对于教育中的"智慧"不如"德行""礼仪"及"学问"那样详细加以发挥，所作的正面解释是："要使他们习于真实，习于诚笃，服从理智和尽量反省他们自己的行为。"[②]其实，这正是那种"有智慧的教育"的精义所在。不过，这里是就理性有待形成的"儿童"而言，在教育的一般意义上，"智慧"为教育的要件之一。在教育史上，洛克堪称是率先把教育作为一个"近代问题"提出来的教育家。他的教育见解，不仅对于英国教育近代化有深刻影响，也在欧洲其他国家的教育中留下印记。

---

① 约翰·洛克.教育漫话［M］.傅任敢，译.北京：教育科学出版社，1999：114、126.
② 同上：117—118.

近代欧洲教育的情形如何呢？欧洲从文艺复兴时代开始，"以复古为解放"，复古希腊、古罗马教育之古，旨在弘扬自由精神，发展儿童的独立个性。其经验形式，则是以古希腊、古罗马时代的文字（古希腊文、拉丁文）、典籍与历史为主要课程。不过，在文艺复兴后期，古典人文主义教育已经沦为形式主义的教学。故近代教育思想的先驱，如夸美纽斯、洛克，以及18世纪与19世纪之交的新人文主义者，如康德、席勒等，无不抨击教育中的形式主义，重在发扬古希腊教育中的自由精神。后来逐渐形成古典人文倾向的博雅教育，一直延伸到19世纪，成为正规教育的主流，至今在欧洲国家仍有颇大影响。

洛克所谓教育的"四件事情"，不啻是博雅教育的蓝图。这种教育重在陶冶情操与理智品质，崇尚个性自由，培养独立判断能力与论证的习惯，旨在造就精英。惟英国古典人文教育比欧洲大陆的古典人文教育务实一些，更注重实践智慧。不过，随着时代的推移，到了19世纪下半期，这种"有智慧的教育"逐渐引起怀疑。这就是不止一次的"形式教育"与"实质教育"之争。争论的结果，表明注重形式训练的古典人文教育的问题在于：

1. 古典文法、典籍中包含的历史文化，虽反映了自由思想，闪现着智慧的光辉，然而，这种远离现实时代的知识本身并无实用价值。

2. 形式教育论者假定在古典文化陶冶中受到训练的理智可以迁移到其他方面，这种假设已为现代心理学所否定。

3. 博雅教育旨在造就精英，早已不适合民主时代的潮流。

随着现代基础教育的普及，须提供未成年人普遍需要而又能够接受的基础教育。

4. 适应教育事业的普及，教育越来越制度化，制度化带来的片面知识化，使教育同教育对象及社会生活的需求脱节。

这一切，导致基础教育日趋知识化，"智慧"逐渐从教育中淡出。

如果说传统的"有智慧的教育"是从前工业社会向工业社会转变时期的产物，那么，制度化的片面的知识化的教育，则是教育模拟标准化的工业生产方式的结果。如今已经面临知识经济时代，迫切需要造就具有创新精神与实践能力的人才。且不说现时代的经济究竟是"知识经济"还是"智慧经济"，以"有智慧的教育"取代"乏智慧的教育"，恐怕已属大势所趋。至于现时代的"有智慧的教育"到底如何，尚待探索，而传统的"有智慧的教育"的淡化，何足惜哉？

三

中国虽然基本上参照西方教育的先例，展开教育近代化与现代化的进程，不过，如今中国教育也许比西方教育更缺乏西方意义上的"智慧"的成分；同时，中国历史文化又孕育了稍有别于西方的东方人的"智慧"。个中缘由非止一端，其荦荦大者有：

1. 西方教育的源头是古希腊、古罗马文化，而东方国家如日本、中国在引进西方教育经验时，并未引进西方人引为自豪的博雅教育。固然由于在19世纪与20世纪之交，古典人文倾向的博雅教育在西方社会已经失去势头，更重要的原因在于古希腊、古罗马文化之于东方社会的意义与西方社会不同。

欧洲各种主要民族语言，如英语、法语、西班牙语、意大利语、德语以及俄语，直到14世纪甚至更晚的年代，才逐渐形成。它们起初只是民间语言。至于学术用语，主要是参照古希腊语、拉丁语词根建构的。不仅近代哲学、神学、法学、文学艺术如此，就连自然科学也不例外，故在西方社会，不熟悉古代语言与文化，就连近代学术文明、专业用语的含义也难以理解；中国以及主要东方国家的情况则与此不同。中华民族的文化与学术传统始终没有中断，故在日本、中国的教育近代化进程中，理所当然地主要参照西方19世纪与20世纪之交的新经验，并以东方价值观念对这种经验作出选择，在表达西方教育时，从汉语中寻求对应词语，也就无须引进西方古典教育。这样，也就缺乏西方那种"有智慧的教育"的渊源。

2. 更深层的原因是：古希腊"哲学"的原意为"爱智"。苏格拉底就以"爱智者"自命，相信客观真理存在及认识真理的可能性。他运用产婆术同青年诘难论辩，旨在探求真知。中国"哲学"的本义，上古时代的《尚书·皋陶谟》即论定："知人则哲，能官人。安民则惠，黎民怀之。"樊迟问"知"，孔子一言以蔽之："知人。"（《论语·颜渊》）他所谓"知"，主要不在于事物的真知，即客观真理，而属"知人"的"智慧"。故孔子同其弟子之间的问对，其答案往往因人而异，以致后人羡称"因材施教"。岂知这种"因材施教"，恰恰忽视真知的求索。关于如何知人，孔子称"视其所以，观其所由，察其所安"。这种知人的智慧可谓登峰造极。这种智慧的运用怎能不会"人焉廋哉，人焉廋哉"（《论语·为政》）呢？

可见，东方人与西方人都不乏"智慧"，只是二者心思不同，"智慧"所用的地方有别。按理，中国教育与西方教育相比，应当更多"智慧"，较少知识。问题是中国教育近代化进程又以西方现代教育为蓝本，结果反而比西方教育更加知识化；同时，中国擅长的这种智慧，又少不得用于对知识化教育的操作，以致尽管中国教育也日益制度化，而制度往往又为"知人"的智慧所抵消。真是妙不可言，又奈何不得。

3. 我国至今仍常谈所谓"德智体全面发展"，相应地有德育、智育、体育之分。同德育、体育并立的智育，是西方近代才形成的概念。

何谓"智育"？智育之"智"，或指知识，或指智力，或指智慧，其中"智力"为引申义。西方在18世纪与19世纪之交，裴斯泰洛齐率先提出人的和谐而协调的发展时，所指的"智"为智慧，反映那时的教育属于"有智慧的教育"。在此以前，洛克"智慧"与"学问"之分，其中的"学问"，指的是知识，它们的意思都不含糊。中国古代汉语，多用单词，以致"知""智"不分，其含义可据语境确立。如《论语》中所谓"告诸往而知来者"（《论语·学而》），其中的"知"字为知晓、知识之义；"知者乐水"（《论语·雍也》），其中"知"字，为"智"之义。且不说如今西方教育文献中，"智育"一词已不常用，而中国如今仍频繁使用"智育"一词。由于中国久有

"知""智"可分又不可分的传统用法，以致"智育"一词常常掩盖了陶冶智慧与传授知识的区别，从而造成一种错觉，以为只要有智育，就不乏智慧，只要有知识传授，就算有了智育。

尽管随着时代的变迁，智慧的运用及陶冶智慧的经验形式可能发生变化，而"智慧"的基本含义未必有大的变化。以"有智慧的教育"代替"乏智慧的教育"更属大势所趋。

为课堂转向喝彩

——戏拟中学生座谈纪要

"千钧霹雳开新宇，万里东风扫残云。"在这新世纪的春天，改革之风吹遍神州大地，我们的学校正在发生翻天覆地的变化。过去，我们的课堂被老师占去了多少年，现在老师终于开始把课堂还给我们了。我们无比激动，有说不完的话……

A：过去上课时，老师高高在上，滔滔不绝地讲，我们不管听得懂听不懂，爱听不爱听，都得抬头仰望老师，听、听、听。在老师的讲台和我们的课桌之间，明显地形成一条鸿沟。现在好了，我们教室里的讲台，已经靠边站，老师和我们站在同一个平面上，我们可以和老师随意交流了。

B：你说得对，我们学校不仅取消了讲台，还改变了课桌椅的排列格式。以往的"稻田式"已经让位于"圆桌会"或"四角鼎立型"。（A：奇了，哪有四角的"鼎"？）就连华东师范大学的专家也认为讲台在一定意义上是权威的象征，"取消讲台是带动课堂教改的楔子"。（C：专家的话太深奥了，这句话听不懂。）听不懂拉倒。重要的是专家为我们撑腰。

C：你们学校让讲台靠边站，老师的权威不见得就跟着靠边站。还是我们学校的经验好。过去老师常常用纪律卡我们，现

140

为课堂转向喝彩

在不同了。我们学校规定：家离学校远的学生，不参加早自习，或不按时参加早自习，不算迟到；我们上课时偷看闲书，学校不但不许老师没收，还要求老师反思自己的课堂为什么没有吸引力；老师在课堂上提问，我们可以不回答。这是学校给予我们的"沉默权"。

D："沉默权"，绝了！以往上课时，老师为了怕别人说他"满堂灌"，就来个"满堂问"。有一批专家到我们学校做过调查，据统计18节课平均每节课提问30次，也就是每隔一分半钟提问一次，烦死了。我们如果有了"沉默权"，就可以不理他。他问他的，我看我的闲书。

E：上课时老看闲书也单调。我们学校允许我们上课插嘴。老师讲课时，我们七嘴八舌，课堂上那才热闹哩！

D：妙！老师提问，我可以不理睬；老师讲课，我可以插嘴。课堂的主动权全在本学生掌握之中。

E：别高兴得太早，老师还可以拿作业卡我们。

F：何必担心？我们学校允许我们在作业上"开天窗"。也就是说，我们可以适当地放弃会做的"基础题"和暂时不会做的题目。我们学校作业"开天窗"的经验在全国重点中学校长研修班上介绍，还得到近百位校长赞赏呢！

G：我们学校比你们学校更宽松。学校规定：家庭作业可以采用"自助餐的方式"来交，部分完成作业有困难的同学，由老师用集体方式和个别辅导方式予以补教；个别基础太差的同学，即使把别人的作业拿去抄一遍，也不算违纪。

E：你们学校的经验好是好，能够推广么？

G：2001年5月10日的《中国青年报》在头版头条报道了我们学校的"教改探索"。你们不信可以去查。

A：最好把考试也改一改。

B：你还不知道吗？现在沪上早已"轻吹考试改革风"了。有的学校学生可以"自拟作文试题"；有的学校考试"答题不限时间"；有的学校学生可以经家长同意，自行申请免试。语文、数学、外语期终考试免试名额已占学生数的25%。

A：OK，这样的好事别是你"吹"出来的吧？

B："吹"？你去查查2001年1月12日的《文汇报》好了。

C：照我看，干脆不用上学，在家学习岂不更好？人家美国早就允许"在家上学"了。日本也时兴"闭门族"：不上学，不工作，不参加社会活动。

D：我们中国也有"闭门族"。1999年10月21日《扬子晚报》上就有报道。有一个姓周的家长，让他读初中一年级的儿子退学，在家里学习，已有5年之久。只学自己感兴趣的东西，那才有劲。

B：韩寒的例子更有说服力。那小子真棒！

G：这样岂不是违反《义务教育法》了？

B：连政府都不管，执法机关也睁一眼，闭一眼，我们管它干吗？

C：再想想，还有什么要改？

A：我就要一条：允许在家上学。只要有这一条，学校改不改同我们有什么相干？

D：当"闭门族"，好是好，就是太孤单了。让老爸老妈管，更没劲。

E：前面都已谈到，我们能想到的，有些学校都想到了。就是我们的老爸老妈和有些老师太保守。他们对这些新生事物总是看不惯。唉！这些绊脚石！

F：有什么法子可以"救救老爸老妈""救救老师"呢？

B：有！现在电视台、报纸为我们撑腰，又有那么多教育专家为我们说话。过去家长、老师老是揭我们的短，现在我们也可以在电视屏幕上"实话实说"。公开揭他们的短，弄得他们哭笑不得。

D：还有一个小品，表演一个女孩当面数落她老爸老妈的过错，淋漓尽致。虽然那个丫头老气横秋，不讨人喜欢，作为我们的代言人，倒还卖力。

E：嘿！过去是"三娘教子"，现在来他个"子教三娘"，把被颠倒的历史颠倒过来。

F：我看现在老爸老妈、校长老师大都落伍了。就数教育专家、记者、电视节目主持人行，少数校长也行。

H：你们说了那么多，我看是"旗杆上放鞭炮——响（想）得高"。难道什么规矩都不讲了？

E：规矩，值几文钱？老师常说"不依规矩，不能成方圆"。"规"是圆规，"矩"是曲尺。现在是电脑时代，不用圆规、曲尺，上机也能打出圆和方。"不依规矩照样成方圆。"

H：照这样改下去，我们上大学还有希望么？

C：听到这种话就烦。没劲，开路！（拉着D跑了）

A：谈得正热闹，你们怎么开溜了？

C和D：（高唱）"说走咱就走，你有我有全都有……"

H：（哼着走开）"悠悠岁月，欲说当年好困惑，亦真亦幻难取舍……"

III

权衡教育价值判断的对或错

"教育"价值观念在变化中

——《中国还有教育吗?》平议

在2005年12月的《教育参考》杂志中蓦然见到国平兄的一个大问号:"中国还有教育吗?"也许由于自己如他所说,一向就是"云里雾里看教育",所以不觉得这是一个问题。一旦出现一缕霞光,这才恍然大悟,方知教育话语中绕口的或不绕口的绕口令,是绕口令,不是教育;教育领域中的一地鸡毛,不见得是一地教育。不过,如果反问一句:"难道中国现在真的没有教育吗?"倒也难以反驳。因为如今中国大地上热闹非凡,气象万千。在教育部门管辖的这个领域,有说别人的话做自己的事(或别人的事)的聪明人和实干家,也有说自己的话做自己的事(或别人的事)的实干家和聪明人,不能一概而论。这就难怪像我这样的人,要"云里雾里看教育"了,盖因这个领域本身,既像云,又像雾。至于以十万八万大洋买来卖去的报刊版面上的"教育",即以报道为名义的广告,以广告为名义的"谎告"中的"教育",那就更加使人如堕五里雾中了。

要问中国真正意义上的教育,有耶?无耶?那就得从"教育是什么"谈起。不过,说来话长,只得长话短说。

147

一

"教育"的本义是什么？起初有个说法："以善先人者谓之教。"这就是说，谁比别人更善，他对别人的影响，就称之为"教育"。这还属环境影响。在正式的教育组织中，"教也者，长善而救其失者也"。西方"教育"一词，"引出"才是其本义。所谓"出"，是指学生原有的善或失，"引"也不外是"长其善"而"救其失"。可见"教育"的本义同善相关，把影响落实在学生身上，才称得上教育。此道理真是简单之至。如果不是为了使人的品质与行为有所改善，又何须教育？我们通常说的"使人成人"或"学会做人"，便是这个道理。依此看来，一所学校，有特色也好，无甚特色也罢，如果忘记长这个或那个学生之善，救这个或那个学生之失，同教育其实并无多大干系。

然而，"教育"概念并不是一成不变的。在古代那种教育组织中，学生不仅识得许许多多的字，又写得一手好字，还把"四书"背得滚瓜烂熟，能够修身养性，也就是恪守"君为臣纲、父为子纲、夫为妻纲"之纲与"仁、义、礼、知、信"之常，形成那个时代的道德人格，也就算得上是教育了。只是到了近代，市场经济如潮涌，产业革命打破了小农经济时代恬静生活的美梦，传统教育不变也得变，即使它的尾巴再长，再使劲拖也拖不住，扼腕叹息，也是枉然。

在西方社会，这种变化早在16—17世纪就开始了。夸美纽斯、洛克著作中传达的，就是这种信号。到19世纪已经形成了一定的格局。这是一种什么样的变化呢？学校应当也只能顺应近代化的潮流，解放个性，使学生身心得到健全发展，而每个人发展自己的个性以不妨碍他人发展个性为限度。这就是个人起码的德性。这种近代意义上的教育，并未失去教育固有的"善"的内涵，只是它已不再局限于培养道德人格，而重在培养完善的人格，即健全的个性。用现在的话说，便是"以人为本""人的全面发展"。这是别人说过无数次的话，也是他们已经在做、还将要做的事。只是做得未必有说得那么多、那么好。

不过，这种近代意义上的教育，也不是一成不变的。时至20世纪，近代那种以"孤立的个人"为假设的教育观念发生了动摇。因为人类个体事实上都是社会中的人。其实，"个性""个人身心发展""道德人格"，原本是历史的范畴。它们本来就有一定的社会-文化内涵。而在急剧变化的现代社会中，"孤立的个人"实际上不存在。所谓"个性"，其实是不同个体在社会化过程中显示出来的区别，而现代意义的教育，实际上是有指导的个体社会化过程。它之所以仍称之为"教育"，也是由于它依然具有"善"的含义。只是现代教育之"善"的含义变化了。如果说古代善的人格指道德人格，近代讲求健全发展的人格，那么现代则以个体社会化程度（社会性）为健全人格的尺度。因为在生产和社会生活日趋社会化的过程中，在急剧变化的社会状态中，孤立的个人，独善其身的个人，即使身心健全发展，如不融于社会之中，也难以立足。

由此可见，历史形成的"教育"概念，其荦荦大者，至少有三义，即形成道德人格、使人健全发展和实现个体社会化。这样的三重含义，并不意味着以第二义取代第一义，或以第三义取代第二义与第一义。它们是以类似同心圆的关系共存于现代人的意识中。不过，事实上在第二义形成以后，第一义趋于淡化。同样，在第三义形成以后，第二义和第一义趋于淡化。这样，关于"现在到底是不是还有教育"，就可能有不同的回答。

至此，说的还是别人说过的话，也是别人已经在做、还将要做的事，同样存在做的没有说的多、说的好的情况。至于在近代以来的几个世纪中，我们中国人关于教育说了什么、做了什么，不少洋洋大作中已经谈得很多，这里只说说个人的见闻。

<h2 style="text-align:center">二</h2>

我幼时由于家贫，到13岁（1947年）才有机会进一位慈善家办的初级小学。在此以前，偶然得到过一本民国初年的小学国文课本第一册。尽管没有人要我学它，其中第一课至今倒还记得。全文是："学生入校，先生曰：汝来何事？学生曰：奉父母之命，来此读书。先生曰：善！人不读书，不能成人。"这短短一篇课文，就道出了我们20世纪初期还未忘记的几千年来教育的要义，这就是：奉父母之命上学，上学即读书，读书即为了成人。这也就是到那时为止，关于教育，我们是这么说、这么做的。至于现今我们说了什么，做了什么，做的和说的有什么相干，在国平的大作中，多有罗列。不过，智者千虑，或有

一失。这篇大作实有不小的遗漏。这便是：据媒体报道，我国现今已有几百万幼儿和小学生在读经、背经。中国教育电视台第一频道（《第一观察》）还曾在2005年4月1日（这个日子选得恰到好处）开播过《读经吗》专题节目。据说从小读经、背经，善莫大焉，不仅可弘扬中华民族的国粹，培养道德人格，还有助于训练记忆力、"开发大脑"哩！真是一大发现！

明乎此，也就有把握回答国平的质疑了："中国的确还有教育，这不就是么！何况还有其他。"

教育价值缺失的缘由

　　教育工作者尤其是中小学教师，一般不致怀疑自己尽心尽力所做的工作属于"教育工作"。只是最近若干年来，间或也有人循名责实，对于在称做"教育"的部门中是否还存在教育产生怀疑，或直指这个部门舍本逐末。面对这种质疑，信耶疑耶，便成为问题，也就少不得斟酌一番。

一

　　且从对中国现今教育状况的质疑谈起。

　　2005年年底，吴国平君赫然提出："中国还有教育吗？"依他所见，如今学校中应试训练的势头未减，把学生分成三六九等的培训班名目繁多。然而，在各种媒体上沸沸扬扬地传布的教育消息，称之为"教育理念"的林林总总的口号和堂而皇之的教育理论，倒像是"云里雾里看教育"。不免令人怀疑"中国还有教育吗？"。①

---

　　① 吴国平.中国还有教育吗［J］.教育参考，2005（12）：3.

2008年，署名张家的作者把如今大学参照官场规则、企业经营规则运作称之为"教育的移花接木"现象，即移官场、商场之"花"，接学校教育之"木"，反映大学本末倒置。①

2009年，凌龙华君有感于近年来在学校中套用企业管理理念与规则，导致"教育走得太远，走得太急，以致忘记了出发的目的"，甚至"停不下来回不了家"，从而呼吁"让教育回家"。②

其实，已故的商友敬兄早就对学校中的官场倾向、商场倾向和考场倾向多所指谪。至于一般教师对此类倾向倒也未必认同。只是像上述诸君那样从诸如此类现象中洞察"教育"内涵缺失的有识之士，尚不多见。

本人曾尝试分别对上述三篇大作加以评议，也不过是借题发挥而已。关于中国教育内涵缺失问题本身，仍有待进一步讨论。

二

"教育"概念的内涵是什么呢？

"教育"一词原始的，也是迄今仍然普遍认同的含义，是指"长善救失"的影响。这是"教育"的本义。惟"教育"概念既有一以贯之的内涵，其内涵又不是一成不变的。

教育内涵的演变是不是有轨迹可循呢？如果说"长善救失"

① 张家.教育的移花接木 [J].当代教育论坛（宏观教育研究），2008（8）.
② 凌龙华.让教育回家 [J].教育参考，2009（4）：46-47.

的影响，是"教育"概念一以贯之的含义，那么在不同时代又因"善"的观念变化而导致教育内涵的变化。

简单说来，古代所谓"善"，一般是指善良，即作为道德基本范畴的善。在这个意义上，"长善救失"便成为"教育"的第一义。到了近代，随着时代的变迁，又经历文艺复兴与启蒙运动的洗礼，人性、个性（复数概念）、人权逐渐受到普遍关注，促成善的价值观念变化。随之而来的是教育价值观念的变化，一方面道德标准、行为规范趋向于合乎人性；另一方面按照时代的普遍需求，在教育上又从道德意义的善扩充为个性的完善，即身心健全发展。由此赋予"教育"以个性和谐发展的内涵，成为"教育"的第二义。

不过，到了现代才逐步意识到，这种个性完善的教育价值观念实出于"孤立的个人"的假设。事实上，无论在自然界还是人类社会中，孤立的个人都难以立足。因此，每个人在出生以后，都不可避免地要经历个体社会化的过程才能成"人"。个体社会化遂成为现代人"长善救失"的新内涵（其实历来如此，只是到了现代才获得这种自觉）。于是，"实现个体社会化"，便成为"教育"的第三义。

历史形成的教育内涵，不但是教育内涵的纵切面，而且是现代教育内涵的横断面。这就是说，善良、个性完善和个体社会化都属于现代教育题中应有之义。其中，善良不仅作为私德，而且成为公德；个性不只是一种心理特性，而是指各个人在个体社会化过程中显示出来的差异。

历史形成的教育内涵，可以成为判断教育内涵是否缺失的依据，但还不是作出这种判断的充分依据。因为随着教育概念外延的扩大以及实践条件方面的缘由，对"教育"一词还有约定俗成的用法。

三

任何概念不仅反映事物的本质属性（内涵），而且还指具有这种本质属性的事物（外延）。由于概念由语词表达，同一个语词指称的事物越多，似乎表示概念外延的扩大。语词指称的对象，如果名不副实，就意味着同一概念内涵的浅化或缺失。所以语词与其所表示的概念（内涵）是可能有出入的。

就教育概念来说，在教育实施与教育外延扩张的过程中，还存在两个约定俗成的教育概念。这就是"学校教育"意义上的教育概念与"教育事业"意义上的教育概念。惟其如此，一般人或不致对教育是否缺失发生疑问。所谓教育内涵的缺失，正是出于对"学校教育"与"教育事业"的追问。那么，在"教育事业"和"学校教育"中为什么会存在教育内涵缺失问题呢？

1. 由于正规教育主要是在学校中实施的。问题在于，学校并非单纯的狭义"教育机构"。它本身属于"教学机构"。学校中的"教学"，既同狭义"教育"相关，又同"教育"有别，它们之间还可能发生抵触。故关于"教育"与"教学"两个概念之间区别与联系的认识，也可能影响对教育的判断。

谁都知道，学校属于"教育机构"。其实，确切地说，学校

155

属于"教学机构"。因为每个人主要是在社会生活中形成个性、长善救失，并实现个体社会化。故即使没有受到学校教育，也能成人。然而，自从文字产生以后，只有在教学过程中才能掌握文字和系统知识，发展心智，成为有教养的人。是否在教养基础上形成个性、实现个体社会化，区别甚大。这样，教学就可能具有"教育的价值"。在这个意义上，可以认定学校为"教育机构"。即使如此，在学校中仍应实施有别于"教学"的狭义"教育"（如我国所谓"教育工作"），因为仍存在忽视"教育"的可能性。

如果学校中的教学趋于应试化，那么，这种教学将弱化，甚至丧失其教养的价值。在这种情况下，便发生教育内涵缺失问题。

2. 教育内涵固然重要，但如果某种教育只使为数有限的人得益（如所谓"精英教育"），其内涵或许比较丰富，然而，它对社会发展与人类进步的意义毕竟有限。因此，社会发展的趋势是使越来越多的人有平等的受教育权利。以致到了近代，学校成为"公共教育机构"（无论公立学校还是私立学校都是如此），并且各级各类学校都得到长足的发展。这意味着教育外延的扩大。

任何概念的内涵都不是由人们随意派定的，而是从一定的客观事物中概括出来的这类事物的本质属性。同样，"教育"概念的内涵原是从实际上具有这种内涵的事物中概括出来的。按照概念内涵与外延的反比关系，一个概念的内涵愈多（定义的规定性多），其外延愈窄；反之，一个概念内涵的规定性愈少，这个概念涵盖的范围愈广。扩大了外延的所谓"教育"，必定是具有另一种含义的"教育"，这便是通常所谓"教育事业"一词中"教育"的含义。如果仍以狭义的"教育"衡量"教育事业"，便会觉得"教育事业"离谱，或教育内涵的缺失。

3. 教育事业的规模与发展速度越快，它占有的人力资源、物质资源和经费越多。由此，不仅需要吸收社会力量参与办学，并对越来越庞大的教育规模实行宏观控制、调节与规范管理，否则，还会出现教育效率问题。在教育管理体制不顺以及教育需求与供给矛盾较为尖锐的情况下，如果教育举措失当，便可能滋长学校准官场倾向、准企业倾向。尽管此类倾向仍有别于官场、商场，并且在不同性质、不同类别、不同级别学校中表现的程度不同，而它却是教育内涵缺失的最露骨的征兆。

四

同为教育工作者，有些人并不觉得自己所做的不是"教育"的工作，另有一些人却越来越为"教育"内涵的缺失感到不安与遗憾。这固然是由于在"教育事业"与"学校教育"意义上与在师生之间"直接影响过程"意义上，对"教育"的理解不同，更同人们教育理论修养与价值追求的差别相关。有道是："横看成岭侧成峰，远近高低各不同。不识庐山真面目，只缘身在此山中。"（苏轼《题西林壁》）

由于学校准官场、准企业及应试化倾向，同按照教育活动本身运作的目标与逻辑颇有距离，遂成为教育内涵缺失的征兆。然而,这类运作既同教育事业的发展、教育效率提高相关,也与当事人的利益有涉,故能得到认可,甚至被认为是教育管理的创新。不过,由于这类倾向以及与此伴生的炒作现象,试图掩盖此类现象的宣传,不仅干扰正常的教育活动,甚至还为"反教育现象"张目,故理所当然地受到质疑,并激发对教育价值的追求。

尽管教育固有的性质与职能是很寻常的事情,然而,在教育事业规模与学校规模越来越大、教育事业高速发展、教育工作者动机复杂化的情势下,教育固有价值普遍实现,并非易事,不是单靠质疑、反思就能解决的问题。

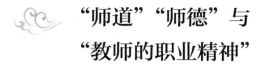

"师道""师德"与"教师的职业精神"

　　一年一度的教师节又将来临。教师，不免成为又一轮议论的话题。今年教师节议论的热点是什么，无从猜测。不过，汶川地震中凸显的一座又一座为人师表的不朽丰碑，在危急关头溢出的"范跑跑现象"，还有近日爆出的"杨不管"事件……这些都已成为热门话题。

　　所谓"杨不管"事件，是指安徽省长丰县吴店中学任课教师杨某，眼看两个学生在课堂上公然打架却不加任何制止，因而导致其中一个学生丧命。不过，这里无意讨论其中这个或那个事件，只就与其相关的深层次问题，即长期以来议论不休的"师德"、久已漠视的"师道"和有待探讨的"教师的职业精神"，尤其是"现代师道"谈一些看法。

一

　　在中国，谈到教师问题，常常援引韩愈的《师说》。韩愈为什么撰写这样一篇千古不朽的名作呢？因为他慨叹："师道之不传也久矣！"师道之不传到底多久？柳宗元《答韦中立论师道

159

书》称："由魏晋氏以下，人益不事师。今之世，不闻其师，有，辄哗笑之，以为狂人。独韩愈奋不顾流俗，犯笑侮，收召后学，作《师说》，因抗颜而为师。"足见师道之不传，自魏晋至韩、柳所处时代，已达6世纪之久。

所谓"师道之不传"，非指自魏晋以来不存在授业之师。因为在中国古代，三家村塾师遍布各地。只是，正如韩愈所说："彼童子之师，授之书而习其句读者，非吾所谓传其道解其惑者也。"故依韩愈之见，在"授业"过程中是否"传道"，在"传道"过程中是否"解惑"，是衡量"师道"得失的标准。

古之"授业"，相当于今之"教书"；古之"传道""解惑"，相当于今之"育人"。只是今之"育人"，重在发展学生健全的人格；而古之"传道"，旨在赓续自孔孟以来儒家的道统，并不介意学生人格健全与否。自然，在现代教育中，亦把社会核心价值观念蕴涵在健全人格之中。

韩、柳以来，"师道"之论流传不息。如北宋柳开《续师说》、王令《师说》，明代李贽《真师说》，明末清初黄宗羲《续师说》《广师说》，清代章学诚《师说》，以至民国时期郑晓沧《广师说》。先师萧承慎教授的《师道征故》，则为"师道"集大成之作。"师道"之说川流不息，究其缘由，依然在于"师道之不传也久矣"。那么，"师道"为什么长期失传呢？据黄宗羲在《广师说》中解释："自科举之学兴，而师道亡矣。今老师、门生之名，遍于天下，岂无师哉？由于为师之易，而弟子之所以事其师者，非复古人之万一矣，犹可谓之师哉？"那么，时至明清之际，教师状况、师生关系状况到底如何呢？关于"师道"之失传，韩愈曾归咎于众人"耻学于师"，黄宗羲根据他目击的状况，则"反昌黎之意"，认为"师道之不传也，岂特弟子之过哉？亦为师者有以致之耳"。在《续师说》中，他如此陈述自己的理由："师者，所以传道受业解惑者也。道之未闻，业之未精，有惑而不能解，则非师矣。本无可师，强聚道路交臂之人，曰师，曰弟子云者，曾不如童子之师，习其句读，巫医、乐师、百工之人，授以艺术者之有其实也。"

这就是说，自实行科举制度以来，士子热衷于应试，考中以后，便成为主考官的门生，甚至是天子门生。以致业师、门生的名分遍于天下，而业师与门生之间，同"传道受业解惑"并无多大干系。如此不传道、不授业、不解惑而徒有虚名的"名师"，反而不如普普通通的童子之师、平平凡凡的行会师傅，他们到底还有知识或技艺相传。

惟其如此，到了现代，且不说传统"师道"的命运如何，就连"师道"这个概念也几乎失传了。它似乎已为"师德"概念所取代。

二

如果说，"师道"是中国古代形成的概念，那么，"师德"则是西方近代职业社会形成以后的概念。

尽管授业之师早就出现，而教师职业则是近代职业社会形成以后基础教育普及达到一定阶段的产物。随着教师职业的形成，便发生了通行的教师职业道德问题。

在教师职业组织产生以后，教师职业组织也像其他行业的职业组织一样，为了维持职业声望，逐步建立起职业规范，其中包括职业道德，以约束业内人员的职业行为。

不过，教师职业又同一般自由职业有别。因为作为公共教育机构的学校，须接受教育行政部门的管理。在有些国家，教育行政当局也制定必要的教师行为规范，其中甚至也包括教师道德规范。惟独立的教师职业组织制定的职业道德规范，主要诉诸舆论（尤其是业内舆论）与个人良心的调节，而教育主管当局厘定的教师道德规范，其性质近于行政纪律。

无论是教师职业组织的自律，还是来自教育行政当局的他律，大都以制约教师行为的起码的准则为限度（多为戒律），才较为可行——这便是"若违背某条戒律，舆论将谴责其失德"的那种限度。例如美国《全国教育协会教育专业伦理准则》（亦称NEA准则），便以戒律为主。因为在社会规范体系中，道德规范本身就属于起码层次的行为准则。唐代学者张说（字道济）在《词标文苑科策第一道》中说过："强人之所不能，虽令不劝；禁人之所必犯，虽罚必违。"这可称得上是关于规范的规范。

中国古代的师道，属于教师应有的教育价值观念，旨在使授业过程成为儒家道统传承的过程。它只适用于有如此价值追求的教师，而一般教师未必有如此追求。这才产生每隔若干岁月反复出现的"师道之不传也久矣"之叹。而师德，则属于所有教师都不可违背的行为规范，有舆论或行政的强制力支撑。

正由于有效的师德规范，只是教师职业行为的道德底线，

教育实话

162

也就不足以激发教师更为高尚的职业追求，故正像师道代替不了师德一样，师德同样代替不了师道。不过，如果师德规范越出了底线，师道缺乏价值的底蕴，它们都可能成为具文。

三

时至20世纪初，正当师道在其原生地中国早被遗忘之际，倒是日本学者小原国芳著《师道论》，重新弘扬师道。

本来，自古以来，茶道、花道、拳道、剑道都传承下来了，唯有师道，反而失传久矣。小原国芳在论述"师道的本义"时，把"为师之道"，解为"教师以坚定不移之心，遵从理性"，并以"柔道"与"柔术"之别、"体育之道"与比纪录、比速度、比奖章的奥林匹克竞赛的区别，说明"道"与"术"、"道"与"功利"的不同，认定"只教以取胜，而忘却了道，可哀可悲"。

小原国芳所谓"师道"，与中国古代"师道"含义不同。中国古代的"师道"，实际上是指教师授业的传道功能——传递当时社会的核心价值。它所讲求的，只是教育的工具价值。小原国芳提到的"师道"，其精义在于教师不但把授业作为自己的职业，而且把它作为自己的事业。这其中的着重点是实现教育的固有价值，追求教育本身的完善。

这种师道，同师德互为补充。前者，成为教师应有的价值追求；后者，成为教师必须遵守的行为规范。

尽管任何时代都会有以教学—教育为自己事业的优秀教师脱颖而出，但"师道"概念毕竟没有取得广泛的共识。这是由于，它是植根于东方文化中的概念。而"师德"，又是同所有教师相关的概念。教师以教学—教育为自己的事业，虽属于高尚的职业价值追求，惟在开明社会，尊重每个教师自己的价值选择，没有理由强求所有教师都把本职工作作为自己的事业。

除此以外，进入20世纪以后，"学校社会化"成为时代的需求。相应地，要求教师不仅对知识负责、对学生负责，而且要对社会负责，其教学—教育都该具有社会价值。这便是杜威于1919—1921年在华讲学中倡导的"教师的职业精神"。相对于这种职业精神，"为教育而教育"的师道，本身虽然不错，视野毕竟比较狭窄。因而，我们不妨把"教师的职业精神"视为与师德并行的现代师道。

如此说来，现代师道当指教师对其执教的知识负责，对其执教的学生负责，对置身于其中的社会负责。这便是将教学—教育作为自己的事业的具体体现。而体现教师对知识负责、对学生负责、对社会负责的不可违背的行为准则，则应成为"现代师德"的基本内涵。

"教育原则"的再认识

"原则"，是我国教育话语中的常用词。按照《辞海》（1989年）中的解释，"原则"是"观察问题、处理问题的准绳"，"原则是从自然界和人类历史中抽象出来的，只有正确反映事物的客观规律的原则才是正确的"。由于迄今为止对人类教育历史的研究不算充分，至今究竟已经发现了什么堪称"客观的教育规律"的规律，也还难说，故照此解释，"正确的"教育原则也就非常有限。然而在我国如今的教育言论中，不论论题如何，大到中国的教育制度、教育管理体制、课程设置、德育，小到如何维持课堂纪律，如何使学生诚信，都会罗列一堆"原则"，且这一堆又一堆"原则"，往往又大同小异。如"社会性原则""实践性原则""创造性原则""开放性原则""针对性原则"。除了这一堆"原则"外，还有"××化"的"化学"原则、"××与××结合""××与××联系""××与××统一""××与××一体"之类"关系学"原则，琳琅满目。就以上列举的一堆"原则"来说，你能怀疑其"正确性"么？假如竟然对它们产生疑问，难道愿意自动戴上"脱离社会""脱离实践""保守""封闭""盲目"之类的帽子么？如硬说"只有正

165

确反映事物的客观规律的原则，才是正确的"，那么在某种教育规律被发现或被证实之前，"观察教育问题、处理教育问题的准绳"，从何而来？如何确定？这不是问题么？

反之，在我国教育话语中经常出现的"原则"，是不是"正确反映事物的客观规律"，虽无法证明，却也无法证伪。这就叫作"形而上学"。我国教育领域，上上下下，一堆又一堆"原则"如此流行，马马虎虎的"形而上学"功莫大焉。此外，也还由于这类"原则"大都合乎时尚或某种宣传口径。只是这类口号过于空泛。以德育的"社会性原则"为例，德育固然讲求"社会性"，难道智育、美育、体育不该以"社会性"为原则？如以"社会性"为德育或别的什么育的原则，至少还该具体确定"社会性"的特殊规定性，这才不失为"准绳"之"准"。不准的"准绳"如称其为"原则"，便只能算是"泡沫原则"了。

一

假如为所提出的"原则"设定了某种规定性，它就堪称"原则"了么？那还不一定。这是由于"观察问题、处理问题的准绳"，除了原则以外，还有规则与规范，这又涉及"原则"与"规则"、"规范"的区别了。

"规则"与"规范"，可以通用，亦有区别。《辞海》中把"规则"解为规范，把"规范"解为标准、法式。它们都是动作或行为的准绳。不过，规则有技术性规则与非技术性规则的区别。技术性的规则，是关于动作或活动的标准与程序的规定，是中性的，而规范或多或少带有价值倾向性。技术性的规则本身是中性的，而被人们采纳的技术性的规则，便成为"技术规范"。因为采用这种而非那种技术规则，其中包含价值判断，是人们对技术价值选择的结果。

说到"原则"与"规则"、"规范"的区别，其实在普通人的心目中，这种区别并不含糊。例如，一般人对于"原则性很强的人"与"循规蹈矩的人"、"犯原则性错误"与"违规行为"的区别，或多或少，心中倒还有数。倒是在有些专家、学者的罗列一堆又一堆"原则"的大作中，混淆"原则"与"规则""规范"界限的情况屡见不鲜。这倒不是说此类专家、学者的识别水平真的不及普通人，而是由于他们在"做文章"。有道是"文不够，原则凑"。仿佛铺陈一堆"原则"才像是了不得的理论文章。

"原则"与"规则"的区别在于："规则"是对动作或行为、活动对错的简单规定。它所调整的对象，是以普遍的、一般的情况为着眼点，而不容许例外，从而不给行为主体以自主的酌量的余地。要么遵守规则，要么违背规则，毫不含糊。例如上班与下班时间的规定，就是一种行为规则，任何迟到或早退的行为，都属违规行为。在这方面，"规范"与"规则"相同。这里是就纳入"规范"的规则而言的。

如果说规则、规范调整的对象是外部行为，那么原则指导的对象，则是隐在某种行为中的意识，且不是一般的心理，而是对价值观念、价值选择对错的一般规定。

简单地说，规则规定人们"必须做什么""不许做什么""必须这样做""不许那样做"；原则则指导人们"应当做什么""不应当做什么""应当这样做""不应当那样做"。至于什么算是"正当的",什么不是"正当的",以一定的价值判断为标准。

惟其如此,原则不像规则那样死板,容许行为主体灵活运用,即在不违背一定的价值倾向(集中表达为原则)的前提下,给行为主体以根据特殊情况自主酌量的余地。故把原则的指导,称为"自由的艺术"。

在学校管理(其中包括学生管理)中,"按原则办事"与"按规矩办事"(通称"规范管理"),代表两种不同的管理水平。

二

回到教育学问题上来。教育学中为什么会有那么多原则,为什么把教育学提供的原则称为"自由的艺术"?

《学会生存——教育世界的今天和明天》一书提到:"教育学过去一度是一种艺术——教学艺术,现在已经成了一门科学。"[①]确切些说,在国际教育学界,确有不少学者认定教育学应当成为一门科学。不过,迄今仍有相当多的学者把教育学看成是"教与学的艺术",甚少有人承认教育学已经是一门科学(中国也许例外)。认定教育学不可能成为科学,亦大有人在。惟在这种语境中,"艺术"是一个广义的概念,而不限于音乐、图画、雕塑之类狭义的"艺术"。广义的"艺术",原是同"自然"对举的概念。其中"自然"也不单作为"大自然"理解,而是

---

① 联合国教科文组织国际教育发展委员会.学会生存——教育世界的今天和明天 [M].华东师范大学比较教育研究所,译.北京:教育科学出版社,1996:150.

指"一切借助于事物内部的力量自发产生和形成的东西"。它是"科学"研究的对象；"艺术"相对于"自然"，含人为加工之意，是指实际应用自然的力量的方法。简单地说，"科学"研究已经存在的事物，"艺术"变革已经存在的事物。

在应用自然力量变革现存事物的人为的行动中，"艺术"又是同"技艺"对举的概念。"技艺"是反复按照一定规则、规范操作而形成的动作技能与熟练技巧，而"艺术"则是在价值原则指导下变革事物的自觉行动。换句话说，原则是"自由的艺术"。正是在这个意义上，才把"教育学"（而不是"教育"）称为"教与学的艺术"。

夸美纽斯的《大教学论》就是一套教与学原则、规则体系的陈述。其中的教与学的原则与规则为：

主导原则：把一切知识教给一切人类的艺术

设置学校的原则：共同性、普遍性、周全性

教与学的原则：[教与学的一般要求]（亚原则9条）、便易性（亚原则10条）、彻底性（亚原则10条）、简明性与迅速性

各类教育的规则：科学教与学的规则（9条）、艺术教与学的规则（11条）、语文教与学的规则（8条）、道德教育的规则（16条）、灌输虔敬的规则（21条）

其中的"主导原则"，是教育价值取向；"设置学校的原则"，实际上是有关学校改革的纲领性目标；"教与学的原则"，是教与学改革的目标。"亚原则"与"规则"，才是教与学的具体原则与规则。它们都是历史形成的教与学经验的概括，故大都有比较明确的规定性与实质性的含义。惟其如此，也就长期流传，

并转化为尔后的教育常识、常理、常规，至今仍未尽失其生命力，非我国如今动辄冒出的"泡沫原则"可比。话虽如此，像《大教学论》那样的著作，毕竟只代表现代科学教育与实践教育学出现以前的水平。

三

涉及教与学的原则，一个无法回避的问题是，以现代教育理论视野考察，确立教育原则的理论依据到底是什么。

前面提到，按照《辞海》的解释，"只有正确反映事物的客观规律的原则才是正确的"。此说，是按照马克思主义观点从根本上说明"原则"的依据。我国以往关于教与学原则的议论中，常常把"原则"与"规律"混为一谈，实际上是出于对这种观点的曲解。关于这个问题，我以往在《"教育学视界"辨析》（华东师范大学出版社1997年版）、《"教育学"辩》（福建教育出版社1998年版）中，作过澄清。

撇开这种曲解，问题在于既然把原则作为"观察问题、处理问题的准绳"，由于问题领域各不相同，各个问题发生的情境差别更大，要求每个实践领域中的原则，都有充分的科学依据（反映客观规律），实际上很难做到。由于教育活动是由特定的教师在一定时间内、一定环境中，借助于一定文化，对学生施加的影响，带有不可重复性，即不具有科学实验那样的可重复性，故教育原则的科学根据更是教育理论中的难题。

这个问题在教育探索过程中到底如何解决呢？说来话长。

我在《历史的"教育学现象"透视》（人民教育出版社2000年版）与《教育学的建构》（湖南教育出版社2000年版）中，曾作过比较系统的讨论。这里不妨简单说一下。

按照西方学者的观念，有两类法则。一类是自然法则，即科学规律，是教育科学研究的对象。简单地说，它回答"教育是什么"问题。随着教育科学的发展，教育技术也成为研究的对象，主要回答"教什么""怎样教"问题。另一类是当然法则，即价值原理。以往是规范教育哲学研究的对象，现在已经形成教育价值理论，主要回答"教育应当是什么"问题。以往实际上还把"教育应当做什么""教育应当怎样做"问题连带加以回答。我则把后者作为"教育规范理论"回答的问题。

如是，便通过"教育科学理论"，发现教育的客观规律；通过"教育技术理论"，研究教育技术问题，其中包括技术规则；通过"教育价值理论"，为教育原则提供理论依据；通过"教育规范理论"，为教育规范提供理论依据。

教育科学-技术理论与教育价值-规范理论各按不同的标准与规范立论，并接受检验。关于这种标准与规范，我在《教育学的建构》中进行过讨论。

在我国，由于迄今尚未形成通行的教育研究的学术标准与规范，即使建立某些标准与规范，实际上并未起到规范教育研究行为、检验教育研究成果的作用，以致包括"泡沫原则"在内的"教育理论泡沫"，到处飞扬，也就不足为怪了。

且说"道德教育的伦理底线"

　　在我国，人们普遍感到德育"目标过高"，而这种德育又缺乏实效。问题不单在于过高的目标难以实现，更在于它导致对"道德教育的伦理底线"的忽视，结果就连起码的目标的实现，也不尽如人意。于是，多年来一直呼吁严守"德育的底线"。只是千呼万唤，实际情况并无根本的改变。《当代教育科学》杂志2004年第5期发表的题为《"底线"教育：学校德育的新模式》的署名文章中，尖锐地指出，社会转型期学校学生品德水平"一再"滑降的严峻现实，使如何保持学生品德水平滑降到某一个"底线"后不再滑降，成为我们难以回避而且必须解决的问题。作者基于这种判断，顺理成章地提出以所谓"学校德育的新模式"构筑"低标准，严要求"的"道德防线"。问题在于"德育的底线"是什么？确立"德育底线"的根据是什么？"低标准，严要求"的道理，没有听说谁不赞成，为什么做不到？什么是"德育模式"？我国如今是不是存在"传统德育模式"，或别的什么"德育模式"？鉴于这其中的每一个问题都有相当的复杂性，在这里，与其说试图回答这些问题，毋宁说对这些问题本身加以澄清，以便弄清"德育底线"问题的症结。

一

说到"德育底线",不得不从我国现今的"德育"概念谈起。

众所周知,我国所谓"德育",并不是"道德教育"的简称。其中包括"政治教育""思想教育"与"道德教育",甚至还把中性的心理健康问题纳入其中。姑且称其为广义的德育。"德育底线"问题的发生,首先与此相关。

说到"德育的伦理底线",首要的问题便是就未成年人的行为品性和他们的活动条件来说,基础性质的"政治教育"是什么?所谓"思想教育"的含义是什么?它与"政治教育""道德教育"概念的外延是否有重叠之处?哪有无"思想"的政治教育与道德教育呢?假如把"思想教育"限定为高尚精神与情操的陶冶,同个人的价值观念、人生观念、世界观念相关,那么基础性质的精神与情操陶冶是什么?这就是说,除了"道德教育的底线"以外,还存在"政治教育"与"思想教育"的底线问题。不仅如此,问题还在于如此广泛的德育,是不是已经足以使现时代的未成年人实现社会化?为了使未成年人社会化,是不是还该实施"社会教育"?如果说德育的目标,包括社会-政治教养、道德品质与精神品格诸方面,那么就未成年人的成长和他们的活动条件来说,相对说来,其中哪一方面更带有基础性质?这是广义"德育"的"底线"问题。

如此说来,仿佛距离"道德教育底线"问题太远,然而,"道德教育底线"的忽视,"道德防线"的动摇,从根本上说恰恰同"德育"内涵复杂化、德育目标多元化问题相关。不过，这里不必讨论如此复杂的前提性的问题。

二

如果认定"道德教育"是整个德育中带有基础性质的教育，那么，相对于社会-政治的价值与规范、精神-文化的价值与规范，道德本身就是社会守法人群价值-规范体系的底线。不过，这又得看对道德本身如何理解。

道德作为诉诸社会舆论与个人良心调节的行为准则，它本身就是"简单"的行为准则。因为在一定社会中，历史形成的由广泛人群约定并得到个人良心认同的行为准则，只能是起码的行为标准。不管人们是否懂得伦理学的番番道理，也不管一定社会宣扬什么道德原则、道德理想，开列多少"德目"，通常所谓"失德行为""缺德的人"，正是依据人们心目中的这种"简单"的行为准则作出的评价。可见，"道德"概念虽在高头讲章中至为复杂，而在最广泛人群的心目中并不含糊。这叫作"习俗道德"。

问题在于习俗道德只是社会的"道德防线"。由于社会在不断进化中，随着社会境况与社会关系的变化，不可避免地会动摇原有的习俗道德，产生与新的社会关系相应的新的行为准则。在社会转型期，情况更是如此。于是，便有伦理道德的倡导与发扬。惟伦理道德只有得到广泛人群的认同和个人良心的默许，才成为新的习俗道德。这将经历漫长的岁月。在此以前，它是以道德价值观念与道德规范的形态存在。这种道德价值观念与规范只有转化为习俗道德，才成为现实的道德标准。不过，在不同的社会群体中，道德水准不同。

明乎此，也就可以具体讨论"道德教育的伦理底线"问题了。

如上所述，所谓"道德教育的伦理底线"，其实，主要是习俗道德标准问题。坚守这种"底线"，就是在学生中防范与制止"失德行为"，不使任何一个学生成为"缺德的人"。

对"失德行为""缺德行为"又如何界定呢？由于它是与"德行"相悖的行为，所以人们是以心目中"德"的标准衡量某种行为、某个人的品行。尽管以"德目"形态存在于人们心目中的"德"的标准，依然并不那么"简单"，而人们并不是简单地根据某个人偶然的外在的违规行为，就轻易断定这个人是否"失德"、是否"缺德"，而主要依据行为的恶劣程度与不良动机，评价人的行为，根据某个人一贯的行为表现，评价这个人的品行。

尽管"不良动机"是各色各样的，其共性则是恶意。这种恶意达到严重程度，叫作"泯灭天良"；恶劣行为的表现也各不相同，其共性则是从行为中暴露出来的霸气、邪气、流气。此外，油腔滑调，虽是不良习气，未必表现为恶劣行为。由于它不分是非，对道德规范满不在乎，故有一定危险性。所以，"道德教育的伦理底线"在于严格防范与制止内在的恶意和外露的霸气、邪气、流气，以及油腔滑调的冒头。

对这类不端行为与恶习，严格处置的正义性在于：不仅出于对这种学生的关怀，使其不致堕落，更在于维护受其损害的学生及其他人的正当权益，维护学校与社会的正常秩序。

尽管在学生中"失德行为"与"缺德的人"是极少数，然而，纵容失德行为将会导致不良行为与恶习在学生中间蔓延。所以坚守"道德教育的伦理底线"，确是必不可少的"道德防线"。

四

所谓"模式"，按照《辞海》（1999年）的解释，亦称"范型"，一般指可以作为范本、模本、变本的式样。作为术语时，在不同学科有不同的含义。在社会学中，是研究自然现象或社会现象的理论图式和解释方案，同时，也是一种思想体系与思维方式。依此看来，无论作为"理论图式""解释方案"，还是"思想体系""思维方式"，都不是一两个词所能表达的。构成模式的起码条件，是其中诸概念比较明确，概念之间的关系、概念的层次、结构比较清晰，才能形成可与其他"模式"比较的特殊样式。鉴于我国"德育"诸概念相当模糊，德育运作受外界干预甚多，工作无序，哪有什么"德育模式"可言？"环境陶冶模式""榜样身教模式""专业德育模式""能动自育模式"云云，至多不过是经验之谈。即使这类经验之谈，在实践中运用，或许能对学生发生某种积极影响，若以此构筑"道德防线"，很难指望它们奏效。对于学生的"失德行为"和已经"缺德"的学生，只能诉诸严格的管理。其中包括必要的惩罚。"惩前毖后"，此之谓也。

我国所谓"德育"，除了德育之"德"概念模糊以外，德育之"育"，也是一个泛化的概念。它把性质不同的手段，如"说理""训练""感化""管理"和具有教育价值的"精神品格的陶冶"，都包容在一个笼统的"教育"概念之中。不仅使人产生"教育万能"的错误认识，而且使各种可能影响学生意识与行为的不同手段的特殊功能模糊。对于学生已经发生的"失德行为"，单靠"教育"（其中包括前面提到的那些"学校德育的新模式"）而疏于管理，或防范与制止的举措乏力，其成效将非常有限。

"过度教育"的警示

　　"学前教育"是"学校教育"衍生出来的名目。自然，重要的问题不在于名称，而在于由此可能受"学校本位"观念影响，而忽视儿童身心自然成熟的过程，甚至引发"过早教育""过度教育""过早的入学准备"以及"幼儿园小学化"之类的倾向。

　　现在把0—6岁儿童归入学龄前儿童，而事实上只有在这个年龄阶段的一定时期，儿童才可能接受教育。尽管我国把托儿所作为保育机构，幼儿园属于实施保育与教育的机构，而单单"学前教育"一词，就可能诱发过早教育的动机。至于如今个别地区尝试实施"托幼一体化"，把托儿所纳入教育系统，更可能促使教育提前。现在竟有人提出"托儿所课程"问题，证明这种担心，并非过虑。

　　"教育"一词的本义，无论在西方社会还是东方社会，都指的是人格影响，尤其是道德人格影响，并且这个词的历史含义至今仍普遍地存在于人们的潜意识中，还作为习惯语运用。例如，常常提到"学校教育教学工作"，所用的"教育"一词，便是这种含义。现在通用的"教育""教学"两个词，在中国古代汉语中统称"教"。不过，它们的读音不同。教育之"教"，为去声（今第四声，音"叫"）；教学之"教"，为平声（今第一声，音"交"）。前者是规范词，褒义；后者为中性词。在西方文字中，"教育"与"教学"也是含义有别的两个词。它们的区别显示出教育由于涉及教育者与受教育者双方的价值观念、意向，故较为复杂。此外，西方"教育"一词还有"引出"之义，即教育影响是从儿童原有意识中引发出来的。这在教育理论上归结为"内发论"。相比之下，中国古代把"教"解为"上所施，下所效也"（《说文解字》）。在中国古代，除了孟子之类思想家以外，一般相信说教（灌输）、机械背诵的功效，故倾向于"外铄论"。惟其如此，西方学者对于儿童从几岁开始接受教育颇费踌躇，而在中国，仿佛这不成为问题。中国甚至早就提出胎教问题，至今仍鲜有疑义。可以说，在中国，"教育"一词的滥用，自古已然，于今为烈。

虽然幼儿园是实施保育和教育的机构，事实上现行保育以身体保健为主，而3—6岁儿童同样需要的，是心理机能的自然成熟、个性形成与心理保健。世界卫生组织把"健康"界定为"不但没有身体的缺陷和疾病，还要有完整的生理、心理状态和社会适应能力"。"儿童心理"是一个中性概念，同作为有意识地培养儿童的教育是有区别的两个不同层面。心理健康，指的是幼儿与同龄人相比，行为正常，有协调的个性、积极的情绪、良好的人际关系、恰当的自我意识等，至少没有心理障碍和心理反常表现。我国《幼儿园工作规程》（1989年、1996年，以下简称《规程》）确定幼儿园的任务为"实施体、智、德、美诸方面全面发展的教育，促进其身心和谐发展"。其目标中虽包含某种心理卫生保健的成分，而基本上属于体育、智育、德育、美育等"教育"的要求;《规程》中的"幼儿园的卫生保健"专章和由卫生部发布的《托儿所、幼儿园卫生保健制度》(1985年)，大都属于生理卫生保健条款，鲜有心理卫生保健条款，这显示出对幼儿心理卫生保健的忽视。由于长期以来把儿童心理发展纳入"教育"范畴，既导致对儿童的某种正常或不正常的心理现象出现错误判断和对儿童心理卫生保健的忽视，又可能成为"过早教育""过度教育"的诱因，而幼儿时期的心理缺陷是尔后学校教育无法补救的。如今倒有不少中学开设"心理卫生与咨询"课程或辅导活动，却又生造出"心育"一词，还把它归入德育。说到底还是把"心理层面"与"教育层面"搅在一起。

如果说我国幼儿园对于幼儿心理卫生与保健缺乏足够的重视，那么如今的幼儿园与不少家长却相当关注儿童的智商与儿童智力的早期开发。联合国教科文组织设立的国际教育发展委员会于1972年发表的《学会生存——教育世界的今天和明天》一书，在综合介绍当代早期儿童心理学研究成果时提到：在20世纪前半期，心理学和精神分析学都强调和谐情绪发展的重要性，当代教育家们几乎一致接受这个意见；另一方面，"近来关于智力发展和早期学习理论概念的研究却又走向了反面"。知识的现状是:(1)所有3岁以下儿童的发展商数（不要和智商相混）大致是相同的。(2)对一生下来至4岁前的儿童发生作用的影响和决定5岁到6岁儿童行为的影响是不相同的，虽然这并不是说后者是"新"的。这些影响可能在儿童很早时期就已经生了根，而且已经具有一种延宕的作用。(3)从生命第一年所发现的智商和以后1岁、3岁、6岁或12岁时所计算出来的智商相互之间很少有什么联系。近来研究结果表明，智商是随着情绪环境和教育工作者对儿童的影响而变化的。[①]尽管如今在一些国家有0—8岁儿童智力开发的计划，至今仍属于在有限范围内的试验。早期儿童智力开发，虽不妨一试，但须防止它"走向反面"。早期儿童自然成熟过程中若忽视可能的智力开发，确可能错过发展的机会。不过这同未开垦的处女地一样，至少还保持"自然的肥力"，即生长的潜力；若过分开发，甚至是掠夺式的开发，就连继续生长的潜力都会丧失，并难以恢复。

"学前教育"意味着整个学前期，至少整个幼儿期的教育与保育，都作为儿童入学准备。虽然不妨把幼儿身心健康和某种教育纳入入学准备范围，只是这种提法也可能变成对入学准备的狭窄理解，导致"幼儿园小学化"。相比之下，国际公共教育大会通过的第17号建议曾明确规定"读、写、算的系统介绍应留到小学阶段进行"，第53号建议虽敦促学前教育机构"促使儿童从家庭向学校过渡"，但又加了限制："在学前阶段，重要的是，智力教育应以培养对当前环境的观察和口头表达为基础。尽管必须排除这种教育中的正规指导，但可能的话，从5岁起，只要儿童显示出充分的成熟和兴趣，可以把将在学校中学习的技能用图解形式或用组织具体情境的形式介绍给儿童。"[②]可见并不认为儿童从入幼儿园起就着手入学准备。

---

① 联合国教科文组织国际教育发展委员会.学会生存——教育世界的今天和明天［M］.华东师范大学比较教育研究所，译.北京：教育科学出版社，1996，152-153.

② 赵中建，主译.学前教育的组织［G］//全球教育发展的历史轨迹——国际教育大会60年建议书.北京：教育科学出版社，1999：251，254.

迄今为止，至少本人还未听说哪个国家把幼儿园教育列入义务教育。国际公共教育大会第53号建议，明确肯定幼儿早期教育是父母"不可剥夺的权利"，意味着对义务的幼儿教育的否定。尽管如此，随着学前教育事业的发展，客观上产生对学前教育机构实行一定程度的规范化管理的需要。不过，由此又可能使学前教育机构步学校后尘，趋于"制度化"。如果说制度化教育已经成为当代学校不可忽视的弊端，那么制度化的学前教育更不合乎时宜。所以，国际公共教育大会第53号建议中提出，对于幼儿，"应给露天活动留有足够的时间，且在自由活动和指导活动之间取得一种适当的平衡"；"学前教育阶段的教师应有广泛的自由来选择活动程序、活动计划和准备方案……"在中华人民共和国初期，幼儿园并无教育与保育之分，统称"教养"；后来不仅有保育与教育之分，而且把学校"课程""教学"概念引进幼儿园，还曾出版过幼儿园各科教学大纲，或许还把幼儿园制度化看成是进步的表征哩！

"爱的教育"别解

在教育理论上，久有"爱的教育"之说，其中包括教师爱生之道与教育学生爱人之道。不过，以往关于爱的教育也多有争议。单就教师爱生之道来说，以往的议论确实不少，而在这方面值得探讨的问题尚多，如：教师对学生之爱是如何发生的？同一位教师少不得要面对许许多多的学生，而各个学生表现不同，对教师的态度也不尽相同，教师对其中有些学生怎爱得起来？教师为什么要热爱学生？教师对学生的爱是不是都能够起到教育作用？爱，是不是教育的基础？教师对学生的爱只是出于工作需要的付出么？诸如此类问题，甚少见到较为系统的理性分析。这里拟就教师爱生之道发表一些意见。

一

虽然爱在学生德性形成中往往是不可缺少的，而"爱"本身并不是伦理学的范畴。人们是根据"爱什么""怎样爱"和"为什么爱"，判断爱的伦理价值，即这种"爱"或那种"爱"是不是值得肯定，是不是值得赞扬。

　　真正的爱，是不求回报的付出。由于它是无私的，故有一定的伦理价值。问题是教师对学生的爱是如何发生的。

　　一般来讲，每个人只对他所喜欢的对象（人或事物）产生爱，而不至于爱他所不喜欢的对象。这是就自然发生的爱而言的。然而，并不是任何人、任何事物都讨人喜爱。在一个班级中，往往有不讨人喜欢，甚至讨人厌烦的学生。将心比心，教师对这种学生怎爱得起来？况且各人喜欢的对象又不尽相同。故这种自然发生的爱，实难强求，而应尊重教师、学生个人的选择。

　　自然发生的爱，不是一成不变的。每个人都可能在同别人交往中、在同某种事物的接触中，由于增进了理解，而发生从不爱到爱或从爱到不爱的变化。譬如，你喜欢那个人，而那个人并不喜欢你，或者发现那个人并不值得喜欢，久而久之，对他的情感便趋于淡化。反之，原先并不喜欢那个人，而那个人却喜欢你，也可能受其感化，或在了解他以后，觉得这个人其实蛮可爱。所以，爱是可以培养的。无论教师还是学生，都是如此。

　　就自然发生的爱来说，应当尊重教师或学生个人的选择。这是由于一个社会，如果给个人自然的情感加上什么限制，甚至强制别人"爱什么""不爱什么"（只就自然发生的情感而言），这种社会未免有失宽容，由此又可能诱发虚伪的爱。由于教师作为公职的承担者，学生也须从小学会与人和睦相处，并承担一定的社会责任，故每个人都不应"感情用事"，用一句老话来说，叫作"不应以感情代替政策"。

二

虽然没有必要要求教师爱所有学生，但教师不应对学生冷漠。还有理由要求教师以善意对待所有学生，绝不容许对任何一个学生怀有恶意。也有理由要求教师尊重所有学生，绝不容许教师以任何方式侵犯学生的人格尊严。对学生的要求也是如此。

虽然没有必要要求教师爱所有学生，但有理由要求教师对学生中的弱者（其中包括处于困境的学生）加以关爱，并给予可能的援助。对学生的要求也是如此。惟这种关爱与援助的起码要求是，对受到关爱与援助的人，不存恩赐之心，不局限于怜悯，不失善意与尊重。如对方不愿意接受这类关爱与援助，不得勉强他接受，也不应由此而对他另有想法。

由于未成年的学生，相对于教师来说，都可算是弱者，故归根到底，教师还是应当爱所有学生。这不是同前面的提法自相矛盾么？其实不然，前面是就自然发生的情感而言的，这里讲的是教师应尽的道德义务。

对于每个教师或学生来说，对弱者履行道德的义务，不仅应当，而且是可能的。这是由于每个人受到别人的爱（承受爱），固然是乐事，而爱别人，如出于真诚，甚至更加快乐。这叫作"施予爱"。不过，假如其中掺杂私念，甚至别有所图，便无缘享受"施予爱"的快乐。可惜的是，有些学校、有些长官、有些写手、有些教师，往往在这方面大煞别人的风景。

三

    每个人感受到真诚的爱，往往会成为他行为转化的契机。对于富于情感的未成年人和处于困境的人，情况更是如此。不过，要把行为转化的契机变成行为转化的动力，还须经历一定的过程。故感化不等于教育。

    真正的教育（狭义），尤其是道德教育的成效，在于对学生价值取向的影响。故须诉诸学生理性的自觉，也就有"理性的道德教育"之说。自然，理性的道德教育同冷漠的道德说教不是一回事。不讲别的，讲求理性的道德教育的赫尔巴特学派（被称为"主知主义"），其中所谓"训育"，正是诉诸学生情感的举措。

    如果每个教师和学生都成为"爱的使者"，那就"爱满天下"了。不过，每个人，无论是教师还是学生，交往的范围毕竟有限，所能承担的道德义务也有限，更不能期望所有人都是"纯粹的人"。故"爱的箴言"与"爱的呓语"还是有区别的。

    中小学教师常常谈到"爱的教育"的体会，这种体会与德育著作中的"爱的箴言"不同。所列事例，或很成功，也很动人。不过，一般说来，其中所谓"爱"，往往是"善意"和"尊重"的代称。事实上，如果一个教师，对他所教的所有学生，都出于善意，并予以尊重，而对他所欣赏的学生，比较喜爱，又不露声色，加上教育学生善意待人，尊重别人，关爱与援助弱者，这样的教师，也就称得上现实生活中"爱的使者"了。

　　我未承担任何"爱的宣传"的使命，只能以平常心看待所谓"爱的教育"。不知当否？

IV

以规范权衡教育言行的对或错

且说学校的规范管理

"一所好学校处处都有规矩"，大概是多数校长信奉的格言。对这句格言，鲜有异议。因为只要一所学校哪个时期、哪个角落坏了规矩，立即就会出现无序状态。"处处有规矩""时时有规矩""事事有规矩"，隐含着一个前提：在规矩面前人人平等，就连一校之长也得同一般教师一样遵守同样的规矩。这就把现代校长同古代什么"山长""国子监祭酒"等区别开来。如果这套那套规矩，是通过学校公议制定出来的，并且不仅有师生员工都要遵守的规矩，还有校长行使权力的规矩，这就同"德先生"结了缘；如果这套那套规矩，是通过对学校各种活动的客观分析制定出来的，便又同"赛先生"沾了边，美其名曰"科学管理"。果如是，不但给另一条也很流行的格言"一个好校长就是一所好学校"注入可靠的内涵，而且超越这个教条的局限，进入"规范管理"或"科学管理"阶段。

严格说来，迄今为止，在学校中还谈不上"处处有规矩"。因为还存在一个"没规矩的角落"，即缺乏校长行使权力的规矩。惟其如此，也还谈不上完全"按规矩办学"。君不见在不少学校中，一校之长发挥自由意志的空间何等广阔？这倒不是说，

191

"大家长"办事全无规矩，盖因那规矩由远离学校的人们制定，也由远离学校的人们监督；至于学校中人，既不明底细，也无权过问——又何必过问？也许学校中关心学校大事的人不少，而干预学校大事的人未必很多。"不在其位，不谋其政"，此之谓也。自然，"捣蛋分子"除外。

如果说，规范管理所缺的那一小块（校长在学校"被人管"的一块），至今还无人有兴趣过问；那么，规范管理已有的那一大块（校长在学校中"管人"的一块），时至当代，又早有疑义。

1. 学校，"麻雀虽小，五脏俱全"。"一所好学校处处都有规矩"，肠有肠规，肺有肺规。规范管理，按其自身的逻辑，不定规矩便罢，一定就得成套才有效。譬如招生考试之规，假定有10条、8条之多，环环相扣，只要其中有一环松了（如允许具有同等学力的人应考，或说"特殊情况特殊处理"），整个链条也就松了。所以，一所学校如果真的"处处都有规矩"，那规矩可就多了，多得连校长也记不清、道不明。虽然可以编印厚本、薄本的学校"规章大全"，但熟读这种"规章大全"尚且不易，又如何去执行、监督呢？

规范作为个人必须遵守的行为准则，是对个人自由意志与活动空间的一种约束。在任何一个集体中，个人行为若不受到一定约束，意味着对集体和其他人自由意志与活动空间的侵犯；反之，个人行为若不致造成对集体与他人自由的侵犯，这种个人行为就不该受到约束。这，就是规范的合理限度。过于密集的常规，就可能包括对个人无害行为的约束。如是，"一所好学校处处都有规矩"，这句格言的合理性就得依这所学校制定的是什么规矩与共有多少规矩而定。校长可以振振有词地宣称：我们这所学校有199条或201条规矩。听起来这所学校何等上规矩，看起来似乎秩序井然；如果换一种说法：这所学校教师、学生行为受到199条或201条限制，就不那么好听了。

有道是"强人之所不能，虽令不劝；禁人之所必犯，虽罚且违"（张说《永昌元年对词标文苑科制策并问（三道）·第一道》）。过于琐细、过于密集的规矩，不啻是对规范管理本身的自我否定。

2. 规范管理的合理性，在于它作为客观管理，蕴含着某种平等精神，是通过人对"事"的管理实施人对"人"的管理（对事不对人），代替个人之间的直接管理与监督，从而使被管理者与管理者之间的关系，不再是家长制时代的隶属关系，使被管理者保持人格，管理者不再是"一家之长"。问题是任何规范要具有普遍适用性，不能不带有脱离其调整对象的抽象性，而经常发生的事件是具体的。即使是同类事件，往往原因各异，当事人处境各不相同，故用一条死规矩衡量不同的人和事，也就不尽合理，甚至不通人情。严格的规范管理，只认规范，不讲人情，或者说规矩重于人情，它也就成为不通人情的"冷面"管理。

以上所说，如属不谬，可知规范管理原以解放人为初衷，随着它的成熟，从长远看来，"一所好学校处处都有规矩"的格言，将作为束缚人的教条成为过时的智慧。于是，便有"超越规范管理"的尝试。自然，"超越规范管理"并不等于不要规矩。至于如何从现状出发，在有条件的学校致力于改进规范管理的试验，如何"超越规范管理"，已经超越本文论题的范围，无须唠叨了。

且说学校规范管理的超越 *

在上海市东北角，一条并不出名的打虎山路上，有一所颇有名气的小学，叫作"打虎山路第一小学"。这所学校何以出名？有何特色？

走进这所学校，映入视野的主体建筑，为20世纪50年代建造的苏联式校舍，不堂皇，倒也开阔。引人注目的是，校园中的每一堵墙壁，下方无学生足迹，上方无一般学校常见的名人语录。清清爽爽，朴实大方，惟在主体建筑大厅墙壁上，倒赫然大书一条本校教师的语录；久闻该校频频获奖，不过，在其公共场所，未见奖旗、奖状的影子，它们都被堆在人们很难发现的地方。如此"校园文化"，你道寻常不寻常？

或问该校"为什么这样做"，卞松泉校长却作了"为什么不那样做"的回答："不落俗套。"于是，我们抓住这个思想线索，由表及里，进一步问：体现学校管理中的办学精神到底如何？是否"落入俗套"？

以下是对这所学校管理机制的解读。

---

* 与胡惠闵合撰。

一

　　打虎山路第一小学，原是一所相当好的学校，该校进入 20 世纪 90 年代以后，为在原有基础上有所发展与创新，经过认真的反思，发现学校工作中，尚缺乏有效管理，缺乏凝聚力，尤其是缺乏办学特色："外校搞什么，我们也搞什么"，"什么奖都争"。于是，从 1991 年下半年开始，尝试从改革学校管理体制入手，建立现代学校管理制度，提高学校工作效率，并在学校中建立和谐的人际关系。该校在 20 世纪 90 年代，先后出台三个改革方案，即《打虎山路第一小学内部改革施行方案》（1991 年 7 月，简称《方案一》）和尔后的《方案二》（1992 年 7 月）、《方案三》（1995 年 4 月）。这三个方案突出地反映了这所学校管理思想变化、管理机制形成的过程。

　　20 世纪 90 年代初，我国按照科学管理的思路，提倡在学校中实行定岗、定编，工作职能定量化，奖金分配同工作量挂钩，旨在提高责任感和工作效率。打虎山路第一小学的《方案一》正是在这种情况下出台的。它规定了各种工作制度，做到"处处有规范"（共 112 条），并力求把工作加以量化（量化指标多达 74 条），实行奖金差额分配，考核重在奖罚两端，体现岗位实绩；还实行"捆绑制"（一人有过失或成绩，相关人员也受到相应的处罚或奖励，平时奖罚与期末奖罚联系）。由于严格执行"有一份工作就有一份报酬，有一份实绩就有一份奖励"，确实收到了显著成效。问题在于该校管理改革的初衷，原未局限于有序的管理，还试图创建"整洁、和睦、敬业的学校内部工作环境"，增强学校内部的凝聚力，而在《方案一》实施过程中，由于规矩过多，要求过严，不仅带来大量繁杂的行政事务，还使教师压力过大，束缚过多，如此管理，按照支部书记杨巍的说法，"太小家子气"。于是，本着"建立和谐的人际关系"的精神，着手进一步改革，遂有《方案二》出台。

《方案二》强调"改革深化，责任强化，利益同化，方法简化"，在原方案基础上，简化量化指标（从74条减为29条），并简化操作程序，使学校气氛较前宽松，人际关系较为和谐。不过，该校并不满足于此，于该方案实施一年半以后，又进一步加以改进；从1995年4月开始实施的《方案三》，加大了改革的力度，把学校管理的重心，从规范约束转向"道德自律、工作自励"，把管理操作的重心，从学校领导核心下移到班组。其中学校考勤制度中的量化指标，从《方案二》的8条，进一步减为3条。

打虎山路第一小学学校管理指导思想的变化，为学校管理机制的改革，提供了至为珍贵的思想资料。如何解读这些思想资料呢？

二

传统的学校管理，属于经验管理类型。主要由管理者按照习俗和根据工作需要制定的规章（规范体系）进行管理；管理者把被管理者置于直接监督之下，凭个人经验与见识，调节学校中的人际关系，处理学校中的事件。在这种类型的管理中，管理水平因管理者的经验与见识而异，管理工作不免带有主观色彩和"家长制"烙印。随着时代的变迁，这种经验管理遂为科学管理所代替。

学校的科学管理，基于对学校中各种职能活动的分析（应是科学的分析），建立客观的规范体系，并把各种职能活动尽量加以量化，形成可测定的指标，以便于操作；管理者按照既定规范实行管理、调节和监督，"在规范面前人人平等"，使管理客观化，从而减少管理者个人素养、主观意志对管理工作的影响，并减少学校中人际关系的干扰。这种管理也叫作"规范管理"。打虎山路第一小学的《方案一》，体现了这种规范管理的精神。

在人际关系复杂、学校无序情况下，以规范管理代替经验管理，实乃势所必至；惟规范管理着眼于对人的活动的控制，"见事不见人"，使学校中的教职工消极地接受管理，不足以调动其主动性与积极性。这种类型管理的利弊得失，在打虎山路第一小学的初步实践中已经显示出来。

如何兴其利而去其弊？其实，关于通过规范管理所建立的学校秩序，有"强序"与"弱序"两种不同的选择。如果说学校秩序以必要的规范体系为保证，那么，学校秩序的"强""弱"同规范密集的程度相关，而"强序"与"弱序"的意义与效率迥然有别。

从表面上看来，似乎学校秩序越强化越有效，"处处有规范"，就出于这种考虑。其实，规矩过多，且不说对人的自由的束缚，由于"谁也记不清"，实难监督。缺乏监督的规范，不免流于形式，成为"强序不强"；反之，以适度规范为特征的管理，因便于严格监督，可保持任何规范都不可或缺的权威性，到头来，"弱序不弱"。

从表面上看来，"强序"管理是给被管理者的行为以更多的约束，实际上密密麻麻的规范，若要严格执行，更是给管理者出难题。打虎山路第一小学从《方案一》到《方案二》《方案三》所显示的，正是从"强序"到"弱序"转化的过程。其结果，既增强了凝聚力，又使学校秩序更加井然，正由于他们所坚持的，是可能执行与监督的规范。

那么，单靠有限的规范就能建立正常的学校工作秩序并使人际关系和谐么？

三

就打虎山路第一小学管理改革的全过程而论，规范管理中从"强序"到"弱序"，只是其中的一个侧面；他们探索中的成就，更在于自觉地采取"超越规范管理"的措施，同严格的适度规范管理相辅相成，填补从"强序"到"弱序"转化中留下的某些规范缺失的"空白"。其中荦荦大者有：

1. 提倡"道德自律，工作自励"

该校认识到"他律"的规范管理的局限性，在《方案三》中突出"道德自律，工作自励"的目标，把关于教职工管理工作重点转向师德的建树。

《方案三》确定，对教师素质评价的依据为：群体中的影响和地位，工作中的勤奋和自勉，利益面前的理智和淡泊，人际交往中的坦诚和合作；对教师的考核，"强调量化到位，更重视情态投入，强调过程努力，更重视效果表现，强调外部制约，更重视自我塑造，强调群体协同，更重视个体效率"。

为此，在1994年10月至1995年5月间，在教职工中，连续开展以"我和我的学校"为中心课题的系列自我教育活动。所列专题有："学校的发展和我的改变"（1994年10月），"廉洁、自律、树形象"（1994年10月），"教师和言行与形象"（1994年11月），"共为'打一'添光彩"（1995年3月），"联体办学中的我"（1995年4月），"凝聚与奉献"（1995年5月）。

这类自我教育活动的意义，在于推动教师自我管理，是对"他律"的管理的重要补充。

2. 创立"五个二工程"

1995年初，该校被上海市杨浦区政府确定为"窗口学校"，以此为契机，制定了为期三年的师资培养、培训计划，称为"五个二工程"，旨在使师资队伍的整体素质跨进上海市前列。

"五个二工程"的目标为：(1)每个教师个人藏书达2 000册；(2)撰写教育随笔、工作总结、科研论文2万字；(3)能教2门课；(4)40岁以下的教师学会使用电脑和一门外国语；(5)学历上二级，80%教师达到大专学历，30%教师达到大学本科学历；教师个人或辅导学生在教育、教学竞赛或评比中获得2个奖项。

到1998年初，已有60%教师藏书达1 000册，70%教师购置并使用电脑，50%青年教师英语达初级以上水平，30%教师达到中级水平，50%教师撰写文章 1 万字，已有大专学历或正在大专班学习的教师达 60%以上，大学本科生约占 15%。

"五个二工程"在学校管理中的意义，在于积极引导，弥补消极管理的不足。

综上所述，打虎山路第一小学管理改革中，实际上提出的起码的行为规范、道德自觉、业务高标准"三位一体"的目标中，包含管理与被管理、管理与自我管理、消极管理与积极引导诸要素关系的处理，从而形成一种"超越规范管理"机制的雏形，这才在这所学校中创造出纪律严明、工作有序、宽松而又奋发的氛围。

四

关于打虎山路第一小学学校管理机制，以上所述主要涉及管理目标问题，而该校管理改革顺利开展，并取得成效，更同他们实行"民主管理"的抉择相关。这方面的措置有：

1. 体察"民情"

该校领导比较体察学校中的"民情"。为了全面了解教职工情况和意愿，除日常观察与个别交往外，还多次进行问卷调查。先后进行的问卷调查有：1991—1992 学年度学校工作调查，1993—1994 学年度教师基本素质情况调查，1994—1995 学年度学校民主管理调查，1995—1996 学年度教师素质调查，1996—1997 学年度教师素质调查。正是基于对学校情况和教职工意愿的了解，不断发现管理中的矛盾，才不停步地进行改革。

2. 吸引教师参加决策

该校历次管理改革方案，都经过教职工充分酝酿。早在《方案一》出台前，老教师在座谈会上就提出：制度是针对教师的，首先要宽容，因教师工资较低，制度（扣奖金）定得过严，教师难以承受；制度（规范）的弹性幅度不宜过窄，管理要着眼于调动教师积极性；适当体现人情；制度的实行以思想道德教育为主；制度一旦确立，就该一视同仁。尔后的改革中，确实吸取了这些建议的精神。

如果说《方案一》《方案二》由学校行政出面提出，那么《方案三》则由工会出面征求意见。

3. 管理权力的下移

该校管理方案的实施（包括对教职工的考核），《方案一》规定主要由学校行政人员（校长、教导主任、事务主任、财务管理员）和工会承担；《方案二》改为由教导处、年级组与学科组负责；《方案三》进一步明确实行组长负责制（5个年级组和1个科任组），组长有人事组合权与奖金分配权，因而主要由组长负责考核。

4. 民主监督

该校为使学校领导人员置于群众监督之下，除定期召开教职工代表大会外，还发动教职工对干部进行民主评议。评议对象包括正副校长、正副教导主任、事务主任、大队辅导员、大组长、工会主席及委员，要求教职工对这些干部进行"排阵"。

打虎山路第一小学卞松泉校长和该校党支部书记杨巍，都属于个性鲜明的"强者"，两强相遇而配合默契，是由于他们都厌弃"小家子气"，"追求和谐"，"不落俗套"，可谓志同道合，他们体察"民情"，尊重"民意"，正是自信的表现。

五

在我国，长期实行"统得过死"的教育行政体制，学校办学自主权相当有限，以致学校难以形成特色；不过，由于"制度"观念薄弱，教育行政部门对学校监督不力，加之如今社会舆论较为宽松，故有志者在办学过程中仍有可为。打虎山路第一小学的实践便是明证。

如今，先进学校大都谋求办学特色，实属兴旺现象，问题在于对"办学特色"如何理解。有些学校热衷于贴标签，如"××教育""学会××"，未尝不可，重要的是循名责实，而打虎山路第一小学并未落入这类俗套，他们眼光向内、眼光向下，尊重本校教师的意愿，从本校实际情况出发，不断发现矛盾、解决矛盾，这才形成一种"超越规范管理"的机制。

我国学校管理中，"家长制"影响尚未消失，学校管理制度不健全。不是说，没有林林总总的规章制度，而是由于规范过繁，"制度"观念又较为薄弱，以致难于执行，结果学校规范化程度不高，故就一般学校来说，确有加强规范管理的必要；惟在较为先进的学校，有识之士早就察觉规范管理的局限性，于是，"调动教师积极性""加强对教师的思想工作""增强学校的凝固力""情态管理""在学校管理中注入人文精神",诸如此类的口号,显示出超越规范管理的意向。问题在于这类宽泛的口号尚不足以形成一套"超越规范管理"的思路,也就难以形成一种机制。在这个意义上,可以认为打虎山路第一小学管理改革的经验,反映了我国学校管理改革的趋向。

"班规"案例的再认识

最近，有幸读到周卫、陈爱芯主编的《中小学班主任案例式培训教程》，喜出望外。全套教程共列入48个专题，构成相当全面的"班主任问题领域"。或许由于本人孤陋寡闻，难得见到像这套教程那样，把班主任问题领域分解得如此细致，各个专题的设计如此周到，案例介绍中工作进程与当事人思想的变化过程如此具体，案例分析与案例本身如此契合。惟其如此，有些专题中，关于事情性质的把握，工作进程中相关举措、遇到的实际问题、当事人的判断以及案例分析，不乏或多或少的参考价值。其中即使有不当或不尽如人意之处，并不重要。重要的是使人们可以沿着它所设计的思路，以其中提供的信息为参照，对相关专题继续加以研究。

这里拟就其中"制定班规"专题，作进一步分析。

一

班规，可算是学校中普通不过的事情，也算是班级民主管理中的一个小小的举措。依本人之见，学校中最为寻常的事情，最值得关注。因为它涉及学校中每个教师、每个学生日常教与学的行为，同教育质量的关系最为密切，却又最易为人们所忽视。所以本人一向对有关这方面的经验介绍比较注意。只是关于班规的经验介绍，越看越觉得不是味道。于是，在十多年以前，曾参与胡惠闵博士主持的一所小学的班级民主管理试验。其中自然包括班规试验。五年前还参与过一所中学同一课题的试验。尽管我们的设计还算到位，运作程序力求简便，教师很认真，学生也很支持，只是做起来，常常走样，措施很难到位，到位了又往往虎头蛇尾。

原因何在？问题不在于教师、学生是否支持，相反，倒在于师生忙得过于起劲，以致往往把这种简单的事情复杂化。几经沟通，都难见实效。这才逐渐意识到：原来在现今中国的学校，对普普通通的事情作一小小的改进，要比一阵风的雷人壮举困难得多。可见如今的世道确实变了。既然自认落伍，从此对此类事情，只得袖手而懒得旁观。想不到这套教程中的班规专题和案例，居然把我的视线又重新勾引过来。

且从这套教程推出的"制定班规"案例谈起。

二

李老师主持的建立班规的尝试，经历了一波三折的过程，终于"把班规进行到底"。

起初，他亲自动手，拟订多达60条的班规。学生人手一份，集中学习两次。老师还曾加以解读。经过两三个星期，却未见成效。个别学生提出一个尖锐的问题：这到底是"谁的班规"？

老师在听取学生意见以后，及时加以改进。主要是发动全班学生，每人提出一条班规，择日交流，并由学生代表组成所谓"班规建设委员会"，征集并整理同学的意见。最后交付全班学生表决。此后两个月内未发现违规行为。

新学期开始后，讨论修订班规问题，并要求学生在"承诺书"上签名。其中有两个学生未签名。理由是：班规只是约束学生的行为，其中没有一条约束老师行为的班规。李老师觉得他们的意见"不无道理"。于是，就此征求全班学生的意见。有些学生有此同感，还提出针对老师的班规条款。也有学生对此举的可行性表示怀疑。李老师为此感到困惑。

班规出台后，李老师进而拟订"班规评分表格"，并在班级建立值日生制度。从全班学生轮流值日到选举产生的几名"值日班长"轮流值日。每周一次本班班规执行情况与学生得分情况汇报。

后来，还根据需要，补充提出以班级名义表扬的办法。最后又建立"班级惩戒制度"。

表明李老师经过坚持不懈的实践—反思—再实践，依靠本班学生，终于完成了一个"把班规进行到底"的案例。

这个案例陈述的价值在于，它以经验事实为基础，揭示出一个较为完整的探索过程。有别于常见的"老王卖瓜式"的成功经验介绍。它通过从拟订班规到执行班规过程的陈述，把班规问题领域中发生的各种问题显现出来，成为可供解析的案例，具有案例所应有的典型性。正如阳光下的一滴水所反映的是整个阳光一样。至于工作过程的成败得失、经验与教训，工作过程中所反映的"班规"观念，以至隐含其中的"行为规范"观念、学生"自由""民主"观念、"师生平等"观念，有些可作为案例分析的素材，有些是值得探讨的问题。

三

这个案例在一波三折中反映出来的根本问题，在于对班规到底是怎么一回事未必了然。其中包括：班规是"谁之规"？班规的性质如何、意义何在？建立班规的依据是什么？其合理性何在？学生有权为本班老师立规么，有权"惩戒"自己的同学么？

1. 班规究竟是"谁之规"原不成为问题，在这个案例中却几度成为问题。

按理，班规是本班学生通过一定的民主程序共同约定的行为规范。然而，起初却由教师越俎代庖，从而引起学生质疑。表明在这个问题上，学生心中有数，教师反而不见得明白。

班规既然是本班学生共同约定的行为规范，本班学生都有遵守的义务。要学生在"承诺书"上签名，岂非多此一举？

班规原是本班学生自我约束、相互监督之规，学生有什么权利为本班任课教师立规？如果以为把教师纳入班规的调整对象，才算是师生平等，那么，按照如此"平等"观念，岂不是也该把本班学生列入"师德规范"的调整对象？然而，面对学生的挑战，不仅教师默认，就连专家也拿不准。

2. 班规为什么"何其多也"？

在我国，无论是班规、校规还是别的什么"规"，通常不订则已，一订往往流于繁文缛节。原因何在？

一般来说，由诸多规范构成的制度，客观上要求规范成套，以堵塞制度漏洞，何况每一条规矩看起来都有一定道理。

就我国常见的情况而言，在行为规范中，往往掺入较多的"应然性质的条款"。此类条款犹如引而未发之箭。条款越多，干涉个人行动自由的理由越充分。不过，由于"应然性质的条款"为软条款，不同于"戒律"那样的硬条款，故"发"与"不发"，执行者有选择的空间，也就容易成为空文。

就适用于学生的班规而言，条款的多少，取决于对纪律与自由关系的理解和学生行为管理的价值选择。

3. 班规到底属于什么性质？

在此案例中，从学生到班主任，在此案例分析中，从班主任到专家，各种议论中，几乎都把班规视为"管人"的手段，未闻班规是学生行动自由的保障。其实，保障学生行动的自由，才是班规问题的关键所在。

一般行为管理，尤其是学生行为管理，有两种不同的出发点，也就有两种不同的价值选择：一是把纪律作为维持秩序的手段，一是把纪律作为保障个人自由的手段。依照前者，规范越密集、越配套，个人行为的限制越多，越有秩序。如此秩序，称为"强序"。只是由于规范过多，难于执行，个人又缺乏维护这种秩序的内在动力，其结果很可能"强序"不强。依照后者，为排除个人集合体中正常生活、学习及个人行动自由的障碍，而由集合体中的成员共同约定行为规范，如班规。因出于保障个体自由的需要，行为规范也就不宜太多。由有限的规范约束而形成的秩序，是为"弱序"，即较为宽松的秩序。由于规范有限，容易执行，并受舆论监督，故"弱序"不见得真弱。

如何建立以保障学生个人自由为出发点的班规呢？不妨从讨论"我们班上大家正常生活、学习和个人自由的障碍是什么"入手（只在本班同学的行为中寻找障碍）。然后从大家的意见中，依次筛选出"主要的障碍""最大的障碍""非排除不可的障碍"。主要针对众多学生不可容忍的行为，订立班规，作为建立班规的起点。尔后，如果出现新的障碍，再有针对性地补充班规条款。如此班规，保障个人自由的意图不言而喻，自然容易得到班级内部舆论支持。

不过，如此尝试，虽比较到位，又很简便，似乎易，实际上却很难行得通。因为多数学生不会触及这个雷区，故从现象上看来，尤其是从"管人"的角度看来，如此班规对多数学生好像不起作用。在班规问题上，显示不出"创新"的气象，做不出什么文章。从而使精力充沛的教师和学生中的积极分子，仿佛没有"用武之地"。还是那句话：如今对普普通通的事情，做一点小小的改进，要比一阵风的雷人壮举困难得多。

4. 班规的合理性何在？

在此案例中，仿佛班规只要经过班级中多数学生表决通过，就可成立。问题在于所立之规中涉及的是不是学生该管之事，是不是学生管得了之事（不可忘记，班规之外，还有校规），更重要的是它是否合理。

何为"合理"？简单地说，班规以不触犯学生合法权益、不妨碍学生正当行为的自由为合理。

合理的规则是什么呢？

在人际关系中，个人的行为，如未妨碍他人行动的自由，他人就无权干涉这个人行动的自由；反之，个人的行为一旦妨碍他人正当行为的自由，他人就有理由干涉这个人不正当的行动。

在个体与集体的关系中，个体行为如未破坏正常秩序和集体任务的完成，他人和集体就无理由干涉这个人行动的自由；反之个体若破坏共同生活与学习的正常秩序，妨碍集体任务的完成，集体中的舆论理应对这种不正当行为加以批评或谴责。前提是集体的任务本身是必要的，集体舆论比较健康。

以上规则，只涉及道德底线的把握。至于超越道德底线的规范，则因需要与可能而定。

5.学生有权惩戒同学么？

按照教育的常理、常规和我国现行学校行政制度，就连教师也无权惩戒学生。如此规定，正是出于保障学生权益的考虑。惟其如此，学生更不应越权制定与执行所谓"班级惩戒制度"。班规的执行，主要诉诸班级内部道德舆论的调节，辅助班主任的工作。

学生未必懂得以上这些道理，班主任有责任加以指导。班主任如不懂得这些道理，可以通过"班主任案例式培训"明白这些道理。

　　以上系由教程中推出的案例引发的关于班规问题的议论，并不是对这个案例本身的评价。因为面对如今这种教育与教育研究的现状，能开展"把班规进行到底"的实践，能够形成启发思考的案例，本身就是难得的成就。

课堂对话的常规

　　写罢《真"对话"在哪里》和《"假对话现象"何以发生》，忽然想到：假如暂时忘记所谓"对话教学"，情形将会怎样呢？

　　假如暂时忘记"对话教学"，这就是说，如果换一个视角看待所谓"假对话现象"，那么一些简单的谈话方式，如"简单的是非判断"的谈话、"由师而生"的谈话、"预设过度"的谈话、"缺乏深意"的谈话，以及"表演成分过重"的谈话，很可能会自然减少。既然没有标榜"对话教学"，对这类简单的谈话，也就无须以"假对话"论定了。

　　其实，如以平常心看待这类简单的谈话，它们不过是日常教学中寻常的现象。就以其中最为简单的方式（是非判断）来说，以往有些中小学教师形成一种"教师职业语言"（含语气），即在讲授时连续中带有停顿，让学生齐声应答，而讲课并不为学生应答所打断，形成师生呼应的氛围。这种只求是非判断的谈话，何错之有？

　　如无"对话教学"的讲究，只要允许学生发问、尊重学生提问的权利，"由师而生"的谈话，即教师主动提问，有何不可？在"产婆术"的运用之中，几乎全是苏格拉底连珠炮式的提问与反问，不亦妙乎？

如不以"对话"论短长，那么"缺乏深意"的谈话、"表演成分过重"的谈话，都不难理解。因为小学生的学习谈不上什么深意。反之，含义深刻的学习活动，未必适合小学生。

如果达不到"真对话"的水平，何妨注重对"课堂谈话"（通称"谈话法"，其中包括"问题法"）的讲究。

如今在小学课堂上，与其说"满堂灌"，不如说"满堂问"现象更为普遍。常见的流于形式的对话，其实多为走过场式的问答。

小学课堂中提问过多现象，从活跃课堂氛围角度看来，倒也不是不可以理解。问题是，在我国多年来一直把教师系统讲授贬之为"注入式"和"满堂灌"，导致对教师系统讲授的价值估计不足。从而发生"满堂问"优于"满堂灌"的误解。

其实，教师系统讲授亦大有讲究。能够吸引学生津津有味地听课的教师，其功力实在不浅。只是再精彩的讲授取代不了学生自己的认知和思考。

根据长期积累的教学经验，作为教与学活动的课堂谈话（不只是为了活跃氛围的谈话），也有一些起码的规则：

1. 以教材中的重点与难点为话题。

2. 面向全班学生提问，让学生考虑后再回答。

3. 由学生自动举手回答，必要时由教师点名指定学生回答。

4. 避免在点名对象的选择中，流露出对这个学生或那个学生的偏爱或歧视。不论学生回答的对错，哪怕答案很可笑，教师和其他学生都对回答问题的学生不失尊重。

5. 避免把谈话变成回答问题的学生同教师之间的个人问答，即要求学生面对全班同学回答问题，其他同学也得注意认真听取同学的回答。

6. 每一次旨在解决教材中重点与难点问题的谈话，都得避免发一通议论，不了了之；而要得出明确的结论，其结论即使不是标准答案，也得有能够成立的说法。避免助长随意性，甚至把随意性合理化。

7. 对于某个问题的谈话，避免使学生只关注教师作结论，而要引导全班学生关注谈话的结果，并须了解学生是否知道这个结果。

8. 更重要的是，既然学生参与谈话，就该使他们了解上述有关课堂谈话的起码规则，并经常运用这些规则。

这样的课堂谈话，不仅是一种行之有效的教学方法，教学的教育性也就蕴涵其中。即使如此，也只能有选择地运用，避免滥用。

教师如果连这些起码的课堂谈话规则尚未掌握，就试图实施富于哲理的"对话教学"，其结果也就可想而知。

在传统的教学方法中，比谈话法进一步的教学方法，还有"课堂讨论"。关于"课堂讨论"，在历史性的实践中，也形成了一系列的规则。只是它最多只能在小学高年级运用，即使在中学，也只能有选择地运用，故在这里也就毋庸赘言了。

"对话"比"谈话""讨论"更富有哲理性。其含义更为深刻，其外延也更为宽广。例如，它可以超越传统的"阅读教学"的视野，讲求"同文本对话"。至于如何在头脑中"同自己对话",那又是更加高深的问题。惟其如此,在这里只"假设"暂时遗忘"对话教学"将会发生的情形,无意对这个建树本身妄加评说。

学生在校行动自由的
常理常规

近代以来，"自由"的呼声经久不息。如今不少人把自由纳入普世价值。使未成年的学生尽可能在较为宽松的环境中自由成长，并"学会自由"，不仅为当今学子人心所向，也属教育过程演变的大势所趋。鉴于最近若干年来我国未成年人中"以自我为中心"现象日益蔓延，也就更有必要澄清"自由"的概念以及自由与纪律的关系，引导学生"学会自由"。

一

近代所谓"自由"，同中世纪的"自由"观念不同，是以人人平等为前提的"自由"观念。传统社会的"自由"观念，所追求的是以"我"为中心、只顾自己、不顾他人的自由，是无拘无束的自由，而社会又不能不建立一定的秩序，这种秩序在当时只能靠外在的强制纪律维持，故在中世纪，以专制统治约束散漫的自由，有其历史的必然性。结果，这种自由只是强者的自由，而弱者的个人自由，只在无人监督的角落存在，在专制统治的缝隙中放纵地表现。在家庭中以家长的身份放纵地表现，而在专制的淫威下，在一切强者的压力下，又自然地转化到它的反面，成为丧失个性与自尊的奴性。这些，都是就"社会意识"而论，至于"个体意识"，因人而异，未必都是如此。

如果说中世纪的"自由"，是"自由"一词的单数用法，指的是"我"的自由，那么，作为近代"社会意识"的"自由"概念，则是这个词的复数用法，指的是"任何个人的自由"。如卢梭所说，爱弥儿"不做别人的奴隶，也不把别人当做自己的奴隶"。这就是独立的个性，也叫作"自由个性"。它的社会意义是：在强者面前，保持独立，摆脱奴性；维护自己的个性自由，而又尊重，至少不侵犯别人（即使是弱者）的自由。因此个人的自由，是"有节制的自由"，个人自由以不妨碍他人自由为限度。自然，这里讲的是一种理性的"自由"的价值观念，至于它的局限性，它在什么条件下才转化为普遍事实，这里姑且不议。

相比之下，中世纪散漫的自由个性与奴性，都缺乏"平等"的内涵。固然，那时也有朴素的"平等"观念；惟那时追求的平等，通常只要求别人对"我"平等，至于"我"对别人是否平等，就得看他的身份、地位如何。所以，它不是一种普适性的"平等"观念。

依照"有节制的自由"观念，在儿童教育中形成的行为准则为：儿童的行为只要没有造成对自身的伤害，或妨碍他人的自由，对他的行为就无须干涉。若干涉过多，便从小养成奴性。反之儿童的行为若可能造成对自身的伤害，或妨碍他人的自由，则必须加以干涉。若放任不管，势必从小养成专横的作风。既然人人平等，允许一些人侵犯别人的自由，对别人就有失公平。依照前者，儿童可以获得相当广阔的自由空间；依照后者，儿童自由活动的天地又相当有限。

中国迄今为止，学生"缺乏自由"与"缺乏纪律性"之所以都成为相当普遍的现象，正由于学生的某种行为虽然并不妨碍他人，也经常受到成年人的干涉。因为成年人希望他"更好"。反之，当学生的行为妨碍了别人时，未必都受到干涉。这要看妨碍了谁。假如妨碍了家长、教师，即使是"小事"，往往被看成是"大事"；若只是妨碍了同伴，便容易被看成是"小事一桩"。这又同我们的"纪律"观念相关。

二

"纪律"是自由的限度。相对于不同的"自由"观念，"纪律"的观念也有区别。着眼于学生自由的纪律，是对学生自由的保障。从这种"纪律"观念引申出来的规范，势必以多数学生不成问题的行为为基点，它只约束少数可能违规的学生的自由。反之，若把不致妨碍别人自由的行为，也置于纪律的约束之中，势必使多数学生丧失必要的自由活动的空间，从而把"纪律"推向学生"自由"的对立面。这是一种什么样的"纪律"观念呢？它是学校及教师"维持学校与课堂秩序的手段"。由这种"纪律"观念派生出来的学生行为规范，必然陷入"规矩越多，越有秩序"的逻辑。

可见，从两种不同的"纪律"观念，很自然地会派生出两种不同的纪律状态：以学生自由为出发点的纪律，导致规矩简单、要求有限的"弱化"的纪律；以学校、教师期待的学校秩序为出发点的纪律，按照"规矩越多，越有秩序"的逻辑，很容易形成规矩密集、要求偏高的"强化"的纪律。

现在中国的学生群体，从小学生到大学生，不仅普遍"缺乏自由"，而且普遍"缺乏纪律性"，恐怕同对"强化"纪律的迷信相关。从表面看来，规矩密集，要求偏高，果真落实，虽使学生丧失一些自由，至少还能维持一定的秩序。其实不然，因为纪律若包含多数人易于触犯的规定，它本身就将成为容易受到挑战的对象。一旦受到挑战，不行"罪不罚众"之道，又能如何？况且"守纪律的行为"同学生的"纪律性"又不完全是一回事，纪律过于严格，滋生奴性，又将诱发逆反心理，促使学生在监督的缝隙中放纵自由。2001年发生在上海的两个中学生"纵火游戏事件"，便是教训。

尽管这种纪律"外强中干"，可是，我们对"整顿纪律"早就习以为常了。我们在整顿学生违纪行为的同时，何尝"整顿"过我们的"纪律观念"？因为我们相当缺乏"保障学生自由"的意识。

三

每一个人都不是孤立的自然实体，他的一生须经历一个"学会自由"的过程。运用自由从有限的外在约束开始，"学会自由"是一个从外在约束（纪律）到自我约束（自律）的过程。

在我国，常道是从小养成遵守纪律的习惯，却甚少提到从小"学会自由"，这是很自然的。因为按照"无拘无束的自由"观念，自由可以无师自通，而"有节制的自由"不能自发形成。纪律若失去"学会自由"的内涵，可能就会转化为自由的反面，成为从小开始的奴化训练。

学生，尤其是小学生，不会使用他们得到的自由，甚至往往滥用自由，不能怪他们。因为在他们形成理性的判断力之前，他们的行为不免受到自然的欲望支配。由于他们缺乏自我意识，只有在成年人的外在干预下，才能学会节制自己的欲望。前面提到的学生自由的准则，它既是学生自由的限度，同时也是成年人干预学生自由的限度。超越这种限度的干预，很可能成为培育奴性的温床；至于外在的干预，充其量只能造就"听话"的学生。那种学生其实同"任性"的学生一样，是比一般学生更须"学会自由"的学生。故随着学生理性判断力的形成，外部干预虽不可少，总的说来，应从主要诉诸外部干涉逐步转向以学生自律为主，转向学生群体的自我管理和个体的自我约束。

学生行为管理中批评与惩罚、表扬与奖励的常理常规

表扬与批评不只是学校中的管理手段，更是舆论及社会管理中普遍使用的评价方式。惟其如此，关于表扬与批评，以及奖励与惩罚的运用，早就积累了丰富的经验，形成了成熟的见解，这便是有关表扬/奖励与批评/惩罚的常理常规。

一

近代以来历史形成的批评/惩罚、表扬/奖励的常理常规如下：

1. 表扬/奖励是否有效，取决于有没有触动受表扬/奖励的人的荣誉感。同样，批评/惩罚是否有效，视其有没有触动被批评/惩罚者的羞耻感而定。惟其如此，表扬或批评的滥用，不仅难以触动当事人内心的感受与得到舆论的认同，还可能使他们对表扬或批评本身，感到疲劳和厌倦，产生对这类管理手段的冷漠与逆反心理。

2. 尽管只有触动荣誉感的表扬才会发生激励效应，然而荣誉感本身并不具有多少道德的内涵；且荣誉感与虚荣心之间的

界限不易分清，自然无须迎合某些学生的虚荣心。相比之下，羞耻感却是不可或缺的道德情感。依此看来，表扬比批评更不宜多用。"廉价的表扬也是一种伤害。"此之谓也。

3. 在师生之间、同学之间的日常交往中，难免对这个或那个学生说好说歹。这只是一种评价，不一定是郑重其事的道德评价。作为道德评价的表扬或批评，应有一定的严肃性。故在小学低年级以上的班级，为了保护表扬或批评的严肃性，只在必要时才表扬或批评。

表扬或批评的力度，不在于表扬或批评中话语的夸张、语气的轻重，而在于对表扬或批评对象的态度。其实，即使是未成年的学生，也能从教师对自己的态度中，觉察表扬或批评的分量。

4. 具有道德评价意义的表扬或批评的依据是：以通行的学生行为规范为准绳，以学生的实际行为表现为依据，以公正为原则。尽管原则上对事不对人，也得从善意出发。

如果某个学生有违规行为，不批评/惩罚，将使行为规范丧失其应有的权威。故批评/惩罚并非出于对当事人的计较，而是维护行为规范的权威。其前提是行为规范本身合理而又可行。相比之下，如果有些学生的行为超越一般学生行为表现的水平，虽可表扬，但不一定表扬。因为批评以行为的后果为依据，无须追究其违规的动机，而表扬不但看其行为表现，还得考虑其良好行为表现的动机，以防止为得到表扬而作秀。同样表明表扬比批评更不宜多用。

批评不追究被批评者的动机，是为了避免纠缠不清。如能肯定其违规行为并非出于不良动机，或者竟是好心做错事，那么，对违规行为是否批评/惩罚，仍有斟酌的必要。

5. 表扬或批评，有权威评价与学生舆论中的评价之别。权威评价为教师及学校行政当局的评价，学生之间的评价又可分为有组织结构与功能的学生集体的评价与学生自发的舆论评价。不同评价主体的表扬或批评的效应可能有什么区别呢？

对某个或某些学生的表扬或批评，能否触动其荣誉感或羞耻感，不仅取决于当事人的感受，还得考虑学生中的舆论对如此表扬或批评是否认同。因为对当事人来说，其荣誉感或羞耻感实际上主要是在与同伴的交往中得到的感受。

如是，便可对不同评价主体表扬或批评的效应，进行具体分析。

教师对某个学生的评价，之所以受到当事人的关注，主要由于教师的评价可能对学生舆论发生影响，也就同受表扬或被批评的学生在同伴中的形象、声誉相关。其前提是这个教师在学生中已经得到信任与尊重，有一定的权威。反之，如果某个教师在学生心目中并无威信，或虽有威信，只是对某个学生的表扬或批评，得不到学生舆论的支持，结果反使受表扬的学生在同伴中"光荣地孤立"；受批评的学生自恃得到同伴的同情而满不在乎，甚至成为敢向老师挑战的"勇敢分子"，反而使老师尴尬。

惟其如此，在马卡连柯看来，即使是对于应当受到表扬或批评的学生，是否实施表扬或批评，还得考虑学生中的舆论如何。这不是说可以听之任之，而是要从引导舆论入手。

6. 尽管教师拟表扬或批评学生时，少不得考虑班级中的舆论，然而学生中的舆论有健康与不健康之分。这便是班级中的风气正与不正的问题。其实，对某些学生表扬或批评的意义，不仅在于事关受表扬或批评的学生的健康成长，还在于借典型事例引导班级中的舆论。

只是教师表扬或批评的效应毕竟有限。根据历史经验（其中包括我国革命根据地教育民主化的经验），按照一定民主程序，在班级中建立有一定组织结构与功能的学生集体，以学生集体中共同约定的愿景、目标与行为规范为依据，开展学生之间的表扬或批评，可能更为有效。前提是，这种学生集体得到教师的信任与支持，班级共同愿景、目标与行为规范出于本班成员的愿望与意志，学生集体活动的运作少受教师个人意志的干扰。果达到如此地步，教师便将乐得充当学生中相互表扬或批评事件的权威评议员，避免以表扬或批评引火烧身。

7. 表扬/奖励或批评/惩罚，都是对当事人已经发生的超常行为或反常行为及其后果的评价及处理。这种评价及处理都表示对以往发生事情的了结。既已了结，尔后也就可以不再提起，以免使学生把往事作为成功或落后的包袱，拖累尔后的行动；并表示对犯过错误的学生人格的尊重。

如果有学生重提同学以往的过错，不妨像马卡连柯那样，对这样的学生严肃处理。因为歧视同学，本身就是过错。

至于犯过错误的学生是否汲取教训，那是他自己的事情。别人（包括教师）没有必要提醒他"接受教训"。如果他以后又发生违规行为，仍不宜把后来的违规行为同以往的违规行为简单地联系起来，算老账。对于后来的违规行为，按规矩，就事论事地处理，足矣！

8. 尽管只有触动学生荣誉感与羞耻感的表扬或批评才可能有效，然而，荣誉感与羞耻感毕竟只是心理感受。虽然羞耻感比荣誉感更近于道德情感，其伦理价值还取决于以什么为荣，以什么为耻。所以，表扬或批评即使行之有效，其教育意义有限。因为它们毕竟只是学生行为管理的手段。

9. 在我国，针对批评过多、批评无效的现象，有"以表扬为主"一说。若明"管理手段"与"教育手段"之别，"管理手段"的教育价值有限，便知表扬或批评都以慎用为宜。

事实上，真正厉害的教师，既不是唠唠叨叨的教师，也不是廉价奉承学生的教师，更不是时下冒尖的媚学生俗的"名师"，而是举止庄重的教师。这样的教师，不表扬、不批评则已，一旦开口，容不得学生不予重视。

那么说教师是否可以对学生的优良行为或违规行为无动于衷呢？那倒不是。学生不难从教师的神情或举措中，了解其态度。褒贬亦可在不言之中。

10. 教师为了不致成为教育的外行，且不受时下写手、炒作卖弄的伎俩诱惑，固然有必要或多或少了解一点教育的常理常规。其实，班主任还该引导学生理解与恰当运用表扬与批评（含自我批评、批评别人和对待别人的批评），使他们把表扬与批评作为道德学习和个体社会化的良方。

二

以上各点，一望可知，并无什么深文大义。其中或蕴涵某种"教育精神""人文精神"，至少本人虽可意会，无力言传。或许由于它们并不深奥，故在教师培训、班主任培训中，专家们一般不屑唠叨此类老生常谈。这是可以理解的。

即使认定以上各点为表扬/批评的常理常规，由于每所学校、每个教师面临的是特殊的教育情境，所要解决的往往是非常具体的问题，故常理常规未必有助于实际问题的解决。何况常理常规既无新意可言，又谈不上什么特色。

话虽如此，由于如今在所谓"教育学"中，诸如此类教育常理常规正趋于淡化，代之而起的，是教育过程的炒作和众写手的"创新"高调甚嚣尘上，以致在"教育工作"本身的随意性和由媒体诱发的学生随意性之间，似无恶意性质的恶性循环不已。导致一般中小学教师，尤其是班主任，无所适从。于是，如今越来越多的班主任或出于无奈，或甘作教育秀，宁愿相信教育术士张扬的教育偏方和诀窍，如"××招""××对策""××兵法""××模式"，用以同傻小子、疯丫头"斗智斗勇"。或者似乎反其道而行之，放下身段，媚学生俗，貌似天真，或作明星态，以求博得学生青睐。

诚然，钻非常道，媚稚子俗，即兴"逗你玩"；弄山寨法，使术士招，能不"算我狠"，其"奇效大验"往往立竿见影。终究不能不问：

小试牛刀，大议兵法，若怨若爱，对象是谁？

外出奇招，内存心计，斗智斗勇，诚信何在？

岂不知偏方之所以是偏方，诀窍能够成其为诀窍，正由于它们并非普适之理、通行之道，也就不成其为万应灵药。饮鸩或可止渴，却不无后遗症状。在教育过程中，虽然常理可变，常规亦可权变，然而一定时代一定地域的教育实践，如无理可依、无规可循，助长随意性，将会导致的后果，当事人怎会没有感受？

管理实施中对学生
批评何其多

　　十年前,《中国青年报》曾发起"我们今天怎样批评学生"的专题讨论。这个讨论题目本身就暗示,学生就是该吃批评的小家伙,问题是如何恰当地批评。这自然是不错的。因为一位教师经常面对那么多学生,随时可以发现学生大大小小的过错,如不及时批评,听之任之,不能算是尽到责任,而批评往往又像是学生的耳边风,这才迫使教师不得不无数次老调重弹。于是,教师对学生的批评,可算是人际关系中最频繁而又最乏味的批评。惟其如此,"我们今天(应当)怎样批评学生",也就成为值得议论的话题。

　　在议论这个话题之前,不妨从"我们以往怎样批评学生"谈起。

　　以往,也许由于教师批评学生过于频繁,以致有些教师自己也感到乏味。于是,有些聪明过头的教师,便造出一些别出心裁的批评花样来。

　　在这个话题议论中,一位署名"三七"的作者,在题为《一个成年人回望被批评史:挨骂的小学生》(《中国青年报》2001年4月3日)的大作中,把某些教师批评学生的细节,刻画得淋漓尽致，颇有警世价值。

其中提到，有一次学生旷课，到山上去玩。次日，教师找这个学生谈话。他不停地责问："昨天下午干什么去了？"（明知故问）"上什么山呀？"（还是明知故问）"是上课重要还是玩儿重要？""既然知道上课重要，为什么还要旷课？"——学生从中得到的感受是：这个教师"就像玩弄猎物，并从中得到快乐"。

有的教师还常用"责以大义"的口吻批评学生。如："你爸爸妈妈供你上学，多不容易呀！""你这种表现他们多伤心呀！""咱们班某某同学家里多穷，他多么用功呀！"再就是"旧社会……"如此谈话，意在使学生觉得"自己的罪孽多深重"。

此外，如果有一个学生旷课，教师便历数他以前犯过的过错，使他觉得自己是个"惯犯"。

由此可见，这就不是教师是不是善于批评学生的问题，而是对学生缺乏起码的善意。然而，诸如此类的批评，反倒像是"善于批评"。因为教师似乎并没有侮辱学生，没有气势汹汹地责骂学生，而像是"启发式谈话"，引导学生自己承认错误，并且动之以"情"，晓之以"理"，敦促学生记取以往的教训。似乎理直气壮，而又可迫使学生无法辩解，以致此类批评套路与腔调颇为流行。然而这类批评比教师直率地指出学生的过错，不仅难使学生心服，反而容易激起学生反感。因为学生很难从这类批评中领会到教师的善意，倒可能觉得自己在被教师玩弄。

不过，如此教师若遇到真正调皮的学生，在受到教师如此
批评时，反而可能倒过来作弄乃师。譬如，教师问："上课重要

还是玩重要？"干脆回答 :"玩重要。"再问 :"为什么玩比上课重要？"那就趁此大谈玩经，让乃师碰个软钉子，或冷冷地看他如何发怒。不妨说，这倒不失为治一治这种教师"批评八股"的一策。

不管怎么说，未成年的学生，尤其是小学生，心灵较为敏感。教师对待学生，偶有不慎，可能在学生心灵中留下刻骨铭心的印象，甚至作为早期经验，影响其后来的人生态度。

合理解读"教师的批评"与
"学生拒绝批评"

2009年8月23日，教育部基础教育一司负责人在就《中小学班主任工作规定》答记者问时，提到：在我们强调尊重学生、维护学生权利的今天，一些地方和学校也出现了教师，特别是班主任"不敢管学生、不敢批评教育学生、放任学生的现象"。为什么会出现如此怪事呢？难道尊重学生权利注定导致放任学生的结果么？

在此稍前，即2008年6—7月，报刊上曾就所谓"杨不管事件"加以热议。其中就提到如今在一些学校，"学生难管"，并且不只难管而已，教师管教学生，还可能惹祸。如：受到学生报复，引起家长到学校闹事，间或还有学生逃学、自杀现象发生。此类事件，多有报道。如果不在热议中放大，恐怕早就见怪不怪了。到底如何看待教师的批评，如何看待与此相关的事件呢？

按理，教师批评学生，学生接受批评也罢，拒绝批评也罢，原是学校中寻常不过的事情。如果不论教师的批评出于什么动机，批评本身的对错，批评的情节如何，又撇开被批评的学生在较长时间内的处境如何，再不管作为当事人的教师对被批评的学生一贯的态度如何，他们之间是否存在偏见，就把以教师批评为导火线发生的严重冲突或不幸后果，简单地归结为教师批评问题，这不论算是"把复杂问题简单化"，还是"把简单问题复杂化"，都足以令人匪夷所思，从而使不明真相的教师困惑不已。

其实，这类偶然发生（在当事人之间或必然发生）的不幸事件，之所以引起众多教师困惑，实因在一般教学秩序正常的地区与学校，哪有教师"不敢批评学生"的道理？并且鲜有学生拒绝教师善意批评的情况。只是在不明"尊重学生""维护学生权利"为何事的今天，再以平常心看待"教师批评"之类平常事，不困惑也难。

鉴于教师批评学生似乎已经成为问题，如此问题甚至已经达到教育主管当局不能不关切的程度，对此也就有澄清的必要。这就是理性地看待教师批评学生和学生对教师批评的态度问题。

二

"批评"，因系习俗用语，故就连《辞海》（1999年）也未把它列入词目。它在同"表扬"对举的意义上，是指对对象的贬评，通常又把它作为中性词使用，其含义则大致与评议相当。在这个意义上，批评的对错，就不能一概而论。因为其中有善意批评与恶意批评、有事实依据的批评与无端批评、有的放矢的批评与胡乱批评之类区别。就连对对象的肯定与表扬，也在这种批评之列。教育当局对所谓班主任对学生的"批评权"，以

"适当方式"加以限定也是这个道理。

惟其如此，所谓"教师批评引发学生极端行为"，或"学生不接受批评，出现极端行为"，事实上是指有的教师侮辱学生，引发极端行为，或有的教师把学生赶出学校，激起学生报复。概言之，是"有些教师的极端行为"导致学生的极端行为。只是在诉讼或宣传中，被告及其"保护伞"，以"批评"为遁词，加以搪塞。不明真相的教师因信以为真，才会引起胆寒或后怕。

然而，一般教师虽对某些教师的极端行为表示反感，却对如今"学生难教""学生批评不得"感同身受，又对批评学生的后果难以预料。其实，另有原因。大抵同是否了解"尊重学生""学生权利"为何事相关。只是这个问题说来话长。这里只就事论事，进一步讨论"学生批评不得"到底算是怎么一回事。

三

按照常理，对学生拒绝教师批评现象须具体分析。

1. 批评，有善意批评与非善意批评之分。教师意气用事的批评，带有成见的批评，不与人为善的批评，总不能算是善意的批评。不尊重学生人格的批评，不尽符合事实的批评，算不上是恰当的批评。学生不接受教师非善意与不恰当的批评，焉能算是错误？恶意的批评要不致激起反感，很难。

即使是教师出于善意的批评，如何证明教师某种批评出于善意，也还是问题。学生通常是依据某位教师以往是否与人为善、待人是否诚恳，尤其是这位教师以往对自己的态度，领会其批评是否出于善意。如果相信教师的批评出于善意，那么即使批评的语气过重，批评本身或有不当，也能谅解。所以，不宜单从被批评者一方，寻求不接受批评的原因。

2. 不接受教师批评的学生，通常是指"屡教不改"的后进生。那么，优等生是不是都能虚心接受教师的批评呢？其实，尽管那是另一种意义的批评，有些优等生甚至比后进生更难接受教师的批评。因为有些处境优越的学生，仿佛已有傲慢与偏见的资本，对教师的批评往往满不在乎。受到批评，甚至比所谓后进生更觉得委屈，以致如今突然发现人们印象一向很好的青年，居然发生极端行为，遂使家长、老师、同学大出意外，百思不得其解。其实，"冰冻三尺，非一日之寒"。当年在家长、老师、校长眼中，"一俊遮百丑"。倒是同班同学中的后进生，往往旁观者清。他们愤愤不平，或许还与此相关。

3. 如果多数学生都接受教师的批评，并改正自己的过错，那么这些学生都令人满意么？

如果换一个话题，从"个性"角度审视这样的学生，通常便会把他们打入"听话的学生"行列。似乎"不听话"的学生，才有"个性"。在我国，通常把"个性"理解为个别差异性。如是，要说个性突出的学生，还有什么学生的个性，比那些令班主任头疼的"屡教不改"的调皮捣蛋学生的个性更为突出呢？

如今不是倡导和鼓励学生"张扬个性"么？只是不明所要张扬的到底是什么"个性"。如果指的是个人自由、自我表现、自我中心，那就似乎可以承认，那些被打入另册的小家伙，不仅个性异常突出，而且独往独来，蔑视权威，不啻是行为中的"自我中心论者"。他们甚至瞧不起那些甘受束缚或一味迎合老师的同学。他们往往不看场合，放肆地自我表现，追逐自己的那份"自由"与乐趣，甚至不能自拔。其中极为个别的学生，在万般无奈、走投无路之际，甚至下得了"不自由，毋宁死"的决心。说到这里，少不得交代一下。在这里，故意这么一说，只是由于自己不明，如今教师和他们的上峰以及我们的理论家所倡导与鼓励的"张扬个性"，到底是什么意思。

再说，那些被打入另册的小家伙的"价值追求"，或"无价值的追求"，到底是从哪里冒出来的，是不是环境使然，或某种"教育"的产物，这种答案，或许难以寻觅。不过，新近有一种现象，虽同现今学生的经历无干，倒也值得注意。这就是：现今越来越多大有名气或小有建树的名人，在回顾自己成长史时，往往追溯自己少年时代，如何捣蛋，如何逃学，如何作弄同学，刁难老师。说得非常有趣，令人不得不相信，原来他们早就超凡脱俗，勇于抗争。只是如相信此类成功之道，那就更加不知如何应对现今这些调皮捣蛋的学生了。

教师有"惩戒权"么？

《当代教育科学》杂志2006年第4期发表了题为《论教师惩戒权存在的必要性及其实施》的署名文章，看了这篇大作，不免好生不解：按照教育的常理、常法、常规，教师是没有惩罚学生的权力的。不过，作者对这个问题进行了像是认真的论证。据称：权力与一定的职务相联系，属于公权范围，须依法行使并承担相应的责任。"法无授权不能为，法一授权就必为。""根据以上分析，可知教师惩戒权是教师用来惩处违反学校学习生活规范的学生的权力。"其权力的主体是教师，相对方是学生，对象是学生的违规行为。

看了这种振振有词的陈述，不免对自己所了解的教育常理、常法、常规发生怀疑。既然作者懂得"法无授权不能为"之理，又讲教师惩戒权存在的必要性，会不会有什么法律、法规或规章授权的依据呢？于是，查了《中华人民共和国教育法》(以下简称《教育法》)，查了《中华人民共和国教师法》(以下简称《教师法》)中的"教师权利和义务"条款，查了《小学教师和中学教师职务试行条例》的"教师职责"条款，查了《小学管理规程》与《中小学德育工作规程》，都没有发现其中任何一条法律法规、规章文本授予教师惩戒学生的权利，而《教育法》第二十八条明确规定学校有"对受教育者进行学籍管理，实施奖励或者处分"的权利，即学校才是对学生违规行为行使惩罚的主体，足见教师无权惩罚学生的常理、常法、常规未变。如果这所学校或那所学校确有"教师惩戒权存在"，按照"法无授权不能为"之法理，只能认定那是学校或教师的违法违规行为。

作者明明知道"我国现行的教育法律法规没有对教师的惩戒权作出明确的规定"，按照作者所知道的"法无授权不能为"的法理，教师无权惩罚学生，原是再明白不过的事情，然而作者为了证明"教师惩戒权存在的必要性"，便试图钻法律、法规的空子。现行教育法律、法规中真有这种空子可钻么？且看他们的"论证"。

论证一：《教师法》规定，教师是履行教育教学职责的专业人员，承担教书育人，培养社会主义事业建设者和接班人，提高民族素质的使命。这里有什么"空子"可钻呢？——推论一："这说明教师对学生享有教育权，教师代表教育行政部门或学校对学生进行教育教学和管理。"这种推理仍没有到位，但作为进一步推理的铺垫。推论二："在这一过程中，包括教师的教育教学权、指导学生权、评价学生权、惩戒权。"似乎引申到位了，只是法律就这样"授权"的么？

至于作者提供的第二个论据，为《教师法》第七条规定，教师有"指导学生的学习和发展，评定学生的品行和学业成绩"的权利。这同"教师的惩戒权"有何相关呢？由于作者不再费力去引申，也就无须费力唠叨了。

作者在费力钻法律、法规"空子"的过程中，恰恰暴露了他们思考中的"空子"。

1. 为了证明"教师惩戒权存在的必要性"，不得不对"惩戒权"另作解释："惩戒权是说教师有权对学生的不良行为进行批评和教育。"这里，他们用"批评"和"教育"两个概念偷换了"惩戒"概念。

2.《教育法》第二十八条"学校及其他教育机构"有权"处分"受教育者，作者以此来证明教师具有"惩戒权"，他们又用"教师"概念偷换了"学校及其他教育机构"的概念。

这篇文章居然还称"教师使用惩戒权是真正体现'以人为本'的需要"。现在把"以人为本"作为套话是难免的，只是套在这里未免有讽刺的意味。恰恰相反，在我国现行教育法律法规中，没有关于"教师惩戒权"的任何规定，只授予学校以处分学生违规行为的权力，并且明文规定"小学不得开除学生"，这正是出于保护学生合法权利的考虑。

这篇文章的立论虽然不能成立，倒也不全是无的放矢。鉴于现今我国教育界在惩罚学生问题上思想比较混乱，由于客观上存在教师随意处罚学生的情况，有些人为了纠正这种时弊，不仅提倡"以表扬为主"，还张扬"赏识学生""偏爱差生"，甚至"取消惩罚"。其实，不少教师对学生采取的不当措施，多属"罚抄作业""罚打扫教室"之类"非正式的"惩罚性措施，而一般学校对于正式的"惩罚"倒相当慎重，"记过""留校察看"之类处分并不多见，基本上不存在"滥用惩罚"的情况。只是由于"惩罚"概念的泛化和"教师无惩戒权"的观念不明确，这才形成学校"滥用惩罚"的印象。两位作者认识到对学生违规行为批评、教育的必要性，本无可非议，但由于标新立异，杜撰一个"教师惩戒权"名目，这才弄巧成拙。

说到这里不免要讲几句题外话。由于我国正处在社会的转型期，我国的学校教育也在变革之中，故在教育中历史形成的一些束缚人们的常识、常理、常规、常情可能受到挑战。惟常识、常理、常规、常情毕竟是人们历史性的实践产物，是人们经过无数次的选择、再选择才积淀而成的，并不是少数人、个别人靠聪明的头脑就可以否定或背离的。教师本来是有权惩罚学生的，由于时代的变化，教师无权惩罚学生（指正规的"惩罚"）这才成为健全的常识、常理、常规与常情。如果连这种历史经验也可以怀疑或摒弃，而授教师以惩戒学生的权力，那么，还好意思谈什么"以人为本"么？

再谈教师有无惩戒权问题

《教育参考》2007年10月号，发表本人《教师有"惩戒权"么？》一文。同时，还发表了几篇同样话题的文章。看了这些文章，才知道在"教师无惩戒学生权力"这样一个至少在我国长期素无争议的问题上，如今竟成为热门话题。骨鲠在喉，不吐不快。不妨对其中一篇文章中有关教师惩戒权立法的辩护理由，逐条加以分辨。

一

这篇署名文章中罗列的"教师惩戒权立法"的辩护理由能不能成立呢？

1. 关于"没有惩罚的教育是不完整的教育"。

这个判断不错。不过，它是就整个学校教育而论的。问题是如果有必要对违规学生实施惩罚，该由谁实施惩罚。这篇文章引用夸美纽斯的话："凡是需要惩罚的地方，教师就没有权力不惩罚。"好像是对这个问题的肯定回答。只是如今的时代，早已不是夸美纽斯所处的17世纪。如今的学校同17世纪的学校更不可同日而语。那时的小学，大都为一个教师、1—2个教师的学校。如今已经形成了学校行政管理机构。迄今为止，学校对学生违规行为的惩罚，虽然比较慎重，而在法规上从未否认学校行政机构的惩戒权。在舆论中，除了极少数"欧洲新学校"试验中排除对学生惩罚以外，对学校惩罚违规学生鲜有异议。

所谓学生在成长过程中，"不可避免地"要犯下一些"或大或小的错误"，为了让学生承担一定的责任，"这就免不了要受到相应的惩罚"。如果连"不可避免"的错误也要受到惩罚，如果连"小错误"也要受到惩罚，这算是一种什么教育价值倾向呢？

2. 关于"尊重教育不是万能"。

"尊重教育"，从字面上看来，像是与"不尊重教育"相对而言。不过，这个文不对题的用语，指称的是对学生的尊重、表扬、赏识。这类事出有因、缺乏可靠依据的做法，虽可能会有某种暂时的成效，而正如这篇文章的作者断言，"很多时候、很多情况下，这只能是一种不切实际的愿望"。

不过，"尊重学生"和"以表扬、赏识为主的说服教育"不是一回事。说服教育不是"万能的"，廉价的表扬、赏识往往倒是"无能"的表现，而对学生"尊重"，却必不可少。即便是对学生的"惩罚"，也该不失尊重。马卡连柯在这方面做得很成功。譬如在他主持的工学团中，某个成员如果受到了惩罚，别人再也不得重提他过去的错误与受到的惩罚。因为已经受到的惩罚，表示过去的事情已经了结。如果有谁提起他过去的错误，那么，这个人将受到惩罚。因为他对犯错误的同伴有失尊重。

242

这篇文章援引黑格尔所谓"刑罚是惩罚犯罪的榜样的榜样",很明显,是用错了地方。试问:何曾有过什么法律,竟赋予学校以对学生实施刑罚的权利呢?

且不说"不切实际"的"尊重教育",能不能成为为"教师的惩罚权"立法的理由,倒不妨问一问:如果一定要在"不切实际的尊重教育"与"连学生不可避免地发生的小错误也该受到惩罚"这样两种了不起的主张之间作出选择,到底该选择哪种主张呢?

3. 关于"惩罚是学生健康成长的需要"。

标题用的是"惩罚",陈述理由时,说的却是"纪律"。是用"纪律"概念偷换了"惩罚"概念。学生违背纪律,可以批评,可以教育,不一定非惩罚不可。惩罚是"学生健康成长的需要"么?自古以来,绝大多数健康成长的学生,都不致有过受惩罚的经历,便是对这个问题的否定回答。如果人类健康成长真有受到惩罚的需要,那么这种"需要"未免过于离奇了。

4. 关于"惩罚是教师快乐从教的保证"。

"长期处在一种不满、愤慨、倦怠状态下的教师,生活中哪来幸福可言?"这在很大程度上,是中国如今这种学校中不少教师心态的写照。问题是这种不满和愤慨该向谁发,该向自己的学生发么?惩罚或多或少会给学生造成精神上的痛苦,教师"从教的快乐"以学生的痛苦为"保证"。这种理由恐怕亏得此文作者才想得出来。

5. 关于"惩罚需要有'法'可依"。

这个建议无的放矢。因为《中华人民共和国教育法》第二十八条明文规定学校有"对受教育者进行学籍管理，实施奖励或者处分"的权利。难道《教育法》不算是"法"么？

"不能批评的教育不是教育。"这句话也属无的放矢。谁曾禁止过教师对学生的批评呢？

"极严酷的惩罚好处很少，它在教育上的害处还很大。"其实，不只是"极严酷的惩罚"如此，凡是"严酷的惩罚"都是如此。为了不致造成惩罚的滥用，这才把"惩罚权"从教师那里收归学校行政，严重一些的惩罚，还得向教育主管当局备案。这原是现代开明社会的常规。

至于学生一般违纪行为（达不到非惩罚不可地步的违纪行为），说学校中"无矩可循""无法可依"，并不符合事实。实际情况恰恰相反。如今学校中的规矩不是失之太少，而是失之太繁。几乎每个学校都可以拿出一本规矩汇编，而缺的只是对应的罚则。为什么会缺少罚则呢？因为事实上行不通。如果违反其中任何一条规矩都得受纪律处分，那么将会产生无休无止的处分。这只能说，正是这种密集的规矩本身，制造了易犯错误的小家伙。如果都不处理，那么这些规矩又将丧失它应有的权威。

二

这篇大作同本人在《教师有"惩戒权"么？》一文中平议的那篇大作，有共同之处。

1. 这些作者的议论都非空穴来风。这些议论都是针对另一股风的后果有感而发。其实，另外的那股风，即所谓"一切为了学生""为了学生的一切""以学生为本"，学生的"这个权""那个权"，以及"尊重教育""欣赏学生"，也都不是空穴来风。只不过善良的愿望或炒作的声势不仅解决不了学校的实际问题，若把这些话当真，反而给学校造成新问题。这就是："难怪许多教师都达成了共识（？）：学生是摸不得屁股的老虎"，学校中"缺少有效的纪律约束，学生为所欲为"。无论是如此后果，还是如今张扬惩罚的论调，都算得上是对前一时期那种空谈的惩罚。问题是那些论调同"不得体罚和变相体罚学生"的明智规定是一回事么？如果反其道而行之，把对学生惩罚权从学校下放给教师，其结果会不会比现今状况更可怕呢？从表面上看来，这两种论调似乎针锋相对。其实，他们如出一辙：不过是盛行十年之久的"对着干"幽灵在新情况下的显现。

有意思的是，这两类论调又都可以在号称教育事业发达的英语国家（尤其是美国）找到经验依据。然而像美国那样的国家，其教育并非铁板一块，其舆论也不一律。我们从中找到的依据，不过是各取所需而已。毕竟谁也没有作过严格论证的打算。我们之所以能够从中找到两种极端的例证，正由于在那些国家这样两种极端也会各以其不堪的后果，互相惩罚。在这个问题上，那些国家同我国的也有一些区别。最明显的区别，或许是炒作之风没有我们如此之盛。

2. 这几位作者的另一个共同之点，在于他们都以"纪律""批评"之类概念，偷换了"惩罚""惩戒"概念，以"教师权力"概念偷换或取代了"学校及其他教育机构权力"概念。

　　一篇文章，只要违背了概念的同一性，要不露出破绽，几乎是不可能的。不足为据的"理由"越多，破绽越大。这不是立论的起码常识么？

三谈教师有无惩戒权问题

稍具汉语常识的人，一旦领教中国某种教育时文，总不免好生奇怪：如今这种状态的"教育"何幸？居然能吸引那么多人士来"赏识教育"；如今这种状态的"教育"又有何辜？现在竟招来有些人去"惩罚教育"。且慢！原来所谓"赏识教育"，实指赏识学生的那种教育，并非把教育作为赏识的对象；"惩罚教育"，也非惩罚教育，而系指惩罚学生的那样一种教育。"赏识教育"也好，"惩罚教育"也罢，无非是在某种臆想中的教育上贴的不同标签。看来只有抛开这点汉语常识，才能读懂这类大作。若拘泥于老师教过的些微汉语常识，反有望文生义之嫌。仿佛"望文"而不生义，才对。

不过，它们又不只是标签而已。单就这样两种"教育"而论，如果说"赏识教育"原是针对教师对学生批评、指责（或许还有惩罚）过多有感而发，那么，如今似乎又针对一向提倡对学生以表扬为主（或许还有赏识）且又忌谈惩罚，有些人才毅然下定"将'惩罚'进行到底"的决心。如果中国教育界真有这么两回事，就其"历史意义"来说，也算是在"赏识教育"与"惩罚教育"之间，实现"相互惩罚"循环中的一个回合，以便为更高级的"赏识教育"与更高级的"惩罚教育"循环的新阶段奠基。

更高级的"赏识教育"风貌如何？现在还不清楚。所幸一篇题为《将"惩罚"进行到底》的大作（《教育参考》2007年10月号），倒初露不同凡响的"惩罚教育"端倪，也就不由得不对这种"教育"欣赏一番。

据称："惩罚……目的是要求学生明辨是非，懂得对自己的行为负责，学会规范自己的言行。"对于惩罚，不但"要厘清认识上的混乱和实践上的偏颇"，而且要讲求"有效惩罚教育的内涵和方式"。关于"有效惩罚教育"，在此文中提出几个新颖、奇特的见解，倒颇值得玩味。

1. 关于"挖个陷阱自己跳"。

这个高招的意思是："如果学生有一些冒失行为，不要阻止他们。让他们碰碰钉子，接受一些惩罚，学生就会从自身的经验中得到教训。"

这像是卢梭倡导的"自然惩罚"。卢梭的"自然惩罚"之说，针对教育中惩罚主义的千年积弊，犹如石破天惊，不失为把"自然主义"教育设计贯彻到底的奇思妙想。不过，今人所谓"挖个陷阱自己跳"，实同"自然惩罚"大异其趣。

"自然惩罚"是指学生"已经发生了过失"，既不要简单地惩罚了事，也不宜由父母或教师代替他去承受这种过失导致的后果。例如，打碎了窗户玻璃，用不着立即配上玻璃，而让学生自己去感受没有窗户玻璃的后果。绝不是发现学生"挖个陷阱"，却不加阻止，让他自己跳进去，只在一旁看他的好戏。

孩子不懂事。其冒失行为既可能对自己造成伤害，又可能妨碍他人。其后果可能较为轻微，也可能跳进危险的陷阱而难以自拔。成年人不察觉则已，一旦发觉，岂能一概视而不见？如果由此导致严重的后果，那责任还只由不懂事的孩子去承担么？所以，"挖个陷阱自己跳"，不过是失职的托词。使孩子"避开陷阱"，才是正理。

学生的行为，是不是可能导致伤害自己的后果，是不是妨碍他人，这正是自卢梭以来对个人自由与纪律设定的两个起码的界限。如果连这点起码的界限都不顾，那么"责任"云乎哉？"教育"云乎哉？

2. 关于"选择惩罚就是选择快乐"。

所举的例子是：允许犯错误的学生自己去选择一种将功补过的方式，如唱一首歌，或为班级做一件好事。这是在严肃地讨论惩罚问题么？倒简直是拿惩罚开玩笑。

不过，这么说也许过分。因为如今一些议论"惩罚问题"的文章，其中所谓"惩罚"，往往是个泛化的概念，同"惩罚"的本义未必相干。其实，无论按照一般行政管理制度，还是学校管理制度（以往的与现行的），都是由得到授权的机构（如学校当局），对应当受到惩罚的人，施加正式的处分（哪怕只是"劝告"），其结果还将记入档案。这才称得上"惩罚"。教师可以批评学生，但无权"惩罚学生"。

按照法学、伦理学的"报应说"，一个人的行为如果达到非惩罚不可的地步，就该受到应有的惩罚。然而，在现代，"报应"观念未免狭隘，有失宽容。于是，又有"惩戒"一说，即惩罚不只是报应而已。惩罚的正当理由是：惩前毖后，罚一儆百。尽管事实上惩前不见得就能毖后，罚一更不足以儆百，然而该惩罚，仍少不得惩罚，以免姑息养奸。所以，并不是对任何错误都该惩罚。如果把这个概念加以泛化，即使说得头头是道，也将不足与论。

假如学生的过失属于一般错误，自然用不着惩罚。然而一般错误也还是错误，虽然可以冷处理，甚至不处理。如果"选择快乐"，把它化为笑谈，那就比不处理还差。因为它丧失了对待错误行为应有的严肃性。

如果一定要学生以行动补偿过失导致的后果，那么，按照健全的教育常识，或应有的教育价值观念，最不该做的事，便是为班级做好事，或参加劳动。因为把做好事、劳动作为处罚手段，是对道德行为、劳动行为的亵渎。

3. 关于"讨价还价"。

说的是对于学生犯的错误，在"量刑"时，"不妨定得高一些"。学生如不接受，可以允许其"讨价还价"。经过协商，得出双方都能接受的处理意见。如此好主意，亏得此位作者想得出来。到小菜场去买菜，或许可以讨价还价，而在惩罚时，最忌讳的，正是讨价还价。这里讨论的，如果不是别的问题，而是惩罚，那么，惩罚本身属于强制性的措施，与学生能否接受无干。实施惩罚的权力主体，不是教师，而是得到教育主管当局授权的学校行政机构。就连学校行政对于应该受到惩罚的对象，也不得随意"量刑"。学校只能以过失行为的事实为依据，按照明文规定的或相沿成习的"罚则"处理。如果允许学生

"讨价还价"，那还不如不惩罚。

4. 关于"特殊的作业"。

这里所谓"特殊的作业"，是指一个学生无意中打伤了一只小鸟，教师要求他写一份有关鸟类的调查报告；其中涉及小鸟习性、小鸟与人、小鸟与环境等问题。这种作业，可能有助于学生加深对自己过失行为的理解。如果把它也算是一种惩罚，反而煞了人家的风景。

单看这篇大作的题目"将'惩罚'进行到底"，其势汹汹，仿佛决定向犯错误的学生宣战！看了正文方知，它妙在把"惩罚"高高举起，轻轻放下。原来其中用的是一个打上引号的惩罚，即泛化的"惩罚"概念。

这位作者撰写这篇大作，原想在惩罚问题上，"厘清认识上的错误和实践上的偏颇"，而此文本身，又不啻为惩罚问题上"认识上的错误和实践上的偏颇"，提供了新的例证。

不仅如此，它还证明，若果真把对学生的惩戒权，从学校当局下放给教师，将会导致何等的混乱。

它更再一次证明，尽管议论的是"惩罚"，如果连"惩罚"究竟是怎么一回事，都不甚了了，或者偷换了"惩罚"概念，那么，"认识上的错误"怎"厘清"得了呢？

过度表扬的偏颇

最近，有一位朋友寄来发表在《情商》杂志上的三篇文章：分别为朱小燕老师的《廉价的表扬也是一种伤害》和教育专家王晓春（署名老骥）、赵忠心的评议。其中针对时下教育过程中表扬的滥用发表的议论，颇切中时弊。且从朱小燕介绍的情况谈起。

一

朱小燕作为教师，自然对自己儿子（年方9岁）的教育非常讲究。她在同孩子打乒乓球时，参照流行的所谓"教育理念"，有意识地让儿子赢球，以示激励。每当孩子赢球，还不吝夸奖，孩子自然高兴。时间一长，发现孩子忘乎所以，但球技并无多大长进。于是，便出手连胜他三局，使得这个傻小子大出意外，非常伤心。她在安慰孩子时，告诉他："以前妈妈是让着你，今天才拿出点真本领，让你见识一下高水平。"想不到这一招更加挫伤孩子的自信心。

就事论事，这位老师毕竟不够地道，她不该说出真相。如说："妈妈今天状态特别好，才侥幸赢你，以后咱们再较量吧。"以后时输时赢，索性把激励进行到底，才不致弄巧成拙。

然而，这只是话题的引子，重要的是她由此悟出了一个道理："廉价的表扬，也是一种伤害！"两位专家更借题发挥，举一反三，力陈如"赏识教育"之类的时弊，不失为警世之作。

其实，教育过程中无论是表扬的运用，还是批评的运用，都有一定的常理常规。从这三篇文章中揭示的如今学校中滥用表扬的现象，不难了解，教育过程一旦无视教育的常理常规，为空谈和炒作所惑，将会是什么结果。

二

教育过程中表扬的常理常规，是教育过程中运用表扬的历史经验的总结，首先是给表扬以恰当的定位。

1. 表扬，同批评一样，属于"学生行为管理的手段"，而有别于"教育的手段"。因为表扬或批评，只是针对学生不寻常的行为表现，施加外界的刺激，强化正当的行为，抑制不正当的行为；真正意义的"教育"（狭义），旨在引导学生的心灵发生积极的变化，尤其是对行为规范的尊重。尽管在一定情况下，这种外在的刺激可以调节学生的行为，而行为的改变并不一定表示其心灵深处的变化。无论是一个班级，还是一个教师、一个学生，能不因表扬或批评而保持应有的状态，才真正显示出对行为准则的尊重，也就是教育的功效。所以，表扬或批评，作为学生行为管理的手段，只在必要时才可采用。因为学校中更应追求的，是教育的功效，主要是学生心灵的积极变化。

然而，我国通常把表扬和批评视为"教育的手段"。因为我们所谓"教育"，大抵是一个泛化的概念。"管理也是教育"，便是一例。诸如此类"业余的"看法相当流行，不足为怪。因为同表扬或批评之类管理手段比起来，追求教育的内涵和有效地运用教育手段，并非易事。

2. 表扬有别于奖励（虽然奖励中有表彰等级），正如批评有别于惩罚一样。表扬或批评是教师可以适当运用的管理手段，奖励或惩罚则属于学校行政当局，甚至教育主管当局才可以行使的行政权力。其中，尤其是批评与惩罚权力的划分，正是出于对学生健康成长和前途的关注，防止惩罚的误用。

然而在我国，针对批评的滥用，不得不提倡"以表扬为主"。不料或因对表扬缺乏应有的理性认识，加之对某种外来经验一知半解，食而不化，遂导致表扬的滥用。如果说表扬的滥用是滥用批评的报应，那么滥用表扬的结果，又反过来导致对教师"批评权"的张扬。更有甚者，居然还冒出"教师惩戒权"的嚷嚷，从而离教育的常理常规越来越远。如此"一报还一报"，你方唱罢我登场，或因国人易于健忘。

V

理性地判别教育言行的信或疑

略谈学生诚信问题

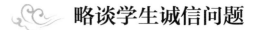

加入WTO以后，仿佛突然发现我国社会巨大的诚信需求和诚信缺失的反差。一时兴起"诚信话题热"，照例提出"诚信教育"，是很自然的。问题在于如何使学生讲求诚信？有没有必要在如此多的"教育名目"中再添加这么一"育"？

一、诚信原是德育题中应有之义

何谓"诚信教育"？可惜查了几本教育词典，却查不到这个词目。这倒没有什么关系。我国如今"××教育"实在太多了，再加一"育"，何尝不可？话虽如此，欲问：既然稳定可靠的社会信用体系是现代市场经济有效运行的基础条件，为什么早就在现代市场经济轨道上运行的国家都难得见到"诚信教育"一说呢？道理并不复杂，使学生讲求"诚实""信用"，一直是道德教育题中应有之义。我国如今之所以深感年轻人（且不说成年人）诚信缺失，客观上固然由于社会信用体系有待建树，就教育来说，至少证明德育没有完全到位，或缺乏"实效性"。

多年来，关于"德育实效性"问题的议论甚多，至今仍在

257

议论这个话题，证明以往有关议论本身就缺乏实效性。其缘由现在总算多少知道一点了。至于德育实践，虽然说来话长，按常理，起码涉及：教师是否真心实意地实施德育？是否诚心诚意地对待学生？所言是否可信？所行能否坚持？否则怎能取信于学生？这就是说，德育要有成效，它本身断少不了诚信。道理很简单：如果说现代市场经济需要社会信用体系支撑，那么教育，尤其是同价值观念相关的教育，从来都以诚信为要义，以教育者对受教育者的诚信为起码要求。这是古有明训的，如："忠信，所以进德也"（《易经·乾传》，"忠"者"衷"也，即诚），"至诚而不动者，未之有也；不诚未有能动者也"（《孟子·离娄上》），"心诚求之，虽不中不远矣"（《礼记·大学》），"若不推之于诚，虽三令五申而令不明矣"（白居易《策林》）。所以，真正要论诚信教育的"策略"，它便是：以诚得诚，以信取信，即：以学校自身的诚信，唤起学生的诚信，对学生中违规作假或失信行为的约束，言必信，行必果。如是，虽不言"诚信"，诚信早在其中矣！所以，"诚信教育"的真正问题倒在于学校本身的诚意如何，信用何在。所以前人曾把道德教育的前提归之于学校道德问题，颇有见识。

话虽如此，惟在当今之世，发如此议论，不免迂阔之至。学校毕竟不是世外桃源啊！虽然早在《史记》成书的年代，就有"桃李不言，下自成蹊"的民谚，时至今日，"不言"诚信，学生怎知诚信之理？人们怎知学校适应时代潮流进行了"诚信教育"？否则学校岂不是真的成为"世外桃源"了么？故放言诚信，实属势所必至！

二、德育的实效事关教育本身的诚信

说到放言诚信，多年来社会上有一种既简便，又耸人视听的运作，如今照例在一些学校中运作起来。这便是动辄发动大规模的签名运动、宣誓运动，旨在吸引参加者对某种事情作出承诺。其仪式之庄严，气氛之热烈，颇为可观。或者干脆发动学生公开对某种事情作出承诺。此外，还有倡议之举，一班、一校登高一呼，各班、各校群起响应。个中道理在于道德作为行为规范，通常是通过舆论与良心调节的，而诸如此类运动，既可召唤良心，又形成正确的舆论，倒也符合道德教育之道。不过，它未必符合诚信之道。

为什么这么说呢？巴尔扎克说得好，诚实有"积极的诚实"与"消极的诚实"之别。"消极的诚实在没有发财的机会时，是诚实的；积极的诚实是每天受着诱惑而毫不动心的。"自然，在现代社会信用体系中，"发财的机会"未必都同诚实相悖。单就诚信而论，如果说迷信或宗教信仰可使人不欺心、不诳语，那是由于信徒相信冥冥之中有神鬼监察，有报应，"天网恢恢，疏而不漏"；那么有理性自觉的人，讲求诚信，则出于自重和自身内在的安全感，即担心自己的声誉受到伤害。"积极的诚实"或以这样两种人居多，而对于既不迷信，又不怎么自重的人来说，明知鬼神属于子虚乌有，而社会信用体系又尚未建立，签个名，盟个誓，作个承诺，发个倡议，谁监督得了？即使出于诚意，此举又算得了什么呢？充其量，叫作"消极的诚实"。故诱使学

259

生轻易承诺之举，并不符合诚信之道；相比之下，自重，即珍重人格尊严与信誉的人，考虑到尔后境遇的复杂、多变，一般是不轻易签名画押，作出承诺的。惟其"一诺千金"，才"可则诺，不可则已"（《管子·形势》）。所以，承诺，不足以见其诚，不足以尽信，反之，不承诺，也难以证明不诚不信。这是就个人而言的。就签名运动、宣誓运动、承诺运动、倡议运动的组织者来说，一旦运动起来，为了不至于失信于学生，势必承担不堪承担之重：如何使蜂拥而来，又将蜂拥而去的学生所作的承诺不至于徒托空言呢？不过，他们的勇气还是令人钦佩的。

教育者如不致冒失信于学生的风险，恐怕还以把握道德教育题中应有之义，诚心诚意地工作为宜。

略谈学生感恩问题

据报道，在一项关于"中国农村养老现状"调查中，根据对 10 401 名受访者的调查，发现占总数52%的调查对象的子女，"对父母的感情麻木"，缺乏感恩之情（《黑龙江日报》2006年2月9日）。这还只是农村的情况。相对来说，农村家庭经济状况比城市家庭困难得多。以往有个说法，"穷人的孩子早当家"，无非由于穷人子女从小就知道父母的难处，也就容易萌生分担父母责任的心愿。"早当家"，正是感恩的行动。然而，此项调查表明，"穷人的孩子早当家"在如今已经不能一概而论了。农村家庭尚且有一半子女对父母的感情麻木，城市家庭子女的状况也就可想而知了。惟其如此，"感恩教育"话题遂应运而生。

本人并非语文教师，也就无需对"感恩教育"望文生义，以为其中意在把教育作为感恩的对象。其本义在于教导学生感念自己父母的恩情。所以，此类论调同对汉语及语文老师是否尊重无干。

一、现今学生"亲情淡化"的缘由

"感恩教育"话题既然事出有因，按照常理，进行这种教育总会比不进行这种教育要好。这种教育的成效如何，自然只有当事人知道。至于现在的青少年为什么较为普遍地"缺乏"对父母的感恩之情，也还有待专家们做专门的研究。不过，与此相关的另一种现象，倒也不容易忽视。这就是如今在越来越多的学生中，感恩不感恩，尚在其次，更为突出的问题倒是对父母的怨气不小。心中有气，块垒难平，还顾念什么"恩"或"不恩"？若问这些孩子怨从何来，该不该有那么大的怨气，从一本题为《家长批判》的大作中，是不难得到答案的。假如其中的番番道理都能成立，那么对许许多多孩子的怨气，也就不难理解了。明乎此，不妨说，现在的孩子对父母只要不以怨报德也就不错了。至于他们不能像先贤大舜、曾参那样以德报怨，那也不能全怪他们。因为学校中的"感恩教育"方兴未艾，还来不及在学生中普及《三字经》、"四书"和《孝经》。

不过，这话还得说回来。假如在如今的学生中普及《孝经》，甚至继续张扬所谓"二十四孝"，焉知不致促成亲生之怨转化为恨？

其实，所谓"二十四孝"有何奇效大验，最好还是请宣传此道的专家以身作则之后再作考虑。

此外，还有没有补救方法呢？有。这就是除"感恩教育"外，再另辟蹊径，主要是让小学生、中学生在媒体上亮相，公开批评自己的家长，在嬉笑声中数落父母的"过错"，宣泄心中的怨气，不妨美其名曰"泄愤教育"。的确，人有怨气，一经宣泄，大抵也就消气了。只是有一利或有一弊，这种堂而皇之的"泄愤教育"，如把怨气传染给尚无怨气的小伙伴，不也成问题么？

至于这种别出心裁的矫正时弊之举，是否果真可行可信，同样，此举的设计者如果让自己的子女公开指责父母的过错，现身说法，岂不更加可信！

二、可怜天下父母心，而今父母更可怜

既然说起学生的处境和情感状态，也就不免会想到他们家长的处境与情感状态。尽管自古以来父母对自己的子女大抵是无私奉献，而现在的情况与以往毕竟不尽相同。虽不能说我们的先辈都对他们的父母那么孝顺，因为那时也有孝子与逆子之分，但至少前人对父母的怨气没有今人那么大。那时父母即使有不到之处，子女对父母的怨言也不易得到舆论的同情。至于现在的父母为什么那么遭子女怨，而子女的怨言居然又得到媒体的鼓励，自然不是由于现在的父母缺少对子女的关爱，而是这种关爱被扭曲了。问题是这种被扭曲的关爱是如何发生的。

谁都知道，父母对子女的期待，原同社会的需求与习俗相关。由于不同时代个体社会化的标准不同，家长对子女的期待也不能不随之发生变化。只是如今家长不得不面对的是来自社会的互有抵触的需求，即不得不面对愈演愈烈的恶性升学竞争，

同时，不择手段地迫使子女参与这种竞争又要受到批判，自己又苦于缺乏参与这种竞争的正当而又有效的手段，甚至连这样的手段是否存在也还不知道。这样，他们关爱自己子女的自发行为就不能不遭到子女的抱怨。尽管好心没有得到好报，而在内心深处又不乏对自己子女的同情与谅解，这就叫作"任劳"而又"任怨"。

唉！"可怜天下父母心"，而今中国的父母更可怜。于此看来，现今的父母情更深，恩更重，也就比以往更有理由得到子女的回报，哪怕只是感恩而已。然而，学校中的"感恩教育"能够触动几许学生近于麻木的情丝呢？

其实，即使触动有些学生麻木或未必麻木的情愫，也不过是治标而已。因为从根本上说，为什么不但不感恩，反而有怨气，家长为什么招致挚爱的子女抱怨，个中的缘由不也同实施或不实施"感恩教育"的机构及其上级机关或多或少有关联么？此类机构的当事人，何尝是导致学生"少感恩""多怨气"的局外人？

学生之间竞争的应对

如今，我国正在跨入市场经济的时代，也就不时出现在教育中"引入竞争机制"的议论，似乎顺理成章。所谓在教育中"引入竞争机制"，涉及办学的诸多方面。单就"教育"的本义，即对学生的教育而论，到底该不该刺激学生之间的竞争，恐怕还是一个值得商榷的问题。只是如果把它作为一个纯理论问题探讨，未免过于复杂。这里只拟讨论如何对待学生中已经发生的竞争现象，且从一所小学中发现的问题谈起。

在一个班级中，有两个好学生，姑且称其为小文和小仪吧。小文爱好文学，小仪既漂亮又能干。他们学习都很好，又都是小干部，他们还是一对形影不离的好朋友；然而老师发现他们实际上互相嫉妒，暗中较劲，且都在背后说对方的坏话。这就是说，这对好朋友之间，一直在明争暗斗。由此可见，无论是面对自发形成的学生之间竞争的现象，还是由教师"引入竞争机制"，要推动、至少不致妨碍学生健康成长，都有必要了解竞争的常理常规，以及这种常理常规在学校教育中的运用。要使学生了解竞争的常理，遵循至少不违背竞争的常规，教师先得了解这种常理常规。

一、区分良性竞争与恶性竞争

一个人要进步，总须有衡量进步的尺度。学校中的各种规则、规范，自然是衡量进步的标准，只是它不够具体，缺乏刺激力。对于小学生、中学生来说，最自然的参照系，莫过于同伴的榜样。对于同伴之长，不仅学习，而且力求超过他，这就是竞争。如果意识到竞争对手也在同自己较劲，那就更加刺激自己加倍努力。一个班级，有几十个学生，各有所短，又各有所长，足以刺激各个学生相互竞争，共同进步。夸美纽斯早就提到，班级教学，相对于个别施教，学生之间"可以互相激励，互相帮助"，"对于这种年龄的孩子，竞争确是一种最好的刺激"。[①]问题在于尽管有那么多小伙伴一道学习，而并不是所有学生都能有意识地参与同学之间的竞争。在前面提到的班级中，小文与小仪成绩最好，或许同他们相互自觉地竞争不无关系。

竞争，有良性竞争与恶性竞争之别。良性竞争，指的是彼此按规则平等竞争；恶性竞争，是指不择手段的竞争。这两个学生虽然都还算不上"不择手段"，不过，他们的手段也不够光明正大。如此竞争，或许能在学习成绩、社会工作上成为优胜者，博得教师青睐，却不免于道德人格有亏，所以，老师要及时加以引导，这也是对学生负责任的表现。

别的学生，虽未必有这两个学生的这种缺陷，而在学习与

---

① 夸美纽斯.大教学论［M］.傅任敢，译.北京：教育科学出版社，1999：124.

社会工作中，又不具备这两个学生之长，或许同他们缺乏竞争意识有点关系。从小缺乏超越别人的自信与勇气，很难指望长大以后成为卓越的人才。可见，对学生之间的竞争，也不能一概否定。据该班教师称，教师的辛勤工作，已有一定成效。例如，在评选优秀队长时，两个相互较劲的学生能够互相提名。再就是有一个学生毕业后给老师的信中表明，她或多或少已经意识到无谓的竞争，不过是自寻烦恼，同时表示"将勇敢地面对现实"，证明她的自信心和勇气并未受挫。

二、区分竞争与防范、竞争与合作

如果撇开上述教例，就一般而论，学生之间的竞争，涉及两个带根本性质的问题。

随着市场经济的兴起，出现了一个"自由竞争的时代"。人道是如果竞争是自由的，竞争和比赛往往引起最大的努力。反之，单有大的目的而没有促其实现的必要，很少能激起任何巨大的努力。每个人不在竞争中取胜，势必难以在社会上立足。为了在社会上立足，不仅要有竞争意识，还须有防范意识。至于是不是因此而要学生从小就逐步形成竞争意识与防范意识，自然并非简单的推断所能肯定或否定；不仅如此，在现代市场经济中，一个人要驾驭自己的命运，不仅要善于竞争（包括善于防范），而且要善于合作，即在竞争中合作，在合作中竞争。故即使在教育中"引进竞争机制"，还是不够的。自然，在学生中无须张扬什么"竞争""防范""合作"之类标签，在现实情况下，学校能够做的，是引导学生：（1）凡是自己能做到的事，尽量自己去做，如遇到困难，尽量克服困难，而不依赖别人；（2）尊重别人，尊重别人取得的成绩，不嫉妒别人；（3）如向别人学习，主要不是向他的成绩看齐，而是学习他不依赖别人和克服困难的精神。

如果需要在教育中渗透竞争意识与合作意识，那也不只是思想品德教育问题，甚至主要不是思想品德教育问题，而是课程改革问题。因为小学生、中学生中存在的问题，主要不是思想意识问题，而是表现在他们行为中的不够成熟、不够健康的心理状态。由于学生生活以学习活动为中心，故课程是否适宜，对学生影响甚大。

三、重在建立相互交流、合作学习的机制

传统的学科本位课程，重在知识传授，客观上默认学习主要是个人的事。在这种课程中，不管是否容许或提倡学生之间的竞争，实际上存在学生学业成绩，尤其是考试分数的比较，而在学习活动中鲜有合作的机会，以致就连市场经济最发达的国家（如美国），有识之士对传统课程必然导致的学生之间的竞争，也持保留态度。杜威早在19世纪与20世纪之交，就尖锐地指出："单纯地吸收事实与真理，完全是个人的事情，很自然地流于自私自利。缺乏鲜明的社会动机而只求单纯的学习收获，即使有了成绩，也不能明显地有益于社会。的确，竞赛（就这个名词的坏的意义而言）几乎成为衡量成绩的唯一手段，即比

较背诵和考试的结果，去识别哪个儿童在强记和积储大量的知识方面所取得的成绩，是否优于其他儿童。"反之，哪些地方学校的作业只在于学习课文，互相帮助，就不是一种合作的和联合的自然形式。杜威设想的课程是：学生在共同参与中学习。"自由的交往，观念、暗示、心得，过去的成功和失败两方面经验的交流，这种精神却变成了课堂练习的主要特点"。如是，"即有竞赛，也是个人之间的比较，这不是关于个人吸收的知识有多少，而是按所完成的作业的质量，即真正的社会价值的标准来比较的。在一种非正式的，但更普遍深刻的方式下，学校生活是以社会为基础而组织起来的"。①

综上所述，在现代教育中，不仅要渗透竞争意识，更要渗透合作精神，但无需在学生中张扬"竞争""合作"之类调子；在教育中渗透竞争与合作意识，主要诉诸课程改革。由于传统课程的改革将是一个漫长的过程，在现实情况下，学校能够做到的是：重在学生行为的指导与矫正，除了一般地鼓励学生自立、进取与相互尊重外，把学生中可能发生的竞争，引向合作中的竞争，引向基于自立、进取与相互尊重的竞争。

---

① 杜威.学校与社会［M］//赵祥麟，王承绪，编译.杜威教育论著选.上海：华东师范大学出版社，1981：19-20.

学生自主管理的应对

在我国，随着市场经济的兴起，社会舆论和价值选择逐渐趋向多元化，学生的维权意识也开始萌发，以致对学生简单、粗暴的"管、卡、压"越来越行不通了。从而所谓"学生难教"成为如今学生行为管理中的难题。为了解决这个难题，聪明而又能干的教师，或者大振雄风，同学生"斗智斗勇"，出奇招妙法制胜；或者一味迁就学生，甚至不吝"媚学生俗"讨好学生，以当学生"带头大哥"为荣。这软硬两手，因能暂时"解决问题"，都颇获好评，是可以理解的。问题在于时新的软硬两手同老旧的"管、卡、压"，实出于相同的假设，即都诉诸教师对学生的直接管理（刚性或柔性管理）。

鉴于直接管理即使可行，其成效也是暂时的，所以也就另有间接管理的尝试。这就是诉诸学生集体的建构。教师以学生集体为培养对象，引导学生组织，通过一定的民主程序，实行自主管理、相互监督，从而以学生集体为中介，实现对学生间接管理。

这不是什么新招新法，而是教育管理的尝试。无论在俄语国家还是英语国家，都早就进行过这类尝试。只是由于直接管

270

理的操作比间接管理更为方便，故未成为教育常规。正如"间接道德教育"虽比"直接道德教学"近于教育常理，因不如"直接道德教学"简便，故未成为德育常规一样。

其实，间接管理实行起来并不怎么复杂。在我国，早在根据地时期和中华人民共和国初期，学校中称之为"民主管理"的学生自主管理几乎已经成为常规。只是由于其中的经验未经专业性的总结，而过多地附加社会意识形态的包装，这才逐渐趋于淡化。

鉴于如今学生管教成为难题，饮鸩止渴更非所计，故有重提建构学生集体走向间接管理的必要。

一、学生行为管理现状

建构学生集体既是培养合格公民的适当途径，又比如今试行的若干学生管理尝试更符合教育常理，更少有发生负面效应的可能性。

1. 我国正在逐步推进民主化的进程，客观上需要使未成年的学生从小学会维护自己的合法权益，履行应尽义务，成为未来的合格公民。简单地说，"民主化，从娃娃抓起"。

2. 按理，只有在民主生活中才能学会正确行使民主权利，履行应尽义务；然而由于多年来把学生组织系统纳入学校行政管理系统，作为学生基层组织的班级由班主任全面负责，班级工作由班主任包办，班级委员会、共青团支部和少年先锋队中队以及学生干部，成为班主任的助手或附庸。既然班级疏远了学生，学生在心目中也就疏远了班级。班级组织因逐渐丧失独

立性质而趋于弱化，班级管理的民主色彩逐渐淡化，公民训练
流于空谈。

3. 如果说学生对班级组织与集体活动的兴趣日渐淡薄，那
么他们中间的不少人对于当"干部"的兴趣却越来越浓。有些
学校的学生在家长和教师鼓励与支持下，"竞争上岗"成为时
尚；另有不少学校为了抑制少数学生的"官欲"，并使更多学
生从社会工作中得到锻炼，不约而同地进行"小干部制度改革"
的尝试。其中有"小干部轮流制""学生轮流值日制""小班主
任制"等。总的趋向是缩短学生干部任期，增设学生干部岗位，
让更多学生有机会当"干部"。

诸如此类的尝试，导致学生干部频繁更换，从而削弱班委
会的作用。有些学校甚至干脆取消班委会，使班级失去稳定的
核心力量；更重要的问题在于，它以满足更多学生"官欲"的
方式抑制少数学生的"官欲"，防止少数学生特殊化，却未解决
学生"为什么要当班干部"和"做班级主人"的问题，以致不
少学生在台上或能认真办事，美其名曰"为同学服务"；一旦下
台，便对班级工作撒手不管，甚至照样捣蛋，徒然滋生班级管
理中的混乱现象，却未改变"班主任说了算""班主任包办班级
工作"的局面。

4. 上海市打虎山路第一小学于1998—1999年，曾经在华东
师范大学胡惠闵老师的参与下，进行过"小学生民主生活训练"
的试验，本人也曾关注此事。此项试验的特点在于，它旨在改
变学生的"干部"观念，使小干部从"班主任的助手"和学生
中的"官"变成"同学的代表"；同时，把全班学生的注意力，

从争当"小干部"引向争当"合格的班级小主人"。意味着每个学生即使不当干部，做个"老百姓"，也有自己的民主权利，也要尽自己的义务。故把此项试验称为"班级小主人行动"。此项试验实施的要点，在于使班级组织的建构和班级活动的开展，尽可能按本班学生共同约定的民主程序运作。

此项试验的立意，体现了民主精神，实际操作或许比上述诸种尝试更加简便。困难的是，班主任和全班学生都需经历一段学习与适应的过程。

二、实行学生自主管理的思路与学生组织活动的民主程序

建立名副其实的班集体，使学生受到起码的民主生活训练（公民训练的基础），其目标为：

1. 使试验班级的多数学生珍惜国家和社会赋予自己的民主权利，了解民主程序和班干部与每个学生应有的权利与义务，学会"过民主生活"，争当"班级主人"和"学校主人翁"。

2. 使参与此项试验的班主任和任课老师，尊重学生自主管理的权利，相信学生自我教育（相互教育）的能力，学会指导学生"过民主生活"，并善于同"自主管理的班集体"打交道。

实行学生自主管理的思路为：

1. 强化班级委员会、班级少年先锋队中队（在中学为班级共青团支部）组织，使其成为班级学生中的核心力量，但重在使它们按照本班多数学生的意愿，为同学服务，并把它们置于

全班学生的监督之下。

2. 把每个学生在民主生活中的表现，特别是积极参与班集体活动和服从班干部领导，列入评议学生行为的标准，并建立学生自我（相互）教育的机制；但要简化班级活动，不对学生提出过高要求，以免使集体活动束缚个人自由。

3. 在班主任指导下，经过全班学生的酝酿与讨论，逐步建立可行的班级组织与班级活动运作的民主程序。可供选择的民主程序为：

（1）民主选举班干部。其中包括任期未满时，根据需要，经民主决定，适当调整班干部。

（2）明确班委会、班长和其他班委会委员的职责。

（3）建立班委会会议制度和班会制度。会议须有记录。

（4）民主讨论并通过班级公约——"合格的班级主人标准"。

（5）班级活动计划和重要事项，由班委会提出初步意见，交全班同学讨论并通过后，方可实施。

（6）班委会定期在班会上报告工作，并由学生民主评议。

（7）遇有重要的事件或争执，通过民主讨论，分辨是非，并予裁决。

（8）按照班干部的职能评议班干部；按照"合格的班级主人标准"民主评议本班成员的民主作风和行为。学校或年级组在学期末郑重表彰"优秀的班级主人"。

4. 班主任与本班学生之间，就在学生自主管理的条件下"班主任在本班活动中的指导作用"问题取得共识。其中至少要明确班主任负有教育学生和维护国家与学校制定的各种规范的责任；惟在学生集体形成的不同阶段，班主任的角色地位或有不同。故无须让学生郑重地讨论这个问题，而让他们从班主任的行动中，意识到班主任角色地位的变化。

三、教师职能及指导方式的转变

从教师对学生行为直接管理转向学生自主管理，有赖于教师指导职能和指导方式的转换。

（一）阶段

1. 班集体建构阶段。主要工作是进行有关班级自主管理试验的动员；民主选举班级干部；在班干部主持下，逐步建立班级各项制度。制度和规则都以简单可行为要。这些工作都不困难，困难的是学生已经习惯了遇事找班主任解决，只服从班主任管理，不相信班干部能解决问题；班干部也不相信自己能解决问题，或不按民主程序处理问题；而班主任也习惯于表态、直接指挥和包办代替。故班集体的形成需经历一个较长时间的过渡阶段。

2. 学生自主管理阶段。班主任把注意力集中于班级活动的开展是否按民主程序运作，学生遇到问题是否以民主的方式解决；同时尽量帮助学生解决班级工作中实际困难。

（二）建立以班主任为核心的班级教师集体

班级工作遇到棘手问题，班主任宁可提醒学生找任课老师帮助，或自己商请任课老师主动帮助，以便在形式上减少班级学生对班主任的依赖。这样做的前提，是建立以班主任为核心的任课教师联系制度，形成教师集体。

（三）困难

1. 如今实行班级自主管理的最大困难，在于长期以来学校中的学生组织系统名不副实，班级管理亦纳入学校行政管理的轨道，而在学校行政管理中，只把班级管理的职责委诸班主任，事实上并不承认学生组织有自主管理的权利；加之如今的"德育"过于复杂，自上而下、由外而内摊派的任务过多，故班级难以自主。

2. 尽管班级民主管理试验的难度较大，而以上建议都同日常工作相关，并且曾经是20世纪40—50年代行之有效的举措。套一句时髦口号，无非是"把学生组织还给学生"罢了。

学生自主选择的限度

在我国，长期以来不仅教育行政部门对学校"统得过死"，学校对教师"统"得也不松。随之而来的，便是教师对学生"管得过多"，学生自主选择的机会也就太少。于是，学生自主选择便成为值得关注的问题。

一、以自由与纪律关系的常理常规为自主选择的准绳

为了使学生获得必要的自主选择的机会，并使学生善于选择，先得弄明白，这究竟是一个什么性质的问题。明乎此，才可能参照已有的见识和经验，梳理出这个问题的思路，并发现我国在这方面存在问题的症结。

学生的自主选择，首先涉及的是个人自由的限度问题。单就个人作为自己行为的"主体"来说，似乎个人选择的自由越多越好；问题是个人某种选择的自由是否值得肯定，不仅同是否有助于他本人的健全发展相关，更取决于它是否妨碍别人的自由，即别的"主体"。如果允许某些人无限制地选择自由，那么岂不是对别人有失公平？所以，从近代开始，就确立了一条

277

关于个人自由的起码的准则，即个人自由以不妨碍他人自由为限度；对于"未成熟的主体"来说，还添加一条限制，即个人自由行动不致对他本身造成伤害，或阻碍他的发展。此理稍加引申，便是：个人行为的选择，只要不致对自身造成伤害和不妨碍别人的自由，别人（包括家长、教师等）无须干涉，或尽可能少加干涉。这意味着对未成年人自由的尊重。道理很简单：既然他尊重（未妨碍）别人的自由，别人凭什么要干涉他的自由呢？反之，个人的某种行为若妨碍了别人的自由，那就非制止不可。如果这种行为给别人造成严重后果，还得严肃处理。否则岂不是助长"主体"的任性么？

我国在这方面存在的问题是：儿童某种自发的行为，虽然无害，却往往受到成年人的干涉，以致儿童自由选择的机会不多。这就是说，不该管的，管了；反之，有些儿童的自由选择，妨碍了别人的自由，却未必受到必要的干涉，从而使他们获得"任性的自由"，甚至是"蛮横无理的自由"，这表示该管的，未必都管了。

同理，在学生的集体生活中，个人行动的自由以不违背纪律为限度，即个人行动只要不违背纪律，就不应受到限制或侵犯；反之，个人只要违背纪律，就该按规则予以处置。至于个人在集体生活中能够获得多大自由选择的机会，取决于纪律本身的性质。

纪律是以一套行为规范的形式约束集体中各成员的行动。它的本义在于维护集体中所有成员的自由，使个人的正当自由不致受到侵犯；不过，纪律也可作为使某种活动正常开展的手段，甚至只是管理者约束被管理者行动的手段。这两种不同的纪律与个人自由度的关系不尽相同。纪律如果真正作为集体意志的体现，并不需要太多的规范约束学生的行动。除非集体中的多数成员都愿意尽可能放弃各自行动的自由；纪律如果作为外在的管理者（如教师）意志的体现，便可能从"便于管理"的逻辑出发，趋向于以密集的苛刻的规范，尽可能地约束被管理者的行为。

我国如今在这方面普遍存在的情况是：虽然至今仍标榜学生集体自我管理与监督，如以现在的情况同以往曾经有过的情况相比，事实上越来越以教师（班主任）对学生的直接管理与监督，代替以往行之有效的学生集体自我管理与监督；纪律的制定虽然以维护集体中所有学生的自由为理由，而在实际上却使纪律越来越成为单纯的管理手段。

惟其如此，这才导致学生普遍缺乏"主体性"和个人选择的自由，并使少数学生成为易犯错误的小家伙；更由于规矩过多，反而难以执行。在这种情况下，实际上使循规蹈矩的学生受到双重伤害：既侵扰了他们的安宁，又使他们觉得"原来犯点错误倒也无所谓"。

涉及学生所应承担的任务（如学习、集体活动、社会工作），在分配任务或工作分工时，也可以给予学生一定自主选择的自由，而这种选择的自由意味着责任，即每个人必须对自己选择的工作尽责，并对自己行为的后果承担责任。如果只给予某个学生以自主选择的自由，而又允许这个学生不对自己行为的后果承担责任，势必既耽误整体活动的运作，又成为对当事人的放纵，不宜发展"随随便便的主体性"。

从表面上看来，仿佛学生自主选择的自由单纯是由家长、教师"赐予"的，而实际上个人选择的自由，还要靠自己争取。因为讲求诚信的人肯定会比不负责任的人自由选择的机会要多。泰戈尔说得好："我不能选择那最好的，是那最好的选择我"。

二、以对学生不同行为的价值判断为指导的依据

个人自发的选择，一般受自己的性向、兴趣、习惯支配，而某种程度自觉的选择，便或多或少带有价值选择的意味。价值选择，是指主体根据自身需要和对象能否满足、如何满足自身需要，对一定的对象作出的选择。其中不免涉及个人的价值判断、价值评价。由于各个人的价值观念不同，尊重别人的选择，也就意味着在他选择的具体场合，尊重其价值观念。问题是价值有不同的等级，如感官满足的价值、功利价值及真、善、美之类的精神价值。于是，从各人的价值选择中也就显示出良莠之分、贤愚之分、雅俗之分；随之而来的，便是学生的什么选择值得鼓励，什么选择可以容许，什么选择须加引导，什么选择必须制止。这是教育者（家长、教师）面临的选择；然而教育者面临有关对学生选择的不同选择时，又涉及教育者自身的价值观念问题，即他们自身的价值判断、价值评价是否恰当；即使恰当，是否有权强加于学生。

尽管学生的自觉行为不免受到其价值观念的支配，不过人们的外显行为与内在的价值观念毕竟属于性质不同的两个问题。

教师对于学生的不良行为有理由制止。因为它可能妨碍别人，或干扰集体事务的运作；尽管某种不正当的价值观念或许比个别不良行为的害处更大，教师、家长充其量也只能因势利导而无权干涉，或干涉不了。不仅由于某种价值观念可能植根于早就形成的人生观，简单地干涉不起作用，更由于一个社会、一个学校或家庭，如果达到禁止学生思想的地步，倒是这个社会、这所学校、这个家庭本身病态的征兆。

综上所述，不管当今什么社会，个人选择的机会都很有限。惟其如此，教师才更需尊重学生的自主选择；而对于学生来说，重要的是争取自主选择的机会和学会利用难得的自由。歌德曾道，自由是一种奇怪的东西。每个人都有足够的自由，只要他知足。多余的自由有什么用，如果我们不会用它？这个判断对于如今的中国学生，至少有一半不适用，因为我们的学生太缺乏自由选择的余地了；另一半是适用的，我们的学生委实不会运用所能得到的自由。作为教师，由此很容易想到的是，我们对于学生的自主选择如何加以指导。其实，如果真的要使学生学会自主选择，教师还是以少加干预为宜。不管这种干预采用的是"指导"的名义、"关心"的名义，还是别的什么名义。只是对于学生的有害的选择，少不了要干预一番。

漫谈榜样影响

　　在学生行为指导中,"树立榜样"算得上是传统的教育经验。这种经验之所以有效,是由于学生在理性成熟之前比较容易受到直观形象与情感的影响。不过,就未成年学生的情况来说,"榜样"是个中性概念。有道是"跟好人,学好人""坏的榜样也有情感力量"。有一副对联:"双双燕子穿帘幕,同声相应,同气相求;点点杨花入砚池,近朱者赤,近墨者黑。"上联说的是某个人之所以成为自己的朋友或榜样,是由于双方声气相投,稍加引申,便是外在的对象只有投合自己的个性心理倾向性或价值倾向,它才可能成为自己的榜样。下联说的是,个人亲近的对象,好比砚池,是中性的,有朱墨之分,稍加引申,便是外在的对象一旦成为自己的伙伴或榜样,意味着它已经构成自己环境的一部分,个人也就身不由己地受到这种环境的熏陶。惟其如此,作为教育者(家长、教师)不仅要自己以身作则,还要关注学生已经受到什么榜样的影响,并为他们树立良好的榜样,引导他们上进。

　　尽管榜样对未成年人的影响早就引起关注,而事实上"树立榜样"未必都有效,而学生一旦受到不良榜样的影响,要使他摆脱其影响，更不容易。这便成为一个值得研究的问题。

其中的问题主要是，如何了解学生心目中的榜样，如何改变学生行为中已经受到的不良榜样的影响，如何使树立的好的典型人物，成为学生心目中的榜样。且从榜样的形成谈起。

一、对象如何成为榜样

榜样是如何形成的呢？

榜样，是被人模仿的对象。按照洛克的估计，"儿童之爱冒充成人是比我们所想到的还早的"。[①]可以说，尽快长成大人，是儿童，尤其是少年自发产生的愿望。因为在他们看来，成年人的行动几乎不受限制，比自己有更多的自由，也就希望自己尽早得到成年人那样的自由。其实，他们如果发现同龄人有与自己不同的行为，出于好奇心，更有兴趣模仿同龄伙伴出奇的行为，以开拓自己生活的新天地。

儿童模仿别人的行为，既出于个人的兴趣与需要，也同对象的吸引力相关。自然，并不是任何出奇的行为都对他们有吸引力，只有同他们的兴趣与需要相关的出奇行为对他们才有吸引力，而在模仿过程中，很可能把模仿行为本身作为目的。一旦习惯成自然，以后如要摆脱所模仿的对象的影响，也就不容易。

儿童对别人行为的模仿，尽管同个人的兴趣与需要相关，至于模仿什么对象、什么行为，又受到舆论的制约。他们模仿

---

① 洛克.教育漫话［M］.傅任敢，译.北京：教育科学出版社，1999：50.

受到舆论赞许的人及其行为，不模仿受到舆论谴责的人及其行为，是出于自己受到赞许，避免受到谴责的需要。所以，儿童如果选错了模仿的对象，不是他们的过错。除了某种对象对他们特别有吸引力以外，主要由于舆论的不健康和监护人对儿童行为的选择缺乏足够的关注。

随着未成年人年龄的增长，成年人中的舆论对他们的影响相对削弱，而同龄人中的舆论，特别是亲密伙伴对人和事的评论，对个人行为的影响相对增强。这样两种舆论可能一致，也可能发生冲突，而在这两种舆论发生冲突时，在自发的状态下，同龄人中的舆论容易占上风。不仅由于这种舆论（不管它是否正当）比较接近他们的处境和需要，还由于同龄人群体是他们现实的社会环境。认同这种舆论也同他们希望得到同伴赞许，避免受到同伴谴责的心态相关。学生一旦形成理性的判断力，那就不仅对同龄人中的舆论有所辨别，而且可能对成年人中的舆论作出自己的价值判断。不过，能达到理性成熟的程度，榜样之于个人，也就不再像早年那样重要了。只是未成年学生的理性判断力的水平不等，也就需要教师的引导。

二、"榜样"是一个中性概念

"榜样"本身是个中性概念，所以学生自己选择的榜样，对个人成长的意义和价值颇不相同。由于榜样本身有好有坏，好坏的程度不等，以什么对象为榜样，其实是基于某种对象（客体）满足自己需要（主体）所作出的价值选择，也就反映作出这种选择的人的价值水准。惟其如此，教师既要了解学生心目中的榜样是什么，还须对学生已经作出的价值选择加以指导。

1. 学生心目中的榜样（或好或坏）至少有以下几种情况：

（1）心目中佩服的人。其中包括成年人为他们树立的榜样，或同伴中崇拜的人物。由于这种人的行为不同凡响，敢做别人不敢做的事情，只是由于这种人同自己的差距太大，也就不可能把这种人作为模仿的对象。出于对这种人由衷的佩服，倒可能把这种人的言行作为自己判断人与事物的标准。

（2）心目中羡慕的人。或者羡慕其仪表堂堂、男才女貌，或者羡慕其生活优裕，或者羡慕其成绩斐然，或者羡慕其人缘忒好，等等。既生羡慕之心，就表示心向往之，从而成为自己真实的追求。

（3）暗中模仿的人。已经把效法这种榜样放在日程上，亦步亦趋。

以上几点表明心目中的榜样，并不都是直接效法的对象。

2. 由于榜样的选择，实际上是一个价值观念问题，也就不宜简单地以行为管理的方式对待与处理。

在开明的社会中，每个人的行为，只要不妨碍别人的自由和集体活动的秩序，就有自主选择的自由。固然，按照通行的价值标准，个人的价值选择有正当与不正当之分，而在正当行为的范围之内，个人选择什么榜样，是个人的自由。如迷恋这个歌星还是那个歌星，模仿歌星还是球星，欣赏时装模特还是科学家，只要其行为不触犯通行的行为规范，别人都无权干涉。只是由于个人的追求中有价值等级之分，有的比较高尚，有的近于低俗，教师也就有责任帮助学生澄清自己的价值观念。

所谓"澄清价值观念"，是使得学生了解自己正在追求的是什么，还有一些什么值得欣赏或崇拜的对象，各种追求可能导致的结果是什么，鼓励他们在原有基础上提升价值追求的层级。除此之外，便是为学生树立榜样。

三、榜样的选择和运用

洛克提到："在各种教导儿童以及培养他们的礼貌的方法中，其最简明、最容易而又最有效的办法是把他们应该做或是应该避免的事情的榜样放在他们的眼前。一旦你把他们熟知的人的榜样指给他们看了，同时说明他们为什么漂亮或丑陋，那种吸引或阻止他们去模仿的力量，是比任何能够给予他们的说教都大的……没有什么事情能像榜样这么能够温和地而又深刻地打进人们的心里"。[1]

自然，可以树立的，倒也不限于礼貌的榜样，还有许多榜样可以陶冶学生的情操，提升他们的精神境界。因为值得弘扬的榜样，作为高尚的价值观念的人格化，有成人的力量，并且要使学生摆脱不良榜样的影响，最好的办法还是以"好榜样"取代"坏榜样"。然而，正由于以什么人为榜样，同学生个人的心理倾向与价值倾向相关，故学校和教师为学生树立的榜样，未必能够如洛克所说"温和地而又深刻地打进人们的心里"。

---

① 洛克.教育漫话［M］.傅任敢，译.北京：教育科学出版社，1999：59-60.

怎样使值得学生效法的对象成为他们学习的榜样呢？

1. 如果要为学生树立良好的榜样，那么这种榜样首先就该是他们的父母或教师。夸美纽斯说："所谓'榜样'，我的意思是兼指活的榜样和书本上的榜样；事实上活榜样更重要，因为它们所产生的印象更强烈，所以，假如父母是有道德的，是家庭教育中的小心谨慎的保护人，假如导师是用了最大可能的小心选来的，具有优异的德行，这对青年人的道德的正确的训练，便是一大进展。"[①]

2. 树立榜样是为了引导学生上进。所以并不是榜样的形象越高大越好，也不是榜样越多越好。按照洛克的说法，选择榜样的原则是选择同学生"应该做或应该避免的事情"相关的榜样。学生应该做或应该避免的事情很多，在一定时期，主要针对学生思想与行为中存在的问题，选择适当的榜样。

3. 作为榜样的对象，可以是历史或现实社会中的杰出人物，也可以是学生身边的好人好事。前者具有权威，容易使人信服；后者作为处在与一般学生大致相同条件下的优良行为，也许更容易让人觉得可行。受表彰学生获得的荣誉，又能引起同龄人羡慕。惟对学校内榜样的张扬，宜对事不对人。因为对个人的表彰可能引起求全责备，对被表彰者的成长也未必有益。

4. 如果发动学生推选校内校外值得效法的人，并把此项活动（包括对榜样的宣传）主要教给学生组织来运作，教师只从旁加以指导，也许可能使这种活动更加生动活泼。

---

① 夸美纽斯.大教学论［M］.傅任敢，译.北京：人民教育出版社，1984：183.

5. 不论树立什么榜样，都得考虑其事迹是不是具体，是不是动人，是不是真实。其中任何一个情节失真，或矫情，都可能引起对这个榜样的怀疑。对一个榜样的怀疑，还可能诱发对树立榜样活动本身的怀疑。这就是说，宁可不树榜样，也不要乱树立、乱宣传榜样。

6. 树立榜样，只是教育的手段，运用这种手段影响学生的心灵。解决学生中存在的问题才是目的。所以这类活动至少包括两个步骤：一是弘扬先进人物、先进事迹，一是用讨论或作文的方式组织学生谈体会。在学生之间交流体会时，他们是否把自己同先进人物对照，那是他们自己的事，无须要求学生"联系实际"。如果有些学生体会比较深刻，可以与同学交流，如果是言不由衷地对照自己，少不了要指出其中的问题，从而使他们受到二度教育。

7. 尽管为学生树立榜样，不免有一定的目的，而在开展这种活动的过程中，最好把这个活动的目的隐藏起来，尤其是避免谈学生中存在的问题，而仿佛在做一件很有意义的事情，即使说是"为了增长见识""为了丰富学生生活"，都可。树立榜样，也像其他教育手段一样，在教师心目中活动的目的越明确，越有教育价值，这种目标对学生越隐蔽，阻力越小，越有成效。

8. 学生自发地效法别人，其道理正如夸美纽斯所说："因为孩子们和猿猴一样，爱去模仿他们所见的一切，不管是好是坏，甚至没有吩咐他们去做，也是一样；由于这个缘故，所以他们学会运用他们的心灵以前，先就学会了模仿。"[①] 其中所谓"他们

---

 ① 夸美纽斯. 大教学论 [M]. 傅任敢，译. 北京：人民教育出版社，1984：183.

学会运用他们的心灵"，主要是指理性的觉醒、理性判断力的形成。惟其如此，树立榜样，充其量是在学生理性判断力形成以前较为有效的教育手段，而非教育的根本原因。关于这个问题，卢梭的独到见解是："所有这些从别人那里模仿来的美德，都是像猴子那样学来的乖，而任何一种良好的行为之所以能够产生良好的道德效果，只是因为在你做的时候就认识到它本来就是好的，而不是因为看到别人那样做，你才那样做"，"不过，像孩子那样的年龄，心灵还处在懵懵懂懂的状态，所以需要使他们模仿我们希望孩子们养成习惯的行为，以便他们最终能够凭他们自己的判断和对善的喜爱去实践这些行为"。①

此外，卢梭还接着谈到，尽管模仿是一种良好的天性，而这种模仿的爱好在现实社会中已经变成了一种"恶习"。如果说猴子只模仿它所畏惧的人，而不模仿它所轻视的其他动物，那么现实社会中的各种丑角正好相反。他们模仿良好的行为，是为了贬低它们的价值，是为了把它们弄得可笑。由于他们感到自己卑贱，所以力图使自己能够跟比他们高尚的人列入同等的地位。即使在他们竭力模仿他们所钦佩的行为时，我们也可以从他们所选择的对象中看到这些模仿者的旨趣是虚假的，因为他们的意图是为了欺骗别人，是要别人赞赏他们的才能，而不是使自己变得更好或更聪明。②如此情况虽然在学校中难以见到，而在如今的社会中，尤其是在媒体中，倒也屡见不鲜。

---

①② 卢梭.爱弥儿（上卷）[M].李平沤，译.北京：人民教育出版社，1985：107.

关于"大错不犯、小错不断" 学生的应对

　　《班主任》杂志2010年第7期《我该怎么办》栏目,以"学生大错不犯、小错不断,怎么办?"为话题,各地老师就此类行为的表现,发生此类行为的原因,怎样看待这些学生的行为表现,以及如何应对这类学生,发表自己的见解和建议。其中多数意见都有参考价值。只是有些意见,在一些老师看来可行,在另一些老师看来却未必可行;有些看法虽开明之至,却不知如何运用。此外,还有一些建议的表达,似以辞害意。这里拟就此话题谈一些看法。

一

　　据说要"把学生当孩子看",当人看,当未成年人看,当发展中的人看,或许还应把他们当自己的孩子看,而不把他们看成是"坏孩子",这自然开明之至。惟其如此,也就不要"捆绑"孩子的手脚。因为据说"宽容小错误",可以"赢得大境界"。看来对这些孩子,唯一的办法,就是"爱"。这便是有些老师对"学生大错不犯、小错不断,怎么办?"的回答。如此回

答的理由，很干脆："因为爱，所以爱。"

对如此高论，自然没法不同意。否则岂不是就有"不爱"学生或不把孩子"当人看"之嫌吗？然而，照此行事，也不无困难。就其中所列"花果山"里众生相看来，"捣蛋鬼"小A上课时在同学画好的画上乱涂，"焦点人物"小B在课堂上踢了同学，"违纪大户"小D更是拆桌椅，敲玻璃，弄坏所有风扇开关。虽然应当把小A、小B、小D者流当发展中的人看，难道不该也把受他们伤害的学生"当人看"吗？

惟其如此，为数更多的老师还是把学生小错不断看成问题，设法加以解决。

二

许多老师因正视学生小错不断现象，遂各自提出解决这种问题的建议。如，重在预防，让学生明白"想要"与"该做"之别，设法释放学生过剩精力，以及制度约束、榜样带头，等等。尽管把这些经验之谈标榜为"基本法"，为过甚其词，这些经验之谈却都有一定的参考价值，成问题的恐怕是所谓斗智斗勇"灵丹药"。

鉴于如今不少教师深感"学生难教"，按照教育的常理常规，往往解决不了某些特殊学生中发生的问题，于是，有些老师不得不寻求聪明的办法，同学生"斗智斗勇"。所谓"班主任兵法"之类的妙招，也就有了畅销的市场。

在这个话题的议论中，有一个老师提供的案例，即整理者为其标以"以毒攻毒"的案例，便颇有"兵法"意味。

事情是，有一个学生，在一周之内，便迟到四次。老师为治一治他这个毛病，便约他中午12点在操场上谈话。这个学生按时到操场，可是老师却躲在远处观察。让他干等20多分钟，才同他见面。这就是所谓"以毒攻毒"。其实，学生迟到，何"毒"之有？老师不惜以自己的过错（迟到亦失约）纠正学生的过错，恰恰是中了同学生"斗智斗勇"之"毒"所致。

兵者，诡道也。兵法只适用于对付敌人。自古以来，人与人相处，讲求以诚相待，而忌用心计，皆因"百计输一诚"。对人工于心计，虽可得逞一时，却从此再难以取得别人的信任。对成年人尚且如此，把学生当作对手算计，那就丧失了人师起码的品格。如果说"因为爱，所以爱"，不见得就能解决学生的问题，而学生一旦识破老师的心计，最可能引起的，将是怨恨或报复。

有道是：

内存心计外出奇招，斗智斗勇诚信安在？
大议兵法小试牛刀，若爱若怨对象是谁？

又：

屡出高招名师妙计安稚子，惯摆兵阵孺子何辜被寇仇。

话虽如此，如今对付孩子的所谓"兵法"，或这里提到的同学生"斗智斗勇",其中或不乏正当的方法。有些方法或许还称得上"教育智慧"。可惜以辞害意。至于用词不当,倒不见得是出于不纯的动机,正是不明教育常理与智慧使然。

智慧,原同心计格格不入。它是运用理性正当而恰当地处理实际事务的能力。智慧有别于聪明。因为聪明的运用,虽不见得不正当,但也未必正当。如果出于正当的动机与理由,又何必对人使用心计呢?

如今这个世道,有些教师,有些写手,为求吸引眼球而用词不当,原不足为怪。只是在教育中误信、误传、误用不靠谱的花招,不能说不是问题。

<h1 style="text-align:center">三</h1>

既然讨论有些学生小错不断问题,又把这些学生当作未成年人与教育对象看待,自然就得讨论如何判断学生行为的对错,什么是大错,什么是小错,即使是屡犯的小错,还得区分什么样的小错可以原谅,什么样的小错必须引导他们克服,以及班主任工作的要领何在,如何引导学生克服多发的小错误。

讨论中并未有人提出大错与小错的界限何在。一般来说,大错大抵是指违法行为与道德败坏行为,其中包括严重损坏公共与私人财物的行为。明乎此,也就可以对此类大错暂时存而不论。其实,小错也有性质之分。如何区分学生行为的对错呢?

第一,在开明社会,个人的行为如果并未侵害他人的利益,不致妨碍他人行动的自由，那就算不上是错误。别人也就无权干涉他行动的自由，他也就有了自由活动的空间；反之就算是错误，别人也就有理由对他的某种行为加以干涉，否则对别人就有失公平。

第二，在公共生活与活动中，个人的行为如果没有扰乱公共秩序，并未妨碍共同任务的完成（加之，未侵犯他人利益与行动自由），自然不算错误，集体也就没有理由干涉这个人行动的自由。反之，就应当受到纪律的约束或制裁。

问题是，公共生活的规范及共同活动本身，可能出于当事人按照一定民主程序约定，也可能由外部（包括上级）强加。无论由何方规定，还得区分所定规范与任务，是否合理，是否可行。明乎此，才有理由断定，就学生的健康成长来说，无论他们循规蹈矩，还是调皮捣蛋，其对错都得以规范与任务本身的正当性、合理性与可行性而定。未成年人自然无法作出判断，班主任的心中应当有数。

第三，本来，个人的行为如果既无妨碍别人，又无碍共同生活及活动，就不该受到别人的干涉，惟因出于无知（包括对自己行为的后果估计不足）或不良习惯，可能导致对自身安全或利益造成严重伤害，别人就有责任对他进行劝告，甚至干涉。这种干涉出于对他的关爱。

第四，同样的行为，其性质亦因其动机不同而有别。例如，前面提到的一个学生上课时在别人画好的画上涂抹。此种行为可能出于不同动机。或是好朋友之间的恶作剧，或因对某位同学的好感而故意引起他对自己注意，实际上还算不上什么错误；

如出于无聊，自然不对；如出于报复或借以引起大家注意，便成为道德上或纪律上的错误；如经常算计别人、无端同别人做对头，其行为的情节像是小事，实是品质恶劣的表现，它甚至比偶犯的大错误，更为严重。

第五，处理学生小错误的困难在于，因系小错误，故没有理由对有过错的学生加以惩罚；如不对屡犯过错的学生，施加一定的压力，既不足以警诫这些学生，还会使通行的规范丧失其应有的权威。合理的规范一旦丧失权威，小过错还可能在其他学生中蔓延。积极的办法自然是引导，只是对已形成积习的学生引导谈何容易。引导无效只能批评。批评至少表示对不良行为并未放纵。其实，真正有效的办法，还是诉诸同学中的舆论。培养舆论，如以上所说，使学生普遍基于对错误性质的认识，维护自己正当的权益和共同生活与活动的秩序。果然建立了健康的集体舆论，班主任反而可能"装好人"，适当为被批评的学生"辩解"。

四

有的班主任反映，班主任三分之二精力，都被一些"大错不犯、小错不断"的学生占去了。情况如果属实，固然是由于一些学生引起太多的麻烦，或许同班主任工作不得要领也不无干系。

班主任的设置，作为一种制度，原意是：班主任作为本班任课教师联系的纽带，建构班级教师集体；主要依靠教师集体，培养班级学生集体；学生集体一旦形成，由学生自主管理，相互监督，也就不怕那些偶犯错误的小家伙屡教不改。班主任既作为学生集体的辅导员，也可能机智地充当那些小家伙的"保护伞"。

在这次讨论中，个别老师的建议倒也有点意思。如，所谓"全方位联动"，稍同教师集体沾了一点边；还有莫名其妙的"隔山打羊"，其实是"连坐"，虽不靠谱，也算沾了学生集体的边。

由此可见，如今班级工作虽花样百出，而班主任鲜有教师集体与学生集体意识。也就全靠个人单干独闯，故以三分之二时间被少数几个学生牵着转，也就不足以为怪了。

关于依靠教师集体，着重培养学生集体的构想，只有具备一定的条件，同时排除有端或无端的障碍，才有可能实施。即使有此可能，而无这种价值取向，或许只能继续用三分之二时间跟着少数学生打转，或许还能找到更加聪明的办法。

关于"难教的学生"的应对

　　吴非的新作《的确有很难教的学生》(《教师月刊》2009年第3期),以如此直率的事实判断作为标题,犹如飞来之笔——因为"很难教的学生"原是最令教师头痛的问题。然而,教师面对这种学生,通常只是心中烦恼,背后嘀咕,却不便实话实说。这位吴非兄居然一语道破这个一般教师心中所有、笔下所无的实情,就把教育界一向回避的这个两难问题端了出来,交由公众审视。那么,究竟有没有"很难教的学生"? 怎样对待"很难教的学生"呢?

　　我们先来讨论有没有"很难教的学生"。

一

　　本来,在有些班级存在"很难教的学生",是一个明明白白的事实。教育工作者为什么不便承认这个事实呢? 这大抵是由于无法否认一系列基本道理,如,人性是可变的,习惯自然也可以改变;未成年人有可塑性;教师的职责正在于使难教的学生转化成可教的学生。事实上也不无这种成功的范例。例如同一期刊物所载朱国红老师所谓"万能公式":"足够的爱心与耐心 + 科学有效的方法 = 没有差生。"

于是，在这个问题上，便存在价值判断与事实判断的冲突。虽然从理论上看来，违背客观事实的价值判断难以成立，然而，实践者可以按照一定的价值追求改变不正当、不合理的事实状态。惟其如此，这便成为教育界长期悬而未决的难题。

二

吴非老师未以人性本善本恶、个性是否可变之类既无法证实，又无法证伪的形而上学命题为论证的出发点，也就冲破了形而上学的迷雾，正视了令人困惑的现实。他是怎样破解这道难题的呢?

作为高级中学的老师，面对的是处于青年早期的学生。学生在其人生的这个阶段，个性早已形成，个体的行为习惯与品性趋于定型。这表明:家庭影响、社会大环境影响与个人伙伴之类小环境影响以及个体对以往所经现实境遇的感受，不仅已经转化为他们的早期经验，或许还将继续影响着他们。加之在青年早期，"自我意识"(作为中性概念)开始觉醒，主观能动性日强，在一定程度上，对外部环境影响的选择性也更强，故已经形成的习惯难以改变，内在的品性更难发生根本性质的变化。作者并未断定这种学生的本性与行为方式注定不可改变，只认定在这一阶段"难教"，这成为迫使教师不得不面对的事实。

不否认教师有教育学生的责任。问题是，教师的工作并非只以某个、某些学生为对象，还得对更多学生负责。这才从以往的教训中察觉：与其在"很难教的学生"身上徒然耗费过多时间与精力，何不把这些时间与精力用于指导更多的学生，以便"让更多学生获取更有价值的学习"。

不能不承认，作者的这种想法较为合情合理。它不仅可以缓解教师的精神压力，对多数学生较为公平，即使对于"很难教的学生"，亦可避免因教师"恨铁不成钢"采取过火行动而惹出事端。自然，承认有"很难教的学生"，这并非教师所愿，实在是迫于无奈而已。不过，虽然如此，仍不能指望吴非兄此说和本人的附和之见成为普遍共识。

三

或谓有些学生经过教师的努力，从"难教"转化为"可教"，也是不争的事实。不过，通常所谓"难教的学生"，是一个难以定义的说法。因为教育此类学生的难度往往相差甚大。不仅解决学生成绩问题、行为习惯问题、思想品德问题的难度各不相同，而且每个方面成为问题的程度也不尽相同。更不用说，教师要试图改变某些学生的困难处境几乎是不可能的事情，其中就有比较难教与非常难教之分。惟其如此，作者只用"很难教的学生"这样一个审慎的提法，不仅不排除比较难教的学生转化的可能，就连"很难教的学生"，也不表示教师可以放弃这类学生。相反，恰恰是由于已经花了大量无效的工夫，才不得不承认这个事实。

至于所谓"足够的爱心与耐心＋科学有效的方法＝没有差生",虽是令人向往的"公式",只是其中不无模糊之处。如,爱心和耐心达到什么程度,才算足够?并且,某种方法,如果称得上"科学"的话,那便属于符合普适性规律的通用的方法,而通用的方法恰恰不一定适用于解决特殊情境中特定个人的问题。

如果把这一等式看成一个方程式,由于它的已知条件并不确定,所以只能算是一个不可解的方程式。

教师个人有此志趣,固然非常高尚。就此提供成功的范例,亦非常难得。若以如此"万能公式"示人,那就有必要考虑:教师各有自己的生活,各有许许多多工作要做,所做的工作也得讲求效率……这些且不谈,如果有人利用此类"公式"或范例苛求教师,不也成为问题吗?

尽管吴非此文为别人笔下所无、心中所有,然而像我这样畏首畏尾的人,虽然心中所有,笔下依然缺少这种直面事实的锐气。因为顾虑此文此见可能为懒惰的、不负责的教师提供借口,或为"放弃学生"开脱。不过,细细一想,果有这样的教师,如遇吴非兄,他必定会大声反问:你凭什么说这个或那个学生是"很难教的学生"?究竟试过没有?如果不试一试,怎知他是"很难教的学生"?所以涉及某个或某些学生,倒也不容易作出"很难教的学生"这个判断。

何妨关注"另类难教的学生"

老师觉得"难教的学生",一般是所谓"很差的学生"。不过,由于通常在评价学生时,好与差的标准看似清楚有时却又较为模糊,也就容易忽视另一类"很难教的学生",即所谓优秀生中的一部分"抗教育性强的学生"。是不是这样呢?张改莲老师在《遭遇学生的挑衅》(《教师月刊》2009年第2期)一文中提到的一个称作小丹(化名)的学生,就是一个佐证。

就说说这个小丹吧。

瞧他那"官瘾":开学时老师已经选定一个学生当班长,他却"强烈要求当班长"。老师只得迁就他,任用了两个班长。当他受到老师轻微批评时,便对老师说:"您应该为我在同学面前树立威信,不能毁我的形象呀!您让我这个班长的脸往哪儿搁呀?"老师并无撤掉他班长的意思,他却神经过敏,对老师说:"我希望您别撤了我的班长,否则我会受不了。"他毕竟是个孩子,不像官场中有些人那样转弯抹角地跑官,这才毫不掩饰地"要官"。因为当不上班长,他"受不了"。看来他的"官瘾"倒是不小。

瞧他对老师说话那口气:"老师,我在以前的学校是大红人,全年级老师和同学都喜欢我,您怎么瞧不起我?""我觉得您的工作方式不对……我想跟您说，我哪儿也不差，而且以后会越来越好。""您应该改变谈话的口吻，我受不得您批评我。""您有点过分了，应该适可而止。"他如此居高临下地教训自己的老师，却丝毫意识不到他自己实在"太过分了"。

瞧他那德行：军训后，学校回收皮带，丢一条罚款8元。班主任要他这个班长去收，把钱交给年级组老师。他没有把钱交上。受到查问时，却说把钱交给了班主任。他的班主任当着全班学生的面，有口难辩，只得自己掏钱补交。他竟敢当着老师的面说瞎话，昧着良心给老师栽赃，可见其脸皮既厚，心眼也不怎么白，倒像是一个做"歪官"的料子。

难怪张老师说："我工作13年了，从没有碰到过这样的学生。"像这样的学生，难道不是"很难教的学生"吗？

然而，他的"学习"越来越好哦，成绩开始步入年级前列。他的短跑成绩很突出，英语演讲比赛获得区级奖，自编自演的话剧还赢得全校师生的好评。"一俊遮百丑"，谁会觉得这个学生不优秀呢？

可惜他的这些成绩已经成为他成长中的负担，还为他添加了别的同学不见得有的成长中的烦恼。其实，在他以后的人生中，不知还有多少真正的烦恼等着他呢！他的这种意识，他的这般行为，初步证明在他身上已经形成越来越强的"抗教育性"。

唉！谁来教育这样的"很难教的学生"？谁来挽救这样的"优秀生"？对不起，本文委实是张改莲老师大作的山寨版，无非为了说明一个易被忽视的问题。

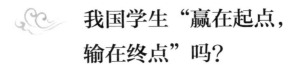

我国学生"赢在起点，输在终点"吗？

近年来我国教育界冒出一个话题，即在中国教育与美国教育的比较中，"中国教育为什么会赢在起点，输在终点呢？"有些年轻学子就此话题不吝下问。不过，本人针对如此疑问，只得反问：这究竟是一个真问题？还是一个伪问题？

一

为什么会发生对此疑问的疑问呢？因为它把"赢在起点，输在终点"作为既成事实加以肯定。其实，这个事实判断能不能成立，还是一个问题。如果这个事实判断不能成立，这个疑问句也就不成其为真问题了。这个先决的问题，实同这个疑问句提出以前对中美教育把握的程度相关，而关于"赢在起点，输在终点"这个命题的事实论断中，又提出了一系列有待解决的问题。

首先，这里所谓"输"与"赢"是以什么标准衡量的？人们通常以中学生在国际数学与科学奥林匹克竞赛中获奖和诺贝尔奖的多少为尺度，衡量中美教育的"输""赢"。问题在于：

这是不是衡量基础教育与高等教育的适当标准？如是，它岂不是成为"超精英教育"的标准？

其次，如果说，我国中学生在国际数学与科学奥林匹克竞赛中屡获大奖，所获奖项比美国多得多，那么，能不能由此证明我国教育"赢在起点"了呢？这里不能不考虑所获这种大奖的价值到底有多大，付出那么大代价去争这种荣誉是否值得。许多发达国家未必无力去争这种荣誉，只是鉴于此举使学生所付代价太大，而不屑为之。据悉，我国有些有为的中学生在获得国际数学奥林匹克竞赛大奖后，反而唯恐离数学不远，不也是此举是赢是输的佐证吗？或以中美基础教育课程中科学知识的含量作比较，证明我国基础教育水平高于美国。问题是：这也算得上我国教育"赢在起点"吗？

再次，姑且不论以中国教育与美国教育作比较，我国教育是否"赢在起点"，那么还得考虑，我国教育的终点"输"在哪里。难道只是输在诺贝尔奖一端吗？欲究"输"的缘由，因素固然很多。其中该不该考虑它同我国"起点"之赢是否有某种关联？

最后，美国教育的"终点"同其"起点"或不无联系，只是那种"终点"同那种"起点"之间的必然联系，迄今谁作过可靠的论证？不讲别的，就说几位获得诺贝尔奖的华人，多数倒正是在中国大陆（1949年以前）或中国台湾受的基础教育，这将作何解释？

由于"赢在起点，输在终点"这个命题的真伪尚待分辨，所以，为什么中国会"赢在起点，输在终点"，未必是一个真问题。

二

所谓"赢在起点，输在终点"，作为对中美教育的事实判断，虽算不上是一个真问题，而关于这个话题的议论，或许倒凸显出我国教育舆论及教育研究中的真问题。

偶然有人提出一个耸人听闻的话题，众多写手或者学者不考究它到底是真问题还是伪问题，就跟着纷纷议论。如果热议的并非真问题，那么，同瞎起哄有什么区别？如此起哄除了显示舞文弄墨的能耐以外，对教育本身又有何益？

就事议事，如此现象的发生，自然同对中美教育的了解和不明根据什么对教育事实作出判断相关，也是缺乏问题意识的表现。

关于如何看待"问题"，不妨重提一件往事。1881年初，在筹备召开国际社会党人代表大会时，荷兰社会党人纽文胡斯打算在即将召开的大会上提出一个问题，以供大家讨论。他提的问题是：假设社会党人取得政权，他们在政治上与经济上应采取一些什么立法措施？为此，还就此问题写信向马克思请教。马克思的回答是：你提的这个"问题"本身就不正确。"在将来某个特定的时刻应该做些什么，应该马上做些什么，这当然完全取决于人们将不得不在其中活动的那个特定的历史环境。而现在提出这个问题是不着边际的，因而这实际上是一个幻想的问题，对这个问题的唯一答复应当是对问题本身的批判。"他还以解方程式为例，"如果一个方程式的已知各项中不包含解这个方程式的因素，那我们就无法解这个方程式。"①

可见，并不是任何疑问句都包含着"问题"，也不是所有的问题都可以解答或值得解答。作为教育研究者，如果连"问题是什么"都不清楚，那倒真的成为"问题"了。

进一步说，真正成问题的，倒更在于许多参与议论教育的人们未必知道自己并不知道"问题是什么"。因为在这些人看来，提问题是一件很容易的事。譬如，有人问"素质教育是什么"，像是一个"问题"。其实，"素质教育"只是一个问题领域。这个疑问句只涉及同素质教育相关的问题。其"疑点"何在，人们就此作出的解释是否可信，或素质教育实施的难点何在，人们认定的难点是不是真正的难点，才是这个问题领域中可能包含的"问题"。只有通过对这个问题领域的分析，才能发现问题，即通常所谓揭示这个问题的"症结"。

其实，在我国，"赢在起点，输在终点"成为热议的话题，并非出于偶然。由此不免想起另一件往事。杜威于1919—1921年在华讲学中，先后至少八次在各地作关于教师问题的专题演讲。起初的讲演都比较婉转，而在他即将结束在华行程时，于1921年6月22日在北京高等师范学校谈到"教育职业的现在机会"时，才直率地指出中国教师问题的症结。他根据在华考察的见闻，发觉在中国教师中存在两个足以阻碍教师职业精神的

---

① 马克思致斐迪南·多梅拉·纽文胡斯（1881年2月22日）[M] //中共中央马克思恩格斯列宁斯大林著作编译局，编译.马克思恩格斯文集（第十卷）.北京：人民出版社，2009：458.

倾向。一是教师对于他们的领袖的利害、幸福，看得非常重要，而对于学校的前途，反而漠然视之；一是学校与学校之间、教师与教师之间，竞争太甚。① 其实，学校之间的竞争，教师之间的竞争，也还是为了博得有司的青睐。

从那时起，将近九十年过去了。到如今，这种竞争有过之而无不及。参与国际上的奥数竞争，不过是国内学生之间、教师之间、学校之间以至地区之间竞争的放大而已。只是由此反证经过漫长岁月，教师职业精神未见起色，未免无趣。

---

① 袁刚，孙家祥，任丙强，编.民治主义与现代社会——杜威在华讲演集［G］.北京：北京大学出版社，2004：580.

关注优良新生“入学综合征”

新学年又将开学了。一批又一批小学毕业生、初级中学毕业生、高级中学毕业生将跨入新的学习阶段。尤其是那些以高分考取省（市）级重点学校和部属高等学校的学子，这个时候一般都会以自豪的心情，像跃跃欲试的鲤鱼，期待早日跃入他们心目中的龙门。对于一般学生来说，在升入高一级学校之初，对于陌生的学习环境，都会有一定的适应期。而对于即将进入重点学校的学生来说，大概不会想到，自己即将首先遇到的，或许倒是一个“陷阱”。如能越过这个“陷阱”，才可能在这个自己满意的学习环境中，正常地学习和生活。这种“陷阱”，便是“新生综合征”。因为这类学校正是这种综合征的多发区。这种学校的新生，也就容易感染这种综合征。

一

所谓“新生综合征”，是指这样一种症状：有幸以高分考取重点学校的学生，原先大抵都是自己同学中的佼佼者；或者学业成绩特别优秀，或者有这种、那种才华或专长，或者是同学中的骨干分子、核心人物，备受同学尊重，老师赏识；至于高考状元，更是该校众人瞩目的骄子；升学以后，进入一个新天地，忽然发现原来山外有山，天外有天；新同学中，在这方面或那方面强于自己的高手，大有人在；反顾自己，相形见绌，仿佛突然"矮"了一大截。当年高考文科状元范美忠君，就曾患过这种综合征。

据他说，初入某校，"突然间我觉得自己的优势不仅全没了，而且在某些方面很无知无能"，"我不会唱歌，不会跳舞，也不会踢足球。同寝室的北京同学，听的唱的英文歌曲和摇滚，我闻所未闻。""这时我才发现，他们的见识远在我之上。我被应试教育教傻了。"有些新生，如范君，在母校时一向自命不凡，有些人在母校时左右逢源，海阔凭鱼跃，天高任鸟飞。一旦变换了时空，突然失去了平衡，好像一下子从天空摔到了地上。虽不痛不痒，酸、甜、苦、辣、咸，五味杂陈，浑身不自在。入学前的那种自信、那种自得、那种傲气、那种憧憬，全都被打入了爪哇国。往日的自我，似乎再也找不回来了。怎不闷煞人也么哥？

二

其实，每个新生，无不被迫牺牲童年、童趣，牺牲自己的青春岁月，历尽辛劳，通过数不尽的大小关卡，才考入自己满意或并不满意的学校。他们都了不起，实在了不起。虽然都是一道又一道筛子筛出来的标准学子，又各有千秋。个人如以众人之长，影射自己一人之短，心态自然失衡。尽管别人之长似乎是对自己的挑战，焉知自己之长不致成为别人的心灵之痛？故无须自寻烦恼。

不客气地说，如今多数学生，其中包括未考入重点学校的学生，都未逃脱"被应试教育教傻"的命运。"应试教育"者，泛应试、乏教育是也。如今，尽管多数学生都难逃这种被"教傻"的命运，唯有丧失平常心的学生，才易生这种"升学新生综合征"；只是学生如果不丧失平常心，恐怕就连得到感染这种综合征的机会都非常困难。这，或许才是应试教育把人"教傻"的缘故。

其实，"新生综合征"的危险，只是暂时现象。因为现代学生毕竟或多或少有些自主意识。一旦适应了新环境，多数学生都能调整自己的心态，重新找回自己的平常心，找到自己在新环境中的位置。唯有找不回平常心或原先缺失平常心的学生，才更可能成为这种"综合征"的患者。这就是：像范某那样，从被迫犯傻到自觉犯傻，只是为了张扬个性，突出自我，才去无穷无尽地"恶补"。甚至后来当了教师，再去"恶补学生"。这就不能算是应试教育之过了，倒该从另外一种什么教育中去找找原因。

"没有教不好的学生，只有不会教的老师"别解

《教育参考》杂志2008年第4期发表胡涛君大作《为师沦为孺子牛》。此文倾诉了当前教师无可奈何的困境和有口难辩的愤懑。其中最触目惊心的，是教师"沦为学生的奴隶"的"师奴"一说。据称"这已经成了不争的事实"。由于此文中拼凑的"事实"，别人未曾经历，自然没有理由怀疑。惟其中所列"事实"的典型性及细节的真实性，倒未必无可争辩。鉴于"师奴"这一话题如此沉重，加之作者又把如今教师的困境同某些论调挂钩，如"只有不会教的老师，没有教不好的学生""学生就是上帝"，也就不妨一议。

一

且从此文开头援引的丁老师被迫"下课"的事实谈起。据介绍，丁君是一位严格管教学生的老师。他反复叮嘱学生，堂堂正正做人，好好学习，不允许学生说脏话、仪容不整、上网吧，而正是如此尽职的老师，竟然因不受学生欢迎而黯然下岗。如是，怎不令人同情？不过，依照常理常情，这种事情恐怕只

有在特殊情况下才可能发生。这就是：校长不喜欢老师叮嘱学生堂堂正正做人，好好学习，不介意学生说脏话、仪容不整、进网吧，不要求教师严格管教学生，并且教育主管当局也是如此。故只能算是特例。如果校长及教育主管当局并非如此，那就得看丁君不仅管了什么，还得看他如何管教学生；而在丁君的陈述中，正缺少如何管教学生的交代。

二

教师管教学生，自然存在是否得法问题。问题是教师如教育有方，是不是一定就能"教得好"学生呢？所谓"只有不会教的老师，没有教不好的学生"，便是对这个问题绝对肯定的回答。关于丁君所在学校是否以此作为处理丁君下岗的根据，无从知晓。这里只讨论这个断语本身。

这个断语，像一个格言。多少年来流传甚广。谁会这么论定呢？大抵有几种情况：一种是教育有方、管教得法的教师，从长期有效的实践中建立了这种信念；或者是稍有成就的教师，借以炫耀自己教育有方。教师如以此律己，并无大碍。至于未必相信此理的校长或教育行政长官，以此鞭策教师，也还可以理解。如以此苛求教师，那么他们自己是否合格，也就成为问题了。

这个"格言"之所以不合格，是由于：

1. 所谓"教得好"或"教不好"，是一个模糊说法。可能仅指个别或少数顽皮学生的行为是否有所转变，可能指文化基础甚差的学生能否升级或毕业，也可能是指是否把一个乱班转化为正常的班级。由于"教得好"的标准不确定，"教得好"的可能性往往相差甚大。

2. 它似乎把学生都看成是没有生命的小面团，可以由老师随意把捏，或塑造。如此假设与实际情况距离太远。

3. 它把教师的"教"，看成是导致学生品行优劣、学生成绩好差的唯一原因，不承认学生状况是由多种因素促成的。俗话说"解铃还须系铃人"，教师哪有"万能"的神功？

总之，"没有教不好的学生"这句话，或可备一说。其前提是不以此作为苛求教师的理由。

三

所谓"学生就是上帝"，似乎是商场的广告语在学校中的滥用。不过，无论在一般公立学校还是私立学校，是否真的有此一说，还是问题。

在有些国家，私立学校有公益性学校与营利性学校之别。各有各的章法，各有各的套路。营利性学校大抵按照市场经济运行的法则，把家长作为消费对象，或有"家长就是上帝"一说。在英国，因教育行政管理属于自由体制，故即使是公立学校，也得尽可能尊重家长意愿。但无论公立学校还是私立学校，都得依法接受行政监督，也不是"家长说了算数"。所谓"学生总是对的"，不论出自何人之口，都属无稽之谈。因为即使是家长，也不致相信这种蠢话，否则也就无须送孩子入学。

中国基础教育实行中央、地方和学校三级管理体制，学校自主管理的权力非常有限。不过，由于外部监督不力，学校内部又缺乏监督机制，校长倒不缺乏自行其是的自由。中国的私立学校既无公益性学校与营利性学校之分，又面临公立学校竞争的优势和家长的压力，受现行管理体制的限制，学校不可能真正把家长视为"上帝"，但又不能无视家长的意愿。故可供学校摆脱困境的选择不多。由于无论是对学生严格管理，还是不严格管理，都可能发生意料不到的问题，一旦出了问题，又缺乏"专业自主"的教师组织仲裁，只得把这道难题让教师去做。只是不管情况如何，还不致把教师当"教奴"对待。

胡君此文倾诉了当前我国中小学教师无可奈何的困境和有口难辩的愤懑。只是单凭东拉西扯的事情，挂上与这件事或那件事未必有直接关联的教条，无助于增进对教师现实处境的理解与同情。牢骚也好，煽情也好，又可能违背作者的初衷，反而刺激一般教师的苦闷与不安。话虽如此，此类文章毕竟比麻痹教师的甜言蜜语以及以高不可攀的标准苛求教师，较为通达人情。

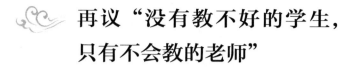

再议"没有教不好的学生，只有不会教的老师"

《当代教育科学》2008年第16期发表尚海涛君的大作《"没有教不好的学生，只有不会教的老师"吗》。拜读之余，非常不安。这是由于此前我在《教育参考》2008年第4期上读过一篇与此同调的文章。这两篇文章都从令人困惑的案例谈起，都把困惑的处境，同"没有教不好的学生，只有不会教的老师"这个教条挂钩，借以倾诉当前教师无可奈何的困境和有口难辩的愤懑。本人在此以前虽然曾就那篇文章发过一些议论，读了这篇大作以后，又觉得言犹未尽。

一

先从此文提到的案例谈起。

据介绍，有个名叫小新的学生，在黑板上演算数学题时，老师发现他做错了，及时提醒他："你再看看，做错了。"想不到这个学生竟然说："我错了，看你把我怎么样？"还粗暴地把课本扔掉。如是事实就这么简单，只能说这个学生个性或品性有问题。这也只能算是罕见的特例。但我们又没有理由断定，事情也许并不这么简单。

此外，作者还提到，有一位老师在"家长通知书"中，如实地报告一个学生品学都差的表现，却受到该生家长的责难；同一位教师后来接受此次教训，在"家长通知书"中拔高学生成绩，又受到家长批评。似乎左右为难。其实，一般教师在评价学生时讲点分寸，并非难事。

所以，单从这两例，还看不出它们同教师"会教不会教""学生教得好，还是教不好"有什么关联。何况此文也未提到有谁用这个教条，苛责当事人。发表在《教育参考》上的那篇文章，也与此类似。然而这里提到的两篇文章都反映出当前不少教师无可奈何的心态和有口难辩的苦闷，值得同情。

二

关于"没有教不好的学生，只有不会教的老师"这个教条，作者指出：当我们把这句话喊得震天响的时候，我们试看用类比推理的方法则可以得出"没有看不好的病人，只有不会看病的医生""没有破不了的案子，只有不会破案的警察"；可是人们并不对医生、警察提出这种无理的要求。如此辩驳，虽有一定道理，但其理由并不充分。因为未成年的学生有可塑性。尽管人的可塑性，不像无生命的物质那样，可以被人随手把捏，随意塑造，教师工作的对象毕竟与医生、警察工作的对象不同。然而，相对说来，医生"会医或不会医"、警察工作"做得好或做得不好"，判断的标准比较明确，而教师"会教不会教"，虽然大家心中有数，只是到如今却越来越捉摸不定了。

如果说"没有教不好的学生"的教条，在此文作者心目中已经动摇，那么他在此文中还提到许多不可动摇的"理念"、道理与规矩。如："养成性教育""尊重学生的个性差异""营造民主平等的氛围""因材施教""细心耐心恒心""要有爱、要平等、要公正""不准任何形式的体罚或变相体罚""不准出现分数"等。至于这堆"理念"、道理与规矩如何在具体工作中落实，才是真正的难题。这位老师面对诸多难题，只得无可奈何地自责："我们并不是埋怨工作头绪多，而是埋怨自己：怎么就是找不到开展工作的好办法？"

问题是诸如此类不容置疑的"理念"、道理与规矩本身，到底是什么意思，其中每个概念如何界定，每条道理转化为实践须通过什么程序，每条规矩在实行中须划清什么界限；更重要的是，究竟建立什么教育体制，才使这些进步的"理念"、合理的规矩，有可能实施；究竟具备什么条件才使其可行！因为不论这些"理念"、道理与规矩何等重要，何等正确，何等合理，它们如果不转换成可行的目标、切实的标准、合理的动作程序、简便的方式方法，不具备必要的条件，也还与"教条"无别。如果不使这些"理念"、道理、规矩成为教条，那么，与此相关的研究、设计、部署与条件的创设，普普通通的教师承担得了么？

如果"教"，尤其"教得好"，成为无底洞，"洞"中的道路要靠教师自己去摸索，那么教师的忙乱、困惑、烦恼、牢骚，便无终期。然而尽管在教师工作中，普遍存在忙乱现象，而在教师中，实有有无困惑、烦恼与否、牢骚多少之分。其中的区别，局外人难以论定，唯有各位老师，"如鱼饮水，冷暖自知"。

附带说明的是，"教条"并不都难识别。譬如此文中提到的："爱自己的孩子是人，爱别人的孩子是神。"这种怪论不知出自何典。如果它能成立，那么每个教师只要承认自己不是神，岂不是就可以心安理得地不爱别人的孩子么？

有道是"教条主义害死人"。如果只相信真理，不把真理当作教条，认清教条主义者的面目，它又怎能害得了你？

一次坐失的教育契机

　　最近二三十年来，班级越来越成为"班主任的班级"。学生不仅在课堂上越来越被动，而且在班级活动中也越来越成为消极的角色。尽管班级活动的内容与形式日益丰富多彩，但班级的教育内涵趋于淡化，甚至还沾染了不该沾有的官场、商场气息。说句时兴的话，现在的班级教育并没有把班级"还给学生"，也就是还没有使学生成为"班级小主人"。在如今的班级中，或许可以这么说"人人管自己，上帝（班级中的最高权威）管大家"，甚至出现了学生难管、班主任不敢管学生的现象，怎不令人匪夷所思！

　　十年前，针对诸如此类问题，本人曾参与胡惠闵博士主持的"班级小主人行动"实验。此项实验旨在通过民主生活训练，引导学生按照民主程序自主管理班级。此项尝试虽有收获，但在试行中因无法抗拒流行的班主任工作习俗影响，以致常常走样，也就并不怎么成功。于是，自己也就怀疑：在如今这种班主任工作"常态"下，到底有没有可能建立较为名副其实的"班集体"，有没有可能引导学生依照民主程序"自主管理、相互监督"？

最近读了王惠老师的《一次"批斗会"》一文（《教师月刊》2009年第3期），其中介绍了一个在她自己看来失败的案例，我倒是从中萌发了一点希望。

事情是这样的。王惠初为人师，原先曾打算有意识地培养小学生的民主意识。可是在当小学三年级班主任时，遇到一个调皮捣蛋的学生，搅得班级不得安宁，批评多次，收效甚微，于是王惠想到利用班会"治一治"他。不过，她毕竟懂得一些教育理论，临场犹豫起来：究竟是自己当众给他严厉批评，还是参照马卡连柯建立班集体的经验，用集体舆论制约他？考虑再三，决定采用后一种选择。她要这个学生站在讲台前接受同学批评。出乎意料的是，同学们七嘴八舌，义愤填膺，教室里顿时像"炸开了锅"，甚至把这个孩子在一二年级的事也翻出来，仿佛成了"批斗会"。这个孩子在舆论压力下，一直低着头，小脸憋得通红，最后表示接受同学们的批评。课后这个孩子哭了，而其他同学并不同情他。这时老师才觉得自己做得过分了。

那么这位老师错在哪里？我为什么反会从中得到启发？

这个案例可以证明以下几点：

1. 在小学生中是有可能开展批评与自我批评的。

2. 在批评中显示出来的舆论压力确有影响，甚至可能比老师的批评影响更大。

3. 被批评的那个孩子，并不如老师原先估计的那样难以管教。他毕竟不敢公开与自己的同学对抗。

本来，老师可以以此次即兴的尝试为契机，顺势建立学生相互监督常规。可惜由于老师的想法正同马卡连柯的原则背道而驰，以致坐失了这个难得的教育契机。

自然，如今还谈不上运用马卡连柯理论建立有教育功能的学生集体。这里只参照马卡连柯的理论与原则，具体谈谈这个案例中的问题。

第一，批评原是同志之间、同学之间、朋友之间正常的事情。批评是为了帮助人改正缺点、发扬优点，而不是整人。只有老师正确看待批评，才能引导学生正确开展批评。

在马卡连柯建立的集体里，批评以及惩罚，是表示对被批评者或受惩罚者的尊重。如果某个成员品行很差，在集体中还没有资格被大家批评，那也是一种压力。在那里，对表现好的队员的批评比对一般队员的批评更严厉。这才使人以平常心看待批评，才可能使人乐意接受批评。

第二，不宜让"某某学生"离开座位接受批评。批评可以非常严厉，也可以比较缓和，但都必须出于公心，出于善意，决不允许恶意的批评。如果发觉有学生的批评不怀好意，就该马上引导学生对批评者提出尖锐批评。在这个案例中，对那个学生的批评要适可而止，转而及时提出"某某同学有什么优点"等问题，如果能让大家检讨自己过去对这个同学有什么不对的地方，或鼓励其他学生自我批评，那就更好。

第三，如有把握，可以要"某某学生"表示态度。如没有把握，不必要他表示态度，以免形成僵局。

第四，教师最后要表示："老师先要感谢许多同学对某某同学的帮助。""老师相信某某同学一定会有进步。""今天对某某

同学的批评到此为止。以往的事情，以后不许再提。谁再提起，谁就该受到批评。"（这是马卡连柯的规矩）

　　果然如此，就可能成为建立班级秩序的新起点，而不至于造成不愉快的后果。

"师道"话语虚实谈

唐代韩愈的《师说》为千古不朽的名篇，至今仍为人称道，他慨叹"师道之不传也久矣"。其实，每个时代都有每个时代的师道。就在韩愈目击的时代，亦如他所说："巫医乐师百工之人，不耻相师。"这不也是师道么？不过，在他，这不过是一个比喻，用以衬托士大夫之族耻于相师。他的所谓师道实专指士大夫之族相正统儒学经师之道和经师的为师之道。

所谓"师道"，据先师萧承慎教授考证，原出于《汉书·匡衡传》。在慎师的大作《师道征故》一书中，分为"为师之道""尊师之道"和"求师之道"。旁征博引，线索分明。尽管每个时代都有每个时代的师道，一般意义上的师道并未失传，然而，如今就连品茶的"茶道"、养花的"花道"、使拳的"拳道"都传下来了，唯有"师道"概念，倒真的"不传也久矣"。

不过，这里无意议论"师道"概念，也不想张扬什么"新师道"，只拟分辨如今有关"师道"的虚文和实话，故题为"'师道'话语虚实谈"。

一

　　谈到"师道"，不管是为师之道，还是尊师之道、求师之道，大抵都同教师职业（或谓"教师劳动"）的特点相关。关于教师职业的特点，在不少教育著作中多有陈述。例如在一本通行的《教育学》中，所列教师劳动的特点为：强烈的示范性、独特的创造性、空间的广延性与时间的连续性。还有一本《师论》中，把"现代教师劳动的性质和特点"表达为："劳动对象的复杂性""劳动手段的主体性""劳动过程的创造性""劳动方式的个体性""劳动成果的长效性"。这些都属严肃的著作，非不入流之作可比。由于我们已知这些著作中所概括的是"教师劳动的特点"，故觉得多少有点道理。假如把这一堆"性"作为谜面，要我们猜它的谜底是什么，不知能有多少人猜得出"教师劳动"这个谜底。假如有人硬说这个谜底是"诗"，是"戏"，是"歌曲"，或是"电影"，你能说没有猜中么？其实，就劳动的示范性、创造性、空间广延性与时间连续性来说，教师劳动怎么比得上艺术创作与表演？况且，无论就教师劳动特点还是艺术劳动特点来说，罗列的这些"性"，到底是要说明这类劳动"已经"具有这些性质，还是说它们"应当"具有这些性质？如说教师劳动"已经"具有了这些性质，那么到底有多少经验事实足以证明这些事实判断可以成立；如要说明它"应当"具有这些性质，也得回答：这种价值判断的根据是什么？这些价值观念是不是有可能实现？如果这类判断既没有充分的事实证明，也不能完全证伪，那就只能把它们当作形而上学看待了。

谈到教师，"教师的素养"也是引人关注的话题。关于教师的素养，较有代表性的表述为"高尚的师德""现代人的素质""渊博的知识和多方面的才能"，以及"掌握教育科学和教育能力"。这种表述似乎也不容置疑。问题是在中国为数达千万之众的教师中，到底有多少人有这种素养？有多少人可能具备这种素养？在真正具备这种素养的人们中，究竟有几许人在当中小学教师？有几许人愿当中小学教师？

谈到"师德"，又不免涉及教师在同学生关系中应有的品德。我们都道教师要"热爱学生"，这似乎更加无可置疑。问题是假如有些教师倒尊重学生，也认真工作，而对有些学生并不"爱"，对另外一些学生虽"爱"，而不见得"热"。在一般教师观念中，这样的教师算得上"失德"么？问题是：每个人都有所爱、有所不爱，爱是如何发生的？"爱"本身不是伦理学的概念，"爱什么""怎样爱""为什么爱"才涉及道德问题。教师在履行公职时，自然应遵守一定的规范。如善意对待学生，对学生不得怀有恶意，尊重学生而不允许侵犯任何学生的人格尊严，然而教师也有七情六欲，爱不爱又不是一厢情愿的事，教师爱与不爱学生，勉强得了么？一个社会如果试图对个人的情感也加以规范，加以管理，人们将会如何看待这种社会呢？好在人们挂在口中的"爱""热爱"，往往不过是"善意""尊重"的代称，故说说也无碍。

关于诸如此类问题，幸而人们一般对官方文书、学者高论中的"实说"与"虚文"尚能识别，并未都那么认真看待。譬如，据说教师劳动具有"空间的广延性和时间的连续性"，而人们不会不懂得，除了宇宙以外，一切事物和运动，无不具有空间与时间的规定性，故教师劳动的"广延性"与"连续性"也有限。所以，教师之间的分工和教师工作量还是可以确定的。

教育言论中的"虚文"并非不正确。相反，它往往非常正确。惟其正确，它才容易得到认同。只是有些正确的判断有失分寸，又因缺乏充分的事实根据和可能性、可行性的论证，这才成为"正确的空话"。只要讲求实证与逻辑论证的风气尚未形成，这种"正确的空话"是没有希望杜绝的。

不论在高头讲章中对教师劳动如何表达，而教师劳动究竟是怎么一回事，其实无论是教师还是并非教师的人们，都不会不清楚。自然，他们不一定说得出有关教师劳动的番番道理，而有关教师劳动的表达仍不宜距离人们心目中的"教师"观念太远。正如洛克在谈到他所用的"德行""智慧""礼仪""学问"之类概念时所说："我现在只要采用这些字眼的通行的用法就够了。"如举一例，像日本筑波大学教育学研究会在《现代教育学基础》一书中，关于"教师工作的特点"所说的那样，教师的活动存在诸多侧面，但中心的活动是"教学生"。这不正是一般教师心目中教师劳动的特点么？就这么简单。惟其简单，这才较为接近事实。然而，隐含在教师问题中的教师劳动的特点，事实上并不简单。

二

　　教师工作虽可用"教学生"一语以尽之，然而教师的

"教"，无不是在一定的课程编制框架中运作的。课程编制有学科课程、经验课程、核心课程之类区别，它们分别是以学科逻辑为本位、以学生为本位、以社会为本位的课程价值取向的实现形式。在其中的每一种课程编制中，教师和教材、教师和学生的关系不尽相同。这就决定教师在教学生的过程中，实际上处于不同的地位，可能发挥不同性质的作用。例如，学科课程受学科逻辑的制约，把教师置于教学过程的中心地位；而经验课程则力求按照学生的心理逻辑设计课程，使教师处于从旁辅导学生学习的地位。如今我国即使是新的基础教育课程，仍然以学科课程为主体，却硬要教师承认学生的主体地位。"主体"是同"客体"对举的概念，没有客体，也就无所谓主体。如果肯定学生是主体，那么客体也就该是教师了。然而又不直接承认教师是客体，反倒说教师具有"主导作用"。遂把教师置于发挥主导作用的客体的尴尬处境，而学生相应地成为不能发挥主导作用的主体。教师既不是主体，又不能"客随主便"（他们应发挥主导作用）。你道尴尬不尴尬？

再说，不管采用什么课程编制，教师的"教"，又是在一定课程管理体制下运作的。课程体制有以国家为本位的课程（国家为课程权力主体）、以地方为本位的课程和以学校为本位的课程之类的区别。自然也存在各种中间形式和过渡形态。如我国现行的包括国家课程、地方课程和学校课程在内的"三级课程"的课程权力分配的体制便是如此。从而形成不同的课程运作机制，如集中机制、自由机制等。其中每一种课程机制，给予教师在课程实施中自主活动中的空间与时间无不相同，以致任何教师劳动的"空间广延性"与"时间连续性"都是有限的。我国迄今为止，仍以国家课程与地方课程为主体，只为学校课程开了一点点口子。如今甚嚣尘上的校本课程之说，实离事实和主流课程价值取向远甚，意味着如今课程的运作，基本上沿袭传统的"集中机制"，教师在课程实施中的自由空间与时间，其实基本上早就由教育主管部门预先决定了。在当代，有些国家（如美国）在课程改革中，趋向于"把课程还给教师"，而在我国则时兴"把课堂还给学生"。这"课堂"向谁去讨呢？主要不是向政府去讨，而是向教师讨。既然无改行以学生为中心的经验课程编制之意，更无从根本上改变"三级课程"体制的打算，而教师又不能不在现行课程编制、课程机制中执教。试问，他们到底有多少课程活动的空间与时间可以"还"给学生呢？

不仅如此，由于长期以来基础教育的基础性质模糊和恣意追求升学率的势头居高不下，加诸教师和学生的超负荷的课业负担有增无减，再加上利益的驱使，各种名目的"形象工程"和此起彼伏的检查、评比、展示、竞赛活动层出不穷，迫使教师穷于应付，还有多少余力和心思去体现"强烈的示范性"、发挥"独特的创造性"呢？然而，改变这种状况，又正是频繁的"形象工程"和检查、评比、展示、竞赛活动盛行的正当理由。

所以，如果要论"现代中国教师劳动的性质与特点"，恐怕是：一般说来，他们不能不是在以国家课程与地方课程为主体的体制下，基本上按照课程运作的集中机制，主要执教学科课程的教师，是自动或被迫超负荷地追求升学率和应付各种额外任务的教师。他们的"劳动"，其实是较少"示范性"、较少

"创造性"、较少"空间广延性与时间连续性"的劳动。这么说来，岂不是大煞风景了。于是，就有必要给教师队伍来点包装。说它有这个"性"、那个"性"，一堆一堆的"性"，至少使辛苦劳碌的教师们，多少得到一些慰藉，也让贤明执政的诸公、诸姨，脸上增点光泽，更会鞭策教师好上加好，压上加压。所以，包装只当作包装看待，倒也不错。这不是说有些学者（其中不乏我的朋友）在刻意包装，实际情况不尽如此。他们罗列这一堆、那一堆"性"，无非是在做文章时，找个方便的说法罢了。因为在表述某种事物的特点时，再也没有比"××性"更为简便的提法了。

其实，我国如今有关师道的"虚文"也好，"实话"也罢，无非是为教师劳动的现状作许多掩饰或些微补救。依此看来，此类"虚文"亦有存在的理由与价值，可谓"虚文不虚"，而如我所说的"实话"，其实也不见得怎么"实"。自然，这二者之间也还有点区别：一则有意无意地"提升"教师，使其超负荷的劳动加码，成为学者型教师、专家型教师、研究型教师、魅力型教师；一则只求教师尽职，而无意给教师加压。别以为事情就这么简单，恐怕教师中的"公职"意识，早已随着基础教育"公共性"的削弱而趋于淡化了。幸而多数教师由于长年累月面对年幼的孩子，教育的良知并未泯灭，又顾不上理会那些高头讲章，以致如今的基础教育，虽未必如不少"形象工程"所显示的那么壮观与美妙，倒也有实绩，也在不断进展中。

此为"师道"话语虚实之辨。其实，如今教育话语中的"虚文"，岂止于"师道"话题？

VI

根据事实判断教育言行的真或假

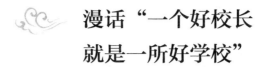

漫话"一个好校长就是一所好学校"

大约在两年前，见到一所区级教育学院墙壁上，赫然凸显一条格言："一个好校长就是一所好学校。"口气之硬，掷地有声，必有来头，不知出自何典？翻了几本"格言大全""中外名人金言"，都无收获，而这句格言在杂志与校长口头出现的频率颇高，看来这并不是偶然现象。因为它所表达的"好校长 = 好学校"公式，确是当今无数事实的抽象。依此推论："好所长 = 好研究所""好局长 = 好教育局"，同样符合事实；如不信，换个校长瞧瞧，学校不换个样子才怪。如是，也就成为反证。不讲别的，本人就可以做个见证：我以前所在的单位，在1989—1999年，就换了5次主任（共6位），时至2000年，即将跨进21世纪，肯定还将再换一次；这样五换六换，不断地旧貌换新颜，这才"好得……不得了"。可见首长作用大矣！这如果算是校长"角色定位"，那就是"校长校长，一校之长"。若把学校比作一个大家庭，校长也就是这个大家庭的"一家之长"。

有一位校长，援引一段有识之见，把这句格言从抽象化为具象："一只狮子带领的绵羊部队，能够打败一只绵羊带领的狮子部队。一个好校长当然应该是一只狮子。"假如我是一只绵羊，我自然希望我的校长是一只狮子，因为他能让我保持懦弱的本性；假如我是一只狮子，我倒希望我的校长是只绵羊，同样因为他能让我保持凶猛的本性。怕就怕绵羊碰上绵羊，窝里糊；狮子遇见狮子，窝里斗。自然，由于我也是教师，我更希望把这类比喻扔到它该去的地方。因为我和我的校长不是兽类，而这个比喻不伦不类。我们总算有幸同家长制时代拉开了一点点距离，不过，托先辈的福，家长制遗产，至今仍被我们自在地分享着。这或许正是这句响当当的格言至今如此流行、又如此有效的秘密。

诚然，"好校长 = 好学校"，确是经验之谈，而这种经验之谈虽能调动校长的主观能动性，却使学校中的教师、学生只能碰运气。大家好好修一修吧：修个好校长，是大家的福分。不过，规范管理，尤其是达到科学管理程度的规范管理则不同，它不诉诸个人人格力量、经验与自由意志，它是一种"客观管理"。有了既定的规矩，由能力强的校长或能力差的校长执行，不该有多大出入，也就不致有"人存政举，人亡政息"之虞。在这个意义上，可把校长角色定位为按章办学的人。这年头，"铁打的营盘流水的官"。形成稳定的规范，即使校长五换六换，学校面貌不致大变，人际关系也可减少一些波动，学校办学历史经验不中断，或许可以显示一点"特色"。不过，世界上并没有十全十美的事，学校长期稳定，不嫌保守么！"一个好校长等于一所好学校"之类家长制时代的智慧，至今尚有奇效大验，恰恰证明我国如今的学校管理，或许尚处在"前科学管理"与"前民主管理"阶段。

　　关于这句格言，说到这里也罢。再说下去可就有点危机感了：假如上级不慎派来个"不那么好的校长"，一个好端端的学校岂不就变"坏"了么？不！这是多虑。因为组织部门的审批手续一道又一道，上级的眼光明察秋毫之末，怎么可能派个"不那么好的校长"来呢？虽说不受家长欢迎的"薄弱学校"总还有一些，但又不能说"薄弱学校＝薄弱校长"。不过，"万一"派个"不那么好的校长"下来，学校中人还真的无法可想，师生员工怎奈何他？因为现在学校中对校长行使权力并不存在真正有效的监督机制。自然，"万一"，也就有万分之一的可能性而已，哪能正好碰上呢？故师生员工尽可大放宽心，传诵"好校长"公式。

如今的"好校长"在干什么？

——《校长就是校长》平议

　　《教育参考》杂志2004年第1期发表刘铁芳兄的大作《校长就是校长》。此文同大讲"校长是××家""教育有××性"的文章异趣，纵论"五家校长""多家校长"难求之理。只是于新春将届之际，不知搅了多少校长成"家"的美梦，未免有点煞风景。不过，读了该刊同期刊载的《在负重中重复》一文，它告诉我们现在的校长究竟忙些什么，方才释然。看来当"五家"，即"无产阶级政治家""现代教育思想家""现代教育管理家""社会主义道德家"和"学校心理学家"，倒未必是校长的梦，而是专家为校长虚拟的梦，或者是代替校长做的梦，而不少校长日有所思，夜有所梦，所做的梦，或如《在负重中重复》一文所说，是"中学搞重点班、示范班"，"小学搞实验班、放心班"。换句话说，是重点收钱、示范收钱、实验收钱、放心收钱的梦。看来刘尧兄的"五家"构想还不够周全，至少还该加个"精明的实业家"。只是"实业家"这个梦也不那么好做。不讲别的，据教育部部长最近郑重宣告，全国已经有300多位校长为这个"梦"付出了代价：被解职了。问题是为数更多的校长若不做这种梦，又将如何呢？

刚刚看了今日的《文汇报》（2004年1月20日）。据载：在2003年，教育、医疗、物业管理仍居上海价格投诉热点的前三位。其中，学校违规办班收费，违规收取代办费以及自立名目收费仍是突出的问题。不清楚的是，为数众多的校长何以敢冒如此风险？其实，乱收费的风险究竟有多大也还是问题。再说校长在这种风险面前如果畏葸不前，他们还"长"得下去？由于诸如此类问题的相关链接太复杂，不谈也罢。所要说的是，由此更使我对铁芳的有些高见发生怀疑。

1. 据称："校长就是校长，给人贴的标签多了，其结果很可能是自己都不知道究竟要做些什么。"这恐怕低估了现在校长们的"素质"。因为"校长究竟是干吗的""标签到底是怎么一回事"，在多数校长心目中不会没有数。校长中的聪明人甚至未必不比铁芳兄更明白。因为他们往往也是标签的制造者或传销者。只是他们或许觉得"××家"之类标签太招摇，一般用"××教育""以×为本""校本××"之类标签，岂不是比"××家"更加"专业"，更加时新，又更加谦虚？其中的佼佼者可能早已当上"××家"了。

2. 假如真的按照"校长就是校长"行事，情形又将如何呢？关于如今的校长究竟忙些什么，局外人自然难以尽知。好在《在负重中重复》一文已经提供了一条线索，即从教师在学校中做些什么，可以间接地窥测校长在学校中做些什么。况且铁芳又直接告诉我们，如今的校长"恰恰把过多的精力有意无意、或主动或被迫地投入到应酬、协调内外各种利害关系、筹款等事情上去了"，"我们的校长实际上很多时候扮演着并不是校长的角色"。可见,在当今中国条件下,"校长就是校长",情形不过如此。

3. 据称"校长不是万能的,万能的校长恰恰可能隐藏着另一种危机,那就是教育民主的缺失"。哪知如今中国校长舆论中还有一种比这强多少倍的声音。这便是"一个好校长,就是一所好学校"。换句话说,校长就是"万能"的。这个格言不由你不信。它之所以如此流行,正由于它是非常切合中国学校实际情况的经验之谈。现实情况大抵正是一个校长就能决定一所学校的面貌。所以,一所学校如果有一位好校长,便是这所学校中教师和学生的幸事。不信换一位不那么好的校长看看,这所学校不变样才怪。你道"这只能是典型的人治",它就这么"典型",又偏偏那么有效。倒是万一(万分之一)真的来了一位不那么好的校长,那才"隐藏着另一种危机"。好在我们有组织、人事部门层层把关,有审查、批准手续道道设防,所以学校中的教师、学生尽管放心。不放心又能奈他何?

4. 既然中国学校的实际情况就这样明摆着,又可见像铁芳那样全然无视标签的价值也成问题。谁都知道,商品不可没有包装和广告,半老徐娘更讲究化妆,美味大餐少不了佐料,给校长来点包装有何不可?何况这不只是校长个人的问题,这还是"学校形象工程"和教育局"政绩工程"的组成部分。如果像铁芳和《在负重中重复》一文作者那样,把学校中经常发生的情况赤裸裸地暴露在光天化日之下,尽管鸟儿照样在天上飞,鱼儿仍然在水中游,校长以及校长之上的"长"继续"长"下去,终究缺少趣味。岂不知我们伟大的祖国已经跨入市场经济时代。无视标签的价值，不讲求包装，不啻是认错了时代。看来铁芳此文，铁则铁矣，芳犹不足。话虽如此，标签不太离谱，包装不宜过量，也属市场经营之道。

以上所议，如属不谬，可见现行学校制度若不作适当改革，无论校长不像校长，还是"校长就是校长"，未必有太大的差别。说到学校制度的改革，《教育参考》杂志同期正好发表一组文章，"聚焦现代学校制度"，而同期发表的《在负重中重复》之类纪实文章，又正好是那些关于现代学校制度议论的注脚。本人正是借助于这种注脚，才总算或多或少读懂那些关于现代学校制度的议论，也算是一个不小的收获。

且说学校的标语、口号

　　每一所学校的当事人，关于学校的实践与发展方向，即使以教育主管当局的明文规定为准绳，一般也会有自身的价值选择。尤其在现今这种改革的年代，学校大都力求形成一定的特色。即使并无什么特色，也都打出一些旗号，另立一些名目，塑造学校的形象。以致在学校的墙壁上、广告与宣传材料上标语、口号名目繁多，层出不穷。教育报刊更成为传播这种标语、口号的窗口。

　　这类标语、口号，大都时新之至，其内涵则大同小异。惟其如此，它们便流于我国时下教育的套话。好在这类标语、口号本身，不算不切合时宜。如果真的成为实践口号，倒也不错。即使止于墙壁、束之高阁，也还不失为张扬新的教育观念的尝试。除了有识之士、有志之士、有为之士以外，人们一般只把它当作标语、口号、广告、宣传看待，也就对此种现象不以为意。加之大家彼此彼此，那就更加见怪不怪了。

　　然而，学校核心的价值观念，犹如学校的灵魂，至关重要。何况教育界的有识之士、有志之士、有为之士，又真心实意地关注学校的价值取向问题。故不妨把学校价值取向的表述问题提出来加以讨论。

一

单就某一所学校提出的一条或几条标语、口号来说，它们是不是成为这所学校的实践口号，是不是成为这所学校实践中所显示出来的价值取向，既要看这所学校是否把某种标语、口号化为指导并衡量实践的具体标准，又得以其实践同这些标准对照才能断定；如就一所学校标语、口号的组合（即成套的标语、口号）来说，即使并未到这所学校进行实地考察，只要看各个标语、口号之间是否有内在的联系，并形成一定的思路，就可断定它们是不是可行的实践口号。如果把这一套或那一套标语、口号放在我国现行教育管理体制、学校课程结构与运行机制背景下考察，对这类标语、口号的可行性也就更加容易作出判断。

说到这里，依然失之笼统。如就一所学校的一套标语、口号进行具体分析，也许更好。只是诸多不便，于心不忍，泛泛而谈，又没有什么意思，姑且就表述学校价值取向的常用语词加以辨析，作为学校当事人梳理标语、口号，澄清价值取向参考。

目前我国学校常用的表述价值取向的语词，有"办学理念""教育宗旨""办学目标""办学思路""培养目标""学校特色"以及"校训"（校风），等等。其中有不少学校兼用这么许多语词，表述其价值取向。虽琳琅满目，不免令人眼花缭乱，不知这所学校到底追求什么。因为从这么多语词的堆积中，看不出这所学校有什么办学的思路。其实，这正是缺乏思路的证明。

在以上提到的这些语词中，有些是一直沿用的语词，如"培养目标""校训"；有的是新打造的语词，如"办学理念""学校特色"，算是"标新立异"；有的则是已经遗忘了几十年如今恢复使用的语词，如"教育宗旨"，倒可算是"标旧立异"。就这些语词所表达的概念之间的关系来说，又有种种不同情况。

1."办学理念"与"教育宗旨"义近，在一定情况下，为同义语。

2."办学理念"或"教育宗旨"中，如不包含"办学目标"，其宗旨将不明确，故"办学目标"可纳入"办学理念"或"教育宗旨"之中。

3."培养目标"如属笼统的表述，亦可纳入"教育宗旨"，如属具体化的标准，才有单列的必要；"学校特色"，原是多年实践的过程与结果中显示出来的特征，它是以往教育价值取向的闪光。如属"打造"学校特色的意向，亦可以纳入"办学理念"或"教育宗旨"。

4."办学思路"，是在有关学校价值取向的诸概念关系明晰基础上形成的。构成"办学思路"的那些概念不明晰、概念之间的关系模糊，怎能形成可行的思路？

以上所列的这些语词所表达的是构成概念框架的一些形式概念。这种概念只同这种概念框架中的层面相关，不涉及每个层面的内容。例如，只论"办学理念"与"教育宗旨"等层面的并列、重叠或部分重叠，不涉及"什么办学理念""什么教育宗旨"等。如涉及各个层面的内容，其中错位、重复之类现象将更加突出。

二

为了对学校价值观念的表述加以澄清，不妨对同如今学校中流行的标语、口号相关的概念进一步加以辨析。

1. 关于"教育宗旨"

我国从清代末年（1906年）开始，到1949年10月以前，一直以"教育宗旨"表达教育价值取向。在革命根据地教育实践中，间或也采用"教育宗旨"的提法。民国政府有专门的《教育宗旨令》，并在各级各类学校的法规中，列入关于该级该类学校"教育宗旨"的明文规定。这些都属指令性的教育宗旨。惟在1919—1928年，受杜威"教育无目的"（当时亦译为"教育无宗旨"）观念的影响，一度"废止"教育宗旨，而"听各教育者自行发挥"。此举实际上是仿美国学校管理体制，以民间教育团体的指导性的教育宗旨，取代官方指令性的教育宗旨。指导性的教育宗旨，供各学校自主选择的参照。不过，1928年以后，恢复了指令性的教育宗旨。

"宗旨"，是指主要的旨趣。源于梁武帝"标其宗旨，辨其短长"（《敕答臣下神灭论》）之说，是就根本性质的问题，在权衡得失基础上作出的价值判断。从民国时期历次《教育宗旨令》

看来，其内容或区分教育的主次，确立教育的重点（1912年），或确立教育的主导思想（1915年、1919年）。大抵相当于1949年之后的"教育方针"。不过，与"教育方针"相比，它重在"教育"的内涵。它同"教育方针"一样，不得随意更改，但比"教育方针"更加稳定。在把它列入宪法条款以后，情况更是如此。

2. 关于"校训"

"校训"，原意是学校以若干重要的"德目"为内容，以学生为对象的原则性的规定。[1]它又不是"德目"的罗列，而是学校着重弘扬的精神，是学校教育价值取向的集中体现。

我国一向实行集权制的教育管理体制。民国时期学校以指令性的教育宗旨为准绳（一段时期以指导性的教育宗旨为参照），学校一般不另立教育宗旨。学校价值取向主要以校训的形式昭示。校训虽限于德育，或以古训表示，如一以贯之地执行，亦能显示学校独特的精神风貌。由于办学的方向比较明确，学校的目标较为集中，故不少学校尚能形成优良的校风和办学的特色。

我国在1949—1978年，学校以全国统一的"教育方针"为准绳，学校办学的自主权非常有限。学校不仅没有办学特色的追求，而且反而以趋同为要务，以跟风为荣。当时即使提到

---

[1] "学校为训育上之便利，选若干德目制成匾额，悬之校中公见之地，是为校训。"（舒新城，等，编.中国教育辞典[M].上海：中华书局，1928：495.）；"学校选定训练上所必要之若干德目，以一定之句语或文字，向学生（或学生之父兄及保护人）公表，定为该学校之训育标的，是之谓校训。"（唐钺，朱经农，高觉敷，主编.教育大辞书[M].2版.台北：台湾商务印书馆，1974：859.）

"校风"，亦以毛泽东为中国人民抗日军事政治大学题写的"团结、紧张、严肃、活泼"为准绳。

1979年以后，各级各类学校为求形成自己的特色，首先从确立"校训"入手。实际情况如何呢？有人曾对我国高等学校与中等学校的"校训"做过调查。[①]本人就此作过比较、分析与统计。从中发现：在高等学校校训99则中，"四言八字"句式的校训为68则，占总数68.7%；中等学校校训206则中，"四言八字"句式的校训为112则，占总数59%。就"四言八字"句式的校训所用语词加以分析，大学68则校训用过语词50个，其中只有8个为较为通用的语词；中学112则"四言八字"句式的校训，用到113个语词，其中有10个语词较为常用。更加值得注意的是，在大学与中学常用的8—10个语词中，按使用频率，排在前五位的语词相同。都是"求实""勤奋""团结""创新""严谨"。表明这么多学校的"校训"，其表述的形式是从毛泽东题写的"团结、紧张、严肃、活泼"句式中套出来的，且不同类型、不同级别、不同办学条件的学校，价值取向却趋于一致。[②]

本来，"校训"旨在形成学校独特的风格，而不同学校的"校训"大致趋同，也就失去了"校训"的价值。此外，不少学校除了提出"四言八字"句式的校训（或称其为校风）以外，还提出"四言八字"的"教风"与"学风"。这种所谓"教风""学风"，似乎可使"校风"具体化，其实它们未必同"校

① 姚德义，主编.大中学校校训集锦［M］.北京：气象出版社，1997.
② 陈桂生."校训"研究［J］.宁波大学学报（教科版），1998：创刊号。

345

风"衔接，反而冲淡了"校风"。惟其如此，"校训"风行一时，如今大抵只在墙壁和文本上留下一些印记，实际上早已不了了之。人们更感兴趣的是所谓"办学理念"。

3. 关于"办学理念"

"理念"，本不是实践用语，而是西方哲学史与美学史上少数杰出的哲学家如柏拉图、康德、黑格尔使用的术语，并且他们各自赋予"理念"的含义不同。所以，"理念"，即使在哲学上也还不是通用的概念。多年来难得听到这个生僻的词，也就不足为怪。然而，在最近几年中，"理念"一词居然常常挂在人们的嘴上。尤其是校长们，开口"理念"，闭口"理念"，振振有词。教育理论竟发达到如此程度，恐怕世所罕见。

说起来或许倒是我惹的祸。真是如此，那就不该推卸责任。只是我并不相信自己写的东西会有什么影响。"理念"一词作为表述学校价值取向的符号，或许由于中国时下需要这样的符号。至于这个生僻的词是不是变味，现在不知有谁会想到该管一管。

三

这里未涉及学校这种或那种价值取向本身。因为涉及学校具体的价值取向，有关学校诸种价值观念本身能否成立，各种价值观念如何整合，势必说来话长。单谈学校价值取向的表述，无非是在普遍存在表述混乱的情况下，提个醒而已。这就是：如果学校铺陈那么多标语、口号，只是为了打造学校形象，那么这些"标新立异"或"标旧立异"的名目，一旦流行，便成俗套，实在塑造不出什么好形象。如果学校确有一定的价值追求，那么，把这种价值追求纳入"办学理念""教育宗旨"，还是"办学目标"，那是无可无不可的事。学校价值观念的整合，原本不易，叠床架屋式的概念框架，反而扰乱视线，徒增整合学校价值观念的困难。重要的是，学校的某种价值追求，不只是一种愿望，而应是深思熟虑的理性思考的结果。至少要明了它的来龙去脉，它意味着什么，实现这种追求将会遇到什么问题，这些问题是否可能解决，进而确立基本目标，再把目标加以分解，最好尽可能把各项目标细化为可以检验的标准。这才不失为"办学思路"。

单就学校自主选择的价值取向来说，表述这种价值取向的概念框架，越简单越清晰。依照这种价值取向确立的目标，越集中越可行。问题是每一所学校都是教育系统中的一个基层组织。在我国现行教育管理体制下，学校主要遵循国家与本地区统一的教育价值观念与规范办学，这才导致学校价值取向的表述复杂化。

这就牵涉到对学校价值取向如何理解。它是在学校实践与发展方向的全面规划中的集中体现，还是全面实施国家与本地区部署过程中的一种独特的价值追求。如把这二者区别开来，那么尽管仍须遵循同级同类学校共同的价值取向，而不必在表述本身独特的价值取向时，重复一般的价值观念。

且说学校与空谈与炒作

目前在我国教育领域，时髦口号与违规炒作甚嚣尘上。空谈与炒作固然是令人讨厌的现象，如果只是个别现象、局部现象，在任何时代都属难免。既然它们已经较为流行，也就有必要对这类现象作出较为合理的解释。

一

近代西方教育是经历两三百年、至少一百多年才逐步发展起来的。近代教育先驱的理论与口号，在他们所处时代，甚至在尔后很长时期里，同那时的实际状况相比，倒像是"乌托邦"。那些国家的教育实践，也曾经历过从非制度化到制度化的过程。自然，后来的实践证明，教育先驱的远见倒未必是空谈，当然空谈也不少见。如果说那时教育空谈与炒作来势不如我国如今这么迅猛，那是由于当时没有我国现在所面临的这种"穷国办大教育"的压力，也由于那些国家的文化传统、法制传统同我国有别。

我国如今处在全球化时代，面临着"穷国办大教育"的难题。客观形势不允许我们像西方国家那样，在一个世纪、两三个世纪中，从容地按规范循序渐进地发展教育事业。在现代条件下，人们的教育需求急剧提高，国家现代化的进程，更迫切需要迅速赶上"教育的新时代"。有什么捷径可走呢？从国内有些教育发展较快的地区和发展较快的学校的经验来看，除了把教育事业纳入法治化的规范管理的轨道以外，便是打教育法律、政策的擦边球。于是，经过精心的炒作，所谓"转制学校""二级学院"以及形形色色的非常规的正常或不正常的教育"班""校""院""所""中心""中介机构"纷纷应市。

打擦边球，是指钻法律、法规、政策不完善的空子。其实，即使是完善的法律、法规、政策，亦有空子可钻，并且这也还不一定是违法、违规、违反政策的行为。问题在于谁钻这种空子？是教育主管当局、公务人员钻这种空子？还是公民、公民团体钻这种空子？

以欧洲大陆国家为例，欧洲大陆法系有公法与私法之分。按照公法，法律规定的职责，行政当局、公务人员不得不作为，而法律没有授权的事，行政当局、公务人员无权干涉；按照私法，法律没有禁止的事，公民都可以做。这就是说，公务人员打擦边球有违法、违规、违反政策之嫌，公民、公民团体打擦边球倒未尝不可。不过，这是别国的情况。

在中国，不管是否有公法、私法的明确划分，现实的情况是：公民或公民团体若没有官方支持或变相介入，很难办成大事，但要防止私人或私人团体的运作不越过法律、政策的边界，也老大不易；反之，尽管现行教育法律、法规、政策尚不够完善，教育主管当局要在体制内有大的作为，仍有困难，而在体制外别出蹊径，如大兴"政绩工程""形象工程"，倒也轻而易举。其中虽有正当与不正当之分，即使是劳而无功之举，或有这嫌那嫌，由于多办学校，办大学校、大教育集团、学校城，都可算是"好事"。理且直，气也壮，别人应当理解，不理解也奈何不得。只是人民政府为其中的花花点子付出的信誉代价，纳税人为此付出的经济代价，总不能全然不顾。

二

目前在我国教育领域，相当普遍地存在"述而不作，作而不述"的现象，即说的是一套，做的是另一套。说的是"素质教育""以学生为本"，以及各种几乎新得难以再新的时髦话语，做的则是追求升学率，甚至不择手段地追求升学率。对这种阴一套阳一套的事态该如何解释呢？

谁都知道，在我国现实情况下，应试不啻是学校的双刃剑：一方面学校之间、每所学校内部，应试竞争愈演愈烈，导致教育生态的破坏；另一方面，很高的、较高的、至少是差强人意的升学率，则是学校得以维持的起码条件。两者比较，学校不得不以破坏教育生态为代价维持学校生态。如果这只是局部情况，或许可以归结为有些校长、教师"教育观念落后"。由于事实上这种情况几乎比比皆是，也就另作别论了。

如今学校之间的应试竞争是不同学校在学生来源、师资水平及其他办学条件不平等情况下的竞争，客观上大大加重了弱势学校的压力，甚至使其不堪重负。所以，有些学校不择手段地追求升学率的行为，是"逼"出来的。

除了存在弱势学校与强势学校之间的应试竞争、弱势学校之间的应试竞争以外，也还存在强势学校之间的应试竞争，从而使教育生态的破坏成为普遍存在的问题。本来，教育与办学理应是理性的行为，然而如今的学校在普遍的愈演愈烈的应试竞争（不管是不平等的竞争还是平等的竞争）面前，不得不处于被动"听指挥棒指挥"的状态。加之这种竞争规则不断变化，从而使学校及教师的活动陷入盲目状态。这种令人不安的状态如果有可能从根本上加以改变，也许早就改观了。如此格局难以改变，恐怕是"穷国办大教育"使然。

如今毕竟处在教育变革的新时代，多数校长、教师的教育价值观念或多或少地在变化中，所以即使是应试竞争中的优胜者，大抵也只是为他们的这种得来不易的成绩窃喜而已。尽管追求升学率的行为本身也隐含着一种教育价值观念，即以学校的选择功能为价值取向。人们如此"作"而不如此"述"，至少表明人们无意为这种狂热的应试竞争辩护，也属教育良知未泯的证明。

三

不仅"作而不述"之"作"，是不得已而为之，就连"述而不作"之"述"，恐怕也是"逼"出来的。

应试竞争的实际经验业已表明，在如此激烈的应试竞争中，学校单靠不断增加课业负担和改进应试伎俩，仍不足以在竞争中立足；要争取学校的生存与发展，还得精心塑造"学校形象"，打造"学校品牌"。尽管学校的真实形象只能在自身的历史实践中自然地显示出来，急匆匆打造的"品牌"不一定是真货色，而不同学校之间争夺学生来源和其他教育资源的角逐却刻不容缓。于是，不得不在考场之外，另辟广告竞争的蹊径。

有一句老话："十步之内，必有芳草。"在辽阔的中国大地上，教育界人士多达千万之众，"四海之中岂无奇秀"？所以，在漫天飞舞的教育口号中，除了广告词或变相的广告词以外，有不少口号倒可能是有识之士、有志之士、有为之士教育追求的表达。至于这类教育口号是不是空谈，主要视其是否形成思路与方案，既定的方案是否认真实施。鉴于一般学校不得不面对应试竞争的现实，即使不存在应试竞争的压力，现行教育行政体制、学校制度与课程机制给学校及教师留下的自由探索空间也相当有限。所以，"述而不作"，或说得堂皇、做得有限的情况，在所难免。

不管教育价值观念是否适合时宜，真实的教育价值观念主要不在口头上与文字中，而隐在教育活动的细节中，隐在一定的教育制度与措施中，隐在学校的传统与时尚中。尽管传统教育价值观念及其载体（特别是制度）的变革与教育新观念的形成须经历较长时期的实践过程，而传统教育价值观念的束缚却是教育改革中的现实问题。惟其如此，就连"述而不作"的口号，倒也不失为健康的教育舆论。只是如今的宣传已同炒作难解难分，令人真假难辨，往往使认真的探索湮没在教育空谈的迷雾之中，甚至"假作真时真亦假"，未免可惜。

　　事实上，只要教育炒作与空谈的土壤存在，试图很快杜绝此类令人厌恶的现象，这种想法本身也近于空想。就个人来说，把炒作只当作炒作，把空谈只认作空谈，而不推波助澜，也就不错了。

且说如今学校的"述而不作"与
"作而不述"

　　时下，在教育论坛上新话题层出不穷，"新观念"漫天乱飞，新创造滚滚而来，而教育话语的内涵却越来越空。教育上的变革虚虚实实，真假难辨，已经引起议论。不过这里只拟讨论一种与此相关而未引起注意的现象。这便是：在教育论坛上说的，不见得在学校中做；在学校中做的，也不见得到教育论坛上去说。简而言之，不妨称其为"述而不作，作而不述"。这里所谓"作"，是指作为。果真如此，林林总总的教育论坛便似乎成为"空中论坛"了。自然，是否如此，须加证明。不过，实际上并非凡是所说的都不作为，凡是所做的都不说。人们对于"什么可做""什么可说"，还是分得清楚的。所以，对这种现象要具体分析。

一

　　教育论坛上说的什么话不见得在学校中做呢？主要是用以表述所谓"教育理念"的一堆新口号。

　　如今，教育论坛上的新口号像是从各种模具中翻印出来的，大抵已经形成了一套又一套公式。如：（1）××教育；（2）学会××；（3）××精神；（4）××从娃娃抓起；（5）以××为本；（6）以××为主体；（7）把××还给学生；（8）以××为核心；（9）以××为重点；（10）校本××。其中每一个公式都由各个学校依据自己的意愿去填充，如"学会学习""学会关心""学会交往""学会生活""学会消费""学会理财""学会自我保护"……真的，这样一来岂止是百花齐放，如此运作的好处，在于呈现出举国上下一派教育价值观念更新的气象，从而形成一种势不可挡的舆论力量。问题在于它又容易造成一种错觉，仿佛建立一种新的"教育理念"如此简单，并使教育论坛上的堂皇言辞真假难辨。尤其可惜的是，它使有识之士、有志之士、有为之士真正的教育价值追求，湮没在教育话语的泡沫之中。

说到这类口号是否"述而不作"，须对提出这类口号的意图和这类口号赖以实现的制度环境进行分析。

1."本"与"末"、"主体"与"客体"、"核心"与"边缘"、"重点"与"轻点"，都是对举的概念，表示某种关系属性，即没有"末"，无所谓"本"，没有"客体"，也就谈不上什么"主体"。譬如，在提出"以学生为本"口号时，如果不明确"以××为末"，那么这种提法又有什么实际意义呢？这就犹如一株植物，只有埋在土壤中的根（本），而无长出来的苗、茎、枝叶，那还成其为植物么？由于人们说"以人为本"，并不存在"以社会为末"的意思，说"以学生为主体"，也不包含"以教师为客体"之意。同样，"以德育为核心"，不表示"以智育为边缘"。"以创新精神与实践能力为重点",也不表示把"中华民族优良传统"与"基础知识"推到学校教育的边缘。这样,这些口号也就失去其应有的意思。人们以为这些都是"新理念",其实它们大都是一堆用以调节某种关系的政策语言。

假如真正打算"以学生为主体",那就势必像美国"进步教育"的倡导者那样,既然"以儿童为中心",就毫不含糊地把教师推到边缘的位置,从旁辅导,才不失为一种主张。且不说如此彻底的主张本身存在不少问题,在中国教育的这种制度环境中,"以学生为主体",事实上做不到。

2. "校本××"(如"校本课程""校本管理""校本教师培训"……),是同"地本××""国本××"的体制相对而言的。它们属于教育行政权力分配的不同类型。中国基础教育的现行管理体制,基本上是中央与地方(省、自治区、直辖市)两级管理体制,但以地方为主。现行基础教育课程则实行包括国家课程、地方课程与学校课程的三级课程体制,而以中央与地方政府规定的课程为主。故学校的自主选择,不过是"在螺蛳壳里做道场"而已。由于我国尚不存在"以学校为本位"的管理体制,所谓"校本××",充其量只表示学校运用相当有限的自主权力作出的某种选择。

惟其如此,教育界的有志之士、有识之士、有为之士,为了实现自己的教育价值追求,在"螺蛳壳里做道场",大抵是听天命,尽人事而已。除此以外,随大流的,以新口号作装点的,多属于"述而不作"之流。他们倒未必有意如此,实属环境使然。

二

如今，不管人们在教育论坛上说得何等堂皇，在学校中苦干实干、大干特干的，莫过于追求升学率。尽管这未必符合学校当事人的心愿，却是他们无法回避的难题。本来，应试也有讲究、有经验、有窍门。如何提高应试效率，不妨进行研究。只是这种事，名不正则言不顺，只能在学校中做，在学校中说，却不便在教育论坛上大谈特谈。不过，近来在教育报刊上，一面对应试的过分行为进行了似乎深恶痛绝的声讨，一面又迎合读者的趣味，以较为隐晦的方式，介绍应试的经验与成就。

这样，一面张扬几乎新得无法再新的"教育理念"，一面又埋头实干比旧的还旧的事情，便成为如今中国教育界精神面貌的写照。其实，在一些人那里，这样的"两手抓"，倒相辅相成：惟其行为比旧的还旧，才更需新而又新的包装。只是述而无法作，作而不便述。明明有追求，却无望实现，明知不妥，反而不得不大干特干。个中滋味，实在难尝。当良知受到折磨时才懂得：糊涂，多么难得！

三

除了"述而不作"与"作而不述"两种情况以外，是不是还存在别的情况呢？有！这便是学校的常理、常规与常情。由于这"三常"都习以为常，也就无须多说。况且它们既不新，靠它们又不足以解决应试的难题，也就引不起人们的兴趣。

不过，在不同学校之间，常理、常规、常情看似相同，而往往区别甚大。老学校与新学校、好学校与差学校的重要区别，也许正在于此。老教师与新教师、有经验的校长与缺乏经验的校长的主要区别，往往也在于对常理、常规、常情适应程度的不同。人们并非不明此中的情形，只是觉得这种问题无关教育改革的宏旨。于是，便形成这样的格局：未必做得到的话，大说特说；大做特做的事，却不便说；即使是可说、可做的，也不好意思说。

学校中的常理、常规、常情是在历史中形成的传统。不管是好传统还是不怎么好的传统，它们都可能成为学校中的风气，并作为无声的命令，随时随地都可能制约"学校中人"的行为与作风。不过，由于它们同传统的制度环境胶着在一起，随着时代的变化，它们也就不免受到质疑与挑战。所以老学校、老校长、老教师有其所长，而新学校、新校长、新教师也有他们的机遇。关键在于如何更新学校中的常理、常规与常情。

不过，识别学校中的常理、常规、常情并不容易，因为它们大抵存在于集体无意识之中。触动它们还不免受到习惯势力的抗阻。所以，有关这方面的哪怕是一个细节、一些细节的突破，都称得上是实质性的创新。所谓"新教育观念"或"教育的新理念"，是从媒体中不难汲取的口号。那种口号如不转化为学校中的实践口号与行为，只不过是飘浮在空中的符号。只有凝结在实践的细节中，渗入于学校的常理、常规、常情中的新观念，才有生命力。

不过，关于变革学校的常理、常规、常情，倒有捷径可走，这便是我们早已熟悉而今又常常冒尖的"对着干"。譬如，针对教师站在讲台上讲课，便把讲台推到一边，让教师到学生座位中间走动讲课；针对教师要学生按时交作业，便规定学生会做的题目可以不做，学生实在不会做的题目，暂时也可以不做；针对教师考学生，发明教师与学生同场考试的新招。这类"改革"，因其既彻底而又简便之至，也就容易成为时下教育报刊中的"亮点"，堪作"教育新理念"的点缀。不过，一般教师对于这类既彻底又简便的举措或不屑一顾，或不敢一试，故这些大都属于教师中较为幼稚者或超常成熟者的杰作。至于缘何这样说，不说也罢。

漫话教师教育的"三胡策略"

　　最近，有一位年轻朋友问我：你怎样看待"三胡策略"？我被他问"胡"了。反问他："三胡"是哪三胡？他说："胡思乱想、胡说八道、胡作非为。"我脱口而出："胡闹！"他郑重地拿出《教育参考》2003年第12期。我翻开这本杂志，上面赫然刊载一篇文章，题为"'三胡策略'引发争议"。我浏览一通，不禁为自己的无知和唐突感到惭愧。

　　据载，"三胡策略"的倡导者，是湖南省株洲市樟树坪小学自然课教师黄先俊。这"三胡策略"是：解放学生的脑，允许学生"胡思乱想"；解放学生的嘴，允许学生"胡说八道"；解放学生的手，允许学生"胡作非为"。这位老师曾对她的学生说："从今天起，你们想怎么坐就怎么坐，只要自己觉得舒服；做实验想怎么做就怎么做，我甚至不反对你们上课插嘴……"可见这位老师的思想何等解放！据说此举已由株洲市芦淞区教育局作为成功经验加以推广，但也有人指其"误人子弟"。似乎已经形成"三胡策略派"与"反三胡策略派"。至于我，已被30多位小朋友获得国家级、省级、市级科技发明创造大奖的卓越成就震慑，但不明这些卓越成就同"胡思乱想""胡说八道""胡作非为"之间的必然联系，故对"三胡策略"，既无法赞成，又不敢对它"胡说八道"，只能算是"糊涂派"了。

一

我的"糊涂"在于：

1. 关于这位老师是不是果真实施"三胡策略"，既无法否定，又难以置信。别的不谈，就如黄老师所说，她所教的自然课实行开卷考试，"主要是考核学生对科学原理的了解和初步学会解释自然现象"。可见，她的自然课毕竟还讲求"科学原理"，而"科学原理"同"胡说八道"怎能相容？至于黄老师是否真的允许学生对自然现象作"胡说八道"的解释，似也难以断定。倒是学生解释"猫和冰箱的联系"，能够体现"三胡策略"。不过"猫"和"冰箱"之间毕竟没有"必然联系"。学生生拉硬扯地胡解，只能算是相声的包袱，同"科学原理"究竟有何干系？尽管这位老师对她的学生这种牵强附会的解释"欣慰地"笑了，但别人就很难笑得出来。

2. 关于这位老师究竟是不是允许学生做实验时"想怎么做就怎么做"，也难以断定。从所介绍的"火山喷发的实验"看来，似乎还多少有一点章法，还看不出"胡作非为"的影子。假如（只是"假如"）有一个学生真的"胡作非为"，例如把用火烧纸或用水浇纸作为"火山喷发"试验，不知这位老师是否认可？如不认可，是否有违"三胡"承诺？

3. "三胡策略"之所以动人，实由于它有一堆"大奖""称号"的光环笼罩。如果证明那一堆光环同"允许学生胡思乱想、胡说八道、胡作非为"之间的内在联系，那才不容置疑。只是尚不知这种"策略"的倡导者、推广者是否已经提供了这种证明。

<h1 style="text-align:center">二</h1>

虽然自认"糊涂"，而对于这位老师的成就倒并无什么疑义。这是由于尽管如今教育界各种名目的"奖项""称号"多得乏味，相信这些光环倒不致无端地聚集在这位老师的头顶上。至于所谓"三胡策略"，则宁信其无，而不信其有。因为迄今毕竟未见有关黄老师的学生真的"胡思乱想""胡说八道""胡作非为"的报道，且相信作为黄老师的学生，还不致如此。"三胡"也者，也许不过是打了引号的戏言，用以激发学生。它之所以没有产生负面效应，或许由于这位老师的威信、特长和经验，足以抵消这种口号可能产生的负面效应，然而"三胡策略"又成为这位老师真实意图与经验的过量包装。虽足以耸动视听，毕竟无法杜绝人们以平常心循名责实，发生疑问，即由这三个"胡"字当头的成语的浪漫式的误用导致对这位老师真实意图与策略的误读。其实，像黄先俊这样的老师，不用包装，岂不更美？

株洲市曾经是"尹健庭解聘事件"的发生地，其教育主管当局的"政治敏感性"，早已领教。如今又成为"三胡策略"的策源地，不知是否巧合？如果说对像尹健庭那样的老师，不妨宽容一些（他毕竟没有允许学生"胡思乱想""胡说八道""胡作非为"），那么对黄先俊这样的老师，岂不是更该倍加爱护？这就是实事求是地察其成就的由来和真实经验的所在。如上所说，像黄先俊那样的老师，或有条件足以抵消"三胡"之说可能产生的负面效应。如果不具备类似黄老师那样资质的老师，也纷纷响应该市芦淞区教育局的号召，实施"三胡策略"，其结果虽难以预料，假如产生什么负面效应，那也不能要黄老师对其承担什么责任。

三

其实，"三胡策略"倒不见得是这位老师别出心裁的产物。我国自从察觉原创性质的研究成果缺乏的弱点并确立基础教育以培养创新精神为重点的策略以来，媒体上出现了不少新动作。如开辟《异想天开》《童言无忌》之类栏目，排演引导孩子在公众面前数落父母和老师过失的《子教三娘》之类节目，提倡试题不用标准答案，等等，早开解放学生脑、嘴和手的先河。只是这类舆论有待澄清。

1. 无论科学发现、发明，还是艺术创作，都需有丰富的想象力，故使孩子从小长上想象的翅膀，对他们尔后的创造力至关重要。其实，异想天开、胡思乱想、童言无忌、胡说八道，原是每个人从小正常发育中的自然现象。儿童在理性判断力形成以前，其想象力无需着意培养，可是他们的想象力和自主意识却容易受到成年人压抑。故成年人对儿童的胡思乱想、胡说

363

八道少加干涉，未必有害。不过，由家长或教师公开向儿童作出允许胡思乱想、胡说八道的承诺，这同儿童自发的胡思乱想、胡说八道不是一码事。因为它已隐含否定事实依据和逻辑思维之意，而把胡思乱想、胡说八道合理化了。一个人如果从小养成想入非非、胡言乱语的习惯，且不说毕生与创造缘浅，即使是作为普通人，也难于立身处世。

"胡思乱想""胡说八道""胡作非为"，都是贬义词。它所表达的那种思想、言语和行为，不仅是误入歧途的表现，而且说不该说的话，做不该做的事，又可能妨碍，甚至伤害别人。容许妨碍或伤害别人的言语和行为，是对别人不公正的表现。尽管"三胡策略"本身出于善意，"三胡"终究以辞害意。如果自说自话地把"三胡"定为褒义，那么别人也就有理由说"三胡策略"是"胡思乱想、胡说八道、胡作非为"的产物。"三胡策略"的维护者又将何言以对呢？

2. 同一个问题（或习题），从不同角度看来，或以不同方法解答，其答案可能不同。故机械地规定一个标准答案，意味着限定学生只能从某一个角度看问题，或只能用某一种方法解答习题，从而堵塞了研究问题的思路。不过，在同一角度上，以同一种方法解答问题，答案大抵只有一个；即使正确答案不止一个，也该把不同答案加以比较，从中得出更为恰当的答案。这样才能明是非，获真知，并使学生的思维得到训练。何况有标准答案的习题或经验知识性质的问题更为多见。这就是说，对标准答案不应一概否定，并且任何答案都得有可靠的依据。"一题多解"，原非易事。如今提倡"一题多解"，旨在把课程改革引向深入；如果由此而使想入非非、无稽之谈合理化，岂不是使课程的学习比求得标准答案更加简单？为了使学生获得真知，并使他们合乎逻辑地思考问题，首先需要克服的，正是胡思乱想、胡言乱语。

说到"胡思乱想、胡说八道、胡作非为"，我国以往倒不乏名副其实的尝试。一试就长达十年之久。其结果不言而喻。自然，现在的"三胡策略"与以往那种"胡"来，不可同日而语，那是名副其实的胡来，这是名不副实的包装。"胡"者，随意乱来也。好好的经验、生动的实践，何必这样"胡"包装呢？

正由于诸如此类界限不清，"三胡"之类"策略"的出现才不足为怪。

"真对话"在哪里？

　　《教育参考》杂志2009年第4期刊载一篇题为《避免假"对话"》的文章。其中提到一系列"假对话"教学现象。如，"简单的是非判断"的对话、"由师而生"的对话、"预设过度"的对话、"缺乏深意"的对话，以及"表演成分过重"的对话，指其"严重违背了教学对话的理念和精神"。此类现象在如今的公开课中确实屡见不鲜。不过，在读了这篇大作之余，不免产生疑问：真对话"在哪里？

　　据称"真对话"是指，"平等交流与沟通"的对话、"多维的教学互动"的对话、"一种生成的理解"的对话。对如此"教学对话"的理念和精神，自然没法不赞成。只是这种"理念和精神"若不附着在某种载体上，人们怎能看得清、摸得着呢？尽管这是一个外行的困惑，终究是一种困惑。

　　本人一向孤陋寡闻。虽然不明"对话教学"是怎么一回事，在小学语文教学课堂上，倒也见识过不少似乎符合上述"理念和精神"的对话。例如，对课文中的某个故事情节，学生议论纷纷。许多同学作出互不相同的解释，其中不乏出奇的看法。教师即使对奇谈怪论，也未轻易否定，甚至还从中挖掘出"合理的"成分。对这类案例，我大抵只是看热闹，却说不出其中的门道。因为这类案例，自然算不上"简单的是非判断"的对话、"由师而生"的对话、"预设过度"的对话。虽或有"新意"，却无法测其深浅。对有表演成分的对话，也难以断言其轻重。有时见到简单的是非判断的对话，却又无法证明对话者之间是否平等。偶然见到"多维的教学互动"，仍弄不清楚其中"生成"了什么理解。

或谓"教育"就在这种"学生互动"的过程之中，只是又很难区分其中的创新精神的生成与随意性的生成。也许创新精神与随意性是共生的。不过，随意性毕竟有别于创新精神。如果真要养成随意性，那又何必把那么多孩子圈进学校、圈进课堂呢？

其实，本人所虑"真对话的载体在哪里"，也许不是一个真问题。因为据雅斯贝尔斯（Karl Jaspers）分析，仅就教育本身而言，可把人类迄今为止的教育分为三种基本类型，即经院式教育、师徒式教育与苏格拉底式教育。其中经院式教育与师徒式教育，称得上是教育上根深蒂固的病根。唯有远远早于那两种教育的苏格拉底式教育才深得教育的精义。

何谓苏格拉底式教育呢？"从教育的意义上看，教师和学生处于一个平等地位。教学双方均可自由地思索，没有固定的教学方式，只有通过无止境的追问而感到自己对绝对真理竟一无所知。因此，教师激发学生对探索求知的责任感，并加强这种责任感。这是苏格拉底的'催产式'的教育原则。"[①] 自然，在

---

① 雅斯贝尔斯.什么是教育［M］.邹进，译.北京：生活·读书·新知三联书店，1991：8.

雅斯贝尔斯看来，苏格拉底式教育，"这不是发挥学生凭偶然机会和一时的经验所表现出来的特殊才能，而是使学生在探索中寻求自我的永无止境的过程"。[①] 这就是说，学生单凭自己的经验和体会，在课堂上无拘无束地自由发挥，虽也难得，但不一定称得上真对话。

这种对话，如果称得上真对话，尽管令人向往，由于它"没有固定的教学方式"，即没有定型的结构形式与运作程序，即使是再明智的价值观念，因缺乏相应的载体，人们怎样才能把握它呢？

其实，"产婆术"本身就是一种反复运用的独特的对话方式。其特点是教师（如果可以这样称呼的话）为探求某种理念的真谛，主动向对话的另一方，不断地追问，使对方不断地从自以为知到知道自己无知，从而一叠连声地唯唯诺诺，说不出一个"不"字。而教师一方并不因对方随声附和而罢休，仍继续追问下去。在这个过程中，并无什么"生生互动"，其场景绝对没有我国小学课堂那么热闹，"教师的主导作用"发挥得淋漓尽致。不过，这虽是"由师而生"的对话，所提出的问题又多半只求"简单的是非判断"，但它又不是"预设过度"的对话，因为教师的每一个追问，都是在对话场景中针对对象的回答提出来的。尽管每一个过渡性的问题都"缺乏深意"，而整个对话过程却大有深意在，是一个让谈话对象自己发现真理的过程。

苏格拉底自称，他同青年人的对话，主要出于自己无知。

---

　① 　雅斯贝尔斯.什么是教育［M］.邹进，译.北京：生活·读书·新知三联书店，1991：8.

为了探求真理才同别人对话。另据雅斯贝尔斯称，无论是经院式教育、师徒式教育，还是苏格拉底式教育，都需要学生具有对绝对真理和寻求真理的引路人——教师的敬畏之心。所以，如果教师中的有识之士、有志之士、有为之士，有感于自己无知，有探求真理的愿望，同时，学生对真理与老师又存敬畏之心，那么尝试实施这种"真对话"，肯定大有希望。

自然，如今所谓"对话教学"的理论基础，除了苏格拉底的先例和雅斯贝尔斯的教育基本类型说以外，还有巴赫金（M. M. Bakhtin）的"对话理论"，以及这种理论在现代解释学中创造性的发挥。只是这些建树还不是教育基础理论本身。如果把这些理论当作教条，在基础教育中生搬硬套，那么在中小学课堂上出现真真假假的"对话"，也就不足为怪了。即使出现"假对话"，又怎能怪得了一线的教师？

"假对话现象"何以发生

　　本人曾针对《避免假"对话"》一文(《教育参考》杂志2009年第4期),发生"真对话在哪里"的质问。在《"真对话"在哪里?》一文中,关于"假对话何以发生",虽然没有明说,实际上已经点出在公开课上常常看到的"假对话现象",未必是这个或那个教师之失,而是如今教育界奢谈"对话教学"之误。这不见得是"对话理论"本身的问题,而是这种理论在教与学中的误用。其实,一般中小学教师未必知道"对话理论"到底是怎么一回事。

　　文学理论中的"对话理论",现代解释学中的"对话"之说,原不属于教育理论。雅斯贝尔斯的教育基本类型说,虽同教育相关,它本身也只是对教育方式的一种哲学思考,是对历史的教育现象的非常抽象的概括。其中所论三种教育方式,即经院式教育、师徒式教育与苏格拉底式的教育,有助于理解不同类型教育的性质与特点。[①]至于所谓"苏格拉底式的教育",

---

① 雅斯贝尔斯.什么是教育[M].邹进,译.北京:生活·读书·新知三联书店,1991:7-9.

370

既同苏格拉底"产婆术"原生态有显著区别，更同我们所处时代、我们这个国家、我们国家的不同地区、不同学校教与学的具体实践，有程度不同的距离。这种理论虽然有助于提高对教与学现状的洞察力，如把它奉为圭臬，用以衡量这个课堂或那个课堂"对话"的真假，结果大抵只能是"假对话"比比皆是，"真对话"难以寻觅。

因为自古以来，苏格拉底就这么一个。苏格拉底式的学者（或教师）也很少见。怎能期望甚至强求成千上万教师实施"苏格拉底式"的"对话教学"呢？何况引导学生自己发现真理（哪怕只是合乎逻辑地得出结论），虽是一种较为理想的教与学的方式，然而，如以此种方式取代使学生接受现成结论（现成知识）的"讲授"或"阅读"，取代训练动作技能或心智技能的"练习"，其结果很可能便是使学生成为"苏格拉底的谈话对象"般的路人，或广场上聊天的闲人。

雅斯贝斯在论及苏格拉底式教育时，曾道"没有固定的教学方式"。其实，"没有固定的教学方式"，并不表示没有教学方式。苏格拉底的"产婆术"本身不就是一种教学方式么？按照这种说法岂不是认定就连苏格拉底式教学也不宜模式化？

雅斯贝斯表达的，毕竟是一种天马行空的哲学见解。由于教与学无不是在特定情境中的具体实践，即使是明智的哲学（我国爱说"理念"），若不以一定的载体沟通同具体实践的联系，也只能是可望而不可即的空中幻影，或心目中的美妙愿望。因为即使是"摸着石头过河"，也得有"石头"可摸啊！

惟其如此，近代以来便有教学法的探索。所谓"教学法"，原意是"教学法则"。包括教与学的一般法则（普通教学法）与各门课程的教材教法（分科教学法）。不论其研究水平如何，它们都作为把近代以人为本的教育价值观念——或为教与学的自然法则（规律——规则），或为教与学的当然法则（价值法则——规范）——转化为教与学的原则、程序与方法的尝试，旨在指导或规范教与学的活动。

问题在于，教与学毕竟是活生生的人所参与的活动。关于教与学的任何法则，任何原则、程序与方法在运用中既可能行之有效，也可能硬化为束缚人们主动性与创造性的模式。加之传统的教学法根植于学科课程，曾经被我国称之为"新教学法"的那些"新教育"的建树，缺乏普遍适用性，这才使教学法的命运不佳。于是也就出现更加聪明的想象，即如果教师形成先进的教育理念，如"对话"之类理念，就可不受既成的教学法条条框框的束缚，从具体条件出发，自主寻求实现某种"理念"的方式，岂不是更好？

只是自编或搬用"对话"之类的新词、新口号虽不困难，而形成这种思维谈何容易？即使形成某种新思维，自主寻求实现这种思维的手段或路线图，哪有那么轻松？其实，这倒像是一种"有石头不摸"或"不摸石头过河"的思维。惟其如此，教与学活动中出现鱼目混珠现象也就不足为怪了。

有道是：

妙用教法存乎一心，教有常理无常法，

明订学规重在自律，学无止境有传承。

也谈"教师该怎样称呼自己"

在2004年12月20日《文汇报》"教育家专刊"的《苏军专栏》上，提出一个常人意想不到的问题："教师该怎么称呼自己?"倒也值得讨论。

长期以来，教师（实际上是指中小学和幼儿园教师，大学教师不在此列）面对学生，一直以"老师"自称。"这在常人看来非常普通，也较为普遍，好像也没有什么不妥。"然而，这毕竟是常人之见。如果到了非同寻常的学校，遇到并非常人的校长，这种常人之见就免不了被"将"一"军"："你和同事说话会不会称自己为老师?""你与学生在一起时，为什么会脱口而出以'老师'自称呢?"据称教师在接受这种"见面礼"以后，就会……就会……总之妙不可言。只是不致"就会"反问：学生和同事是一样的角色么? 再说，照此逻辑，在家庭里对孩子自称也该像对丈夫（或妻子）自称一样才算是平等? 自然，教师只能"就会"这样做，不会那样反问。其道理很简单，那是由于在某校不这样，就"不合格"，偏那样，更"行不通"。再问：为什么"行不通"? 因为在不同学校，校长与教师之间的关系是不是平等，既不能一概而论，也无法强求。不过，根据以往教训,"报见途说",不见得可靠。所以,关于某校,也就不便深说了。至于"教师该怎么称呼自己",好在《文汇报》给了我们一套现成的答案,足以开拓我们思考的空间。

一

这套答案是:教师在课堂自称"老师","未必是摆老师的架子","也并非欲以老师自居去压迫学生"。说得对!人们的嗅觉即使再灵敏,从"张老师希望你……""李老师相信你们……""赵老师今天这样严厉批评你,是为了……"之类的口头禅中,也不致嗅得出什么"不平等"的气味。倒是个别教师出言不逊时反而难以带出"老师"一词。话虽如此,在"但是"后面还有更加精彩的文章。据说,言为心声,以"老师"自称,久而久之,这种称呼便会促使教师的内心发生变化,即从"我是老师"一变而成"我永远是正确的",再变便成为"我就是知识的权威"。于是,就从"并非"转化为"定是",从"未必"转化为"必",遂成为问题。

二

谈到教师和学生之间的关系,据介绍,有趣的是:有一次,一个学生在填写"家庭默写本"封面上"教师栏目"时,不慎说出了教师的大名,他的同学都以为不恭,而这位教师却以平常心看待这件小事。按照她的说法,这是一件"普通得不能再普通的小事"。如果把这么一件事同前面提到的教师不该以"老师"自称那件事联系起来，对于什么是引人入胜的"师生关系观"，或许能得到一些启发。这便是：学生不妨对教师直呼其名，而教师切不可以"老师"自居。如此"平等观"，实属更加"有趣"。由于师生关系也算是强者与弱者之间的关系，适当挺一挺弱者的腰杆，挫一挫某些强者过盛的威风倒也不失"允执其中"的精义。这同正式提出"民主平等的师生关系"口号的那个时代，以学生压教师的"平等观"，自不可同日而语。

三

教师为什么不该以"老师"自称呢？据说，"老师，这是一个神圣的名字，蕴含着巨大的元素"。尽管各种事物中，都不免包含一定的元素，而像教师所蕴含的"巨大的元素"，实在不可多得。所以，一般教师怎配得上以如此神圣的名字自称？"而教师自己称'老师'，充其量只是对自己职业的重复'默写'而已。"不过，就连这种重复"默写"，也只能偶尔为之。假如"老是这样称呼自己"，其结果将……（到底怎样，那就不必照抄原文了。）这一堆话，相当深奥，说得浅白一些，便是：你要自称"老师"，先得估量一下自己的分量，考虑自己具备的元素"巨大"的程度如何。即使自称"老师"只不过是重复"默写"自己的职业，也得考虑这将导致怎样的后果，那是马虎不得的。

既然教师以"老师"自称不妥，那么他们该以什么自称呢？据说以"我"自称为佳。这是由于"教师称'我'，更有亲

375

切感，那是一种人与人平等的温泉；更有感染力，那是一种人格与学识的宝藏"。如此如此，既无"不平等"之嫌，更有……更有……固然美妙，只是按照批评以"老师"自称的逻辑，当教师以"我"自称时，就会出现与以"老师"自称同样困难的选择：究竟是在重复"默写"自己这个个体，还是自以为有"我"所固有的"无穷的魅力"？何况，真正的"我"能够达到"把一颗心，所有的一切交给了学生"的境界，"这不是一般'老师'能做到的"。如此说法，好是好，只是如此这般"老师"，既不配以"老师"自称，又不够资格以大写的"我"字自称，他们该怎么自称呢？又给他们出了一道难题。

由此可见，在日常生活中的"一件普通得不能再普通的小事"，一旦遭遇改革家，就成为"合格"还是"不合格"的大问题。如果上了报纸，更成为在重复"默写"职业或自己与"巨大的元素"或"无穷的魅力"之间选择的难题。看来做人难，做如今这种教师更难。

四

幸而这篇大作还讲求分寸，如果此文把以"老师"自称还是以"我"自称提到继承还是背离中华民族师道传统这个"纲"上考究，一般教师（即常人）可就更加吃不消了。

在我们中华民族的历史上，至少从孔夫子开始，就以"我"自称而不以"老师"自命。如此传统一直延伸到民国时期，至少长达两千多年之久。按照某种逻辑，堪称"平等的师生关系"，古已有之了。我总算在那个时代的末期上过两年多小学，也算是沾过一点光。凭印象，那时的教师固然不以"老师"自称，其实，以"我"自称的情况也不多见。因为当时师生之间的关系相当疏远。倒是在教师责骂或体罚学生时，才有机会听到老师以"我"自称："我看你不听话！""我倒看你怎么捣蛋！""我看你的嘴皮子厉害，还是我的板子厉害！"

1949年以后，随着斗转星移，进入了民主平等的新时代。从那时起，"我"字虽然没有作废，只是在谈话、讲课或文章中，总是冒出"我""我""我"，听起来不免刺耳，故一般以"我们"代替了"我"。即使是纯粹个人的观点、个人的愿望，也说成"我们认为""我们希望""我们要求"。如果说当时一般人以"我们"代替"我"，不过是避个人主义、自作主张之嫌而已，那么教师开口闭口"我""我""我"，更不适当。这是由于教师在履行"公职"时，没有理由把个人的意见、个人的愿望、个人的意志强加于学生，然而，当教师同学生面对面交流时，又不便以"我们"代替"我"，怎么办呢？不知从何年开始，由哪一位高人（现在才发觉并不高明）发明了一种提法：以"老师"自称。或许由于它在当时解决了一个教师自称的难题，这才广泛传开。不客气地说，这种理论已经偏离了从孔夫子到孙中山时代师道的传统。如按照某种逻辑，更属流毒不浅。

如果说以往用以"老师"自称取代以"我"自称，是时代的错误，那么现今的时代毕竟与以往大不相同了。因为在现时代的中国，开口"我"，闭口"我"，不但听起来不再刺耳了，或许还成为"创新精神""独到见解""别出心裁"的显示。尽管教师"公职"性质未变，然而教师也得反思。你看我们的官员中，有哪个人以"赵处长""钱局长""孙部长"自称呢？这种"平等"的精神难道教师不该一学么？如果大家取得共识，不妨干脆照如今媒体所为，把"老师"这个"神圣的名字"送给年事稍长的节目主持人、歌星、演员好了，那样也就不由得教师不放下"老师的架子"，这叫作"吃葡萄不吐葡萄皮，不吃葡萄倒吐葡萄皮"，岂不更加"有趣"？

某报的《苏军专栏》，我是常常拜读的，因为喜欢其中活跃着的平常心，唯独这一篇，算是例外，从中引起的是另外一种感觉。

教师"像……"质疑

    《教育文汇》杂志2005年第1期刊载了一篇题为"教师的'角色'"的署名文章。其中谈到,教师要"像母亲那般慈爱""像父亲那样严格""像哥哥姐姐那样亲切""像朋友那样平等""像奶奶那样耐心",似都不无道理。这道理无非是教师既要关爱、亲切、耐心,又要严格要求学生,还得平等地对待学生。然而,这些都是比喻,而不是对教师角色问题的回答;好在同期杂志还有一篇文章,题为"老师,好好上课"。说起那篇文章的缘起,倒也有趣:有一位老师开始上课时,说了一句"同学们,好好学习",想不到学生们随即齐声说:"老师,好好上课。"学生如此一说,倒才像是对教师角色问题的回答。

    自然,"好好上课",谁不知道,还用多说么?至于怎样才算"好",大家也并非不明白。只是那些话说来未必有趣。故关于教师角色,就会生出许许多多动听的比喻。说起教师隐喻,什么"园丁"啊,"蜡烛"啊,"灵魂工程师"啊,又都说腻了,听惯了,也就需要推陈出新。深奥一些的,说教师"像学者",成为"学者型教师";"像专家",成为"专家型教师";"像研究者",成为"研究型教师"。通俗一点,也就是"像母亲""像父亲""像哥哥姐姐""像朋友",等等。

比喻,终究是比喻,自然不必较真。不过,喻体若同本体缺少可比性,也就不成其为比喻。那么,这些比喻是否恰当呢?

一

中国中小学教师为数达千万之众。其中或许会有"母亲型教师""父亲型教师"或"朋友型教师",也可能存在"奶奶型教师"。不过,就多数教师来说,要同一个教师,既像这,又像那,那就未免太难为他们了。

假如竟然有一些教师,"像父、像母又像哥姐""像朋友也像奶奶",情况又将如何呢?不妨说,那倒不见得是好教师。因为父子、母子、姊妹、祖孙、朋友之间的关系,都属私人关系。私人彼此之间虽少私心,或竟无私心,而他们在处理私人事务时,又未必出于公心。师生关系则不同。教师是公职中的角色,他们应当也只能按照一定的规范,履行自己的公职。所以,教师对学生的关爱,有别于母爱,对学生的管理有别于严父的管理,而慈母、严父如何爱孩子,如何管教孩子,倒不妨考虑教师的劝告与建议。教师如果想当慈母或严父,最好还是回自己家去做吧!

二

那么对诸如此类不恰当的比喻又何必较真呢?简单地说,

这类比喻如果只是说说而已，不发生影响，那它就是废话。如果发生什么影响，那它既可能增加教师已经相当沉重的负担，又可能成为对教师的苛求。

本来，教师角色是什么，连学生都知道。这便是"好好上课"。因为这同学生切身利益的关系最为密切。问题在于有些教师虽不赞成对自己的苛求，而往往对导致这种苛求的理由倒不乏兴趣。而"像母亲""像父亲""像学者"……便是如此这般理由。故对诸如此类"理由"能否成立，也就少不得一辩。

趣谈"子教三娘"

　　一段时期以来，从地方到中央电视台，不时推出一种新节目：从稚气的幼儿到愤愤不平的少年，直言不讳地指陈父母的缺点；小学生、中学生数落老师的过错。什么"双休日常到外公外婆家，很少到爷爷奶奶家"，"好的礼物送给外婆，差的东西送给奶奶"，"学校里募捐，回家向妈妈讨钱，妈妈脸色难看"，"我们的一位老师，总是板着脸。脸上从来没有出现过笑容"，"男女同学正常交往，老师疑神疑鬼，硬说我们早恋"……每当这些天真的孩子说出一种成年人心中有、口中无的大实话，总不免引起阵阵会心的或夹杂苦涩的笑声。这是一种什么现象呢？不妨美其名曰："子教三娘。"

　　传统京剧中有一出戏，叫作"三娘教子"，讲的是明代一薛姓人家的第三房妾王春娥，在丈夫失散、其他妻妾改嫁后，含辛茹苦地教养二房妾之子的故事。这个故事因属"昔孟母，断机杼"的翻版，故流传至今。斗转星移，如今，电视台再播放"三娘教子"，难望博得青年观众青睐，于是别出心裁，推出"子教三娘"的新招，以期收视率提高。

一

人之子，总须接受父母的教诲，学生也该向自己的老师学习。然而，有些"三娘""三爷"、老师的某些言行却见不得人，或不甚得体，此身不惟不堪作则，而且足以误己子弟、误人子弟，故须接受舆论监督，自不待言。

家庭中、学校中有些见不得人的言行，外人难知底细，即使一清二楚，成年人也多有顾忌，不便干涉。如今，让天真无邪的孩子，把家丑、校丑一件件抖出来，"童言无忌"，大曝光，既可满足小市民探寻别人隐私的好奇心，又不用担心那些当事人告发他们的后生小子侵犯自己的隐私权。如此高招，堪称一绝。

不仅如此，中国久有"子为父隐"的老规矩，其源头可追溯到约 2 500 多年前，有人告诉孔子：我家乡有一个人，偷了人家的羊，他的儿子却到丢羊的人家去告发，并表示他可以站出来作证。这个人的儿子可算得是正直的人。想不到孔老夫子却不以为然，别有所见："父为子隐，子为父隐，直在其中矣！"（《论语·子路》）关于这个判断，朱熹解释说："父子相隐，天理人情之至也，故不求为直，而直在其中。"这个以"不直"为"直"的判断，委实令人吃惊：原来实话实说，反而有悖"天理"，不通"人情"！据称"顺理为直"，只是这个"理"未免太深奥了些。难怪"家丑不可外扬"成了中国几千年来的治家格言；但家丑即使被严严实实地包裹起来，终究不能自然地化为"家美",故传播媒介这一绝招,不仅足以警世,而且具有向过时传统挑战的大作用。

二

说到"子教三娘",其实还算不上什么新招。我们还记得,我们的先哲早在1967年,就从"三娘教子"中,别出心裁地翻出"子教三娘"的新典。那时的中国,不仅在广播电台、电视台上,还在全国小学、中学、大学以及不少家庭中,排演这种"子教三娘"的闹剧。结果如何呢?不必说它了。至于如今的"子教三娘",并非没有可议之处。

诚然,新时期少数或不止少数的"三娘""三爸"也须受教育,问题是由谁去教育他们较为合适。让孩子们去数落他们的过失,孩子们会怎么想?这样的喜剧会对孩子本身的言行产生什么影响?

大人是大人,孩子总归是孩子。在人群中,孩子的想象力最丰富,仿佛长了翅膀,自由驰骋,而他们的理性判断力尚待形成,同一事、同一理,在孩子心灵中的意义往往与成年人大不相同,故"子教三娘"之类节目对于儿童、少年的实际影响,未必如成年人所愿。

1. 孩子喜欢陶醉在幻想中。当他们自己在银幕上痛快淋漓地抒发胸中郁闷,争相数落大人缺点时,或看到别的孩子在屏幕上表达自己的心声时,很容易诱发专挑大人缺点的兴趣,一则发泄胸中积愤,也可能希望有一天自己有机会露一手,博得众人一笑。果有此种心态，你道健康否？

"子教三娘"，至今还说不上化民成俗，而媚此俗者，倒大有人在。譬如有一个小品，让一个"孩子"，肆无忌惮，指手画脚，板着面孔，教训她的老爸老妈，倒真有点"子教三娘"的样子。问题是谁会觉得如此老气横秋的"小大人"有可爱之处？

2. 谁都喜欢"听话的孩子"，但"什么话都听的孩子"也不符合现代成年人的理想。理想的孩子，也许是听应当听的话，不听不应当听的话。只是成年人有这种分辨力，成长中的孩子哪有这种分辨力？一个人在理性的判断力形成以前，通常不在乎听什么话，而在乎什么人发的话。这就要求发话的成年人在孩子的心目中有一定的权威；困难在于成年人都不是十全十美的人。如果孩子懂得"金无赤金，人无完人"，那倒又是一说。如再懂得只学大人的优点，不学大人的缺点，那就更好。然而，未成年的孩子大都尚未形成这种分辨力。卢梭曾说，"儿童时期就是理性的睡眠"。在此情况下，大倡搜索父母、老师缺点之风，怕的是就连正派的长辈在孩子心目中的权威也会随之动摇。

3. 中国之大，家庭各异，有专制到发昏的家长，也有"开明到家"的家长，故同一节目对不同类型家庭的效应大相径庭。让年幼无知的孩子扮演"子教三娘"的角色，对专制家长或有触动，而对开明到近于放纵的人家，将会起何效应？本来，有些小夫妻也会在家庭中排演这种喜剧。夫妇打趣时，妈妈拉女儿一道揭老爸的底牌，爸爸伙同儿子翻老妈的旧账，嘻嘻哈哈，忘乎所以，共享天伦之乐。再就是小夫妻，就鸡毛蒜皮发生小争执，让子女仲裁，或订几条小家规，要儿女监督。这种情形，偶尔戏之，并无大碍。怕的是经常排演这种节目，使孩子在家庭中的地位特殊化。不懂事的孩子以为自己真有资格充当家中仲裁者，那样，亲子之间的喜剧就可能变成悲剧。这叫作"乐极生悲"。在传播媒介中常玩这类游戏，会使"子教三娘"合理化，岂知饭来张口、衣来伸手的孩子，有什么资格议论自己的爹妈！

三

从"三娘教子"到"子教三娘"，背后隐含一种崇高的理想与一番大道理，这就是建立民主平等的亲子关系。何谓"平等"？记得我家乡在1945年解放不久，筹备建立儿童团，我的一个小同伴，十岁左右，在参加一两次会以后，就在家门口高叫："现在解放了，大人小孩都一样，板凳桌子一般高。"有道是"童叟闲评渔樵话，是非不在《春秋》下"，这个小同伴一语中的，道出了中国小民几千年来追求"平等"的心愿，即没上没下，没大没小，"说走咱就走，你有我有全都有"。我那个小同伴就这样"走"了出来，当上了儿童团长。想不到事隔半个多世纪，我们还有幸见识没大没小、没上没下的节目。只是把板凳变成桌子，把桌子变成板凳，"平等"云乎哉！

从"三娘教子"到"子教三娘"，又像是电视小品制作上的"推陈出新"。只是这样的"创新"思路并不新，如今大倡创新，要说"新"，倒是唯有"对着干"才新得出奇。因为多数人总不免按常识、常理、常规、常法、常情行事，有识有才者，出类拔萃，异乎寻常，超乎寻常，并不反常；唯有勇敢分子才"反其道而行之"，同常识、常理、常规、常法、常情"对着干"。鉴于真正创新，未免太费脑筋，而"对着干"，既出奇，又省力，何乐不为？故许多急就的创新之举，才能这么快速地"举"将起来。

自然，电视节目、小品，得讲究娱乐性，因为在嬉笑声中，可以忘记烦恼，在余兴节目中，少一点"教育性"，谅也无妨；只是忘记烦恼，何必要以牺牲真正的教育为代价？

此番唠叨，倒是得自"实话实说"的启发。惟都道"童言无忌"，未知叟言可有忌否？

VII

客观评议教育的人或事

"十字路口"的现代教育别解

　　2002年5月初，偶遇《教育参考》编辑部吴国平兄。他颇有兴致地谈到他们正在筹备举办"上海教育论坛"，主题是"十字路口的现代教育"。当时我冒昧地说了一句：现在中国教育界未必有十字路口的感觉。的确，20多年来，中国教育事业蒸蒸日上，热闹非凡，各级各类教育的面貌正在发生日新月异的变化。凯歌行进的人们怎么会有"十字路口"的困惑呢？再说，我国早就形成从现在起到2010年教育事业发展与改革的前景预测与初步规划，第十个五年计划中有关教育事业的目标与措施不可谓不明确；最近若干年间，中国教育界更有为数众多的专家开口闭口"面向21世纪的教育"，说得头头是道，煞有介事，仿佛就连从现在到公元2100年以前教育的走势，也都了然于他们的胸中。在视野宽阔、雄心勃勃的人们身上，更不可能滋生"十字路口"的感觉。

　　后来，收到会议通知，这才发觉人家发起讨论的，是"现代教育"的"十字路口"，而自己每提及教育，往往只想到"中国的"教育，实属思想未开放之过。本来，对于"现代教育"知之甚少。关于别国专家怎样看待"现代教育"，怎样评价该国的教育，他们有没有"十字路口"的感触，自己充其量只知道一点皮毛。

于是，对于是否参与这次论坛活动，不免犹豫。最近偶读美国罗伯特·G. 欧文斯（Robert G. Owens）所著《教育组织行为学》，参照澳大利亚学者 W. F. 康内尔（W. F. Connell）的《二十世纪世界教育史》，顺带翻翻《教育学文集》的"美国教育改革"卷，关于这个论题，倒似乎找到了一点感觉。

一

中国正在谋求实现教育现代化，自然需要借鉴已经实现教育现代化国家的经验。于是，我们有幸拜读越来越多有关介绍别国教育的文章、著作，遂有《哈佛女孩》《哈佛男孩》之类书籍畅销。以前从未听到过别国有什么"素质教育"之说，自从中国提出"素质教育"以来，图书市场上突然冒出一批称之为"美国的素质教育""×国的素质教育"的书籍，仿佛外国人也有兴趣赶中国的时髦。这且不谈，还有不少（远不是全部）介绍外国教育的文章与著作，说起美国（或别的什么国家）课程如何，师资怎样，学生在家庭里如何自由，在学校中怎样玩法，仿佛别国也像我们伟大的祖国一样，教育工作如同铁板一块，举国上下步调一致；别国教育界也同我国一样，舆论一律，一路春风，没有实质性的困惑与方向性的争议。然而，从美国学者写的书（如《教育组织行为学》）中所提到教育的情况看来，他们的实际情况不尽如此。其中的陈述，倒有不少文献资料可資参证。那些外国人的头脑倒不像我国某些洋博士描述的那么简单。由此不难发现，原来如今不少中国人趋之若鹜的"美国教育"，在以往一百多年中，倒几度被"十字路口"的感觉纠缠。

据称："自19世纪70年代以来的一百多年里，一场旷日持久的主要争论一直在美国教育思想中占有主导地位。争论的双方互有胜负。虽然就整体而言，进步教育思想的影响日益广泛，偶尔也处于优势地位，但在20世纪初传统的保守教育观念在学校教育改革中越来越流行。"[1]这表明所谓基础教育的"十字路口"，实际上指的是在教育历史的一定关头，面临着在传统教育与进步教育之间的抉择。"简单地说，这种冲突表现在广义的教育和狭义的教育之间，是以学生为中心还是以学科为中心，教育是采用自发方式还是正式途径，教育的目的是改变还是保护一个国家的文化遗产。"[2]

标志着这个国家基础教育转折的"十字路口"是：1873年马萨诸塞州昆西公立学校改革作为进步教育的先声，逐步演变为20世纪40年代的"生活指导运动"。在20世纪40年代，这些"进步"思想以及作为学习实践经验主要方法（做中学）的课堂教学实践，以学生为中心的教育模式、个别辅导、课堂的随意气氛、小组讨论、合作学习和实验室指导，已经成为好的教学方法和好的学校的典型特征，成为地方鉴定机构和国家评估人

---

[1] 罗伯特·G.欧文斯.教育组织行为学［M］.窦卫霖，温建平，王越，译.上海：华东师范大学出版社，2001：25.
[2] 同上：26.

员判断学校好坏的重要标准；不过，"进步教育"只是"偶尔"得势而已。20世纪50年代对进步教育运动发动了猛烈反击，导致1958年的《国防教育法》和随后的60年代课程改革；1983年白宫发表振聋发聩的文件《国家在危急中》，力陈以往教育改革的败绩。接着于1989年、1996年和1999年先后召开关于教育标准的三次全国高峰会议。几届美国总统出席高峰教育会议。美国学者不无遗憾地认定，这"开创了美国历史上政治干涉教育的先例"。①

第一次高峰会议的主要议题是，确立新的学校工作目标；第二次高峰会议提出"2000年优胜倡议"，与会代表承诺致力于在各州制定强制性教育标准（事实上只有14个州执行教育标准）；第三次高峰会议的中心目标为严格按考试成绩标准实行成绩责任制。这是由于虽然各州都采纳了成绩考核标准，实际上成效并不显著。例如，没有一个州的"熟练阅读学生"能够达到大部分。此后情况也不乐观。如纽约州有一半以上四年级学生（包括精英学区的学生）没有通过州英语统考。1999—2000学年度因在全国范围内执行新的成绩考核标准，不及格和留级学生人数大幅度上升；反之，"许多老师和家长发现自己信奉的进步教育原则与时下盛行的教育宗旨不一致，未免有些沮丧"。故时至今日，有关传统教育与进步教育的争议，"其激烈程度仍不减当年，但与结论的距离却不比当初有所缩短"。②这意味着

---

① 罗伯特·G.欧文斯.教育组织行为学［M］.窦卫霖，温建平，王越，译.上海：华东师范大学出版社，2001：38.

② 同上：26.

这个国家的基础教育远未走出"十字路口"。

可见，以"十字路口"比喻"转折关头"未尝不可。其实，这个比喻并不很恰当。因为就美国一个多世纪教育演变的情况而论，教育上面临的问题基本上是在传统教育与进步教育之间的抉择。由于"传统教育"与"进步教育"都是中性概念，它们本身并不具有"进步"或"倒退"的含义。故在它们之间的选择，实际上是在一条横向的道路上走过来，走过去，左右徘徊。在美国一般学者和家长看来，20世纪40年代有些进步教育参与者主张彻底摒弃以学科为本的传统观念，以及为占高中生总数60%的学生设计的简化课程，导致高级中学课程中非学术性的毫无特色的课程激增，怎算得上是基础教育的"进步"？

二

相比之下，中国教育在近半个多世纪中，几乎每隔三五年，多则十年八年，就会面临一次抉择，"十字路口"多得很。其故安在？其中到底存在什么问题？

1. 从表面上看来，我国以往关于教育的多次争论，即使未必直接受到别国教育思潮起伏的波及，似也带有"传统教育"或"现代教育"（且不说什么"进步教育"）的影子。问题在于我国"传统教育"或"现代教育"，同发达国家的"传统教育"或形成中的"现代教育"究竟有多少共同之处？在发达国家，不管"传统教育"维护者与"现代教育"倡导者之间的分歧多么大，他们关于"基础教育"倒也不乏共识。是在某种共识基础上各自从学校教育的特点出发，从不同角度考虑为学生的人生奠定基础。所以，美国现代教育理论奠基者如杜威，力倡"教育即生活""学校即社会"之说，而不致萌芽"生活即教育""社会即学校"的观念。他率先否定"学科本位课程"，但并未简单地否定"学科"，只是注重学科知识的社会价值，并提倡学科逻辑与心理逻辑的沟通。尽管有参照"科学研究"的程序教与学的设想，美国实践中也有过"儿童本位课程"的尝试，不过它来得快，消失得也快。他们的"进步教育"哪是什么"洋素质教育"？"传统教育"维护者，如巴格莱，强调使学生掌握整个社会所必需的基本知识、文化工具（要素），倒也顾及给学生创造一定的环境，让学生从自己的经验中掌握和体验知识，而不致赞成使学生一味机械地听讲和背诵。他们的"传统教育"也不是什么"洋应试教育"。这些都不失为有关基础教育的专业思考，故成其一说，并各有较大的影响。

我国的情况是：从20世纪50年代以来，长期把中学的任务简化为"两种准备"，即升学准备与就业准备（且不说如今强势的一种准备：应试），仿佛学校所提供的"教育"本身有没有价值倒无所谓；相对于升学或就业的需求（更不用说某种一时的政治需要），学生自身的需要、兴趣与接受能力，甚少顾及。这算得上是一种关于基础教育的"专业"思考么？基于这种"业余"的"基础教育"理解水平，无论提倡什么"教育改革"，还是维护教育的什么"传统"，能指望它超越我国基础教育已经达到或试图达到的水平么？正由于基础教育往往由并非"业余人士"的业余思维所左右，不讲求"教育"内涵，"基础教育"观念薄弱，"跟着感觉走"，主要从失误中取得教训，甚至置以相当大的代价换来的教训于不顾。这样，教育变革的随意性和教育的频繁变动，也就不足为怪了。

2. 我国如今处在近半个多世纪以来从未有过的开明时代，教育思潮相当活跃。"××精神""以×为本""××教育""学会××""××性学习"，以及"打造××"之类的口号甚嚣尘上。我们从当今教育论坛上既能感受扑面的时代气息，也可领略久违的古香。其中虽夹杂不少杜撰的名目，它们大体上是近代以来各个时期涌动的教育思潮在中国现实横切面的集中再现。虽然其中并无多少原创思想的成分，而它们的重现并非空穴来风。盖由于近百年来中国社会多变动，中国传统文明屡受外来思潮和本土盲动势力冲击，而每种外来教育思潮又都没有足够时间在中国教育土壤里生根，就被更时髦的思潮所代替。取代旧思潮的新思潮，其命运也是如此。鉴于一两代人所受教育的文化底蕴浅薄，到如今连尘封一两个世纪的老货，翻检出来都觉得新鲜、可人。以致在历史上早被驳倒的一些教育理论，在我们看来都不无道理，甚合时宜，并加以张扬。你道中国学生缺乏个性，有必要弘扬"人文精神"，他说如今学生个体社会化水平不高，怎没理由倡导"社会精神"？当今处在新的科学技术革命时代，提倡"科学精神"，培养"创新精神"，理由也很充分。此外，或有感于国学衰微，鼓吹从小念《三字经》《新三字经》，背唐诗宋词。整理国故，打造"国学大师"，似乎也不失为一策。中国教育面临如此多的选择，仿佛已经形成了"十字路口"，但又未必如此。

所谓"十字路口"毕竟是个比喻。就行路人来说，在某个道路交叉口，有前后左右四条路明摆着，供行人抉择，而教育的"思路"（其中包括我国以往教育的"思路"）究竟如何，都还有待探索。别国的"路"，充其量只能作为参考，何况别国教育的"思路"如何，至今也只知道一些轮廓。它们在中国是否可行，更属未知之数。

现在中国教育论坛上新见迭出，莫衷一是。"忽如一夜春风来，千树万树梨花开。"撇开大量理论泡沫、理论垃圾不谈，各种针对确实存在的弊端所表达的见解，在总体上仿佛已经开辟了中国现代教育的"十字路口"。问题在于诸如此类主张，其理论成熟的程度大相径庭，而经过严格论证的思路较为罕见。例如，"发扬教育的人文精神"，固然十分必要。果然如此，势必会遇到各种较为复杂的问题。如"以学生为本"，那么以谁为"末"？以教师为"末"么？如何处理这种本末关系？作为教育主体的学生，如何面对"科学技术时代"？如何与别人沟通？如何对社会、国家、世界承担自己的责任？诸如此类问题不加论证，与18世纪末19世纪初"新人文主义教育"的基调何异？关于"社会本位教育"取向、"科教兴国"取向如果付诸实施，同样会遇到许多复杂问题。所以，真正的"十字路口"是一堆两难问题。

自然，蕴涵一定信念与主见的教育价值取向毕竟可贵，它将成为探求教育道路的动力与起点。如果考虑到问题的复杂，自然发生困惑，并设法解决教育面临的两难问题。问题是从现在不少"大作"的气势看来，仿佛路在何方，已经成竹在胸。可见，他们并不存在"十字路口"的困惑。

3. 各种教育见解和盘托出，固然开阔了教育视野。问题是谁来统合？看来主要靠教育行政部门和实行所谓"校本管理"的校长来统合了。其实，不少能干的校长也唱诸如此类一厢情愿的调子。他们是否"言必信，行必果"，那就不得而知了。至于教育行政当局如何统合，事情明摆着，不谈也罢。

前面提到，美国一百多年以来，有关基础教育问题争议不休，各个时期都有不少颇有影响的教育著作传世。尽管如此，曾任加利福尼亚大学校长的克拉克·凯尔于1991年曾毫不客气地指出，在美国政策制定过程中，很少有过如此多的人，以如此少的令人信服的依据，提出如此多的坚定的信念。这，作为对如今中国教育论坛的描述，岂不更加恰当？

4. 话虽如此，我国教育理论现状中显示出的不成熟，实属长期封闭的格局使然。现在的迫切问题，恐怕不是埋怨现有的各种探索不成熟，倒是为教育探索扫清道路。

我国教育主管当局从未像现在这样关注与支持教育事业，千百万教师和数以亿计的学生以及他们的家长，也为如今这种"教育"付出了多么大的代价，其情其景，实在可歌可泣。然而，在欣欣向荣的教育现象背后，却出现了历史上从未如此突出的学校腐败现象。在一些地区，学校居然被列为居民投诉热点之首。就连一向作为社会最后一块"净土"的学术领域，也受到相当严重的污染。炒作之风盛行，理论垃圾成堆，职称、学位、文凭日趋贬值，"教育"的内涵日益稀薄。如此公害不除，恐怕就连讨论"十字路口的现代教育"的兴致，也将逐渐消退。这样的"路"还"走"得下去么？

我国教育的"10年代"寄语

"怀着感慨,怀着期待,我们迎来21世纪的新的十年"(《教育参考》杂志征文启事)。在这个世纪"10年代"之初,我们有何感慨,又有什么理由对于开始到来的"10年代"抱有殷切的期待?

作为教育理论工作者,尤其是像我这样主要在书本中讨生活的人,三句不离本行。感慨和期待大都离不开理论话题。

一

处在21世纪之初,很自然地会想到:当教育史卷翻到19世纪时,有一本《普通教育学》(1806年)曾为近代教育奠定了理论基础。其中在论及"真正的教育"时,就论定"把学生的个性作为(教育的)出发点"。[①]尽管这种教育的价值观念即使对于西方社会中的教育实践来说,也不免过于超前,尽管作者随后对他所谓"个性"作了解释,尽管这种理论本身还有待完善,

---

① 赫尔巴特.普通教育学·教育学讲授纲要[M].李其龙,译.北京:人民教育出版社,1989:40-42.

但不可否认，从那时起，在学校教育中，学生的个性（复数概念）毕竟越来越受到关注。而今，如果承认以学生个性为教育的出发点这个常识常理，若对照我国如今这种教育现实，循名责实，那就不由得不感慨系之。

当教育史卷翻到20世纪时，杜威的《儿童与课程》（1902年）堪称现代课程理论的引领之作。其中在把"新教育"与"旧教育"加以比较时，认定近代以来的"旧教育"（即所谓"传统教育"），把尚未成熟的儿童的兴趣与需要，看作是"尽快和尽可能要送走的东西"，即事实上并未把学生的个性作为教育的出发点；反之，"新教育"（指标榜"儿童中心主义"的"欧洲新学校"或美国"进步教育"）的危险，则在于把儿童现在的能力和兴趣本身看作是决定性的重要的东西。[1]即把未成年学生的个性理想化，也就是把应为教育起点的学生的个性，看成是教育的终点。这种针对"旧教育"与"新教育"的批评，早就得到了实践的验证。这不奇怪，按照这位作者的说法，"这种对立的观点是很少达到它们的逻辑的结论的"，因为"常识在这种结论的极端对立面前畏缩不前了"。[2]从那时起，又度过了一个世纪的光阴。再看看我们的教育实践，究竟在多大程度上以学生的个性为出发点，我们的理论家关于学生的个性和所谓"新教育"说了什么，能不感慨系之吗？

其实，本人此刻的感慨，更是由自己上述感慨引发的另

---

① 约翰·杜威.儿童与课程［M］//学校与社会·明日之学校.赵祥麟，任钟印，吴志宏，译.北京：人民教育出版社，2005：122-123.

② 同上：119.

一番感慨。因为上述感慨出于经年累月的思维定式，即总是自觉或不自觉地用别的国家在其历史条件下形成的价值判断，衡量我国特定历史条件下形成的教育状况。

这倒不是说那些外来的有价值的判断不值得参考。因为以学生个性为教育的起点是近代教育理应解决的课题；把"个性"理解为个体社会化过程中的差异，超越发展个性的教育价值观念，使教育成为学生个体社会化的过程，是现代教育理论的重要进展。问题是，我国的国情特殊。不论何等正当、何等明智的价值判断，要转化为我国的具体实践，并取得应有的成效，都少不得从我国特殊的国情出发。至少就本人来说，尽管早就懂得了这个道理，只是懂得这个道理是一回事，是不是据以行事、看问题、发议论则是另外一回事。

要说我们全然无视国情，有失公允；要说我们完全照搬别国教育模式，也不见得符合事实。因为事实上我国每级、每类、每所学校，我国学校中的课程，我国教育管理体制与行为方式，毕竟同别国教育界情况有别，它们之间共同或类似之处非常有限。因为中国毕竟是在中国社会文化土壤上做中国自己的事情。问题是，由于这种思维定式早已形成，以致习惯于用国际上较为通行的价值标准与行为规范，衡量在我国教育上已经发生或应当发生的事情，也就容易断定我国这种或那种教育举措不正规、失范、匪夷所思。这种判断或许不一定可靠，或许不一定可行。困难在于，无法否认或无需否认国际上较为通行的某些教育价值标准或行为规范的合理性，同时把别国教育价值判断作为教条，又很难行得通。

二

其实，如此困惑早就潜在于自己的意识中。只是面对21世纪"10年代"，解脱这种困惑，才成为迫切的期待。自然并非相信自己有解决这道难题的能耐，而只是对这个年代的期待。

究竟是一种什么力量促使自己萌生这种期待呢？

时至21世纪，回望我国20世纪教育演变的过程，面对如今这种教育现实，不能不相信我国经历近百年来、近六十年来的奋斗，特别是近三十多年来的改革，教育事业已经发生了非常重大的变化。不仅初步解决了穷国办大教育的难题，而且各级各类学校的面貌也发生了程度不同的变化。至于我国教育何以能在不太长的时间里迅速改观，如果沿着西方发达国家教育演变的进程亦步亦趋，能不能获得如此成就，便成为值得研究的问题。这就是说，我国教育事业的成就必有内在的原因与自己的经验。

说到总结中国自己的教育经验，尽管在告别20世纪时，我国教育界曾经对那个世纪教育演变的进程有所回顾，尔后又有关于中华人民共和国教育六十年与近三十年的研究，只是从中似还看不出我国教育演变过程的逻辑。在此期间，我国教育事业既然发生了历史性的飞跃，似乎就可以证明导致这种变化的那些决策与举措的成效。然而，导致这种变化的决策与举措究竟是什么，如何说明这种或那种决策与举措的合理性，恐怕仍属有待解决的问题。看来研究我国教育的历史进程，如果仍囿于西方人的视角，这个问题就很难得到合理的解决。

惟其如此，当21世纪"10年代"到来之际，设想在教育理论上如用中国人的眼光（主要是我们的价值追求与思维方式），以在我国发生的教育事实为依据，又不妄自尊大；而以国际上较为通行的教育价值标准为参照，梳理出我国教育的思路。这便是我的期待。

我国现今的"教育学派"现象平议

——读王鉴君博士《真学问何必求流派？》

王鉴君《真学问何必求流派？》（《教育参考》1997年第5期），来得突兀。看了这个标题，第一感觉是："求流派怎么啦"？接着不免发生疑问："真学问"和"求流派"，绝不相容？

不明白的是：中国现在究竟有谁在"求流派"？文中所列"求新癖""攻击热""偏执狂"，真有这么严重么？假如实有其事，同"求流派"又有什么关联？

不明白，只得承认孤陋寡闻。不过，这篇大作似也没有提供令人信服的证据。

个人不敢有此奢望，只怨自己没出息。国人果有著述"我们自己的著作"的胸怀，甚至立下创建教育学派的大志，赫然树起"××学派"旗帜，别人只该真诚地钦佩，没有理由说三道四。凭什么在"求流派"与沽名钓誉之间画个等号呢？

一

自然，作者有理由对他注意到的教育理论领域的一些现象感到不安。惟对这类现象，须作具体分析。

1. 关于"××学"

现今冒出的"××学",委实不少。如所谓"教师学""学生学""校长学""学习学",不一而足,照此势头演变下去,还可预期诸如"教导主任学""班长学""家长学"之类的"学"脱颖而出,以便把教育理论的"空白"填满。你道都是为了哗众取宠,恐怕未必。这类"新学",大抵立一题目,把相关知识加以集纳,类似于专业的多科辞典或辞书,虽不成体系,却提供了查阅资料的方便,并非无益。要说是填补了什么空白,并非全然不符合事实,只是别人不屑于填补这种空白罢了。不过,确有人相信,这真是"填补空白"的创举,才使这类"新学"繁荣起来。

这种"学",不必嫌其多。只要售得出,就有存在的权利;若销不出去,无非是出版社自作自受。严格说来,要立一新学,至少须对构建这种新学的可能性加以论证,不过现今实在难以强求。假定十部"新学"中,有一部立定脚跟,有些真学问,就是了不起的成就;假定其中有一二位作者沾染一点投机思想,也难以计较。重要的是要问:到底是什么"学"的氛围导致这种投机思想的发生?

在中国,一面把"学"看得那么神秘,一面又把"学"的标准看得那么马虎,这才诱导人们有兴趣和勇气去造"新学"。在这种氛围中,你若不去一试,只能怪自己缺乏敏感,没有利用这种可用的时机,而从根本上改变这种缺乏学术标准的氛围,却非易事。

2. 关于"××论"

在教材或专著中,动辄罗列"什么论",如"教育目的论""教育方法论""教育组织论"之类，屡见不鲜。你道人家沽名钓誉，其实论者未必真的相信自己发明了"××论"。其中，实无"名"可"沽"。这么做，无非是图个完成"体系"的方便而已。

"××论"与"论××"，原不是一码事。如毛泽东大量著作中，标"××论"，只有三例：《实践论》《矛盾论》及《新民主主义论》；他还有一些"论××"之作，如《论人民民主专政》《论十大关系》，并未题为"人民民主专政论""十大关系论"。显然，他老人家明"××论"与"论××"之分。

且以"教育目的论"为例，一般教育家少不了对教育目的问题发表独到见解，如斯宾塞关于教育目的的见解，被称为"教育预备说"，属"论教育目的"之见；所谓"教育目的论"，非指关于教育目的的某种取向的表述，而是把"教育目的"本身作为问题领域，加以根本的反思，亦称为"教育目的一般"。在教育学史上，做这种尝试的教育学家较为罕见。杜威的"教育无目的"说，就近于"教育目的论"。

一位有见识的学者，若无意建树"教育目的论"，总以自己的独到见解，标志其主张，而不屑于采用"××论"之类空泛标签；反之，采用空泛标签，未必出于什么癖好，往往倒是出于无奈。

"求新"而成"癖"，虽不免有书呆子之嫌，倒也难得。教育界像爱迪生那样的"求新癖"，毕竟少见。不妨说，如今多的，是无定见；缺的，倒是"求新癖"；"求新"也得看"新"什么，"新学""新说""新论"？还是谁也弄不懂的新名词、别扭的新术语、广告式的新标签？

3. 关于"偏执"与"攻击"

一个人的见解，受到批评而不予理睬，或出于认可，或出于无力反驳，或出于蔑视。无力反驳与蔑视不等于不"偏执"，也不表示无"攻击"之意；而认真反驳，倒包含对批评者的某种尊重。所谓"不战而屈人之兵"，或"战而屈人之兵"，所指为何，不清楚。从字面上看来，倒显示出被批评者战术的高明。单凭"偏执"与"攻击"，怎能"屈人之兵"？批评者果有"小辫子"，抓住它，不放松，未必就"偏执"，也不一定是"攻击"，而无端给人安个"小辫子"，性质就不同了；通用的基本名词争议是正常现象。"名不正，则言不顺"；至于所谓"发明权"之争，由于有些"发明"本身，并无"深文大义"，"争"也好，"不争"也罢。"争"比"不争"热闹些，并无害处。要说这类争议同"学派""偏执""攻击"有何关联，还得举出事实来。"攻击"而"热"，"偏执"而"狂"，有如此严重么？

二

教育学史上著名的学派，莫过于约在19世纪60年代登台亮相的赫尔巴特学派。不过，这个学派的形成，是赫尔巴特梦想不到的事。他压根儿就没有"学派梦"。不仅如此，当《普通教育学》问世（1806年）之际，赫尔巴特甚至还担心教育学流为学派："教育学不久也将走向这种命运吗？它也将成为各学派的玩具吗？而学派本身也是时代的一种游戏，在他们得势时候早就霸占了一切高雅的领域……"①他的这种担心，在他逝世（1841年）二十年后，幸（或不幸）而言中：一个赫尔巴特学派称尊的时代终于来到。赫尔巴特学派功不可没，亦有流弊。赫尔巴特逝世百年后，德国著名教育家诺尔公正地指出："赫尔巴特学派最后变成了一种死板的技术，但这不是赫尔巴特的过错，或者他只有极小一部分责任。"②一种深刻的思想，辗转相传，难免被浅化，从而使这种思想的原创者徒然蒙羞；即使不形成学派，也难逃这种命运。

从赫尔巴特原创思想到学派的形成，经历约四十年时间，表明这个学派是自然形成的；但不意味着今人不可以自觉地、加速度地创建教育学派。如今，在某些教育研究机构，由学科带头人，集合同道，举起一面旗帜，共同切磋，形成气候。这样的研究群体，可遇而难求，不能不令圈外人羡慕。中国教育的真学问与大学派，最可能从这样的有志者群体中产生。为其祝福，也正是为中华民族祝福。至于某种学派是否形成，某杆大旗能否立稳，主要视其研究成果而定。党同伐异也者，不以是否标榜学派为界。如有，自贬身份而已。

学术的"争"与"鸣"，宜乎摆出事实，讲明道理，讽刺非不可用；要看对象如何，所用是否得当，偏执不足以纠"偏执"，攻击亦难以克"攻击"。批评不妨尖锐些，尖锐的批评总该不失厚道。果如斯，则幸甚。

---

①　赫尔巴特.普通教育学·教育学讲授纲要 [M].李其龙，译.北京：人民教育出版社，1989：10.
②　同上：381.

［附 录］

真学问何必求流派？

王鉴君

最近十几年间，中国的教育学者大概算是比较累的了。十几年前，学术之风始得复开的时候，学者们忽然悲哀起中国居然在许多的领域没有"我们自己的著作"，于是那个时候大家一门心思关心与奋斗的是写出"我们自己的著作"来。睡狮不"醒"则已，一"醒"惊人，短短十几年间，单"教育学"一门之内，居然就有了不下二百本"我们自己的著作"，而且各种各样的"新编"还在源源不断地涌现出来，从而再一次向世界宣告了我泱泱中华大国，人丁实在兴旺得很。

十几年过去了，不管这些大作质量究竟如何，"我们自己的著作"总算是有了，拿来烧烧，告慰一下地下的列祖列宗，已经是没有什么问题的了。可是我们有的学者们还是不能安心。"青史留名"的古老冲动终于使得"我们自己的著作"黯然失色，我们有的学者们开始为更远的将来打算，开始想象着百年之后自己的那点灵光也如"我们自己的著作"中列举的那些流派的主人一样，在图书馆里一闪一闪地赶也不走，好叫我们的子孙们偶然地打开某本学术史教科书的时候，看到了他们的"痕迹"："痕迹"自然不是每一个人都可以随便留的，要留"痕迹"就得做一些特别的努力（正如在好端端的景点的某棵好端端的树上刻上"×××到此一游"一样），就得想办法让自己显得很突兀，很特别，一言以概之，就是一定要有"我们的流派"！

是啊，"我们自己的"著作有了，却并不意味着"我们自己的"地位也就有了，还得有"我们自己的"流派才好；有了"我们自己的"

流派，也就有了"我们自己的"家法；有了"我们自己的"家法，也就好传"我们自己的"子孙；传了"我们自己的"子孙，也就有了"我们自己的"不朽，从而也就可以与什么孔老二、朱老三一样，在高高的庙堂里永垂不朽，而且逢年过节也可以有一两块猪头肉吃了，真是何乐而不为呢？于是也就有了近年学术界一些特别的现象。

第一，求新癖。欲创建一个流派，正如创建一门什么什么教（如"日月神教""神龙教"然）一样，最为便利的方法当然莫过于划出一块尚无人占领的荒地，建一个宝殿或草堂，往象征着"权威"与"始创"的宝座上那么一坐，说一通等待着别人来引用与诠释的话，也就"兵不血刃"地"流派"起来了。这个道理，那些急于创建流派的学者们当然是比我们更明白的，所以这两年来"什么什么学""什么什么论"的也就突然多了起来，这固然是我们教育学界学术昌盛的一个好注脚，然而倘不幸而走火入魔，比着赛着地、挖空心思地要挖掘、占领一个"可以填补空白"的领域，一旦听说某某地某某人已经在这方面有了"他们自己的"著作，便伤心悲痛不亚于听说教育学已经真的"终结"——这种令人生畏的敢为人先、决意献身的精神，恐怕早晚有一天要把我们本来就弱不禁风的教育学用花枝招展的装点给活活闷死。

第二，攻击热。毕竟，不是每个人都有机会开创一个"全新的"领域，这两年尽管也有不少的人"创造性地"开拓了许多教育理论上的"处女地"，毕竟心眼使得太小，辛辛苦苦弄出来的东西还没有来得及成为一个"派"就已经静悄悄地"流……"了，大家关心的终究还是那些真正与现世生活有点关系的问题与学问。于是这些急于想作教主的人们便"不战而屈人之兵"不成，只好"战而屈人之兵"了：一时间，这个商榷，那个论争，波浪一样地汹涌而来。这当然是学术自由的标志，也是我们教育学界思想活跃的表现，不过话说回来，那些抓住别人一点小辫子，甚至连小辫子都没有抓得住就大发议论的"商榷"与"论争"，那些围住什么诸如"……的发明权"之类的"问题"

进行的喋喋不休的叫嚣，不由得叫人想起"学术史"上一段古老的往事："一根针尖上能容几个天使跳舞"？

第三，偏执狂。既有攻击，便有防守。原本学术的发展也不过就是一攻一防、又一攻又一防渐渐靠向真理的过程。然而既有了开建"流派"的大誓愿，有了作教主永垂青史配享孔庙的大决心之后，情况也就有了一些不同。"我教尊严，岂容尔等玷污？"大刀一挥，党同伐异的事情也就做出来了。既是要建"流派"，似乎也就暗含着允许其中某些错误的意思，于是抱残守缺，固执己见也就不再是什么缺点，乃至于是值得提倡的美德了。为了维系我"派"尊严，谁敢对我质疑，我就拍桌子骂娘，至于真理——"去他妈的！"

诸种怪异，难以一一列出，然而说明的却也不过一个意思：求"流派"非但没有给我们带来什么真学问，反而使我们的精力越来越多地投入到一些无关宏旨、鸡毛蒜皮的事情上，偏离主题的"研究活动"与"研究成果"一日多似一日，我们的教育学还依旧难能雄赳赳、气昂昂地立于世界学术之林。

实在讲，举凡历史上各种曾有"痕迹"的"流派"，开初大约都没有什么要树一杆大旗、占一个山头做大王的意思，只是现实中的问题用旧的理论解释不了了，在认真研究实践的基础上渐渐地就发现了另一种看待问题的方法，后人来总结这段历史，也就成了所谓的"流派"。"流派"本也不是什么褒义的概念，有"流派"也就意味着有偏狭，意味着片面与缺陷。然而事情到了我们这儿，情况却很不相同。在我们这样一个有着深刻的封建传统，科学精神又不怎么发达的国家，纵使是在学术界，个人英雄主义的糟粕、形式主义的幽灵和小集团的意识还总时不时地就冒了出来，叫那些一向被认为是民族精英的人们做出一些莫名其妙的事情。

历史上意欲通过树牌子来求不朽的人是不少的，所以中国五千年历史中才有那么多汗牛充栋的石头、木头和纸头。然而日子久了，木头纸头不免要烂掉，纵是石头也难免渐渐磨得看不清，说不定什么时候被人一推，也就成了碎块，垫了茅坑，再也不朽不起来了。所以光是立块牌子实在是于不朽无补，更重要的倒是要使这牌子后面的内涵确实值得人们一记一念，这就需要我们多花一点力气来研究一点实实在在的问题，为解决实践中的问题起点实实在在的作用。

"教育学派"问题的再认识

近代教育学诞生以后，在西方一些国家的教育理论界，议论蜂起，学派纷呈。教育学传到中国，已有近百年之久，人们早就对中国至今尚未形成教育学派深表遗憾。尽管早在四五十年前，就出现建构中国教育学派的呼声，然而中国教育学派在哪里，至今尚需寻觅。可喜的是，最近若干年间，随着"教育家"队伍的扩大，不乏创建中国教育学派的有志之士，关于教育学派的议论，也时有所闻。

众所周知，19世纪初，赫尔巴特于1806年发表《普通教育学》，标志着近代教育学的诞生。到那个世纪60年代，形成风靡世界的赫尔巴特学派，以致可以认定在教育学界，19世纪堪称德国世纪；20世纪初，有杜威教育哲学的勃起，标志着国际教育研究的中心从德国转移到了美国。就教育理论说来，把刚刚过去的这个世纪称为美国世纪，也不为过；惟在20世纪，人们通过不断地比较研究，业已发现西方文化的局限性和东方文化的潜力与价值，尽管在刚刚揭开的新世纪篇章中，会不会赫然出现教育学的中国世纪，或东方世纪，尚难料定。鉴于中国久有"创教育学派之梦"，值此世纪之交，把"教育学派"作为话题谈谈也许有点意思。

谈起学派问题，很自然地会想到，这是教育界有志之士关注的事。其实，一般人即使无建构教育学派的奢望，却难以回避这派那派高论的影响。明了学派是怎么一回事，心中有点数，未必不是一件好事。

说到中国为什么迟迟不出现教育学派问题，早已形成一种共识：一般讲某种学派常常执其一端，恣意发挥。果自圆其说，自能别树一帜，而中国自古以来就崇尚"大一统"，排斥异端。中国两千多年以来，以儒家为正统，"非圣则无法"。近半个多世纪以来，毛泽东思想（其中包括"毛泽东的教育思想"）为普照的光。它聚集了一个时代有识者的真知灼见，而无数智慧的微光隐在此耀眼的光焰下，却显得更加微弱；或谓西方尊重个性，讲求分析，而中国历来艳羡共性，擅长综合，故个人难以标新立异。这些都是大道理，不过，若把这些大道理说死，创立"教育学派"也就真的成为梦呓了。

其实主要西方国家并非都有学派传统，至少未必都把学派问题看得那么郑重。如杜威教育理论的影响，未必比赫尔巴特学派小，而在美国并无"杜威教育学派"之说；相比之下，中国倒有学派传统。如宋代有胡宏、张栻的湖湘学派，朱熹闽学，陆九渊的象山学派，陈亮、叶适的事功学派，诸如此类的建树，表明即使在"大一统"的共同背景下，个人也可能大有作为。惟其如此，才会有人对建构当代教育学派趋之若鹜。

至于中国教育学派，为什么千呼万唤，总是呼天不应，叫地不灵，那一番番大道理，自有专家去钻。这里只就常见的

"教育学派现象"发表一点小言论。

一

　　初踏20世纪门槛之际，杜威于1902年在《儿童与课程》一书中，曾从教育学派纷争谈起。"理论上的深刻分歧从来不是无缘无故和虚构的。这些分歧是从一个真正的问题的各种相互冲突的因素当中产生的——问题之所以是真正的，因为这些因素，按照实际来看，是相互冲突的。"于是，许多派别产生了，各种不同意见的学派出现了。"各个学派都挑选能迎合自己的一系列因素，然后把它们上升为完全的和独立的真理，而不是把它们看作一个问题的并需要加以校正的一个因素。"[①]他揭示了学派的由来，揭示了各种学派的合理性与局限性。这是可以验证的。如任何教育无不以作为学习者的儿童、少年、青年或成年人为对象，即以人为对象，鉴于人在教育过程中长期处于受压制的地位，于是，出现"儿童本位""人本位"教育学派；或从人是"社会的人"的假设出发，认定人只有在社会中，通过社会才可能从自然人变成社会人，故教育是一个实现个体社会化的过程，应当使学校成为雏形的社会，并与学校以外的大社会沟通，导致"社会本位"教育学派问世；由于任何教育又都以一定的显性或隐性的文化为中介，以文化视角审视教育，又有"文化本位"教育学派兴起。

[①] 约翰·杜威.儿童与课程［M］//学校与社会·明日之学校.赵祥麟，任钟印，吴志宏，译.北京：人民教育出版社，2005：111.

照这样说，有了这三个学派，创立教育学派的过程似乎可以终结了，其实不然。由于教育的每一基本因素又都由不同因素构成，正如分子的分解达到一定限度，进入原子分解层面一样，在"儿童本位"——"人本位"教育学说框架中，又产生"主内说"（福禄培尔）与"主外说"（赫尔巴特）的分野，有着眼于发展儿童潜在能力的"自我表现说"与着眼于人生完善的"自我实现说"的纷争，有"主知说""主情说""主意说"的派别分化；在"社会本位"教育学说框架中，也有"社会适应说""社会改造说"的纷争，还有所谓"教育超前说"的崛起；在"文化本位"教育学说框架中，亦有"通才说"与"专才说"的争议，还有"永恒主义""要素主义"等教育派别。

此外，基于治教育之学的不同理论与方法论背景，也曾产生不同教育学派或研究派别，如思辨的教育学、实证-实验教育科学、解释学的教育学，以及教育分析哲学、教育行动研究等。

这样，教育研究的地盘几乎已被别人占尽了，后来的教育学家还能有一席之地么？反问一句：在别人创设例如"永恒主义"教育派别、教育行动研究之前，我们为什么没有想到去创立诸如此类的学派呢？

诚然，按照我们擅长的综合分析、全面观点与中庸之道，许多教育学派都未免失之偏颇，我们不屑去钻牛角尖，即使在牛角尖中钻出一点名堂，也难以得到认同，而我们的这种学术氛围未必全无道理。

杜威在谈到原先诸教育学派的由来时，指出："各个学派都挑选能迎合自己的一系列因素，然后把它们上升为完全的和独

立的真理",夸大其中某个因素的意义,"把各种因素孤立起来
看,坚持一个要素而牺牲另一个要素,使它们相互对立起来",
忽视各个因素之间的相互作用,"不是坚定地把教育的各种因素
作为整体来看,我们就只能看到种种相互冲突的名词"。①可谓
一语中的。

看来杜威无意重蹈以往教育学派的覆辙,志在超越以往学
派的狭窄视角,另辟蹊径。如果把杜威及其一批追随者的教育
学说也视为一种学派,它倒像是基于综合分析、全面观点与中
庸之道的学派。就历史文化类型与思维方式来说,创建这种类
型的学派,本是中国人的强项,由于历史条件不成熟,却被外
国人捷足先登了。素有悠久历史文化传统的中国学者果不甘心
让洋人专美于前,也就不妨注意一下杜威到底如何超越以往学
派的狭窄视野,构建他的教育学说。

二

杜威认为面对教育所包含的暂时相互冲突的种种因素,"解
决的办法,只有离开已经固定了的那些名词的意义,从另一种
观点看,也就是用新的眼光看待这些因素。"②简单地说,是赋
予表述教育要素的那些名词以新义。

如何以新的眼光看待教育的基本因素呢?

①② 约翰·杜威.儿童与课程[M]//学校与社会·明日之学校.赵祥麟,任钟印,吴志宏,
译.北京:人民教育出版社,2005:111.

教育过程中的基本要素是"未成熟的没有发展的人"和"在成人的成熟的经验中体现出来的某些社会的目的、意义和价值",教育过程就是这些因素应有的相互作用。问题在于儿童经验与成人经验有别,由此也就可能导致儿童经验课程与只反映成人经验的那种课程之间的冲突。表现在:一是儿童的狭小的然而是关于个人的世界和非个人的然而是空间和时间无限扩大的世界相反;二是儿童生活的统一性和全神贯注的专一性与课程的种种专门化和分门别类相反;三是逻辑分类和排列的抽象原理与儿童生活的实际和情绪的结合相反。①

如果把成人经验,主要是凝结为学科知识的成熟的经验绝对化,便形成"学科中心课程"。它实际上是把列入课程的学科知识看成是儿童经验以外的东西;反之,若把儿童经验理想化,即不仅以儿童经验为课程的出发点,更以儿童现有的生长状态为衡量课程的标准,便形成"儿童中心课程",它把儿童经验凝固化,从而使儿童生长失去明确的方向。

杜威基于对以往教育学派"课程"观念的反思,尝试重新解释"课程"的含义,认定儿童经验与成人经验其实是同一个人生成过程的两极。其中成人经验,主要是作为历史经验累积的学科知识,原是从无数单个人简单、粗糙、不确定的直接经验中提炼出来的,只是它作为人类认知已经达到的结果,扬弃了知识形成过程中的无数直接经验,故同儿童现有认知存在很大的距离,其实,从这种知识的形成过程看来,成人经验与儿

---

① 约翰·杜威.儿童与课程 [M] // 学校与社会·明日之学校.赵祥麟,任钟印,吴志宏,译.北京:人民教育出版社,2005:113.

童经验之间并不存在不可逾越的鸿沟，儿童生活中简单、粗糙、不确定的经验中，实际包含作为学科知识源头的事实与真理；儿童生活中也不乏学科课程试图培养的态度、动机与兴趣，故所谓"课程"，实际上是从儿童经验向成人经验转化的过程，是儿童经验的改造。

怎样使课程成为儿童经验的改造呢？这就是以儿童生活中起作用的各种力量的结果解释教材。为此，它须借助于已经获得的知识解释儿童经验。例如，儿童生活中也有计算、测量和匀称地排列事物的粗浅的冲动，我们如果没有关于计算、测量和合乎逻辑地排列事物的数学知识，既难以察觉儿童的这种冲动，更难以知道儿童在这方面已经达到的水平和尚存在的缺陷。所以要使课程成为儿童经验的改造，重要的是发现从儿童经验到学科知识过渡的步骤，具体体现这种转化步骤的教材，是沟通逻辑程序与心理程序的教材，即使教材心理化。

随着"课程"观念的变化，也就需要相应地重新界定"指导"概念，即把"指导"从成人经验的输入变成使儿童在他们的生活中自我实现。这种从旁助成儿童自我实现的"指导"，同"儿童中心"的"指导"的区别在于它不局限于儿童生活经验本身，不满足于儿童现有的兴趣与自由，而使儿童经验逐步向成人经验转化。

这种"课程"观念的更新，成为20世纪英语国家课程改革的转机，对非英语国家课程改革也有一定影响。自然，从"课程"观念的变化（其中包括"指导"观念的变化）到课程理论的建树、课程改革的展开，经历了一定的过程。这里无意讨论课程问题，只以此为例，说明一种新的教育思想流派的源头发生的过程。

三

明乎此，不妨看看我国多年来建立新说以至创立教育学派中的现象。

1. 早在近一个世纪以前，已经有人令人信服地揭示了传统教育学派观点的片面性，而至今仍然有人相信，不带片面性，就无法建立新说。于是，执其一端、恣意夸大的新见纷纷现世。其中的一种表现，便是动辄来个什么"化"，如所谓"教育市场化""教育产业化"，等而下之的新说，甚至向健全的常识与明智的共识挑战，无视教育本身的性质与客观现实，这且不谈，这种现象倒表明我们其实并不怎么看重中国文化人擅长的综合分析、全面观点与中庸之道。不过，一般说来我们毕竟难以摆脱综合分析、全面观点与中庸之道，故一向对本国与外国的偏激之见较为敏感，而在我们的教育理论中，更为流行的则是把对立要素加以综合的公式，即："左"也不好，"右"也不当，既不偏向A，又不偏向B，而标榜A与B"结合"，A与B"联系"，A与B"统一"，A与B"一体化"。问题是A与B之间的"结合""联系""统一""一体化"，到底有多少层面？"结合"的内容与方式如何？在不同层面之间，二者联系的内容与方式有何区别？发生什么变化？若不加以具体分析，这些公式其实不过是回避矛盾的遁词，是一堆正确的空话，而我们往往倒把这样一些既无法证明又无法证伪的假命题当作规律来表述。

相比之下，传统的教育学派虽失之偏颇，由于这类学派创始人，对所择定的一端，加以具体分析，尽可能在各种层面展开，形成某种分析框架，并加以论证。其中比较能够自圆其说的立论，自能得到较为广泛的认同。不同学派的观点虽不无片面性，但由于不同学派对各种择定的要素作了深入分析，也就在教育研究成果总体上丰富了人们对教育的认识，故它们自有一定的价值。不妨说杜威能够运用综合分析、全面观点与中庸之道立说，正由于他吸取了以往各种教育学派对不同教育要素具体分析的成果，而不带片面性的空话，只是空话而已。

2. 赋予一个词以新义，也是我们立论时常用之法。赋予一词以新义，实际上是以同一个词指称另一个概念，这种一词多义，属常见现象。只是某种新概念能否成立，有待严格论证，至少在展开的论述中，保持这一概念的同一性。例如，杜威所用的"课程""指导"等概念，在他的同一著作中尚能贯彻始终，故能成其一说；再看我国教育学中，关于各种教育基本概念的界定，其中有不少的界定很难称得上下定义。因为我们惯于用"××应当是什么"的回答，代替"××是什么"的回答，即在定义中掺杂价值观念，如关于"课程""教学"的定义，往往是"好课程""好教学"的表述。由于各人对"好课程""好教学"的看法不尽一致，也就为这些概念表述的随意性留有余地。固然，每个人都可用赋予一个词以新义的方式表述与众不同的见解，问题是这种见解只有经过逻辑论证才不失为一说，而概念的同一性正是逻辑检验的起码要求。如今关于各种教育基本概念，出现许多别出心裁的表述，以致使人们无所适从，且不管它，可惜的是这类新概念在同一著作中保持同一性的情况并不多见。

除此以外，我国教育学界如今冒出来的新词，比比皆是，其中不少新词令人耳目一新。不过，如果看看它们指称的货色，往往大为扫兴。如把教师听取学生意见，美其名曰"信息反馈"，把教师对学生的管理称作"控制"，仿佛这样就同"信息论""控制论"沾了边。其实与其用新词语装饰旧事物，还不如直率地为旧事物辩护。

3. 学派一般以某种新学为精神支柱。无"学"之"派"，那是"宗派"，还不如宗教中基于教义区分的"宗"与"派"。鉴于中国既有"学派梦"，又有"宗派"积弊，为了建构中国教育学派，明"学派"与"宗派"之别，有时倒至关重要。记得几年前，青年学子王鉴君有感于教育理论领域某种重派轻学的苗头，曾有"真学问何必求流派"之议。其实，即使是名副其实的"学派"，除了学术观点可能失之偏颇外，还可能另有同派别相关的局限性。

在教育学界，影响大的学派，莫过于赫尔巴特学派。赫尔巴特代表作《普通教育学》于1806年问世。不过，这部教育学史上划时代的著作问世后，直到作者于1841年逝世时止，并没有产生多大影响，甚至有"寂然无闻"之说，从而使得这位造诣精深的学者晚年颇有寂寞之感，曾经黯然自叹："我那可怜的教育学没能喊出它的声音来。"① "我早就知道，无论是我，还是

---

① S.E. 佛罗斯特.西方教育的历史和哲学基础[M].吴元训，等译.北京：华夏出版社，1987：461.

我的学说并不符合这个时代的精神"，不过，"我也不想耍小手腕去迎合这种精神"。直到他逝世20年后，即19世纪60年代，才赫然形成名闻遐迩的赫尔巴特学派。

赫尔巴特学派的形成，使赫尔巴特学说广为人知，不过，一种学说被炒得过热，也不见得都是好事。在赫尔巴特逝世一个世纪以后，德国学者诺尔公正地指出：这个教育学派"在其下几代渐渐地变得僵化起来，失掉其缔造者所具有的强烈冲动，埋没在技术和纯粹的陈规俗套之中，这是所有教育学学派的命运"。①

赫尔巴特学派的形成，不仅出乎其缔造者的意料，恐怕还有违这位缔造者的初衷。因为他早就认定"学派本身也是时代的一种游戏"，甚至还有一种不祥的预感："教育学不久也将走向这种命运吗？它也将成为各学派的玩具吗？"②故这个学派的出现，又像是历史同赫尔巴特开了一个玩笑。

各种教育学派大抵都是自然形成的，即某种教育学说在一定历史时期成为那个时期的时代精神，便可能集合同道，以此为旗帜，形成一派；自然，也不妨集合同道，共创一"学"，只是最终是否成其一"学"，得看其成果是否经得起逻辑与实践的检验。

---

① 赫尔巴特.普通教育学·教育学讲授纲要［M］.李其龙，译.北京：人民教育出版社，1989：373.

② 同上：10.

也谈《朱永新访谈录》

—— 关于黄甫全博士质疑
《朱永新访谈录》别解

　　我是一个顽固不化的"电脑盲"，也就成为因特网的漏"网"之民。近来风传网上载有黄甫全教授致朱永新教授的公开信。有些年轻朋友多次提起这一爆炸性的新闻，有位老先生还传来此信，供我参考。

　　我同甫全，算是忘年之交。尽管多年来同朱永新并无交往，可在多年以前，对他并不陌生。近几年来时常有人向我提起他主持的"新教育实验"。按照世故，原不便说什么。由于此信涉及中国教育界现今的一些突出的现象，也就不妨借题发挥。

　　公开信以《朱永新访谈录》（以下简称《访谈录》）为导火线，指其"把牛吹大了"。那么在《访谈录》中是不是"吹牛"呢？在澄清这个问题之前，不妨从"访谈录"谈起。

　　如今，媒体时兴"名人访谈录"。我们在电视上经常看到在这种节目中，被访者倒大都谦虚之至，其中有些人甚至还把自己调侃一番。而在报刊发表的"访谈录"中，不吹牛的现象倒不多见。大抵由于访谈也许不假，而访谈之"录"，往往由记者与名人的弟子或秘书捉笔，弟子或秘书出于对乃师乃长由衷或并不由衷的崇拜，言过其实是难免的。至于这篇《访谈录》属

425

于何种情况，只得存疑。所以我一向对"访谈录"并不较真。

一

这篇"访谈录"中的言论算不算"把牛吹大了"呢？

1. 所谓"新教育实验已经成为除国家新课程实验以外中国最有影响的实验"，算不算吹牛呢？我不像甫全那样，"天天都在浏览中国的主要教育报刊"，对他的断言也就没有理由怀疑，但也没有理由赞成。因为据说"除了苏州，目前全国23个省市有将近300所学校参与新教育实验"，如果举不出另有一种"教育实验"，除苏州外还有24个省市301所学校参与实验，那就没有理由指其为吹牛。再说，据称"近几年，在国内有影响的作品，几乎都是我们新教育团队的作品"，如果不把近几年来"国内有影响的作品"都查一遍，并把别人的作品同"新教育团队"的作品加以比较，他们究竟是不是吹牛，也就下不了结论。如果只是为了证明他们是不是吹牛，就去下这么一番苦功夫，好像并不值得。所以我也就不敢贸然指其为吹牛。

2. 所谓"打开中国任何一份报纸，任何一本教育刊物，几乎都能找到我们新教育实验学校的文章"，这似乎不难验证。譬如今天刚刚打开2006年4月2日的《文汇报》和《教育发展研究》B刊2006年第3期，这份报纸、这本教育刊物总还在中国报刊之列吧，可是从中并未发现"新教育实验"的影子。然而也还不能证明他们吹牛。因为我并不知道，这份报纸、这本刊物上文章的作者，是不是属于"新教育学校"中的人士。即使知道了这些作者的来头，也还不能证明什么。因为他们说的是"几乎"如此，还是讲求分寸的，并没有把话说绝。怎算是"把牛吹大了"呢？

3. 所谓"我们正在做陶行知、晏阳初、梁漱溟等先生过去曾经做过的工作"，如今有志于实现基础教育普及、扫除文盲和参与现行基础教育课程改革的教育工作者，哪一个不是为完成陶行知等先辈未竟事业而努力工作？"新教育实验"的主持者与参与者，也有志于此，本无可指摘。难道无志于此，才不算吹牛么？说到"新教育实验"的规模超过前人，恐怕并不为过。至多只能说，前人办起了不少学校，而"新教育实验"学校并不都是（或大都不是）这种实验的团队办起来的。至于"新教育实验"对一线教师和教育教学的实际影响是不是超过前人，由于《访谈录》通篇并未分析此种实验对一线教师和教育教学发生了什么"实际影响"，那么多学校通过"实验"究竟发生了什么变化，也未就陶行知等先辈对教师及教育教学的实际影响作出分析，故无从比较。

4. 所谓"打造在国内外有影响的新教育实验"，《访谈录》中提到的情况，已经足够说明这一实验在国内影响之大了。因为即使是现行基础教育课程改革，也还距离在国内每一份（本）报刊都提到它的程度很远，所以接下来"把视野投向国外，走向国际平台"，也属顺理成章的事。指其"随口打哇哇"，或许把别国学校的水平估计过高了。外国人可以到中国来参与办学，中国人为什么不可以到外国去办学？走出国门也就跳出了困扰我们的这种"应试教育"的死胡同，不再受我国如今这种教育体制的束缚，走出去圆个办学梦，有何不可？既然有志于登上国际教育平台，想必对那种平台有过考虑。在那个平台上，有非洲，有阿拉伯国家，还有阿富汗，驰骋的空间大得很。如打算到欧洲、美洲一试身手，在那里早在将近一个世纪以前，就曾兴起过"新教育"实验运动，其中包括欧洲"新学校"、美国"进步教育"学校。在欧洲，早在1889年就出现了"新学校"（雷迪的乡村寄宿学校），后来还建立了国际新学校机构。经过大约一代人的时间（24年），到1913年，全欧洲在"国际新学校局"注册的"新学校"约有100所。俗话说"牛不是吹的"，我们的"新教育实验学校"经过短短3年，就达到它们总数的3倍。美国进行"进步教育"试验的学校虽然多得多，只是如今即使到了欧洲、美国，要去寻求原先那些"新学校""进步教育"实验学校的踪迹，恐怕不容易。惟其如此，焉知中国人到那里去办"新教育实验学校"，不是一种聪明的选择呢？

二

鉴于中国现今的教育界鱼龙混杂，炒作之风甚嚣尘上，各种牌号的"实验""课题研究"不仅良莠不齐，而且真正的货色甚少，黄甫全教授挺身而出，仗义执言，是可以理解的。不过，他愤愤于《访谈录》中的大话，却忽视了其中的实话。

在《访谈录》中，当事人并未忽视有关"新教育实验"的异议，也不讳言自身的弱点和缺陷，承认现有话语方式不太统一，没有标准化，造成别人理解时的偏差；承认所提出的"六大行动""几大观点"的内涵解释"目前还不算很完善"，其"指导手册"，理论上根底还不深，实践上操作指导性还不强；承认现有的研究团队相对缺少专业背景、研究思路和推广经历；认定现在所有项目组和实验学校须"就地卧倒"，重新加以审定与规范。如今教育"实验"与"课题研究"不可胜数，不知有哪位实验者、研究者对自己的实验或研究有如此清醒的估计？可见《访谈录》非"把牛吹大了"一语可尽之。

三

本人虽然不甚关注世事，近几年间倒常常听到人们提到"新教育实验"。其中中小学教师往往把它作为不证自明的道理或先例加以引用，而大学业内人士则大都表示怀疑，不过倒从来未闻对它的非议，也没有听到过什么赞成或反对的理由。由于我所接触的人们对这种实验本身并不了解，所以，他们赞成也好，怀疑也罢，只能姑妄听之。我自己对此同样不甚了了，既然涉及这个问题，也只能就我国教育研究中引起关注的问题姑妄言之。

1.《访谈录》中说来说去，无非是"新教育实验"的影响及今后打算，至于何谓"新教育"，它如何"实验"，参与实验的学校到底发生了什么变化，想必在其他场合已经作过介绍，而在《访谈录》中对这些最值得介绍的情况反而没有涉及。这样，这篇《访谈录》中的言论不免有舍本逐末之嫌。

　　说到教育实验的"影响"，记得将近十年前，在千岛湖召开的一次研讨会上，有人提到：我国参加"学校整体改革实验"的学校，为数将近一千，而在日本有六所学校进行教育改革实验，其中甚至连一所学校的经验都没有推广。当时我冒昧插话，提出一个问题：究竟是日本人的研究态度可取，还是中国人的这种态度可取？我提出这样的问题，其答案已经隐在这个问题所由提出的假设之中。因为某种教育实验，如果堪称"实验"的话，也不同于自然科学的实验，它是由有一定研究能力与价值追求的实验者，在一定的环境、条件下，在对一定对象的工作中进行的实验。此种实验得出的结论如得到验证，也未必适用于别的学校、别的研究者。如要把它移植到别的学校，也得研究如何使这种香喷喷的"橘"，不至于变成臭烘烘的"枳"。"枳"者，臭橘也。

　　在西方教育界，一般不轻易把自己的理论或经验推广与移植出去，也不随便把别人的理论或经验引进与移植过来。因为任何深刻的东西到了思想不见得深刻的人手中，会浅薄起来，结果反而引起对原创理论或经验的怀疑。斯宾塞曾经谈到，在当时英国一些学校，由于把裴斯泰洛齐的原理和包含它的那些形式混淆起来，曾引起一些障碍和失望。"因为一些特殊的办法不符期望，与它们有联系的主张也就受到轻视，而不问那些办法是否真正符合那主张"，"照平常一样从具体而不从抽象中去判断，人们把实践中的一些毛病归咎于理论，这就像把第一次试造蒸汽机的失败拿来证明蒸汽不能用作动力一样"。可见，"裴斯泰洛齐尽管在基本观念上正确，但并不因此就在所有的应用中全对"。^①至于开个"教育公司",办几十几百所学校,虽然少不得创个什么"品牌",而那种"品牌"同所谓"教育理念"关系不大。那是另外一种"实验"。

中国的国情毕竟不同于西方国家。我们这里大方得很。如有抱负,有一些想法或经验,不管是不是已经形成可靠的理论、可行的标准与规范,即不管是不是成其一说,就美其名曰"理念",并且急于推而广之,以成人之美,仿佛一朵鲜花,插到什么地方都可以。重要的是造成声势,扩大影响。这倒不只是这个或那个草根性、半草根性的研究团体如此,就连匆匆上阵又匆匆推而广之的基础教育课程改革,也还不是如此? 这种或那种"教育理念"之所以能够如此迅速地推出去,客观上是由于中国的教育价值观念实在落后于时代,人们盼"教育观念的更新",如大旱之望云霓。更由于伴随着地区与地区之间、学校与学校之间越来越激烈的应试竞争,既需要新的教育价值观念来消解这种竞争,又需要以此装饰与掩盖某种恶劣的竞争,从而产生从外部输入"教育理念"的广泛需求。多少年来,并非没有有价值的研究成果,然而不知多少有价值的成果在这种浮躁的空气污染中被糟蹋掉了。由于讲求规模效应,即使是有志之士、有识之士、有为之士,要不落入这种俗套,就须有不随世俗浮沉的自信与雅致。

2. 关于建构中国教育学派问题,记得多年以前,年轻学子王鉴君有感于当时教育研究中的不正之风,主要是编造什么"学"、什么"论",甚至结伙围攻异己之见、异己之人,愤然著

---

① 赫·斯宾塞.斯宾塞教育论著选 [M].胡毅,王承绪,译.北京:人民教育出版社,1997:105.

文加以批判，题为"真学问何必求流派？"(《教育参考》1997年第5期)，对于有人创立教育学派的意图与行为表示怀疑。我觉得无须因噎废食，遂草成一篇短作，题为"创学派，壮哉"(《教育参考》1998年第3期)。这已成为往事了。如今获悉"新教育实验"团队有志于建立"新教育学派"，不免再一次感叹："创学派，壮哉！"

然而黄甫全教授对建立这样一个学派的可能性表示怀疑。诚然，如他所说，历史上形成的教育学派都不是"自封"的，不过，路大抵都是靠人走出来的，只是走法不同。

在教育历史上，真正堪称教育学派的，莫过于赫尔巴特学派。这个学派形成于19世纪60年代，距离赫尔巴特《普通教育学》问世(1806年)有半个世纪之久。问题是依赫尔巴特之见，"学派本身"不过是"时代的一种游戏"，他甚至不无担心地提出："教育学不久也将走向这种命运吗？它也将成为各学派的玩具吗？"[1]然而，历史倒真的同他开了一个玩笑。在他逝世将近20年之后，他居然成了19世纪60年代"一种游戏"的主角。正如前面所提到的，深刻的东西到了浅薄者的手里，那就不能不浅薄起来，结果使去世已久的赫尔巴特成了许许多多浅薄的晚辈的替罪羊。对此，德国学者诺尔在赫尔巴特逝世百年之际，公正地说：这个学派"在其下几代渐渐地变得僵化起来"，并且这又是"所有教育学学派的命运"。[2]

---

[1] 赫尔巴特.普通教育学·教育学讲授纲要 [M].李其龙，译.北京：人民教育出版社，1989：10.

　[2] 同上：373.

惟其如此，在历史上建构教育学派的尝试委实不多。我们有没有听说法国有什么教育学派，英国有什么教育学派？在20世纪，也许杜威最有资格建立教育学派，而正是杜威，早在踏上20世纪门槛之初（1902年），就毫不含糊地指出教育学派本身的片面性带来的许多问题，也就没有什么"杜威教育学派"一说。

中国国情毕竟不同于西方国家。近代以来，中国志士仁人，为了改变国家的落后面貌，又不甘心总是"言必称希腊"，建构中国自己的教育学派，几乎成为几代教育学家的夙愿。如今，复兴中的中华民族，恭逢盛世，有出息的中国教育工作者，志在圆几代人的"学派梦"，实乃幸事。如果说西方教育学派经历的是由"学"而"派"的自然生成之路，如今中国教育名家开辟的则是由"派"而"学"的人工打造之途。因为再高明的天才，单枪匹马毕竟干不了大事，而在一个纲领之下，集合同道，从实践中闯出一条适合国情的教育道路，先实践，再总结，边实践，边总结，未尝不是一种聪明的选择。

至于受到公开信指责的这个团队，既然经过3年努力，已经初露锋芒，重要的是他们已经意识到理论准备不足，实践标准与规范不够完善，研究团队的专业化程度有待提高，实验学校还须整理，这岂不正是其希望所在？如果不成为排他性的派别，则希望更大。反之，这个研究团队以外的人士，支持也好，怀疑也好，观望也好，作为其竞争对手也行，恐怕把他们作为异端排斥的理由并不充分。

也谈《吕型伟访谈录》

——《我们怎样看待教育——与吕型伟前辈商榷》别解

在《吕型伟访谈录》中提到，据有的报纸统计，现在各种"品牌"的教育有658种之多。他对教育领域"满天飞"的口号"究竟解决什么问题"表示怀疑，也只是怀疑而已。然而，这点怀疑本身却引起质疑。《教育参考》杂志2006年第4期上有一篇文章就此问题，"与吕型伟前辈商榷"。关于这一"商榷"，倒也不无值得商榷之处。

这篇文章就《吕型伟访谈录》中的观点提出三点质疑。其中的第一点，是说吕氏以往曾赞扬过作为"658种教育"之一的"差异教育"，虽然是"以子之矛，攻子之盾"，即使如此，也还属于"攻其一点，不及其余"。如指其以往曾在何时何地赞扬过口号满天飞，那才是有力的证据。第三点，参照"如果您认为这个不好，您能拿出个更好的来吗"这种口径，"想问吕老您能不能为当前教育所存在的问题，给出一个建议性的解决方案呢"。自然，作者并不以为这是一种高明的反驳，所以并不真的要求吕氏作出回答，而是就《吕型伟访谈录》中关于"教育中统一的要求与个体发展差异的矛盾"的观点，进一步提出质疑。尽管本人觉得吕氏的这一观点颇为独到，且发人深省，如能把这种假设变成可行的思路，那就更好。不过，为避免把话题转移，不妨按照这篇文章作者的说法，"大可不必管它"。总之，这第一点与第三点都同吕氏个人相关，别人没有义务代替吕氏本人作出回答。其中只有第二点，对事不对人，这才值得一议。

第二点质疑是：我们很多对教育有所了解的人，只承认外国教育学派，中国现在还没有一个在国内公认的教育学派，这是中国教育的一大遗憾。现在有些教育学者有了学派意识、品牌意识，为什么要反对呢？

这种态度我原则上是赞成的。证据是，早在1998年就曾发表过文章，题目是"创学派，壮哉"（《教育参考》1998年第3期）。不仅如此，最近还针对与此相关的争议，重申"创学派，壮哉"。不过，《吕型伟访谈录》中涉及的是这个问题么？

话虽如此，既然提到"教育学派"，也不妨简单说几句。尽管在近代以来教育比较发达的一些国家，出现过一些教育学派，但其实名副其实的教育学派为数极少。够不够"658种教育"零头中的零头的8个之数也难说。也许在中国人的著作中，会把此数翻它一番（我以往也未能免俗），那不过是一种不适当的分类。就以盛极一时的赫尔巴特学派来说吧，在赫尔巴特看来，"学派本身"不过是"时代的一种游戏"。他甚至不无担心地提出疑问："教育学不久也将走向这种命运吗？它也将成为各学派的玩具吗？"然而，在他死后近20年，他的担心不幸或有幸而言中。从19世纪60年代起，正是他这个人，居然成为那个时代学派游戏中的"玩具"。在20世纪，也许杜威最有资格建立他的"教育学派"，然而正是杜威，早在1902年就毫不含糊地指出教育学派本身的片面性带来的许多问题。所幸他此后又生活了半个世纪之久，直到1952年才去世，他就免于成为20世纪学派"游戏"中的"玩具"。英国几个世纪以来，并没有形成什么教育学派，法国也未因没有什么教育学派而遗憾，其教育活动不也在正常运行么？惟中国国情毕竟与别国不同，中华民族素有大志，不能由于别的有些国家没有形成教育学派，就论定不该建立中国的教育学派，自己没出息，那就更不该对有此雄心壮志的专家泼冷水。

说到所谓"教育品牌"，本人的看法同这篇文章中的作者也不无共同之点。因为这位作者也不赞成"乱树品牌"。其实《吕型伟访谈录》中的看法也不过如此。分歧只在于是不是"大可不必管它"。吕氏"管"它了么？他无权去管，无意去管，也管不了，只不过把它作为问题提出来而已。如果这种现象本身不成其为问题，那么连就此一议，也成为多余的事了。这到底是不是成为问题呢？

"自从盘古开天地，三皇五帝到于今。"普天之下，在一个国度以内，仅短短几年、十几年，就突然冒出这么多"教育"，如果不说它是咄咄怪事，也算得上是史无前例的奇特现象了。这到底算是一种什么现象呢？

不知道"658种教育"是什么报纸何时统计出来的。按照如今这种"教育品牌"应市的速度，迄今恐怕即使不是大大超过也会小小超过此数了。

所谓"教育品牌"，如同一般商品一样，其中必有许多货真价实的品牌，也不会没有名不副实的商标。由于真假难辨，良莠不齐，也就不能一概而论。以中国基础教育规模之大，其中必有不少有识之士、有志之士、有为之士致力于教育革新。相信就连那些确有建树的，也不至于反对把这种现象作为问题提出来一议。因为正像一般商品竞争中常见的现象一样，少量真货色往往会被大量假货色湮没。有谁会希望这种真假难辨、鱼目混珠的事态继续蔓延下去呢？

以为中国有这么多的口号，就表示有许许多多"教育理念"存在，也是一种错觉。按照《哲学大辞典》中"理念"词目的解释，恐怕即使是许多颇有建树的著名哲学家，也未必形成自己的"理念"。那些了解"理念"本义的哲学家，自然不会轻易标榜自己有什么"理念"。而在中国教育界倒一下子冒出那么多教育的"理念"，岂不是比"658种教育品牌"还要奇特的现象？

本人接触的学校虽然甚少，就我所见，有些学校虽然打出"××教育"的旗号，且不说是不是照此行事，其实践中到底有几何"××教育"的含量，单从同一所学校外观看来，学校中也可见标语、口号"满墙贴"现象，而那些林林总总的标语、口号，同打着另一种"××教育"旗号的别的学校的标语、口号并无太大区别，同时，本校的"××教育"旗号之间又甚少内在的关联。能说这种学校已经形成某种教育的思路和"理念"了么？

也还存在另外一种情况。在同本人不时发生联系的学校中，有些学校并没有打出"××教育"或其他类似的旗号，那是一些真正的名牌学校。学校品牌与一般商品的品牌毕竟不同。因为学校设置在范围不太大的地区、社区之中，一届又一届学生进进出出，其品牌如何，学生及其家长尽知。真正的名校，其"名牌"早就自然形成。校长、教师中的有识之士不会不懂得，任何口号所表示的内涵都相当有限。果真按照一个简单的口号演绎学校中的工作，不把学校正常工作搅乱才怪。如果把一个简单的口号吹得天花乱坠，好像是个多功能的秘诀，相信的人不会没有。不过，谁相信，谁活该。

记得2001年在一次有许多名校校长参加的座谈会上，我冒昧谈了对教育口号满天飞的看法，同时介绍个别没有打出这类旗号的学校的情况，居然引起一些校长的同感。其中有一所住宿制高级中学的副校长说："我们学校也没有打出××教育的旗号。"还有一所学校的校长说："我们学校的××教育很成功，但被夸大和误解了。"于是，好像得出一个结论，在人们纷纷以"××教育"为"特色"时，没有标榜"××特色"的学校，反而因卓尔不群，显示出特色。这类学校较少在无谓之举上浪费时间、精力和钞票，不违常规，少犯低级错误，脚踏实地地工作，在现今这种风气中，单就节约学校能量而言，就比不少学校见长。

本来，学校的日常工作已经够忙的了。校长、教师中的有识之士、有志之士、有为之士依据本校条件和自己的学识、经验有所作为，那是他们的追求；至于一般学校、一般水平的校长、教师，尤其是那些并无兴趣玩弄教育概念的校长、教师，为什么也会在本职工作之外"打造"什么"教育品牌"？这种事，当事人"如鱼饮水，冷暖自知"，别人也就无须多说。

"658种教育品牌",即使打八折、七折、六折,也还算得上是怪事。怪就怪在教育主管当局见怪不怪。不仅如此,其中有些能人还少不得为这个品牌或那个品牌表个态,题个词。恐怕如没有这个长、那个长的政绩工程,其中不少"教育品牌"是"长"不出来的。只是由于诸多"教育品牌",真假难辨,良莠不齐,这才不能一概而论。然而,老吕毕竟老矣,他偏偏多一句嘴,这才引起别人的"商榷"。

《吕型伟访谈录》真正令人恼火的地方,不仅在于他举了几例,还在于他把现今满天飞的口号,同三十年前、四十年前的口号满天飞联系起来,又没有具体分析此种口号满天飞与彼种口号满天飞之间的区别。其实,今非昔比。往日的那些口号,是隐没了个人意识的"普照的光",而那时的个人追逐"普照的光",几乎如黑夜之盼黎明,出于盲目却真诚的信仰(自然,有识之士不在此列)。如今有点能耐的人,只要愿意,都可树起自己的旗子,或多或少是自主意识觉醒的表征。至于其中有几何信念的成分,有没有信念的成分,那就既不能简单否定,也不能简单肯定。话虽如此,也不能说如今的口号满天飞与以往的口号满天飞全无联系,而《吕型伟访谈录》中把它们联系起来,也不过是对简单的口号"究竟解决什么问题"表示怀疑而已。就连本人就此唠叨,也属如此而已,岂有他哉?

我所知道的刘佛年教授

　　关于他的大名的由来，在他的自述中有一种说法。不过，在此以前，他告诉我的是另一种说法。据他说，"年"字是排行，至于叫什么"年"，他的父亲刘约真老先生（南社诗人）给儿女命名有一条自定的规矩，即儿女出生时，老先生正在读什么书，就以什么书命名。佛年先生出生时，老先生正在读佛经，故以"佛年"名之。

　　佛年先生的人品，在华东师范大学，在中国教育界，在一切熟悉他的人中，有口皆碑。他的大半生主持华东师范大学校务且在国内有广泛的影响，而他对人，无论是老教师、青年教师、大学生还是一般人，都很尊重。他主持会议时，总是耐心地倾听每个人的发言。从他的总结性发言中，又可以看出，他确把每个人的发言都听进去了。他对别人的尊重，都很自然，并且一贯如此。他或许算得上是半个"官场中人"，而在他身上，毫无官气，始终以平常心看待自己，看待别人，看待世事，堪称"出污泥而不染"。他为人谦和，并不表示他对人对事没有自己的看法和态度。他从不张扬自己的独立见解，又不隐瞒自己的观点。他对有些人、有些事是看不起的，但他尊重别人的

440

选择，不轻易褒贬人，又不感情用事。他的一生验证了一条道理：伟大出自平凡。

佛年先生在当代中国教育理论界的学术地位无与伦比。不过，坦率地说，人们对他的学术成就，并不都很心服。这是由于他的学术专长并未充分发挥出来，人们都为此感到可惜。这其实是中国教育理论界的损失。至于导致这种结果的原因，人们可以有不同的解释。在我看来，佛年先生把世事看得太透了。他大智若愚，而不像我们当时那样盲目乐观。他认为编写中国化的教育学的时机与条件尚不成熟，又不刻意追求个人的学术成就，而想引导华东师范大学中的这个小小的"教育理论界"，从"教育问题研究"入手，以便把教育学奠定在扎实的研究成果基础上。然而，他的这番苦心，并未得到充分的理解与有力的支持，这是一方面。另一方面，我们受自己经验、学识水平和狭窄的"教育学"观念的局限，对他的学术见解并不很理解。佛年先生除了主编《教育学》以外，对教育理论界的影响，很难具体表述，而他至少对华东师范大学中的这个小小的"教育理论界"的深层影响，却不可低估。如今这个小小的"教育理论界"的"特色"，大抵已经得到公认，同他的深层影响不无关系。

不妨谈谈我自己的感受。我在向佛年先生请教或同他讨论教育问题时，总希望他多加指点，多讲一些我们所不知道的东西，而他从不作"手把手式"的具体指导。其实，他在平平淡淡的交谈中，已经作了指点，而我自己往往浑然不觉。我直到退休以后，才意识到，佛年先生的教育理论见识比我和我辈更加到位，他的学识水平不仅比我高，而且至少高一个层次。我在退休以后才慢慢懂得"教育理论究竟是什么",其实我现在才懂得的一些道理,佛年先生早就告诉我们了。

我一生治学道路的引路人,一位是家乡的小学教师谢乃江先生,一位是萧承慎教授,还有一位便是佛年先生。关于佛年先生对我治学道路的影响,不妨从那两位先生的影响谈起。

我从小家里很穷,年满13足岁才进小学。靠小学教师谢乃江先生的悉心呵护和精心指导,才得以完成小学学业。谢先生长于作文指导。他在引导我作文时,先是要我放手写话,写得越长越好。当我在小学四年级达到一篇作文三千字时,他又要我作文越短越好。从那时起,我每写一篇作文时,总是反复删改,练就精练的文字功夫。直到1974年,佛年先生对我说:"你的文章很精练,但没有化开,所以不够丰满","好文章要议论风生"。这才使我如梦方醒。从那时起,我力求改变文风。经过将近十年的努力,才略有长进。

我在大学的恩师是萧承慎教授。萧先生以治学谨严著称,讲求学术规范,言必有据,严格论证。在他的精心指导下,我养成认真读书的习惯,并从阅读教育名著入手;但是我习惯于死抠书本,既不善于把握原著的精神,缺乏研究实际教育问题的兴趣。后来,从佛年先生那里受益匪浅。例如,我读裴斯泰洛齐著作时,只注意他的"爱的教育""直观教学"和"教学要素论",佛年先生说,裴斯泰洛齐对后世影响更大的,是"个性和谐发展"思想。又如,我武断地认为赫尔巴特强调对学生严格管理,佛年先生指出,赫尔巴特并不赞成一味对学生严格管理,而主张从管理过渡到理性自律。更重要的是,我一向注重的是"教科书式"的学问，而佛年先生经常关注的，是"教育问题"，尤其是实践中的教育问题。

我有幸几度见识佛年先生研究教育理论问题的过程。研究的课题是"当代西方教育流派""西方现代教学方法和教学组织形式"和"英才教育"。他每次都是到图书馆查阅外文资料，借回大约20本书刊，浏览一遍，又反复翻阅，在笔记本上只记下零零碎碎的短句。然后在室内不停地转圈子，反复思索，最后动手写作。一气呵成，不加润色。像"英才教育问题"，全稿约25 000字，一周内完稿。表明他注重思考问题，而不屑寻章摘句。从此以后，我基本上参照佛年先生的方法研究理论问题。只是他的文章甚少引证，我在阅读资料时，记下需要引证的资料的页码。

我至少有三件事对不起佛年先生。（1）在"文化大革命"期间，我奉命担任他的专案组组长，对他作了许多无理的批判。1977年底，他到我住的单身教师宿舍看我。我正准备向他道歉，才说半句话，就被他打断了。他说："过去的那些事，不谈了。"那次他倒是专程来做我的思想工作的。他说了一些知心话，更使我觉得惭愧。（2）约在1974年，上海帮玩弄"考教授"恶作剧。佛年先生故意交了白卷，事后精神压力很大。我们当时天天在一起，说话很随便。我出于无心，随口冒失地说："以前你们也曾对我们突然袭击，考过我们青年教师。"佛年先生表示少有的反感。他说："我什么时候考过你们！"我深感失言，非常不安。（3）20世纪80年代初期，他借承担编写《教育学》任务的机会，打算把华东师范大学教育理论骨干队伍组织起来，但很不顺利；他曾经两次找我谈话，希望我协助他做些组织工作，我都婉言谢绝了。面对他那种淡淡的无可奈何的苦笑，我实在抱歉。

对于佛年先生，我确有千言万语。以后或许有一天，会原原本本地写出来。

VIII

放眼考察教育的古与今

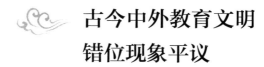

古今中外教育文明
错位现象平议

在中国现代新文化运动中，曾经出现过种种导致古今中外文明错位的偏向；20世纪40年代，毛泽东提出的"古今中外法"，在指导思想上为古今中外文化关系定了位。多年来，运用"古今中外法"分析与解决教育问题的成功之作固然不少，不过，在教育研究中导致古不古、今不今、洋不洋、中不中的诸多倾向也还存在。如今提倡"大胆吸收和借鉴人类社会的一切文明成果"，有必要重新审视历史经验与现实状况。这里着重探讨的，是教育研究中的古今中外教育文明在观念上错位的现象。

一

1993年发表的《中国教育改革和发展纲要》，把"大胆吸收和借鉴人类社会一切文明成果，勇于创新，敢于试验，不断发展和完善社会主义教育制度"，纳入建设有中国特色的社会主义教育体系的主要原则系列。其中所谓"人类社会的一切文明成果"，自然包括中国文化的历史遗产在内，不过，提出这个命题的背景，如中国共产党第十四次代表大会文献所示，实同冲破一些姓"社"姓"资"的抽象议论束缚的需要相关，实际上着重要解决的是关于吸收和借鉴西方发达国家文明成果问题；以人类教育文明成果为参照，是为了更好地创新、试验，"不断发展和完善社会主义教育制度"，故又不能说不存在"姓什么"的问题。问题是由于长期拘泥于这类抽象议论，人们的手脚尚未放开，才强调"大胆"地运用有价值的人类文明成果。

正确地对待人类社会一切文明成果，不是一个新问题。我国自近代以来在这方面经过反复探索和争议，经验不谓不丰，教训也够沉痛，历史的经验经过总结早已形成对待中国文化遗产和外来文化的方针、政策。不过，由于错综复杂的原因，既定的方针、政策并未全面落实；更重要的是，曾经行之有效的建树，毕竟是过去那种特定历史条件的产物，而"大胆吸收和借鉴人类社会的一切文明成果"，则是全面改革、开放的大潮激起的思想浪花。现在的问题是，对已有的认识成果需要重新加以审视，关于在建设有中国特色的社会主义教育体系过程中如何有成效地运用世界各国（包括资本主义发达国家）教育文明成果，更是有待解决的新课题。

以往关于处理中国文化（含教育）与外来文化、文化继承与文化创新关系的基本原则是："古为今用"，即批判地接收中国古代文化（泛指中国文化遗产），其中包含着对文化虚无主义倾向与复古主义倾向的否定；"洋为中用"，即"以中国人民的实际需要为基础，批判地吸收外国文化"，其中包含着对文化排外主义倾向与盲目搬用倾向的否定。通俗的说法是："向古人学习是为了现在的活人，向外国人学习是为了今天的中国人。"即以创造中国人民的新文化为出发点和归宿。以这种观点为指导处理文化问题的方法，称为"古今中外法"。^①即古今中外文明正位之法。

二

从20世纪40年代开始，在指导思想上就摆正了古今中外文化的关系；不过，在教育研究中间或还存在以下诸种现象。

1. 简单类比

关于教育事实的表述，常见的倾向为简单类比。表现为：

表 述 方 法	结　　果
以今度古	古不古
以古度今	今不今
以中度外	洋不洋
以外度中	中不中

（1）以今度古，以古度今

为了以发展的观点看待教育，有必要溯各种教育现象之源。自然，"源"不是"流"，"流"不是"源"，而教育研究中往往出现源流不分、倒流为源的现象。

---

① 参见：论联合政府［M］//毛泽东.毛泽东同志论教育工作.北京：人民教育出版社，1992：202-203；同音乐工作者的谈话［M］//毛泽东.毛泽东同志论教育工作.北京：人民教育出版社，1992：242；毛泽东.如何研究中共党史［M］//中共中央文献研究室，编.毛泽东文集（第二卷）.北京：人民出版社，1993：400.

学校，原本是近代以来的事。它不光是一种教育实体，主要还是一种特殊的教育结构。中国近代以来的学校，作为一种特殊的教育组织形式，是从国外引进的。由于它有别于中国古代的教育实体，近代才有"废科举，兴学校"之说。所"兴"的学校是对中国古代教育组织的扬弃。"扬"出于古今之同，"弃"出于古今之异。教育学上讲到学校的产生，每从远古谈起，如不混淆学校与前学校之别，并无不可；问题是随之而来的，是把同近代学校相关的一套概念，如德育、智育、体育、学制、课程等等，反套在古代教育上。于是，每当论述一种教育现象，动辄"古已有之""自古皆然"，又不交代或未真正理清古今之别。或者"以古度今"，仿佛现代教育还是古代那种格局，或者"以今例古"，好像古代早就存在如今这种教育格局，导致"古不古""今不今"。

虽然中西都讲求对文化遗产的扬弃，一般讲，西方文化重在分析古今之别，中国文化重在概括古今文化之同。前者属于求异思维，导向文化的革新；后者属于求同思维，偏重文化传统的继承。两者各有短长。

其实，人们并非在总体上不懂得古今之别，一般并不相信教育的历史凝固不变。只是由于具体考察古今之别，颇费工夫；虽然真正论证古今不同，倒也不易，不过，通常采取的是简单化的方法，一路引证下来就行。惟其省事，遂不胫而走。

（2）以中度外，以外度中

为了开阔教育视野，有必要把中国的某种教育现象和国外的同类现象加以比较。比较的结果，或发现二者之同，或发现二者之异，或者大同小异、大异小同、同中之异、异中之同；惟在教育学陈述中，往往缺乏条件的分析，类似研究古今教育关系中的那种简单类比的方法，屡见不鲜。或者"以中例外"，或者"以外例中"。动辄援引一串外国的言论和事实，不加条件地分析，轻下断语，甚至援引个别事例，就断定"古今中外，概莫能外"。结果也不免"洋不洋""中不中"。

2. 按一时价值取向剪裁教育事实

西方教育科学研究比较注重对教育事实的考察；相对说来，中国教育研究似特别讲究对教育事实的评价，以便使人们不光了解事实，还要形成对这种教育事实的态度。亦属各有短长。价值判断重于事实判断或许是春秋笔法的余绪，问题在于怎样作出价值判断。国外也有价值学说，而超经验的思辨哲学的价值学说早已失去势头。现在所谓价值科学，注重价值判断的事实根据，虽未必都是如此，也不乏心向往之者；我国以往的教育研究中，却常常出现以一时的教育价值取向剪裁教育事实（古今中外）的现象。当我们认定"教育是阶级斗争工具"时，遂以此价值判断选择与编排古今中外教育事实，仿佛从来的教育、教育中的各个环节，都只有一种作用——"阶级斗争的工具"。当人们转而认定"教育是生产力"时，不免又作另一番事实的选择与编排。如果所引确是事实，固无他说，问题在于所引证的未必是基本事实。能说古代教育是生产力么？有人偏作这样的证明。为了作这样的证明，不惜偷换教育概念。最滑稽的是援引《学记》所谓"建国君民，教学为先"，证明"教育先行"自古皆然。连"教育先行"是个什么概念，也没有弄清楚，单靠望文生义，就作堂而皇之的"论证"。

与此相关，按一时的教育价值取向，臧否中国历史上的或外国的教育人物，有时竟把先人弄得面目全非，或者强使先人按现在的调子行事。

此外，重视价值判断，原无可厚非。问题是价值标准本身如何？被评价的对象事实怎样？"甄士隐"之"梦幻识通灵"，毕竟是"红楼"之梦，"假语村言"在科学上是不容许立足的。

涉及对历史文明与外国文明的评价，我国历史上曾经存在过诸如"全盘西化""盲目排外""复古主义""民族虚无主义"之类倾向，如今在教育研究中是否仍有反映？是个尚有争议的问题。其实，经过多年反复的折腾和清醒的反思，那样的偏激主张早已失去魅力，相当普遍的倒是"一分为二"的评价；不过其具体表现往往是：于一番溢美之余，略列美中不足之一两点，以示"全面"，或者在一通过分贬抑之后，稍加肯定，以证公允。这种"优点加缺点""缺点加优点"的评价公式之所以流行，不仅因其公允之态可掬，且无片面之嫌，更由于其简便。

欲问：为什么在教育研究中要借鉴人类教育文明的成果？似乎理所当然的回答是从古今中外教育文明中概括出教育规律。我们每论及一个问题，常常一路引证下来，无非是证明古今中外都如此，所以是一条规律。其中所列证据，如属事实，并且是充分的事实，进而对事实形成的条件加以分析，从中或能发现规律；其实，要论特殊的教育规律，倒不能不具体考察古今之异、中外之别。

我们更讲究的是"古为今用""洋为中用"。所"用"不同，

"用"法也不同。如果所"用"在于借助于一般规律发现特殊条件下的具体规律，那就需要对应用一般规律的一般情境与具体情境加以分析、比较。这也属于科学研究的过程。

前面提到的导致古今中外教育文明在观念上错位的研究过程与科学研究的过程正好相反：它假定某种规律已经先验地存在于头脑中，或教育方针、政策中，所要做的工作是举例加以证明。仿佛只要列举若干事例就能证明它是一条规律。这种宣传如果实事求是，也自有其价值，不过，由于所宣传的未必就是规律。通常宣传的是代表某种价值取向的方针、政策，一般属于特定条件下提出的命题，硬要从另外的特殊情境中去搜罗同类事实，予以证明，若不剪裁事实，却也难。

但，这不是孤立地存在于教育研究中的现象。要说是失误，恐怕与时代的失误相关。

三

1983年邓小平在为北京景山学校的题词中，赫然提出："教育要面向现代化，面向世界，面向未来。"这就是：适应现代化建设的中心任务，谋求教育的现代化；相应地使中国教育立足本国，"面向世界"，立足现实，"面向未来"。这同人们久已熟悉的教育基调相比，确实是教育思想上的一次飞跃。

从那时起，议论"三个面向"成为时尚，在教育文献上也不断地援引，仿佛已经就此达成共识。事情果真如此，不失为中国教育文明与世界教育文明交会的转机。

453

所谓"面向现代化"的教育，指的是教育正视现代化建设的需求，为各项建设事业积蓄后备力量，提高全民族的素养；作为前提条件，使教育本身超越传统教育文明而达到现代教育的水准。尽管中国素有值得引以自豪的教育传统，不过那是以自然经济小商品经济、充其量是不甚发达的工业经济背景下形成的教育传统；如今斗转星移，随着现代化建设的蓬勃开展，市场经济逐步形成，生产的技术基础，社会生活的风貌正在发生急剧的变化，尚未全面经受现代教育文明洗礼的中国教育比以往任何时候更需要从教育发达的国家吸收养料。

所谓"面向世界"的教育，即把封闭型的教育改造成开放型的教育。虽然现在和过去一样，学习外国人归根到底是为了中国人，惟现在则要为"世界中的中国"培养人，培养在开放的中国和世界范围内交往与开拓的中国人，这只有在既了解国情、又洞察世界的基础上才有可能。

所谓"面向未来"的教育，或"面向二十一世纪"的教育，更是当代教育的新课题。过去，"向外国人学习是为了今天的中国人"，如今由于社会变动的节奏明显加快，教育不得不为"中国人的明天"着想。所以，现在又比以往任何时候更需高瞻远瞩，放眼未来。"不能从过去，而只能从未来汲取自己的诗情。"[1]在教育上尤其如此："现在，教育在历史上第一次为一个尚未存在的社会培养着新人。"[2]这对于开放不久的中国，委实是个

---

① 马克思.路易·波拿巴的雾月十八日[M]//上海师范大学教育系，编.马克思恩格斯论教育.北京：人民教育出版社，1979：95.
② 联合国教科文组织国际教育发展委员会.学会生存——教育世界的今天和明天[M].上海师范大学外国教育研究室，译.上海：上海译文出版社，1979：39.

难题。"工业较发达的国家向工业较不发达的国家所显示的，只是后者未来的景象。"①从这个意义上说，也需要借鉴教育较发达国家的经验。

不过，由于我国的改革开放是逐步展开的，人们的认识滞后于变革中的客观情势亦属难免，以致即使在一片"三个面向"声中，从容地研究世界教育的氛围依然尚未形成，有时甚至反而呈现淡化的态势，或多或少证明陈陈相因的思想阻力余威尚在。整个说来，"大胆吸收和借鉴人类社会一切文明成果"，是一个亟待解决的新课题。

现在"洋为中用"之用，不限于宣传了，更重要的是，作为造就"世界中的中国人"的教育参考之用，作为中国与世界教育交流之用，作为向世界弘扬中国教育优良传统与革新创造之用，作为构建有中国特色的教育学借鉴之用。因此，需要以全新的眼光看待"洋为中用"。正因为这样，当着现在郑重地提出"大胆吸收和借鉴人类社会一切文明成果"的课题时，需要进行新的探索，并防止把旧观念与老一套手法重新拿出来搪塞一番。

---

① 马克思，恩格斯.马克思恩格斯文集（第五卷）[M].中共中央马克思恩格斯列宁斯大林著作编译局，编译.北京：人民出版社，2009：8.

"启发"观念的来龙去脉

　　在孔子的言论中,"启发"一说很能透露其教诲艺术的信息。只是这种教之、诲之的艺术,虽不难掌握,而在如今的教学实践中却很难行得通。其故安在? 不妨一议。

　　孔子宣称:"不愤不启,不悱不发,举一隅不以三隅反,则不复也。"(《论语·述而》)听起来像是针对弟子的"三不状态"("不愤不悱,举一隅不以三隅反"),宣布教诲的"三不主义"。

　　这"三不主义",看起来与后来卢梭倡导的"消极教育",颇有异曲同工之妙。其积极意义倒也显而易见。因为他把"学"(或修身)看成是弟子的事情。弟子若要求得乃师"启""发""复",自己就得从不愤到愤,从不悱到悱,从举一隅不以三隅反到举一反三。

　　那么,老师该怎样促成弟子发生这种转化呢? 其实,这在孔子所处时代是一个"伪问题"。这种提法已经落入今人把学生"包下来"思维的俗套。在孔子所处时代,这不是他要解决的问题。只能说他平时对弟子的教导,或许间接有助于弟子发生这种转化。

　　人道"启发"是孔子教诲的基本原则。果真如此,那就对

《论语》中孔子对其弟子何以发表那些言论，很难逐一解释了。怎能证明什么言论因什么"愤"才启，什么言论因什么"悱"而发呢？"原则"也者，无非是今人似乎代替孔子建构"教育思想体系"而采用的说法而已。

其实，"不愤不启，不悱不发"，不仅孔子如此，在他同时代别的什么"子"，什么"家"，也都做得到。就是如今的凡夫俗子，做起来也容易之至。只要不是"唠叨"之辈，照这样去做，有何难哉？

问题是教学情境今非昔比。在我们这个时代，早就不允许教师这样做了。譬如，一个班级有45个学生，教师即使明知对某一课文有5个学生"愤"不出来，有10个学生"悱"不出来，有15个学生举一而不反三，还不得不"启"而又启，"发"而再发，没完没了地"复"下去。否则他们承担的教学任务怎能完成呢？

这样一来，新的难题就发生了。

1. 上课，或课业，岂不是成为主要是教师的事情了？

2. 如果教师不得不不愤而启，不悱而发，那么所"启"，所"发"，又怎能成为"有效的教学"？

3. 治本的办法或许是由教师促进学生发生从不愤到愤、从不悱到悱的转化。然而教师做得到么？有什么条件足以保证教师做得到呢？

4. 由于无法治本，何妨治标。这就是用分数、考试、评比、竞赛、奖励、惩罚之类外在手段，促进学生去"学"，使其不得不学。然而这些饮鸩止渴的手段，只能促使学生上了这些"鸩"

的瘾，也就更加不把敬德、修业看成是自己的事情。

鉴于这种状况愈演愈烈，如果把这种复杂问题简单化，势必更加促成对孔子"启发"艺术的向往。何况从民国初年开始，就把所谓"启发式教学"，作为同"注入式教学"针锋相对的概念（有"废止注入式"一说）。尽管那时所谓"启发式"只不过是向孔老先生借用"启""发"两个单词，以便拉孔子这面大旗作虎皮，而同其原意并不相干。只是这么一来，也就把退路堵死了。谁不行"启发"之道，难道打算奉行"注入式"么？以致从那时起，教师讲解就蒙上了"注入式"阴影。就连讲课的教师本人也觉得理亏。问题是，在现代，有哪所学校允许教师"跟孔子学当老师"，实行"不愤不启，不悱不发"呢？

谓予不信，不妨试一试。

"因材施教"观念的
来龙去脉

　　谈到孔子之教，宋儒道其"因材施教"。如："孔子教人，各因其材。有以政事入者，有以言语入者，有以德行入者。"（程颐《伊川先生语五》）此说似乎既持之有故，又言之成理。以致从那时起，耳熟能详，以迄于今。其实，人们无休无止地重复这句箴言，更由于依此施教，至今仍属教育中心向往之，而不能至的难题。于是，不免发生困惑：两千多年以前孔子早就做到的事情，如今成千上万的教师却很难做得到，岂非咄咄怪事？尤其到了近代，此说重复不下千遍万遍，至今仍未见起色，其故安在？看来对这个流传将近千载的古训，实有澄清的必要。

一

　　所谓"因材施教"，其中"材"何所指？"教"是指怎么一回事？虽然说起来人人都晓得，若不加分辨，简单地望文生义，实际上解决不了施教中的实际问题。因为在一种情况下，"因材施教"简直是轻而易举的事情，而在另一种情况下，它便成为百思不得其解的难题。盖因"因材施教"语境中"材"指

459

称的对象有别，"教"的性质与含义不同，因什么"材"施什么"教"，情况较为复杂，也就不能一概而论。

通常把"因材施教"语境中的"材"，理解为人才，即不同的弟子。若把它理解为如程颐提到的政事、言语、德行之类的"专才"，那就成为另外一回事。同样，汉语中的单音词"教"，有两种读法，表示两种不同的含义。平声（今第一声）的"教"（音"交"），为中性词，今称"教学"，即教弟子学；去声（今第四声）的"教"（音"较"），为规范词，为"教育"之教。两"教"之间有功能的区别。它们既可相通，又可能发生抵触。我国至今仍常发"教书（学）"与"育人（教育）""管教（学）"与"管导（教育）"之类议论，说的便是这两"教"之别，以及它们之间经常发生的抵触。

二

孔子"因材施教"是怎么一回事呢？

《论语》中记载了一个典型案例。子路问："听到一番道理，该不该立即见诸行动?"（"闻斯行诸"）孔子答："如父兄健在，那么是不是依此行事，总该先向父兄请教。怎么能不向父兄请教就贸然行动呢?"给他泼了一瓢冷水；接着冉求提出同样问题，孔子干脆回答："了解道理，就该见诸行动。"给他鼓足了一把劲。公西华对孔子的回答或冷或热困惑不解，不禁问道："你为什么对同一个问题作两种不同的回答?"孔子的答复倒也干脆："求也退，故进之；由（子路）也兼人，故退之。"（《论

语·先进》）

由此可见，孔子因材施教，着重针对弟子不同的个性特点（心理倾向），予以适当指导。如此施教，有别于知识的传授，属于行为指导。

从表面上看来，"求也退""由也兼人"，属于个性问题。其实，他们在日常行为中显示出个性差异，实隐含着他们意识倾向性的区别，反映各自不同的价值追求。

例如，冉求曾对孔子说："我并非不喜欢夫子之道，我没有按照你讲的道理去做，是因为我的能力有限。"这可算是"求也退"的旁证。孔子针对他的这种倾向，一针见血地指出，你所谓"能力有限"，不过是托词。其实，你早就给自己的行为确定了界限，并不打算超越既定的界限，争取更大的进步。（《论语·雍也》）可见，"求也退"，不仅是缺乏进取心的表现，更由于他的价值追求同乃师的期望有一定的距离。

"由也兼人"是什么意思呢？"兼人"，或作"胜人"解，即过于自信，好胜，喜欢自作主张，行动果断（"由也果"——《论语·雍也》）。这种个性不无可取之处，只是"子路有闻，未之能行，唯恐有闻"（《论语·公冶长》）。这"唯恐有闻"，大有文章。或许是回避夫子之道的托词，"故退之"。

子路的个性虽不同于冉求，然而涉及对所闻夫子之道的态度，他们实际上相反相成，都坚持自己原有立场，并同夫子之道尚有差距。他们之间的差别只在于冉求态度圆活，表示"非不悦夫子之道"，而子路不仅"唯恐有闻"，有时甚至还同乃师顶嘴，直说"子之迂也！"（《论语·子路》）。所以，孔子对弟子的行为指导中，实包含着对他们的价值倾向性施加影响。在这个意义上，可以把这种"因材施教"，归入"教育"（狭义）范畴。

谈到"因材施教"，还有一说，有待澄清。由于《论语》在"子曰：从我于陈、蔡者，皆不及门也"一章之后，有艳称"十哲"的十个弟子专长的记载，即德行：颜渊、闵子骞、冉伯牛、仲弓；言语：宰我、子贡；政事：冉有、季路；文学：子游、子夏。（《论语·先进》）后人遂据以附会出孔子"设科授徒"一说，进而赋"因材施教"以培养弟子专长的含义（如前引程颐之见）。且不说此章所记在《论语》诸早期文本中多有出入，把诸弟子按其专长标为"四科"，说成是孔子"设科授徒"，实有倒果为因之嫌。其实，在《论语》中，鲜有"设科授徒"的暗示，其中可见的概括，则是"子以四教：文、行、忠、信"（《论语·述而》）。不过，孔子确实希望了解弟子的志趣与专长，还算尊重他们的价值选择，只是因势利导而已。

"因材施教"果有"设科授徒"一义，那么，如今的职业教育、大学的专业，岂不是成了更为地道的"因材施教"？

三

长期以来，人们关注"因材施教"，不无原因。这是由于教育既然以学生为对象，而各个学生才具不同，品性有别。每个学生或有所长，或有所短，故"教也者，长善而救其失者也"（《礼记·学记》）。教育如果不能长学生之善，救学生之失，岂不落空？就这个或那个学生来说，如果未能从教育中长其善，救其失，同未受教育又有多大差别？可见，"因材施教"比较接近教育的常识常理。

问题在于，"因材施教"语境中"材"与"教"都是变数，加之使其得以实现的环境、条件差别甚大，故"因材施教"既可能非常困难，也可能简单之至。

在个别施教的情境中，单就学生行为指导而论，可以说谁都能够"因材施教"。任何一个家长，如果连"'子'也进，故退之；'女'也退，故进之"这样简单的道理都不懂，还配为子女的监护人么？教师更是如此。即使就教学而论，在个别授课的时代，教师只要打算"因材施教"，倒也不难做到。

在以学生群体为对象的教育情境中，情况大不一样。在如今这种"一师多生"的情况下，一个教师面对众多学生，对他们的行为逐个加以指导，而又使其行为得以改善，谈何容易？何况在"一生多师"的格局中，对同一个学生行为指导的责任又不甚分明，也就难以问责。至于班级授课，实际上是以因"教材"施教为基础。即使因"人才"施教的尝试，也只是因"教材"施教的补充。不仅实际上不能不如此，即使从学生成才着想，共同必修的基础教育课程也有必要。因为任何学生都不是社会中孤立的个体。所有未成年的学生的"个体社会化"，都需要接受作为社会成员所必不可少的普通教育。

"因材施教"之类经典案例或箴言，萌生于社会需求与人生需求较为单纯、教育机会有限、教育情境简单的古代。如果说此类案例或箴言（不限于"因材施教"）在那种时代曾经行之有效，那么在如今这种社会需求与人生需求多样而多变、教育规模庞大、教育结构日趋复杂的时代，如试图仍以此类案例或箴言为解决施教的良方，不啻是以不变应多变。若以此为"想当然"的依据，而回避对"材""教"以及环境、条件的具体分析、切实研究，说不定反而误事。

那么，在现实状况下，我们的教育举措如何使各不相同的学生的潜在能力得以发挥，使其各尽其才、各展其长呢？其实，这个问题并不很复杂。单就基础教育来说，按照现时代教育的常理常规，宜对"学校日"（在校时间与上课时间）加以控制，并使基础教育中的必修课程，保持在社会必要和以学生平均水平为基准（即多数学生经过努力可以达到的标准）的限度以内。从而使学生有足够的自主支配的时间与空间。这无论对于像子路那样的学生，还是像冉求那样的学生，以及比他们更为优秀或者不及他们的学生，都较为公平。因为学生是否成才，归根到底是他们自己以及他们监护人的事情。按照现代教育价值观念，学校作为"公共教育机构"，对社会承担的"教育义务"有限。如实施"英才教育"，势必成为更多学生的负担和社会的混乱。

不过，这只是在"因材施教"问题上就事论事而已。因课业负担长期居高不下，学生缺乏自主活动的机会，还另有与此无干的缘由。

民国时期私塾往事

想不到，在我国教育现代化方兴未艾之际，居然还可重见消失半个多世纪之久的私塾死灰复燃。据介绍，目前私塾已经在70多个城市的这角落或那旮旯开业，或谓读经学生已过百万之众。姑且不论其中有多大的广告式夸张的成分，它耸动了视听，倒是不争的事实。

由于它来得突兀，自然引起纷纷议论。有人道它是"国学迷恋者的精神返祖现象"，也有人称其为"民族传承的精神纽带"。在"下有苏杭"的苏州，甚至还传出"天堂"的笑声："以草根的力量挑战缺憾的现代教育。"

此说如果能够成立，那么，本人也算得幸运了。因为本人生于20世纪30年代初期（1933年），曾经在私塾中度过了十载寒窗（3—13岁）。然而，正由于这种苦行僧式的私塾生涯，过早地摧残了我以及当年同伴的身心，对于当下出现的这种光怪陆离的现象，我也就难以保持沉默。

不过，传统的私塾有不同的类型。新冒出的私塾同历史上私塾的共同之处有限；新出现的私塾，如苏州菊斋书屋、湖南平江私塾、河北行唐私塾，其共同之处也不多。故对形形色色的私塾，实不能一概而论。不可忽视的是，新老私塾形成的背景大不相同。因为自19世纪与20世纪之交以来，以学校取代私塾，是中国教育近代化的客观趋势。当时尚存的私塾，不过是历史的孑遗；20世纪与21世纪之交出现的私塾，则是对现代学校的"中国式运作"深深失望的产物，带有毫不含糊的复古倾向。私塾在中国的消长，作为私塾与学校这两种办学形式之间博弈的结果，也就值得深思。

一

中国从清末民初开始，为实现国家近代化与教育普及，逐步以近代学校取代传统的私塾。如从1904年1月颁布《奏定学堂章程》（癸卯学制）算起，经过32年，到1936年，全国共有小学（含幼稚园）320 080所，即平均每年增加10 000所学校。小学生总数18 364 956，包括完全小学、初级小学、短期小学、简易小学和幼稚园。其中比较正规的完全小学初级部与单独设置的初级小学，共有学生1 483 768人，占小学生总数8.08%。[①]

同年，全国共有私塾110 144处，私塾生1 878 351人。[②]同短期小学、简易小学相比，近于学校；同正规小学相比，又近于私塾。故只把正规初级小学（含完全小学初级部）与私塾相

① 民国政府教育部.民国二十五年学年度全国初等教育概况表［G］//中国第二历史档案馆，编.中华民国史档案资料汇编·第五辑·第一编·教育（一）.南京：江苏古籍出版社，1994：579.
② 民国政府教育部.民国二十四年学年度至二十五年学年度全国私塾概况表［G］//中国第二历史档案馆，编.中华民国史档案资料汇编·第五辑·第一编·教育（一）.南京：江苏古籍出版社，1994：682-683.

比。这两类办学机构，共有学生 3 362 119 人。其中在校生 1 483 768 人，占总数 44.1%，在塾生 1 878 351 人，占总数 55.9%。

当时，江苏省是全国私塾最发达的省份。据 1936 年统计，全省有私塾 24 259 处，占全国私塾总数（110 144）的 22%。我家地处苏中地区。1932 年以前，在苏中三分区，小学与私塾之比为 1∶200；在苏中四分区的海安县，有公立与私立小学 156 所，而私塾多达 817 处，是小学的 5.24 倍。

1936 年，正是我开始入私塾的年份（3 足岁）。我家所在的高邮县城中的禹王镇，当时还没有一所小学，却有近 10 处私塾。作家汪曾祺多次提到的县立第五小学，距离我家不足百米之遥（属东山镇），而且他常常提到的该校斋夫（工人）詹胖子，就住在我家。我却无缘读小学，而詹胖子的妈妈，就是我的第一个塾师。

以往，我一直有一个看法，以为由于家里穷，直到 14 足岁才有机会进入小学。现在想起来，这个看法并不全对。因为我先后进过 5 个私塾，其中，多数同学都是手工业者与商人家庭的子女，有些同学家庭还比较富裕。据我所知，在我家所在的镇，只有两个孩子进了小学（一个是律师之子，一个是后来当了文化部部长的徐平羽之子，他与我同岁，在考初中时，因过分劳累而死去）。当时社会上普遍对"洋学堂"缺乏信任，觉得"洋学堂不读书"，"学了也无用"。因为我们那个县是个"耕读之乡"，没有近代工业，商业也不发达（多为小商人），小学毕业，除了升学以外，在当地无法就业。一般人家子弟读私塾，只要识字，会写信，会打算盘，就够日常应用了。最好的前途，是到商店当学徒。不过，除商人子弟外，其他人就连当学徒的机会也难得。我读私塾时，师母经常提到以前的一个学生，名叫黄学照，当了学徒，师母颇为引以自豪。我们虽然知道当学徒是非常苦的事，叫作"吃三年萝卜干饭"，而当学徒和账房先生，却是我们这种家庭的孩子所能设想的最好的出路。可见，在当时那种社会状态下，一般人不相信"洋学堂"是有道理的。然而，私塾毕竟无法解决普及现代教育问题。

按照1936年统计，每所私塾平均有在塾生17.05人；初级小学与完全小学合计，平均每所学校有学生57.4人。不过，学校办学成本比私塾高。因为每所私塾只有一名塾师，而每所小学（含为数极少的完全小学高小班）平均有教职工2.3人，即每个教职工平均教学生25.06人。这种状况与当时学生来源不足相关。不过，学校扩大办学规模的潜力很大，因为当时的小学规模与如今的小学实不可同日而语。

二

传统私塾有一般私塾与经馆之分。经馆，如鲁迅就学的"三味书屋"，为上等私塾。它或为"请馆"，或为"包馆"，塾师"五有俱全"（有地位、有名望、有盘功、有坐功、有学问）。而一般私塾，或为"散馆"，或为"坐馆"。经馆为私塾中的凤毛麟角。只有极少数名门望族、书香门第子弟才有机会入经馆。从宣统三年（1911年）开始，就提倡"改良私塾"。民国时期改良私塾主要是以国语、常识、算术和体育为基本课程（占

60%）。此外，塾师亦可自定课程。据1936年统计，未改良私塾占私塾总数65%。我先后进过5个私塾，都是一般私塾，并且都是未改良的私塾。

1936—1938年间（3—5岁）进过3个私塾，其中两个塾师是我家的房客。这是我读书较早的原因。在这些私塾，只是识方块字而已。不过，我在那时已经能够从头到尾读懂唱本了，如《梁山伯与祝英台》《珍珠塔》等。1939—1945年间，在塾师杨学诚那里，连续接受私塾教育。塾师是本城大地主杨谨之家的"管田禾（代收租）先生"，中年人，很有学养。我在他那里，读了《益幼杂字》《三字经》《百家姓》《千字文》《大学》《中庸》《论语》《商业尺牍》等，并学会了打算盘。其实，单是识字、写信和珠算，只需3—4年就够了。由于年龄还小，父母、亲戚都是文盲，以为只要读书，就是好事，所以我便一直读下去。按理，读完《论语》，就该读《孟子》。事实上当时众多同学中，没有一个人读《孟子》。因为背《孟子》实在太困难了。那么，读了《论语》之后怎么办呢？按照塾师安排，读《幼学》（亦称《幼学琼林》）和《千家诗》。这样，反而越读越容易了。

1945年，家乡解放，塾师因系大地主家的"管田禾先生"，没有打招呼，一夜之间就逃得无影无踪。1946年，我又进了一位王先生的私塾。王先生像是一个学者，颇有来历。虽是一般私塾，但有经馆氛围。先生在问明我读过什么书以后，叫我学两样东西：一是《鉴略》（开头两句是"粤自盘古，生于太荒"）；一是按照《百家姓》顺序，学习同音字，如"赵"——

"罩""肇""兆"等。同音字由塾师手写。这样,我便"为读书而读书",越读越容易。

一般私塾,并不开讲。像《大学》《中庸》《论语》之类书籍,前后句子不一定有关联,句子的意思也不懂,只从头到尾,一直背下去。每一本书背完以后,老师再也不管,也就无须复习,忘得精光也无所谓。像《三字经》《百家姓》,每天只背四行(8句),《论语》1—2章,再加上写大楷小楷,打算盘(每天一句口诀),所以,学习负担很轻。

私塾一天的生活安排是:早晨8点钟到学堂,塾师依次给每个学生布置一天的课业;然后各人在座位上反复高声朗读,并且还要背以前的书,越背越多;写一张小楷、两张大楷,打算盘,不得离开座位;直到中午11点放学;下午从1点到4点左右,每个学生依次到老师面前背书、交大楷小楷、打算盘后,放学。监狱尚且有放风的规定,然而在私塾,除了大小便之外,不得离开座位。一年里,从正月十六(或二月初一)开始,到腊月二十三结束。只在端午节与中秋节各放假一天。束脩为每个月一斗米(15市斤),在若干年中行情未变(当时本县县立中学校长月薪为10石米)。

在私塾里,同学之间互不来往。哪怕同学数年,彼此之间亦无交谈的机会。只在同桌的同学之间,常常偷偷地游戏。私塾里,有许多世代相传的游戏。陈鹤琴在《我的前半生》、胡适在《四十自述》中提到的私塾中的那些游戏,我们都会玩。在私塾中,也有一些好朋友放学以后在一道玩。但大家从来不谈私塾中的事情,因为那种生活无话可谈。

私塾生活虽然非常单调，但由于私塾生并不知道除此以外还有另外一种生活，也就安之若素，习以为常。加之，每天的学习负担不仅不重，而且很轻。所以，私塾只耽误学生，并不摧残学生。唯唯诺诺，呆呆板板，就算是"学会做人"。

我在1947—1949年间，开始进小学。初进小学，仿佛进了一个新天地。同学之间开始有交往，每天都能学到很多新知识。当时的小学，除体育、音乐、图画课以外，每门功课每天都有作业。由于那时并不讲什么"创新精神""实践能力"，故每天作业的内容，都是教材中的要点。有月考、大考，每门功课都得考，但考试内容都是教材中的要点。故作业和考试，都不成为负担。学校生活并不枯燥，学生鲜有厌学情绪。师生关系淡漠，但并不对立。当时实行"学生自治"（学校为一镇，设镇长一人，每班有保长、甲长），由学生主持本班朝会、夕会。虽有级任教员，然而级任教员对班级工作很少过问。不过，班级活动倒也井然有序。两年中，只有一次督学来校视察，学校并未兴师动众。不过，我们的语文老师事前把上课要提问的题目告诉大家。我的题目是："帕米尔高原上有哪两座高峰？"答案是："郎库尔瓦罕、塔克登巴什。"

所以，那时并不觉得"现代学校"有什么"缺憾"，更想不到学校需要接受私塾之类"草根的力量"的挑战。

三

20世纪与21世纪之交，私塾在我国许多角落死灰复燃。从表面上来看，这是一些人张扬"国学"的影响所及，而张扬"国学"的宣传之所以能够发生一些实际影响，实同如今社会上普遍对我国现行学校教育深深失望相关。

其实，早在现代学校制度传入中国的初期，它就受到质疑。这种疑问或出于对中国传统文化丧失的杞忧和对现代科学文化的价值估计不足，或出于对制度化的学校教育束缚个性的不满。正如20世纪初期，李达主持、毛泽东参与创办的湖南自修大学，在《创立宣言》中提到，学校"用一种划一的机械的教授法和管理法去戕贼人性""钟点太多，课程过繁"。经过多年实践，前一种质疑早被历史所否定，到如今似乎出现了否定之否定的苗头；后一种质疑，到了20世纪中叶，已经成为国际教育舆论界的共识，而在中国，时至现在，"制度化教育"的弊端和课业负担之重，反而变本加厉。相比之下，私塾似乎既以"国学"为本，又无"制度化教育"的弊端，岂不是矫正学校时弊的良方么？

如此比较，似乎顺理成章，问题是，这种比较，真的能够成立么？

就教与学的制度来说，现代学校是作为"公共教育机构"而问世的。它之所以成为"公共教育机构"，是由于它以班级授课制度取代非制度化的个别授课方式，同一个班级学生可以修习同样的课程，使一个教师有可能教更多学生，既大大提高了办学的效率，又可能建立统一的办学标准，从而使普及教育成为可能。然而，学校这种"制度化教育"的优点，也正是它的缺陷。反之，私塾采用手工式的个别授课方式。作为"非制度化的教育"，它比较灵活。不过，由于个别施教使一个教师所能指导的学生为数有限，且使教师承担过多的重复劳动。更由于教师精力有限，即使对有限的学生所作的学业指导，也非常有限。一般私塾对学生并不开讲，不是没有原因。所以，在普及教育的时代，私塾必然为学校所取代，而不可能取代学校。

就课程内容来说，进入20世纪以后，尽管早就有人对学校提出质疑，主要质疑其机械刻板的教与学的方式，但一般并不怀疑学校以近代科学文化为主的课程，也就鲜见为传统私塾课程张目。相比之下，进入21世纪以后，新冒出的私塾，却带有明确的复古倾向。如苏州菊斋书屋，据称，以经学、韵文、古乐、书画、茶道为教学内容。平江私塾，标榜教学《增广贤文》《论语》《诗经》《楚辞》《古文观止》《幼学琼林》《唐诗三百首》《乡党应酬汇编》。说是这么说，其实最多只是从这些书籍中，选择个别章节、只言片语，沾点皮毛而已，没有，也不可能像传统私塾那样，原原本本地读书。这点人文知识的皮毛，就是同基础教育语文课程标准推荐的优秀诗文背诵篇目相比，也属微不足道。把这种没有现代气息的私塾称为"现代私塾"，倒颇有幽默感。历来为私塾张目，都道它"弘扬国学""培养学生古典文化底蕴和优雅情怀"。其实，除为数极少的经馆以外，一般私塾大都让学生死背他们不懂的文字符号，学生由于不懂这些互不关联的句子的意思，很快所背的大部分就被遗忘了。所以，在私塾中，读什么书都是一样的，都不过是识字而已，哪有什么"国学""传统文化"的影响？要说有什么影响，也就是唯唯诺诺、呆呆板板而已。

四

就世事来说，20世纪30—40年代，在有机会读书的儿童和少年（失学者除外）中，约有十分之一（实际上远远超过官方的这个统计比例）的孩子，只能在私塾读书。因为当时全国大部分农村和城镇，尚处在农耕时代。虽然整个国家已经纳入近代化的进程，家长选择私塾，似乎认错了时代，其实是当时实际的社会状态使然。所以，我和我的同龄人，注定没有"自己的童年"和"自己的少年时代"。如今，中华民族正经历复兴的新时代，城乡每年都在发生急剧变化。当家长考虑孩子前途的时候，无视面临的社会现实与国家的前程，试图把孩子引入一个世纪以前的老路，即"废科举，兴学校"以前的那种读书状态。也许由于物以稀为贵，在知识经济时代，古色古香的遗少奇货可居。但这才真正是病急乱投医，"认错了时代"。

若问有些家长为什么睁着眼睛认错时代，其实，少数家长选择私塾，实出于无奈。因为我国如今的学校，既与国际通行的基础教育学校不一般，也有别于中国20世纪20—60年代前期的小学和中学。城市小学规模无节制地膨胀，学校中的课业负担长期居高不下，炒作之风盛行，教师和学生都不堪重负。如果说私塾只耽误学生，那么学校的这种"中国式的运作"，每年每月每日都在压抑学生。逃避这种学校，不正是为了逃避压抑么？逃到哪里去呢？难道一定要逃到甲午战争、鸦片战争以前的那个时代去么？关于这个问题，如今不少地区的教育主管当局都保持沉默，一介草民也就不便说下去了。

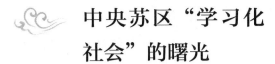

中央苏区"学习化社会"的曙光

最近二十余年间，随着各地地方志研究的进展，原革命根据地所在的省、县关于根据地教育的调查研究空前活跃。革命根据地教育的历史价值是毋庸置疑的，问题在于根据地教育的历史经验同我们正在进行的社会主义现代化教育建设究竟有什么联系？

不错，根据地教育以"革命化"为基本特征，当时没有也不可能把"现代化"问题提上日程；现在进行中的教育改革，应当也只能打上社会主义现代化的印记。惟其如此，现在的教育需要面向世界，面向未来，而不是面向中国的过去。如此说来，难道以往教育改革同现行教育改革风马牛不相及么？问题在于到底怎样看待教育现代化？怎样估计世界教育的现状？怎样把握世界教育发展的趋势？果真把握当代世界教育改革的脉搏，又不能不承认，现行教育改革同历史经验的联系不仅割不了，而且能从这种联系中得到教益。

一

不妨从国际教育改革的舆论谈起。

战后，无论发达国家还是发展中国家，教育事业都得到空前的发展；然而，由新的科学技术革命促成的经济变化与社会变化更大，它所带来的新矛盾也层出不穷。相形之下，教育事业发展同社会经济发展的不适应日益显著。1967年在威廉斯堡举行以"世界教育危机"为中心课题的国际教育会议，1968年菲利普·H.库姆斯（Philip H. Coombs）发表颇有影响的《世界教育危机》一书。单从名称也可见得教育问题的严重程度。此后，世界到处酝酿教育改革，不同类型的国家几乎都着手进行教育改革的尝试。改革的议论和方案像雪片似的飞舞，"教育到处在运动之中"，"教育，处于变革之中"。①

教育问题的症结在哪里？出路何在？

20世纪70年代，联合国教科文组织先后召开过几次国际教育会议，并发表一些具有较大影响的教育著作。已经译成中文的有《学会生存》《世界重大教育问题》《今日的教育为了明日的世界》等。这些著作着眼于现行世界教育进行"批判性的思考"，指出问题的症结和世界教育改革的一般趋势，对于重新思索中国教育的历史进程和作出我们的选择，是有启发的。这里着重谈谈《学会生存》一书对现行世界教育"批判性思考"的结果。

当代有识之士注意到：战后世界教育事业飞跃发展，但人们为此又付出相当大的代价。尽管人类教育史上第一次出现教育投资先行的迹象，但这种势头要继续保持下去，困难甚大，

---

① 让·托马斯.世界重大教育问题［R］.华东师范大学外国教育研究室，译.上海：华东师范大学印刷厂印本，［1979］：1.

事实上这种势头并未保持下去。付出的代价同取得的效益很不相称。按理，培养出来的人才越多，越能促进经济与社会的发展，事实上学校中培养出来的人才越多，社会上不符合实际需要的人越多，以致在历史上第一次出现"社会拒绝使用学校的毕业生"的现象，结果，产生更多的社会问题；按理，教育事业越发展，人们受教育的机会越多，社会越趋向民主，而事实正好相反，教育越发展，人与人之间在教育机会上的差异越大，教育反而更加不民主；按理，教育旨在使人的身心得到充分发展，事实上不仅社会诸动因，而且连教育本身也使人格越来越趋分裂，如此等等。

从诸如此类的弊端，人们不能不联想到现行教育体系（即所谓"制度化教育"）过时了，它走进了"死胡同"。[①]与此相关，现行的许多教育概念，以至僵化的教育学教条也过时了。

然而，这种产生于发达国家的过时的教育模式，曾经强加于殖民地，新独立的民族国家对它抱有过多的奢望，并为此作出重大的民族牺牲。有些国家把预算的四分之一甚至三分之一投入教育，用于移植过时的教育模式，结果非但没有得到应有的补偿，反而带来比发达国家更多的社会问题与不良的心理影响。

这样，制定新的教育发展战略与策略，寻求更好的选择，成为刻不容缓的课题。

矛盾重重，出路何在？

① 联合国教科文组织国际教育发展委员会.学会生存——教育世界的今天和明天［M］.上海师范大学外国教育研究室，译.上海：上海译文出版社，1979：呈送报告.

当代国际教育舆论界从人们提出的各种选择中，采纳并充分肯定了"终身教育"一途，而"终身教育"必以"学习化社会"为背景。

传统教育的逻辑是，在学校中为学生毕业后的工作准备好足以终身运用的知识与技能。这是流传已久的教育预备说。在相对稳固的社会中有其存在的理由；在现代迅速变动的社会中，出现所谓"知识爆炸"的趋势，学校中习得的知识与技能，经过一定时间，有相当大的部分陈旧了，一个人只有不断学习新的知识与技能，甚至终身学习，才能充分胜任内容和形式不断变化的工作岗位。这就需要重新考虑学校教育的职能，也就是使学校从传授现成的知识、技能，转变为培养学生掌握知识与技能的能力，说得过火一点，就是使教学活动"让位于学习活动"，使学生"越来越不成为对象，而越来越成为主体"，"未来的学校必须把教育的对象变成自己教育自己的主体。受教育的人必须成为教育他自己的人；别人的教育必须成为这个人自己的教育"。[①]

传统教育着眼于培养少数杰出人才。这个着眼点称为"杰出人才论"。在"杰出人才论"的指导下，即使学校增多了，受教育的人数增加了，仍然着重培养少数人，而置多数人于不顾（因为随着人数增加，选材标准更严）。现代社会需要越来越多的人接受教育，并参与生产以及各项社会事业，需要人们所受的教育趋于平等，需要使越来越多的人有终身受教育的机会。

① 联合国教科文组织国际教育发展委员会.学会生存——教育世界的今天和明天 [M].上海师范大学外国教育研究室，译.上海：上海译文出版社，1979：218-219.

这就要求从多方面创造就学机会。概言之，"终身教育"要求把社会变成"学习化社会"。

二

所谓"学习化社会"指的是：

1. 学校不再只对少数人开放，应当把学校办成社区文化活动的中心，使没有得到求学机会的人随时能在正规学校中得到教益；

2. 不仅谋求正规学校的革新，而且充分肯定非正规学校的地位，发挥非正规学校灵活多样、便于吸收更多的人学习的特色；

3. 不仅继续扩大正规与非正规学校，而且充分肯定校外教育机关的地位，广泛发展图书馆、俱乐部之类的社会设施，尤其是发展大众通信媒体（无线电、电视等）；

4. 不仅由传统的教育机关举办学校，而且充分鼓励非教育机关即企事业单位、社会团体等，承担教育职能，推而广之，整个社会都要承担教育职能。

这像是现代教育乌托邦，但作者如此设想的根据是：各国教育革新尝试中呈现出的趋势，现代科学技术革命开辟的广阔前景。作者注意到这个蓝图的实现可能遇到的社会经济制度、政治弊端、传统习惯诸方面障碍，既不作某种改革必定实现的承诺，也不求助于宗教式的虔诚说教，只是肯定一种前景，鼓励人们作出更多的尝试，并从本国实际出发，制定自己的教育策略。

这里无意对这几本著作指三道四，只借此一鉴，重新观照我们的历史足迹。

《学会生存》一书，堪称"面向世界，面向未来"的教育著作，然而作者并未忽视教育的过去。全书是从"过去的遗产"谈起的："我们于1972年决定着手对教育形势作一个批判性的估价。这就是说，我们力求把世界看作一个整体，去识别它的共同特征，而其中有许多特征只能根据它们过去的历史来加以说明。"①

已往的世界教育史，大抵以欧洲为中心，实际上局限于追溯制度化教育的源流，是现行教育结构的千秋宗谱。这本书虽只对教育的历史长河作走马观花式的匆匆一瞥，其视野却从欧洲扩展到世界，全面地估量了世界教育的遗产。注意到人类社会除了有制度化教育的历史宝藏以外，在非洲、在亚洲，在伊斯兰教中，还有非制度化教育的遗产，"终身教育"的遗产，"学习化社会"的遗产。由于制度化教育的偏见以及其他更深刻的社会原因，这方面的教育遗产，或者湮没了，或者被置于视野之外。这是教育史研究中的损失。最大的损失还在于它导致新兴国家移植外来教育模式的历史悲剧。作者在检阅过去的教育遗产之后得出的结论是："虽然我们对过去历史的这种看法是片面的，教育的历史似乎为未来的教育提出了双重的任务：教

---

① 联合国教科文组织国际教育发展委员会.学会生存——教育世界的今天和明天［M］.上海师范大学外国教育研究室，译.上海：上海译文出版社，1979：2-3.

育既要复原，同时又要革新。"①所要"复原"的，主要是"学习化社会"的传统，特别需要"革新"的倒正是至今仍奉为圭臬的"制度化教育"的陈规。

三

其实，如果要讲"终身教育"与"学习化社会"的传统，倒更需研究中国教育的遗产，尤其是中国革命根据地教育的遗产。

要论历史上什么时候在什么地方特别重视教育，不妨看看我们的根据地：不谈平时，就是在1934年第五次反"围剿"斗争紧张的时刻，为了应付战争的需要，军民上下都勒紧裤带，过着最俭朴的生活，中央政府各部门都大量精简人员，大幅度缩减原来就很有限的开支，中央审计部门唯独特许教育部适当增加人员和开支；更可贵者，许多不拿工资、只领微薄的生活补贴的教师，纷纷自动放弃生活补贴，自带伙食义务教学。这不是教育史上的奇迹和佳话么？

现今世界上扫除文盲还是一个大难题。1970年世界15岁以上的成年人口中有文盲七亿八千三百万人，占同龄人口的34.2%。②尽管发展中国家为扫除文盲付出沉重代价，文盲人数还在继续增加。欲问哪里曾经在很短的时间内取得扫除文盲的

---

① 联合国教科文组织国际教育发展委员会.学会生存——教育世界的今天和明天［M］.上海师范大学外国教育研究室，译.上海：上海译文出版社，1979：37.

② 同上：69.

重大成就，不妨请看根据地：在根据地，无论走到哪个村庄，在村口都可以看到"识字牌"，并设有扫盲监督岗。不识牌子上的字，别想通行，哪怕你是大干部，也得遵守这个规矩。不识字，当场可以教，到学会为止。走过一村又一树，村村有"识字牌"挡驾。是文盲，就寸步难行；反之，是文盲，处处都可以识字。这还只是诸多主要办法之外的辅助形式。这种极其简单，似不"高明"的形式，反映出多么浓重的文化气息。

查一查不是培养书呆子的学校的传统，查一查不是为文凭与谋生而学习的传统，查一查为崇高目的办学的传统，也请读读根据地教育史。

要论把学校办成社区文化活动的中心，根据地是当之无愧的。不仅在各级教育部门颁布的法规上有明文规定，而且这种规定到处都在切实执行。

在苏区，校外教育机构和文化设施如俱乐部、列宁室、工农剧社等，像雨后春笋般大量涌现。不仅遍及机关、学校、群众团体，而且推广到各乡；在苏区，教育部不但管教育，而且管文化（而文化和教育的联系与统一管理，至今仍是实施终身教育的难题）。在苏区，除教育部外，几乎所有政府部门与群众团体也都兴办文化教育设施。尔后的抗日根据地、人民解放区更是如此。

更加可贵的是，上述这一切，结合得那么自然，那么协调，那么和谐，那么有效。

这不是名副其实的"学习化社会"么？

惟其如此，不仅儿童、少年、青年能够受到教育，就连成年人和老年人也大都高高兴兴地参加学习。千百年来备受压抑的妇女，也在教育上充分发挥她们的潜力和才能；不仅如此，每个人不止有一种学习机会，而可以有多种学习机会。譬如一个成年妇女，不仅参加夜校和识字班，而且在妇女会、合作社等组织中接受教育。男子受教育的机会更多，这不是名副其实的"终身教育"么？

《今日的教育为了明日的世界》一书中提到：世界上任何地方都没有完全实现终身教育制度。作者加了一个注脚："或许除中国外。"[①]他所指的，大抵是在"'五七'指示"名义下"文化大革命"中的教育实践。实际上这是中国革命根据地的倒影，更确切地说，是对革命根据地教育传统的粗暴歪曲和背叛，算得上什么终身教育？但我们确有终身教育的传统，应当让世人知晓。

撇开教育的性质与内容，单就教育的形式而论，根据地教育确实显示了学习化社会的曙光。在中国产生这种学习化社会不是偶然的。如果说制度化教育适应于相对稳定的社会环境，学习化社会则是社会剧烈变动时代的产物。我们革命根据地的教育是革命战争的产儿，而现在纷纷议论的学习化社会，则是方兴未艾的新科学技术革命促成的趋势。现代化建设对教育的需求同战争年代不同。如果认为我们现在也须向"学习化社会"方向努力，也不意味机械地复原过去的学习化社会。这是十分显然的。1949年以后也有过复原解放区教育的尝试，1958年

① 查尔斯·赫梅尔.今日的教育为了明日的世界——为国际教育局写的研究报告 [R].王静，赵穗生，译.北京：中国对外翻译出版公司，1983：32.

"教育大革命"与后来所谓"无产阶级教育革命",在某种意义上可以看成是这种先例,不过都是失败的先例。失败的原因至少是由于在认识上没有认清建设时期社会需求与条件不同于革命时期,在现代化基础上的"学习化社会"远比自然条件下的教育实践复杂得多。制度化教育虽然有其弊端,但也有它的长处,我们1949年以后还不充分具备这种长处。《学会生存》等书中大讲制度化教育的毛病,一味颂扬非正规的教育。非正规教育虽有正规教育所没有的长处,毕竟比正规教育粗浅,它也易被流于形式。世界上这方面的实践还只是开了一个头,结果是否尽如人意,还得倾听实践的回声。就中国的实践看来,情况不简单。从这方面说,我们的失败教训也是宝贵的。

然而,自苏区以来的革命根据地教育经验,毕竟是中国大地上生了根的智慧花束,它提供了为中国人民喜闻乐见的民族化的教育形式。如果能肯定学习化社会是教育发展的必然趋势,如果抛弃制度化教育的偏见,那就可以断定苏区教育确是中国学习化社会的先声。那种办教育与受教育的高尚动机,那种学校为社会服务的崇高精神,那种全社会办教育的高度的积极性,那种中国人民喜闻乐见的教育形式,如果同现代化建设的内容结合起来,我国教育事业的发展将顺利得多。

现在世界上许许多多发展中国家,深受殖民主义者强加的外国教育模式之害,痛感摆脱外来模式、恢复与发扬本民族教育传统之不易;相比之下,我们在付出一定代价之后,倒取得这方面的先见之明。这也是从根据地教育中得来的教益。

陕甘宁边区小学教育沿革

陕甘宁边区的小学教育在抗战前后变化至大；抗日战争时期，在1944年普通教育改革前后变化也相当显著。

边区小学教育中最突出的问题，首先是小学发展的数量与质量的矛盾。这个问题的解决牵涉到小学校制度改革与课程设置改革，也涉及普及教育中的办学体制等问题。

1944年以前，在这一系列问题上曾经反复进行过多方面的探索，直到1944年以后才摸索出一条符合农村抗日民主根据地需要与实际的普及教育道路。陕甘宁边区小学教育的健全发展，意味着如边区政府主席林伯渠所说："新的战士在孕育中。"[①]

一

在抗日风云激荡的岁月里，陕甘宁边区上下一致，同心同德致力于创建"模范的抗日民主根据地"，致力于边区政权建设、经济建设与文化教育建设，使边区成为举国向往的革命圣

[①] 陕西师范大学教育研究所，编.陕甘宁边区教育资料（小学教育部分）上册［G］.北京：教育科学出版社，1981：卷首插页，林伯渠题词。

地。就教育建制来说，小学教育在一般情况下是整个教育的基础，在当时同国民党统治区教育有更多可比因素。边区小学教育无论在性质上，还是在数量与质量上应当成为全国小学教育的模范。这是一种很自然的愿望。惟其如此，边区政府教育厅从一开始就大刀阔斧、雷厉风行地推动小学教育普及，从1938年起又把增加学校、扩大学生数与提高小学质量双管齐下。问题在于陕甘宁边区原有文化底子太薄，且处在严重的民族战争环境中，人力有限，物力与财力需要集中投入战争与生产，而分配到教育部门的人力、物力与财力资源，在教育部门中又存在合理再分配的问题。小学教育能占有多少人力、物力与财力资源，不能从主观愿望出发，只能从客观需要与可能出发。

1937年以后，陕甘宁边区小学教育扶摇直上。在1937年秋至1941年间，小学校增加1倍以上，小学生增加近3倍。从下表可见一斑：

年　度	1937年秋	1938年秋	1939年秋	1940年秋	1941年秋
小学数（所）	545	733	883	1 431	1 148
小学生数（人）	10 396	15 348	23 089	41 458	40 366

资料来源：陕西师范大学教育研究所，编.陕甘宁边区教育资料（教育方针政策部分）上册［G］.北京：教育科学出版社，1981：213.

陕甘宁边区起初以群众性突击运动的方式推动小学教育的发展，许多新设立的小学不免成为有名无实的"空架子"，小学的巩固就成为问题。在小学初具规模以后，为了谋求小学教育质量的提高，借以巩固小学发展的成果，在1938—1942年，越来越倾向于使小学走上正规化的发展道路。

陕甘宁边区政府教育厅为了把小学教育纳入正轨，于1938年8月15日公布《陕甘宁边区小学法》，一年后经过修正重新公布；1941年2月1日，又发布《陕甘宁边区小学教育实施纲要》。《陕甘宁边区小学法》的几度修改，在细节上变化不大，惟对办学宗旨的表述差别明显一些。

1938年《陕甘宁边区小学法》的表述是："边区小学应依照国防教育方针及实施方法以发展儿童的身心，培养他们的民族意识及抗战建国所必需的基本知识技能。"[①]1939年公布的修正稿，在"民族意识"之后加上"革命精神"，其余措词未变，这唯一的补充，大抵是反映中共六届六中全会决议关于"统一战线中的独立自主原则"的精神。[②]1941年2月《陕甘宁边区小学教育实施纲要》的表述是："边区小学教育，应依新民主主义教育方针以促进儿童的民族觉悟，养成儿童的民主作风，启发儿童的科学思想，发展儿童的审美观念，提高儿童的劳动兴趣，锻炼儿童的健壮体格，增进儿童生活所必需的知识，培养儿童为大众服务的精神。"[③]这一改动意味着教育方针的变化。

---

① 陕西师范大学教育研究所，编.陕甘宁边区教育资料（小学教育部分）上册 [G].北京：教育科学出版社，1981：11.

② 同上：55.

③ 陕甘宁边区小学教育实施纲要 [G] //陕西师范大学教育研究所，编.陕甘宁边区教育资料（小学教育部分）上册.北京：教育科学出版社，1981：97.

边区教育厅还依据历次公布的《陕甘宁边区小学法》，于1939年8月15日、1941年2月1日两度公布《陕甘宁边区小学规程》，具体确定边区小学的学校设置、修业年限、始业时间以及课程设置等。

关于边区学制：1937年由中央苏维埃政府西北办事处文化教育建设委员会起草的《小学教育制度暂行条例（草案）》确定，小学修业年限为5年，前期（初级小学）3年，后期（高级小学）2年。[①]这一规定是沿袭土地革命战争时期1934年颁布的《中华苏维埃共和国小学制度暂行条例》。1938年、1939年、1940年的《陕甘宁边区小学法》《陕甘宁边区小学教育实施纲要》在学制上都无变更。

关于学校设置：1939年《陕甘宁边区小学规程》确定：小学的设立，初级小学须有学生20名以上，完全小学50名以上；初级小学如有特殊情形，得变通办理，但不得少于15人。[②]1941年《陕甘宁边区小学教育实施纲要》维持原规定。1941年秋平均每所小学有学生32人，在整顿小学时规定每所小学至少25人，否则便合并或取消，导致学校大量削减。减少得最多的是那些偏僻、居民点分散的地方。并校后平均每校有学生43人。[③]

关于学校隶属关系：《陕甘宁边区小学规程》规定，除教育厅直属小学校与师范学校附属小学外，各县小学由县政府第三

① 小学教育制度暂行条例（草案）[J].新中华报，1937-04-29.
② 陕甘宁边区小学规程[G]//陕西师范大学教育研究所，编.陕甘宁边区教育资料（小学教育部分）上册.北京：教育科学出版社，1981：59.
③ 陕甘宁边区政府教育厅.去年工作总结，今年工作计划大纲[G]//陕西师范大学教育研究所，编.陕甘宁边区教育资料（教育方针政策部分）下册.北京：教育科学出版社，1981：364.

科领导，土地革命战争时期，一般实行初级小学以乡办为主，亦有村办小学，高级小学以区办为主。即使在正规化时期颁布的《小学校制度暂行条例》中也只规定各乡划分学区，每学区设一所小学。这无助于调动基层办学积极性。

关于始业时间：1937年规定春季始业，1939年改为秋季始业；1941年恢复春季始业。

1939年规定：小学课程"以政治军事为中心"，社会活动、生产劳动列入正式课程。课程设置是：

学科 ＼ 时间（节） ＼ 年级 ＼ 阶段		初级小学			高级小学	
		一年级	二年级	三年级	四年级	五年级
国　语		12	12	12	12	12
算　术		3	4	5	5	5
常识	政　治	6	6	6	4	4
	自　然				2	2
	历　史				2	2
	地　理				2	2
美　术		2	2	2	2	2
劳　作		2	2	2	2	2
音　乐		3	3	3	2	2
体　育		3	3	3	6	6
总　计		31	32	33	39	39

资料来源：陕甘宁边区小学规程［G］//陕西师范大学教育研究所，编.陕甘宁边区教育资料（小学教育部分）上册.北京：教育科学出版社，1981：61.

在说明中提到：劳作以劳动为主，体育以军事为主；一节课以30分钟为原则，必要时可延长到40或50分钟。由于每节课时间不确定，教学时间、学生学习负担与通常课程设置中教学时间数无法比较。

1941年的课程设置，把"以政治军事为中心"改为小学进行政治教育、语文教育、科学教育、艺术教育、劳动教育与健康教育，相应设置各类教育的学科：

教学时间(分钟) 学科 \ 阶段 年级	初级小学			高级小学	
	一年级	二年级	三年级	四年级	五年级
国　语	390	390	390	390	390
算　术	120	150	180	180	180
常　识	240	240	240	—	—
政　治	—	—	—	120	120
自　然	—	—	—	120	120
卫　生	—	—	—	60	60
历　史	—	—	—	90	90
地　理	—	—	—	90	90
美　术	90	90	90	90	90
音　乐	90	90	90	90	90
体　育	150	150	150	180	180
总　计	1 080	1 110	1 140	1 410	1 410

资料来源：陕甘宁边区小学规程［G］//陕西师范大学教育研究所，编.陕甘宁边区教育资料（小学教育部分）上册.北京：教育科学出版社，1981：102-103.

在说明中提到：各种学科可依其性质并按照总时间分别支配，以30分钟、40分钟、45分钟、50分钟或60分钟为一节。初级小学教学时间按通常每节课45分钟折算，平均每周24.6节；高级小学教学时间折算为平均每周25.3节。

1941年只比1939年的课程增加一门卫生课，其余变化不大。

陕甘宁边区原有文化基础与办学条件比土地革命战争时期的中央苏区差得多。中央苏区1934年统一规定的课程设置是：

周时数 阶段 年级 学科	初级小学			高级小学	
	一年级	二年级	三年级	四年级	五年级
国　　语	6	6	6	6	6
算　　术	4	4	4	6	6
社会常识	—	—	—	2	3
自然常识	—	—	—	2	3
游艺游戏	8	8	8	8	8
总　　计	18	18	18	24	26

资料来源：小学课程教则大纲［G］//陈元晖，璩鑫圭，邹光威，编.老解放区教育资料（一）：土地革命战争时期.北京：教育科学出版社，1981：313-314.

无论从学科门类还是教学时间上看，1939年、1941年的课程设置比土地革命战争时期正规化课程设置更加"正规化"。判断哪一种课程设置更合理，不仅看其是否合乎客观需要，尤其看其是否切实可行。一定课程的实施取决于种种因素，特别同教师的数量与质量有关。据中央苏区江西省苏维埃政府工作报告中发表的1932年8—10月间的教育统计，14个县有列宁小学（初级小学、高级小学均在内）227所，教师2 535人（其中5个县为10月份统计，其余县为8—9月合计）。[①]平均每所列宁小学只有教师1.1人。尚未见陕甘宁边区小学教师数字的较全面统计，按照边区教育厅正副厅长柳湜、贺连城1944年12月在边区第二届参议会第二次大会上提案所附材料，陕甘宁边区平均每所学校的教师数，不致超过江西苏区。[②]同时边区有57.8%的教师只有高小毕业水平，另有14.7%的教师还达不到高小毕业水平。两项合计占教师总数72.5%。[③]可见陕甘宁边区1941年的课程设置反而不如江西苏区教育正规化高峰时期的课程切实可行。

三

尽管在1938—1941年制定了一系列旨在使小学教育正规化的规章制度，并且从教育数量与质量双管齐下逐步转向控制数量，谋求质量，而实际上小学教育的数量与质量均不尽如人意。

1941年边区政府教育厅对小学的实际状况进行一系列调查，发现如下问题。

1. 入学儿童占学龄儿童比例为24.5%（这个数字是以边区总

---

① 江西省教育学会.苏区教育资料选编（1929—1934）[G].南昌：江西人民出版社，1981：62.

② 陕西师范大学教育研究所，编.陕甘宁边区教育资料（教育方针政策部分）上册 [G].北京：教育科学出版社，1981：270.

③ 同上：228.

人口 1 066 401 人、学龄儿童占人口总数 1/6，即 177 730 人为基数计算的），据 1944 年底估计，8—13 岁学龄儿童为 16 440 人，以此数计算，入学率还高一些。

2. 在 43 325 名小学生中，初级小学学生与高级小学学生的比例为 1∶25，初级小学学生中途退学现象严重。如华池县初级小学学生 363 名中一年级 165 名，退学者占 4%—5%，二年级 125 名中退学者占 4.5%，三年级 73 名中退学者占 20%。庆阳县第一完全小学 100 名初级生，一年级 72 人，二年级 22 人，三年级仅剩 6 人，即在学人数仅占原有学生数的 6%。

3. 设备甚差。据 5 个县 211 所初级小学统计：只有一孔窑洞的占 21.3%，二孔窑洞的占 34%，三孔窑洞的占 20%，有四至八孔窑洞的只有 2.4 所（另有 24 所情况不明）；在这 211 所小学中，没有黑板的 69 所（占 31.75%），没有桌子的 16 所，没有凳子的 31 所。

4. 课本缺乏。有些学校四五个学生共读一本书，庆阳小学有 1/3 的学生读旧书。

5. 师资文化水平低。1941 年 7 月小学教师学历统计如下：

数　字 　　　　　项　目 学　历		人　数 （人）	分类小计 （人）	百分比
第一类	大　学	2	160	12.4%
	师　范	46		
	中　学	87		
	简　师	25		

数　字 学　历	项　目	人　数 （人）	分类小计 （人）	百分比
第二类	鲁迅师范	134	196	15.1%
	边区师范	43		
	边区中学	19		
第三类	高小毕业	740	740	57.8%
第四类	初小毕业	88	188	14.7%
	读过私塾	93		
	读过冬学	7		
合　　计		1 284	1 284	100%

资料来源：陕甘宁边区的教育工作［G］//陕西师范大学教育研究所，编.陕甘宁边区教育资料（教育方针政策部分）上册.北京：教育科学出版社，1981：224-228.

　　在这种情况下，"钱花了，人忙了，数字一大堆，效果没多少"，"有政治方向，没有文化程度"。教育厅认为小学教育"不整顿不行"。于是，在1942年春采取小学正规化过程中最有决定性的步骤即整顿小学。整顿的办法是：各县第三科（教育科）把主要力量放在完全小学上，扩大完全小学的校舍，充实设备，补足经费；选定人口集中、交通方便、基础较好的小学，修理校舍，充实设备，改为中心小学；审查现有教师；不具备条件的学校停办，其条件是：到校学生在25人以上，有单独的教育、宿舍、教室住室、游戏场所，有黑板与足够的桌凳，有伙夫；五里以内的小学尽可能合并。①

① 陕甘宁边区的教育工作［G］//陕西师范大学教育研究所，编.陕甘宁边区教育资料（教育方针政策部分）上册.北京：教育科学出版社，1981：229-230.

1942年整顿小学教育的工作全面展开。"检定合格的学校，有几处算几处；甄试及格的教师，有多少算多少"，办"重质不重量"的正规教育。结果如下：1941年秋原有小学1 195所，学生38 366名，平均每校学生32名；1942年春合并后，小学共723所，学生30 845名；学校减少472所，学生减少7 521名，分别占原来的39.5%、19%。[1]

1942年在合并公立学校的同时，还采取另外的措施，即奖励并提倡私人兴学、讲学，允许教会、社团设立学校，赞助同族邻里兴办义塾，并确定在不违反抗日救国的最高原则下，对他们的办学宗旨、学制、课程、组织机构和教学设施，政府决不加法律上的干预。[2]不过当时把这方面作为一种辅助手段，工作重点还是放在公立小学，尤其是公立完全小学与中心小学上面。实际上私塾与私立小学微不足道，不成气候。

四

从1943年开始，陕甘宁边区整个教育结构发生重大变化。干部教育在整个教育体系中的地位大为提高，儿童教育的地位明显下降；由于把高级小学以上的教育纳入干部教育范畴，高级小学性质发生变化，又使小学教育中初级小学与高级小学的地位与关系发生变化；在初级小学地位下降情况下，小学教育

---

① 去年工作总结，今年工作计划大纲 [G] //陕西师范大学教育研究所，编.陕甘宁边区教育资料（教育方针政策部分）下册.北京：教育科学出版社，1981：364.
② 提高边区国民教育 [N].解放日报，1942-01-14.

的普及就得另辟蹊径，导致"民办公助"的村学的发展，又引起从办学体制、学校设置到课程设置以至教学组织等发生全面变革。

1. 关于高级小学的性质

陕甘宁边区从1943年起把教育工作重点转移到干部教育上面，并把高级小学纳入干部教育范畴。1944年7月17日《解放日报》在题为"论普通教育中的学制与课程"的社论中提出：把普通高级小学以上纳入干部教育范围，意味着不把高级小学教育作为所有儿童和成人都须接受的国民教育，其毕业生亦应尽可能都分配一定工作；同时高级小学不仅吸收初级小学毕业生，还得吸收现任干部。为此，高级小学或斟酌情况并入初级干部学校，作为普通中学的预备班，或作为独立训练班。事实上完全小学仍独立存在。高级小学教育性质与职能的变化，不仅出于大量培养干部，尤其是在职干部的需要，也反映边区高级小学的实际情况。据1944年陕甘宁边区文化教育大会统计，环县、合水、赤水、延长、甘泉、葭县的完全小学历年毕业生担任干部工作或升学者占72%。[1]表明高级小学原已带有干部学校或干部预备学校性质。

高级小学承担培养干部职能后，其正规化程度至少不下于改革前。1944年文化教育大会《关于培养知识分子与普及群众教育的决议》关于高级小学有如下规定：课程设置可根据各地需要不同而有伸缩余地，但课程的变动须经上级主管部门同意；

---

[1]　关于文教工作的方向［G］//陕西师范大学教育研究所，编.陕甘宁边区教育资料（教育方针政策部分）下册.北京：教育科学出版社，1981：508.

每年至少有9个月学习时间；学校的生产主要应由学校专门部门安排，学生参加生产劳动与课外活动（如学生会工作、群众识字、卫生教育、戏剧工作等）均不得妨碍学习；高小学生的程度一般仍应同上一级学校衔接，其升学与毕业考试应认真举行；高小毕业生的出路，原则上由学生本人或其家长决定，但尽量争取他们在地方服务或升入中学。

此外，还规定：所有小学（包括完全小学）均须按照需要与人力设立早班、晚班，并由有能力的学生组织校外识字组，在冬季组织冬学，以便于贫苦儿童与成人学习。[①]

2. 关于"民办公助"的方针

陕甘宁边区在大生产运动与减租减息以后，人民生活日益向上，文化生活的需要相应提高；加上整风运动后各级政府与干部深感有教育与劳动、社会、政府、家庭结合的必要，教育工作者也更要树立为人民服务的思想。在教育工作重点转移到干部教育上面以后，为解决劳动人民子女入学问题，各方面都在酝酿小学教育的改革。

1944年3月19日，在边区国民教育座谈会上着重讨论普通小学实行"民办"方针问题。会上陈东分区专员谈到：陈东分区在1942年西北局高级干部会议以后，一面把完全小学办好，一面在各个区办一所学校，选地方上有影响的人物负责。"要打山中虎，离不了地上土"，地方上人办学熟悉情况，经验也多些。延安市市长介绍：原定在孟家湾进行民办学校试点，裴庄

---

① 关于培养知识分子与普及群众教育的决议［G］//陕西师范大学教育研究所，编.陕甘宁边区教育资料（教育方针政策部分）下册.北京：教育科学出版社，1981：478-479.

群众主动要求办学。柳湜在会议总结中提议：除完全小学仍由政府办以外，普通小学要大力提倡民办。[①]同年4月18日，陕甘宁边区政府发布《关于提倡研究范例，试行民办小学的指示》，提出：应该来一个大的转变，把大多数甚至全部的小学交给地方群众自己办，政府则在物质上予以补助，在方针上加以指导。[②]这就是"民办公助"的方针。每县至少试办一所民办小学，并将现有公办小学逐渐转变为民办小学，但不强求一律。新办学校，可以是完全民办，也可以公私合办。一般普通小学，人民如要求改为民办小学而群众又确有能力接办时，即改为民办，逐渐达到自中心小学以下均归民办；民办小学的修业年限，上课时间（全日制或半日制，或一年学习几个月）均不求一律，课程设置可同意群众要求，废除暂时不急需的学科，如群众只要识字、写字、珠算，不教其他东西亦可同意，教师可由群众聘任，学生名额也不加限制；民办应与公助结合，需要加强领导，防止放任自流。[③]此后各地民办学校像雨后春笋，大量涌现。

3. 初级小学的新制度

在高级小学承担干部教育的职能以后，小学教育概念发生了变化。此后的小学教育主要指初级小学。在提倡"民办公助"以后，初级小学共有四种类型，即普通小学、中心小学、完全小学中的初级阶段，以及蓬勃兴起的民办小学。不仅民办小学

① 纪念生活教育运动第十七周年 [G] //陕西师范大学教育研究所，编.陕甘宁边区教育资料（小学教育部分）上册.北京：教育科学出版社，1981：146, 148-149.
② 陕甘宁边区政府.关于提倡研究范例，试行民办小学的指示 [G] //陕西师范大学教育研究所，编.陕甘宁边区教育资料（小学教育部分）上册.北京：教育科学出版社，1981：156.
③ 同上：156-157.

基本上按照群众的需要与自愿办理，原有公办小学也面貌一新。

　　1944年边区文化教育大会通过的《关于边区教育方针的决议（草案）》中，关于小学制度的改革，作了如下规定，即小学教育的目标是要为边区培养具有下列条件的新民主主义的新公民，这些条件是：学会1 500字以上，能读《群众报》，学会基本四则运算，具有初步卫生常识与政治常识，养成劳动习惯。在分散的农村环境，小学以自愿的民办村学的主要形式，同时容许其他为群众接受与欢迎的学校形式（中心小学、普通小学）存在；学制不求一致，一般应废止正规的班级制与学期制，凡学完规定的教育内容即可毕业，教员须于三年之内保证学生能完成学习计划；在教育方法上须使学生更真切和深刻地理解所学的东西；学校不应关起门来，应组织学生参加校外活动和家庭劳动、社会服务等。除原有学校进行改革外，还须谋求旧式私塾的改造。[①]

五

　　陕甘宁边区在1944年11月文化教育大会前后，通过小学教育面向一系列改革，在保证干部教育重点的前提下，促进了初级小学的发展。

　　从这个统计中可以看出，民办小学在整个初级小学中所占比重逐年上升。到1945年上半年已达76.7%。

[①]　边区文教大会关于边区教育方针的决议（草案）[G]//陕西师范大学教育研究所，编.陕甘宁边区教育资料（教育方针政策部分）下册.北京：教育科学出版社，1981：442-443.

项目 数字 学校与学生	整个 初级 小学数 （所）	民办 小学数 （所）	民办小 学在小 学中所 占的 百分比	初小学 生数 （人）
1944年文化教育大会前	1 090	574	52.7%	33 686
1944年文化教育大会后	1 181	730	61%	34 202
1945年第一学期	1 377	1 057	76.7%	34 004 （民小学 生 16 797）

资料来源：江隆基.关于民办公助政策的初步总结［G］//陕西师范大学教育研究所，编.陕甘宁边区教育资料（小学教育部分）上册.北京：教育科学出版社，1981：239.

1944年文化教育大会后，初级小学比1942年春合并学校后的723所，增加63.3%，接近小学合并前1941年秋的水平，改革的小学比1941年秋更切合实际。

1944年文化教育大会前后，无论在办学形式、教育内容与方法方面都有一些新的创造。如一揽子学校（包括儿童整日班、妇女午校、男子夜校在内）、轮学（按时轮回）、半年学校（只在冬春两季教学），以及把纺织厂与学校结合起来的职业学校、半纺半读的妇女小学等。但有些地方在改革中领导方法与工作作风上存在强迫命令、形式主义与放任自流的毛病。①

1943年整风运动中，对1943年以前小学教育正规化倾向的批评相当尖锐。这一批评虽不无道理，但是，以下几点仍值得

---

① 江隆基.关于民办公助政策的初步总结［G］//陕西师范大学教育研究所，编.陕甘宁边区教育资料小学教育部分）上册.北京：教育科学出版社，1981：248.

考虑：

1. 1942年确定政府把主要力量放在完全小学上，实际上同1944年以后的改革是合拍的。1943年以后由于把高级小学纳入干部教育范畴，对完全小学的重视程度至少不下于1942年。

2. 抗战初期，曾经宣告教会小学没有立足余地，并几乎淘汰所有私塾教师。1942年在把重点放在完全小学的同时，奖励与支持私人兴学、社会团体办学，甚至也允许教会办学，同1943年以后"民办公助"的方针也吻合。

3. 1938年以后对教育工作中的"游击作风"有所批评，1943—1944年某些"游击作风"恢复。在教育工作中，尤其在社会教育工作中导致形式主义严重，证明"游击作风"有局限；反之，1943—1944年，放任自流现象的存在，证明像1938—1943年那样有计划、有组织地开展教育工作仍然有必要。

当然，正规化时期儿童教育重于社会教育、教育内容与方法脱离实际、在某种程度上政府包办教育等都是缺陷。

中华人民共和国黎明时分的"新教育"与"旧教育"观念的再认识

——1949—1952年基础教育价值取向平议

从中华人民共和国诞生到2009年国庆日，我们的共和国已步入花甲之年。六十年前，随着中华人民共和国横空出世，我国教育首先面临的是新旧教育的交替问题。"新教育"与"旧教育"不单是时间概念，更是两种教育性质的区别。中华人民共和国创建伊始，既对我国两种不同教育的性质作出价值判断，同时又提出区别对待旧时的教育与新时期教育的基本方针。经过多年实践，如今似有必要对中华人民共和国黎明时分的"新教育"与"旧教育"观念重新加以检讨。

一

在我国教育内部，是些什么教育价值取向发生此起彼伏的变化和相互撞击呢？

中华人民共和国创建伊始，教育部即于1949年12月召开第一次全国教育工作会议。在这次隆重的教育工作会议上，钱俊瑞（教育部副部长、中共党组书记）代表教育主管当局提出："在全国范围的建设任务前面，我们的教育必须根据共同纲领，以原有的新教育的良好经验为基础，吸收旧教育的某些有用的经验，特别要借助苏联教育建设的先进经验，建设我们的……新民主主义教育。"①

其中所谓"原有的新教育"，系指中国共产党领导下创建的革命根据地的教育；"旧教育"，指的是中华民国时期国民政府管辖的教育。这一新一旧，是根据《中国人民政治协商会议共同纲领》的精神作出的价值判断。如此构想表明，教育主管当局早就意识到，历史形成的中国的"新教育"与"旧教育"及苏联教育的先例与影响，是中华人民共和国教育建设中可资利用的资源。它们之间的关系有待根据《中国人民政治协商会议共同纲领》的精神，重新加以审视与整合。初步的结论是：以根据地教育经验为基础，吸收民国时期教育中的某些有用的经验，"特别要借助"的，是苏联的"先进经验"。

这个后来传称系根据毛泽东指示的精神确定的指导方针，似乎既切合时宜，又讲求分寸。问题是其中的价值判断到底能否成立？当时所谓"新教育"，就其教育结构及教育领导与管理体制来说，是否比"旧教育"优越？当时苏联的教育，是否都比我国原有教育先进？由于一般说来，新生事物总比陈旧事物更有吸引力，先进事物的生命力更比落后事物旺盛，如果民国时期的教育真是那么陈旧，苏联教育果然先进，那么尔后教育实践中不同教育传统之间的撞击也就不致达到尖锐的程度。自然，这只是一种推论。重要的是探明民国时期的教育到底如何

---

① 何东昌，主编.中华人民共和国重要教育文献（1949—1975）[G].海口：海南出版社，1998：8.

旧，根据地教育是怎样的新，在什么意义上论定苏联教育比中国原有教育先进，在总体上什么构想在当时中国那种特定历史范围较为可行。

二

六十年前所谓"新教育"，是相对于当时认定的"旧教育"而言的。同中华人民共和国教育衔接的，主要是南京国民政府时期（1928—1949）的教育制度及教育行政体制。当时基础教育的规模以及隐含于其中的教育价值取向，也都成为中华人民共和国初期教育直接面对的现实。

民国时期教育的社会性质，属于"封建的买办的法西斯主义的教育"。不过，这主要是从当时的社会性质中引申出来的带有社会意识形态性质的价值判断。至于当时教育的实际情况，重要的还是看其教育制度、教育行政体制及其实施结果而定。因为在中华人民共和国教育实践中继续发生影响的，不是什么"封建的买办的法西斯主义的教育"，而是历史遗留下来的教育制度、教育行政体制，以及教育事业发展的程度。其中还包括我国教育近代化历史进程中的"欠账"。

民国时期同我国如今基础教育有可比性的，为所谓"国民教育"或"基本教育"。更确切的提法，为实施普通教育的中小学教育。其教育遗产为：

1. 从1922年开始，初等教育实行"四二制"，中等教育为"三三制"，通称"六三三制"（应称其为"四二三三制"）。在

1928年以前，一度举办综合中学，即在高级中学分设普通、职业、师范等科。1928年以后，取消综合中学，职业学校、师范学校独立设置。

2. 在中小学，基本上实施普通教育课程。课程比较稳定，虽按一定法律程序几度调整，均属在原有基础上适当调整，而不属于带有颠覆性质的课程改革。

3. 从1939年起，试图实行所谓"新县制"的地方自治。主要为"政教合一""三任一传"（镇长兼任壮丁队长与中心学校校长、保长兼任壮丁队长与国民学校校长），以及"管、教、养、卫合一"（从镇长、保长到学校中的教师，都得承担管、教、养、卫职责），因受到普遍抵制而流产。

4. 根据《国民教育实施法》（1940年），试图实行"国民教育制度"。规定6—12岁的学龄儿童，除可能受六年制小学教育者外，可受四年、二年或一年义务教育；15—45岁失学民众，可分期分批受初级或高级民众补习教育。相应地在中小学增设"民众教育部"。

5. 民国时期教育价值观念及实施，起初直接或间接受到日本及欧洲大陆教育理论及价值观念的影响。1922年以后，教育制度的建构主要以美国教育为参照，不过，日常教学工作，一般仍参照欧洲大陆的常规及教学法运作。

6. 教育行政机构比较精简。教育部行政人员的编制为：部长1人（特任），次长2人，秘书4—6人，参事2—4人，司长5人，督学4—6人，科长14—18人，科员80—110人，合计112—150人。地方教育行政机构更为精简。

7. 民国时期在社会意识形态领域虽有"文化围剿"一说，而在当时最为流行的教育杂志，如商务印书馆的《教育杂志》（1909—1948）、中华书局的《中华教育界》（1912—1950），其中，鲜有反共言论。不仅如此，介绍苏联教育的著作与译作亦未中断，就连进步人士（其中包括共产党人杨贤江、恽代英、钱亦石、高仁山、尚仲衣等）带有马克思主义价值取向的教育著作，亦不少见。惟在根据地周边赣、闽、皖、鄂、豫五省，实施反共的"特种教育"。

说到民国时期的教育遗产，不能不分析当时实施教育的结果。按照当时的官方统计，情况如下：

1. 民国时期初等教育的状况，按照官方于1948年的统计，1946—1947学年度，全国国民学校及小学的概况为：

学校性质	学校数（所）	班级数（个）	教职员数（人）	儿童数（人）		
				总计	男	女
总计	290 617	667 657	880 555	23 813 705	17 530 228	6 283 477
中心国民学校	34 448	183 757	277 124	7 061 058	5 326 536	1 734 522
国民学校	234 881	420 496	508 444	14 201 460	10 521 828	3 679 632
小学	19 987	60 037	92 485	2 420 974	1 600 717	820 257
幼稚园	1 301	3 367	2 502	130 213	81 147	49 066

资料来源：中国第二历史档案馆，编.中华民国史档案资料汇编·第五辑·第三编·教育（一）[G].南京：江苏古籍出版社，1994：644.

关于上述统计的实际意义，进一步分析如下：

学校性质	每类学校在学校总数中的百分比	每校平均班级数（个）	每校平均学生数（人）	学生性别百分比		生师比
				男	女	
中心国民学校	11.9	5.33	205	75.4	24.6	25.1∶1
国民学校	81.2	1.79	61	74.1	25.9	27.9∶1
小学	6.9	3.00	121	66.1	33.9	26.2∶1

上述统计表明，平均每校不到两个班级的国民学校（保立初级小学）占初等教育学校总数的80%以上，而中心国民学校（每校平均不到六个班级）与小学（每校平均三个班级）加在一起，约占小学总数的20%。女生约占小学生总数1/4。

关于学龄儿童（6—12岁）的入学率，据官方统计，1946—1947学年度，学龄儿童总数67 352 843人，已入学儿童共27 447 923人，已入学儿童似已占学龄儿童的40.7%。[①] 惟"学龄儿童总数"，只是根据浙江兰溪县人口调查之年龄分配比例（6—12岁儿童占人口总数的15.07%）计算的；"已入学儿童数"，虽然未计入在学超龄儿童数，但不计入学年限。因为当时虽有"义务教育"一说，并未规定统一的义务教育年限。

---

① 中国第二历史档案馆，编.中华民国史档案资料汇编·第五辑·第三编·教育（一）[G].南京：江苏古籍出版社，1994：648.

2. 民国时期中等教育状况，按照当时官方1948年的统计，1946—1947学年度，全国共有中等学校5 892所。其中，普通中学4 266所，占72.4%，师范902所，占15.3%，职业学校724所，占12.3%。

普通中学的情况为：

学校性质	学校数（所）	班级数（个）	学生数（人）	毕业生数（人）	教职员数（人）
合　计	4 266	32 818	1 495 874	326 125	104 470
完全中学	1 603				54 676
高级中学	51	7 261	317 853	70 985	1 567
初级中学	2 612	25 557	1 178 021	255 140	48 227

① 资料来源：中国第二历史档案馆，编.中华民国史档案资料汇编·第五辑·第三编·教育（一）［G］.南京：江苏古籍出版社，1994：638.
② 说明：此项统计中，完全中学中，初中部与高中部未分别统计；同时按其中有关高级中学的统计，平均每校有班级142个、学生6 232人，不可信，或为学校数统计有误所致。

3. 民国时期公立学校与私立学校的比例，迄今未见全国性的统计。上海市教育局调查室1948年12月统计如下：

项目	初等学校				中等学校			
	学校数（所）	班级数（个）	学生数（人）	教职员数（人）	学校数（所）	班级数（个）	学生数（人）	教职员数（人）
合计	1 269	8 792	420 604	15 072	285	2 291	107 043	7 256
市立	341	3 738	174 853	5 615	27	368	16 201	1 047
公立	2	17	177	42	5	61	2 406	258
私立	926	5 037	245 574	9 415	253	1 862	88 436	5 951

资料来源：中国第二历史档案馆，编.中华民国史档案资料汇编·第五辑·第三编·教育（一）［G］.南京：江苏古籍出版社，1994：691.

上述统计表明，公立、市立初等学校共占初等学校总数的27%，私立初等学校占73%，是公立学校的2.7倍；公立中等学校只占中等学校总数的11.2%，私立中等学校占88.8%，是公立学校的7.9倍。

上述各项统计至少表明，当时教育行政当局关于教育基本制度及教育行政体制的设计，未必有多"旧"，而对普通百姓及其子女的教育，却是何等掉以轻心。以致在中国教育近代化进程中，欠下了繁重的历史旧账，少不得由代之而起的人民政府去偿还。

如今，"过去的学校"，重新成为话题。只是不知在津津乐道地回顾和今不如昔的叹息中，是否还曾记得，在那些令人景仰的学校背后，还有别样的学校以及学校门外的孩子。

三

中华人民共和国起初确定以根据地教育经验为基础，不仅由于根据地时期早就以民族的科学的大众的教育为价值取向与指导方针，而且由于那时的教育实施，既同中国旧时代的教育针锋相对，又有别于苏联教育。它探索了一条基本上适应人民革命战争与人民民主政治需要，似乎较为符合农村实际与农村群众愿望的教育道路。不过，这个探索过程非常坎坷，以致一批又一批探索中国特殊的教育道路的先行者，曾经为此付出了沉重的代价。

由于根据地教育几乎是从无到有，白手起家，并且是在中国农村中最落后的地区，在外部重重包围、严密封锁和严峻的战争环境中起伏不定，一次又一次白手起家，以致根据地开辟时期的教育总不免带有"游击习气"。至于游击区及根据地边缘地区的教育，也只能算是游击性质的教育。每当根据地较为稳定，教育局面初步打开时，为了更有效地培养干部、教育群众，很自然地就会谋求教育适度的正规化。根据地教育事业的当事人，其上层人物或有过在苏联接受训练的经历，中层干部多为来自国民党统治地区的教育工作者与知识青年，故在正规化尝试中，或多或少会借鉴苏联或国民党统治地区的教育经验。不仅如此，为了给正规化开道，免不了要扫除"游击习气"的障碍，甚至还以"扣帽子"与强迫命令的方式推行正规化，而正规化教育的实施又很难经受得起根据地动荡与流动的考验。惟其如此，在根据地演变的不同阶段，即土地革命时期的苏区、抗日根据地及尔后的人民解放区，都曾出现过"正规化"与"游击习气"的争议和这两种教育形态的交替。问题在于在当时那种严峻的斗争的环境中，每次政策的变化与大规模行动的调整，都刻不容缓。再加上人为因素的纠缠，以致往往使这种自然发生的争议带上"两条道路斗争"的阴影。

例如，在苏区，洛甫①曾于1933年批评当时的教育人民委员部（徐特立为代理教育人民委员）"变成了无人顾问的机关"，并在引证几大段列宁语录之后，指责有些机会主义者"企图把

　　① 即张闻天。

我们的教育限制在反封建、反迷信等资产阶级的教育之上"。且以教育人民委员部发布的"第一号训令"（《目前的教育任务》）为例（按：徐特立后来自称，这个"第一号训令"，是他在教育部任职期间主持起草的唯一的训令），指责其中"没有提出进行十七岁以下的男女的义务教育"（按：此是列宁起草的《俄共（布）纲领》中的条文），要求以"共产主义的教育"去广泛地教育苏区内成千成万的工农劳动群众。[①]接着，凯丰[②]提出，一个光荣的例子是苏联，中国的苏维埃政府在文化教育领域内就是根据苏联的光荣的经验来建设文化教育事业。[③]既然当时的工农民主政权也称之为"苏维埃政权"，这些论调似乎倒也顺理成章。问题是此"苏维埃政权"，大不同于彼"苏维埃政权"。故此话音刚落，不久即匆匆打起背包长征。这就是对"教条主义"的惩罚。

不期苏区"正规化"与"游击习气"的争议，在到达陕北根据地以后，又以更大的规模、更加尖锐的方式重演。陕甘宁边区开辟时期，徐特立先后任中央工农政府西北办事处教育部部长和陕甘宁边区教育厅厅长。在他主持下，群众性的教育工作蓬勃展开。1938年以后，抗日根据地初具规模。洛甫、罗迈[④]主持的干部教育，周杨主持的陕甘宁边区中小学教育都曾适时致力于摆脱"游击习气"、促进教育正规化的尝试，使陕甘宁边区教育面貌一新。不过到了1941—1942年，根据地进入严重

---

① 洛甫.论苏维埃政权的文化教育政策［N］.斗争，1933-09-15（26）.
② 即何克全。
③ 凯丰.在全苏区教育大会前面［N］.斗争，1933-10-21（31）.
④ 即李维汉。

的困难时期，加上众所周知的其他原因，从1942年开始，以干部教育改革为突破口，开展了大规模的整顿作风运动。接着于1943年开展中等学校整学运动，1944年开展群众教育改革运动。这不仅是对1939年以来教条主义的正规化教育进行清算，更是对苏区以来共产党内部教条主义和所谓经验主义的彻底批判。其中所谓"言必称希腊"，实指"言必称苏"。在普通教育领域，继周扬、周文任陕甘宁边区教育厅厅长的柳湜（1941年10月—1946年4月在任），甚至把根据地教育的正规化贬为"国民党化"（后来通称"旧型正规化"）。[①]

在这场教育改革过程中，为曾经被贬为"游击习气"的干部短期培训、游击式的学校、私塾式的初级小学等非正规的办学形式恢复了名誉。

经过一系列改革，形成了新的教育格局。

1. 把整个教育划分为干部教育与群众教育两大群类。把高级小学以上的学校教育纳入干部教育范畴（高级小学与中学名称不变）；群众教育系指初级小学与成人群众教育（小学名称不变）。实施干部教育的学校仍属公立学校，群众教育实行"民办公助"。

干部教育在整个教育工作中占第一位，在职干部教育在整个干部教育工作中占第一位。

2. 干部学校教育和在职干部教育实施以研究中国革命实际问题为中心，以马克思列宁主义基本原则为指导的方针。凡带

[①]　柳湜.边区中等教育的发展情况［G］//陕西师范大学教育研究所，编.陕甘宁边区教育资料（中等教育部分）上册.北京：教育科学出版社，1981：47.

专门性质的学校，以学习有关该项专门工作的理论与实际的课程为主。把中学和师范学校改造成带有职业教育、职业培训性质的学校，并兼设地方干部班。

3. 群众教育（包括初级小学）根据群众需要，以自愿的原则办理。允许群众办私塾式的小学。在群众教育中，成人教育重于儿童教育。

以上所述表明：

1. 中华人民共和国教育内部的价值冲突，实际上是中华民国教育取向、苏联教育取向同根据地形成的教育取向之间的冲突在全国范围内重演。这种冲突表现为正规化教育与非正规化教育之间的纷争，用现代通行的话语表达，便是制度化教育与非制度化教育的分歧与撞击，它实质上是精英教育取向与大众教育取向的分歧与撞击。自然，对于这种分歧，可以在权衡革命时代的需求与建设时代的需求、眼前利益与长远利益以及农村与城市的区别基础上作出判断。

在1944年群众教育改革中，延安《解放日报》于1944年4月7日，发表题为"根据地普通教育的改革问题"的社论。这篇由胡乔木起草并经毛泽东修改的社论，在列举根据地干部教育与群众教育的成就以及它们同传统教育的根本区别之后，着重指出：这种群众教育和干部教育，应该有其现在和将来，其将来是每个劳动者都要懂得高等的数学、物理学和化学，其现在却是群众要懂得如何参加游击战争和组织劳动力，如何取得最必要的文化知识，干部则要懂得如何加以指导。因为现在而忘记将来是不对的，因为将来而忘记现在尤其是不对的。"在现在与那辽远的将来之间，当然有几个中间阶段，那时将发生升学问题，但在目前根据地情况之下，则不发生这个问题。"目前根据地的普通教育系统，就应该按照现在的群众教育和干部教育的这种需要，而进行全部的重新调整。^①这篇当时教育改革的辩护词，如果成为预防尔后"为了过去而忘记现在和将来"的伏笔，那就好了。

2. 中华人民共和国初期所谓有别于"旧教育"的"新教育"，并非泛指1927—1949年间整个根据地的教育，而实指1942—1944年间教育改革的历史经验。不仅如此，当事人对"原有的新教育的良好经验"含义的理解未必相同。钱俊瑞提出"以原有的新教育的良好经验为基础"的前提是："这些老解放区的经验是长期农村环境与战争环境中的产物。现在全国的绝大部分都已解放，今后主要的任务将在由战争转入全面的建设。"其实，当事人大抵把继承与发扬老解放区的教育经验，只看成是理所当然的事情，未必意识到果真"以原有的新教育的良好经验为基础"，势必同新中国面临的全面建设的历史任务冲突。不过，由于根据地的教育改革毕竟是曾经行之有效的历史经验，又属中国人经过长期探索而寻求的独特道路，自然值得珍视，就连陶行知也自愧弗如。^②只是如果把对根据地教育建树

---

① 胡乔木.胡乔木文集（第1卷）[M].北京：人民出版社，1992：127.其中加引号的，是毛泽东插入的一段话。

② 曾任陕甘宁边区教育厅厅长的柳湜，在离任后于1946年6月14日访问陶行知。陶行知称："回去也好，还是搞教育罢！把它搞通，你那里有条件可以造就一些真正的人才。""今天解放区内，我们有的是工作条件，并且现在的工作已超过我们过去的经验了。"（陶行知.与柳湜的谈论[M]//华中师范学院教育科学研究所，主编.陶行知全集（第3卷）.长沙：湖南教育出版社，1985：612.）

的态度，看成是对革命传统的态度，甚至"为了过去而忘记现在与将来"，那就麻烦了。

3. 把根据地教育的历史经验，局限于"抗大式学校"和1942—1944年的非制度化教育的经验，实际上是出于非常狭隘的价值观念。其实，抗日根据地教育正规化的探索，既不同于土地革命时期贴苏联红色标签的正规化喧嚣，更有别于国民党统治地区的正规教育。尽管后来由于客观环境的激变，正规化的尝试半途而废，而在环境较为稳定的1938—1940年，它在国内堪称教育普及与教育民主的范例。如果按照毛泽东的说法，在教育领域从根据地时代到遥远的将来将经历"几个中间阶段"，那么抗日根据地的正规化和1946年、1948年几个大块解放区提出的"新型正规化"设想与初步实施，正是这样的"中间阶段"。然而在1942年以后，"正规化"仿佛成为贬义词，以致从那时起，对于根据地实施适度正规化教育的历史经验，一直避而不谈。迄今对这个问题仍疏于探讨。

4. 在激烈的社会变革时期，战略行动决策中的意见分歧，原是难以避免的现象。问题是从创建根据地开始，一直把重要的意见分歧，提升为"路线分歧"，往往试图以"两条道路斗争"的方式解决这种分歧。实际上是占有强势的一方，以势压人。如果说根据地建设过程中的任何历史经验在新的历史环境中不适当的运用，都成为问题，那么，在战争年代用尖锐斗争解决教育价值观念分歧的方式，给共和国教育留下的后遗症，必然会导致严重的祸害。

明了中华人民共和国教育价值冲突的历史根源，便可进一步讨论，在1949—1978年这种冲突是如何展开的。问题在于在1949—1978年，我国教育究竟是不是以解放区1942—1944年的教育改革经验为基础？事实上从民国时期的教育建树中吸取了什么有用的经验？到底是不是特别借助苏联教育经验？由于在中华人民共和国历史演变的不同阶段，政策多有变化，价值判断标准也随之变化，故对这些问题只能根据实际情况作出判断。

四

在1949—1952年，虽然标榜"以老解放区教育经验为基础"，关于那时的教育，值得注意的情况是：

1. 对民国时期的学校，大抵"维持原校，逐步改善"。对原有教师，基本上"包下来"，团结，教育，改造。

2. 在中央人民政府成立后，建立文化教育委员会。教育部归属文化教育委员会领导。教育部部级、司局级干部，多属著名学者、教育专家。随后中共中央于1949年12月5日决定，文化教育事业不再像人民解放战争时期那样，由中共中央宣传部领导与管理。惟文化教育方面的重大问题，得经由共产党组织的系统，向中共中央报告和请示。可见这种后来称之为"专家领导"的格局，是由中共中央主动提出、明文规定的。

3. 根据政务院于1951年发布的《关于学制改革的决定》，中学仍实行"三三制"，小学改行五年一贯制。五年一贯制小学从1952—1953学年度开始招收学生。预定在1957—1958学年度实现向五年一贯制过渡。不过，到1953年5月，经中共中央政治局决定，停止五年一贯制试验。这就是说，中小学恢复民国时期的"四二三三制"。

4. 教育部于1952年3月，根据1951年召开的第一次初等教育会议与第一次中等教育会议讨论、通过的文本初稿，发布《小学暂行规程（草案）》与《中学暂行规程（草案）》，分别确立中小学的基本制度。其中包括有关修业年限、学校设置与领导的权限、课程设置与领导原则、校务管理与办学条件的规定，从而把中小学纳入规范管理的轨道。由于其中的规定大都属于办学的常规，故同民国时期同级学校规程并无多大区别。惟其如此，这两个"规程"中有些规定后来从"暂行"变成习惯性的"通行"，有些规定成为具文。不过在后来屡次搜索批判对象时，似乎倒忘记了这两个有关学校基本制度的文本。

5. 1951—1952年，根据中小学的"规程"，着手拟订中小学课程标准草案，其中包括"课程计划"与"各学科课程标准"。不过，随后因学习苏联经验，这些尝试为"教学计划"与"教学大纲"所取代。在此期间，课程上最为显著的变化，是废除民国时期的"党义""公民"之类课程和"童子军"训练，代之以新民主主义课程和以民族的、科学的、大众的为核心价值的思想政治教育。

6. 在《小学暂行规程（草案）》中，除确立正规的学校制度与课程制度以外，亦使各种灵活的办学形式，如二部制小学、季节性小学、小学早班晚班、半日制小学、巡回小学取得合法地位。此外，教育部根据毛泽东于1952年6月14日的批示，改变原先对私立学校"保护维持，加强领导，逐步改造"的政策，于9月10日决定将全部私立中小学改为公立学校。预定此项改革于1954年完成，实际上完成于1956年。不过，此后多年，屡次重新表示允许私人办学，而鲜有成效。

7. 在1949—1952年，先后聘请5位苏联专家担任教育部顾问，还请在北京师范大学任教的两位苏联专家兼任教育部普通教育与幼儿教育顾问。此外，在教育部所属高等学校任职的苏联学科专家约80人，在此期间，陆续翻译出版苏联教育著作。其中于1950年出版的凯洛夫总主编的《教育学》，在教育界影响甚大。

综上所述，在此期间，已经开始把教育纳入行政管理的轨道，中小学学校制度初步形成，非正规的学校逐步边缘化。如此教育格局，与其说是以老解放区的教育经验为基础，毋宁说是以原有的"旧教育"的有用经验为基础，吸收"新教育"的某些良好经验，特别是本着"新教育为工农服务"的精神办学；同时，着眼于"为生产建设服务"，开始酝酿借助苏联教育建设的经验。

更加值得注意的是，在此期间，教育常规的恢复和对"旧教育"的改造，是在欢欣鼓舞、充满期望的气象中实现的。

学习苏联教育经验的是是非非

—— 1953—1956年基础教育价值取向的
再认识

　　我国从1953年开始，把大规模经济建设提到日程上来。毛泽东于1953年2月7日发出"学习苏联"的号召。他指出，我们要进行伟大的五年计划建设，工作很艰苦，经验又不够，因此要学习苏联的先进经验。应该采取真心真意的态度，把他们所有的长处都学来。应该在全国掀起一个学习苏联的高潮，来建设我们的国家。①然而在1953—1956年，在"过渡时期总路线"的驱动下，又掀起农业、手工业和工商业社会主义改造的高潮，从而使两种不同的教育价值观念的撞击难以避免。这就是苏联教育经验蕴涵的价值观念与我国根据地教育改革所体现的价值观念之间的冲突。只是由于在当时所处的那种国际国内环境中，这种冲突状态较为模糊，可算是蓄势待发，以致至今人们仍然存有1953—1956年的教育"照搬苏联经验"的印记。

　　那么在此期间，是不是认真借鉴了苏联教育经验呢？再说，当时从苏联取得的"经"是不是值得一读呢？这也得根据当时的实际情况作出判断。当时的实际情况究竟如何？

---

① 中共中央文献研究室，编.毛泽东文集（第六卷）[M].北京：人民出版社，1999：263-264.

一

1953年，教育部和高等教育部分别邀请5位苏联专家到重庆、汉口、成都、西安、上海等大城市，开设教育学与教学法讲座。1955年由陈曾固率领的中小学教师访问苏联代表团，用两个多月时间考察苏联教育（综合技术教育为考察重点之一）。代表团回国以后，分别在16个大城市作传达报告。《人民教育》杂志连续三期刊载访问报告。1956年俄罗斯教育科学院副院长马尔古舍维奇率领教育代表团访问中国，为期一个多月。代表团在北京、南京、上海、杭州、广州等大城市举行报告会与座谈会，介绍教育经验。此后《人民教育》杂志连载代表团成员的10篇报告。

早在1950年底，人民教育出版社即翻译出版了以凯洛夫为总主编的《教育学》，它几乎成为当时中国教育工作者必读的教科书。在此前后，还陆续出版了马卡连柯、加里宁、克鲁普斯卡娅的教育著作和各种教育理论著作、教育学科教科书与教学法。至1954年3月，学者们已翻译苏联高等师范学校教学大纲45种，教材61种，学校翻译、采用苏联教学资料估计在1 000万字以上。

在此期间，苏联教育经验对我国中小学课程与教学的影响主要是：

1. 从1951年开始，参照苏联在中小学不开设"政治课"的先例，一度取消"政治课"名称，但仍设"政治常识""社会科学常识"之类课程。在1954年《中华人民共和国宪法》颁布后，于1955—1956学年度，停授高中一、二年级"社会科学基础知识"课程，并把高中三年级"政治常识"课程改为"宪法"课程。

2. 1956—1957学年度参照苏联经验，把初中与高中语文课程改为"汉语"和"文学"两门课程。

3. 从1953—1954学年度开始，参照苏联先例，把中学"历史"课程分化为"世界古代史""世界近代史""中国古代史""中国近代史"四门课程；同时把中学"地理"课程分化为"自然地理""世界地理""中国地理""中国经济地理""外国经济地理"五门课程。

4. 1953年4月，教育部颁发参照苏联相关教学大纲拟定的中学数学、物理、化学教学大纲与小学算术教学大纲草案。此后还参照这个精神，陆续拟定其他学科的教学大纲草案，并翻译出版苏联若干中小学教科书。

5. 从1954—1955学年度开始，初级中学停设外国语课（实指英语课），高级中学一年级开设俄语课，二、三年级有条件地开设俄语课，不具有开设俄语课条件的学校仍开设英语课。

6. 从1956—1957学年度开始，参照苏联实施"综合技术教育"的经验，拟在中学逐步实施"基本生产技术教育"。

7. 规范教学组织形式，建立教案常规，按照课的类型与结构（其中包括所谓综合课的五个教学环节），讲求教学方法（其中包括实验室作业和实习作业）。

8. 建立教学小组（通称"教学研究组"，简称"教研组"），开展集体备课。教学小组活动以研究教材、备课和业务学习为主。

值得一提的是，苏联专家普希金于1953年7月曾就北京师范大学学生在北京市第六女子中学实习时讲授初中课文《红领巾》，提出改进语文教学的建议。《红领巾》教学案例在当时中小学教学中影响甚大。

由此可见，当时借鉴苏联教育经验是相当认真的。不过，这种"蜜月期"为时短暂。且不说"苏联教育经验"及其中隐含的价值观念同我国非常珍视的"新教育的良好经验"异趣，我国当时基础教育的实际水平同苏联的差距就大得无法比拟。[①]按照我国当时的师资状况，对苏联教育理论与实践的理解水平有限，在运用苏联经验的过程中，免不了会发生形式主义的倾向，而这种倾向不难察觉。何况在毛泽东发动"在全国掀起一个学习苏联的高潮"不到一个月，便传来斯大林去世的消息，此后中苏关系逐渐发生微妙的变化。

出于种种原因，1953—1956年，我国教育界在热热闹闹地学习苏联经验的背后，对这种经验的怀疑也如暗流涌动。不仅如此，随着中国农村建设"社会主义高潮"的兴起，原有"新教育"的良好经验，获得了新的生命力，重新在更大范围内发扬光大。

---

① 1953年，我国报考高等学校的高中毕业生，平均成绩不足40分的就占考生总数的46%，分数在20分以下的考生占考生总数的23%。与此相关，据1954年统计，未达到高中毕业程度的中学教师，竟占中学教师总数的42%。（林砺儒.关于目前全国中学教育的基本情况与今后的方针任务［M］//何东昌，主编.中华人民共和国重要教育文献（1949—1975）.海口：海南出版社，1998：277.）

这种变化早在1953年5月就显现端倪，到1956年更不再讳言对苏联教育经验的怀疑。

毛泽东于1953年5月17日、18日和27日，先后三次主持中共中央政治局会议，就教育部和高等教育部报告与请示中提出的问题开展讨论。毛泽东不断插话。这是中华人民共和国历史上从未有过的现象。

毛泽东的意见主要是：从宣传教育部门和青年团中，抽调干部充实大学的领导，中小学领导干部问题各地在几年内逐步解决；抽调大批干部编辑教材（人民教育出版社原有编辑30人，再抽调150人补充编辑人员）；政务院文化教育委员会于1953年1月提出的小学"整顿巩固，保证质量，重点发展，稳步前进"的方针很好，但是不要整过头；允许私塾式、改良式、不正规的小学存在；关于教师数量不足问题，只要不是"现行反革命"分子，只要不进行反革命宣传，就可以给他一本教科书去教，甚至和尚、尼姑，只要不宣传迷信，也可以让他们教书；用多种多样方法办学，不强求一律；不能把超龄生送出学校，倒应当首先把超龄生教好；让七八岁的孩子晚几年上学，不大要紧；小学教育经费由中央统一支拨，指定一定的税作为教育经费，不能像过去那样搞什么教育经费独立；容许民办小学，不限定几年，能办几年就办几年，可以收学费；小学应加强劳动教育；小学五年一贯制的文件并没有错，只是实行过早，应该推迟。[①] 凡此种种，都同"苏联教育经验"大异其趣。

---

① 金铁宽，主编.中华人民共和国教育大事记（第1卷）[M].济南：山东教育出版社，1995：152-153.

二

　　值得注意的是，在"学习苏联经验"方兴未艾之际，中共中央在一个月内召开三次政治局会议讨论教育问题，但未涉及对学习苏联经验的部署，而着重讨论1951年以后农村小学盲目发展中产生的问题。其实，农村小学大起大落，原为放手发动群众办非正规小学所致，而在毛泽东看来，在当时那种现实条件下，不正规的小学不仅算不上是什么问题，反而是值得提倡的办学形式，无形中显示出同当时由学者与教育专家主持的教育当局价值观念的分歧。后来随着中苏关系的微妙变化和我国农村合作化运动的兴起，问题日趋尖锐。

　　惟其如此，当时参照苏联先例致力于中小学教育正规化的尝试好景不长。

　　1. 我国教育当局曾经宣布取消"政治课"名称，却从未取消所谓"政治课"本身。由于"政治课"只是若干学科类别的名称，教育当局取消这种名称，原意在于把这类课程当作"业务课程"加以建设，既使人们注重这门课程，又可消除只有这类课程才实施思想政治教育的误解。这原是就高等学校课程而言，后来从1952年《中学暂行规程（草案）》所列中学教学计划到1956—1957学年度的中学教学计划，都采用"政治课"名目。何况在实践中一般仍沿用"政治课"这一习惯用语。可见这本身不成其为"脱离政治"问题，而后来竟然成为罪案。

　　取消"政治课"这一名称，或许是受苏联影响。因苏联中学并无"政治课"设置，我国则不然。自1954年宪法诞生以后，我国虽然仿效苏联开设"宪法"课程取代"共同纲领"课程，并未以此取代其他政治课程。然而在1957—1958学年度的教学计划中，取消了"宪法"课程，不知是否认定现行政策的学习比学习宪法更重要。

问题更在于在1957—1958学年度教学计划中恢复"政治课"名目以后，却把"政治课"改为以"大鸣、大放、大字报"的方式开展大辩论、大批判的"社会主义教育课程"。这意味着在恢复"政治课"名称以后，却在事实上取消了"政治课"。

2. 从1956—1957学年度开始，把中学语文课程改为"文学"与"汉语"两门课程。然而，在这个学年尚未开始时，1956年2月，教育当局即发现"文学"课本内容较深，只得临时加以调整。例如高中一年级采用初中三年级"文学课本"，或从原有语文课本中取材。不久，又在1958—1959学年度教学计划中，恢复"语文"课程。"汉语"与"文学"分科的尝试实为昙花一现，不了了之。

3. 一度把"历史"分为四门分支学科，把"地理"分为五门学科，从1957—1958学年度开始，"历史"与"地理"课程中，各减少一门分支学科，从1958—1959学年度重新恢复"历史"与"地理"学科，不再把它们分化为各门分支学科。然而，1958—1959学年度的教学计划只是具文。在这一学年中因忙于"大跃进"，"历史"与"地理"究竟是否开设，都还是问题。

4. 一度参照苏联各科教学大纲与教科书编订教学大纲，编写教材，甚至还曾采用苏联数学、物理、化学以及《达尔文主义基础》等中文译本作为中学教科书。由于苏联教科书内容较深，分量过重，1953年以后加快自编教科书的步伐，同苏联教科书已有区别。

5. 1954年曾决定取消初中外语课。高中外语课，有条件开设俄语课的学校开设俄语课程，没有条件开设俄语课的学校才开设英语课程。后来从1957—1958学年度开始，恢复初中外语课程。中学外语课程的语种，俄语与英语各占一半。以分校教学为原则，即每一所学校只教一种外语。

6. 原计划从1956—1957学年度开始，参照苏联的"综合技术教育"，试行"基本生产技术教育"。不过，几乎在刚刚启动时，早在1956年，即受到中共宣传部门的批评，故不了了之。

7. 在大城市较为正规的学校和教学水平较高的教师，曾尝试参照苏联教学规范改进教学。然而由于我国对苏联教育学中有关课的类型与结构的理论理解片面，把课的类型设计中的一个类型（综合课）作为普遍形式，也就把综合课的诸环节作为教学的模式，并把这种形式主义的教学，归结为苏联教育经验本身的缺陷。

8. 我国曾参照苏联经验在中小学建立"教学研究组"，以迄于今。惟苏联的教研组为"教学法小组"，重在教学法研究和运用，而我国的"教研组"早就演变成"集体备课组""教学事务组"以及作为学校行政延伸的"教师事务组"。

此外，从1950年起，曾效法苏联经验，举办工农速成中学。这种中学以参加革命工作三年以上的工农干部或有三年以上工龄的产业工人为对象，用3—4年时间修完中学基础课程。

在1950—1954年间共招收64 700余名学生。据1953年统计，当时的在校生28 000余名中，工农干部占56.3%，产业工人占25.5%，军人占18.2%。其中有产业劳动模范339人，战斗英雄56人，先进工作者784人。1953年首届毕业生共1 680人中，有1 622人升入高等学校。1955年7月决定停止招生。[①]为什么？据说它属于"生搬硬套"苏联经验，"在中国行不通"。[②]

　　凡此种种，加上1955年下半年开始，随着农业合作化高潮的兴起，在农村中群众办学的高潮方兴未艾，显示出1953—1956年"学习苏联教育经验"，不过是在中国大中城市昙花一现。惟在毛泽东看来"八年的教条主义"（1949—1957），即"硬搬"苏联经验，主要是重工业、计划工作、银行工作、统计工作，其次是教育工作、卫生工作，只有社会主义革命与农业是有独创精神的。[③]基于这种价值判断，1956年以后我国教育大转向也就势在必行。惟对这种价值判断以及在此前后发生的事态，还有待进一步分析。

①　《中国教育年鉴》编辑部.中国教育年鉴（1949—1981）[M].北京：中国大百科全书出版社，1984：174-177.
②　陆定一.关于学习苏联和今后宣传工作中应注意的问题（1956年5月28日）[M]//陆定一文集（下卷）.北京：人民出版社，1992：522.
③　毛泽东.在成都会议上的讲话提纲（1958年3月10日）[G]//建国以来毛泽东文稿（第7册）.北京：中央文献出版社，1998：112-113.

中国的"教研组现象"平议

　　"教研组"原是学校中"教学研究组织"的简称，确切地说，是"某一学科教学研究组织"的简称。不过，这只是望文生义的说法，在我国学校中，教研组的存在已经有半个多世纪的历史。人们对它早就习以为常，甚至以为它是现代学校中普遍存在和不可或缺的现象。关于我国在1949年以前学校里是否有教研组的设置，在别的国家学校中是否存在像我国这样的教研组，暂且不议。这里所谓"中国的教研组现象"，并非单就"教研组"这个名称而言，而是指"教研组"这个词所指称的事实。意思是应根据教研组日常所做的事情判断其性质与功能。

　　教研组到底是怎么一回事？似乎很清楚：它是某一学科的教学研究组织。问题是：它所从事的是怎样的"研究"？它只是一种同"教学"相关的组织吗？中国特有的这种"教研组现象"的合理性何在？这些正是这里拟加讨论的问题。

一

　　如果认为教研组是"中国特有的现象"，首先就会引起

528

怀疑：难道中国的教研组不正是20世纪50年代初期，在学习苏联的背景下建立起来的么？的确如此。问题在于中国的"教学研究组织"与苏联当时的"教学研究组织"，就其性质来说，到底是不是一回事。

苏联教育部曾于1947年发布《学校教学法研究规程》。按照这个规程，在小学按年级设立"教学研究指导组"，中学按学科设立"各科教学研究指导组"。在有十四个班级以上的七年制中学和十年制完全中学设立"教学研究室"，在区、市相应设立"教育研究室"。①

在我国，教育部于1952年颁布的《中学暂行规程（草案）》中规定，中学各学科设立教学研究组，由各科教员分别组织之，以研究改进教学工作为目的。②同年，在《小学暂行规程（草案）》中规定，小学教导会议由全体教师依照学科性质，根据本校具体情况，分别组织研究组。各组设组长一人主持本组教导研究会议，研究改进教导内容和教导方法，并交流和总结经验。③由于起初这类教学研究组织名称不统一，或称"教学小组"，或称"学科小组"，教学研究也不够规范，教育部遂于1957年1月发布《中学教学研究组工作条例（草案）》，对教研组的名称、任务、工作内容及组织问题作了原则性的规定。④这

便是我国教研组的缘起。至于它同苏联"教学研究指导组""各
科教学研究指导组"的同异，是有待分辨的问题。

二

苏联当年的教学研究组织，是集中制课程体制背景下的产
物。按照集中制课程体制，由国家颁布教学计划，设置统一的
课程，并以统一的教学大纲作为编写教科书与衡量教学工作的
标准。学校无权更动教学内容。为了保持与提高教学质量，既
要使教师理解教学大纲和教科书，又要使其熟悉与运用教学法。
故苏联的教学研究组织一向注重"教学法"研究。尔后，苏联
部长会议于1970年颁布的《中等普通教育学校章程》，把原先的
"各科教学研究指导组"，干脆更名为"教学法小组"，规定"教
学法小组由教师按学科或年级建立，'教学法小组'由有经验的
教师领导，小组领导人由小组会议推选"。[1]1989年苏联国家教
育委员会批准的《苏联普通教育学校暂行条例（示范）》对学
校管理体制作了重大改革。其中规定在学校设立"教学法委员
会"，取代原先的教务会议。教学法委员会主席由全体教学人员
选举产生。教学法委员会内可设学科组和其他组以及各种联合
组织等。[2]这种附设于教学法委员会中的"学科组"，并非学校
中的一级行政组织，而教学法委员会为教师参与学校教务行政

① 瞿保奎，主编.教育学文集·苏联教育改革卷·下册［G］.北京：人民教育出版社，1988：148.
② 吕达，周满生，主编.当代外国教育改革著名文献（苏联—俄罗斯卷）［G］.北京：人民教育出版社，2004：150.

管理的组织机构。

在我国，按照1957年的《中学教学研究组工作条例（草案）》规定，教研组工作内容为：学习有关中学教育的方针、政策和指示，研究教学大纲、教材和教学方法，结合教学工作钻研教育理论和专业科学知识，总结、交流教学和指导课外活动的经验。教研组长由校长聘请有教学经验并有一定威信的教师担任。尽管这个工作条例早就被淡忘，其中的规定倒大致成为后来实践中的规范。

中国的这种"教研组"与苏联的那种"教学法小组"是不是一码事呢？苏联的"教学法小组"，其中所谓"教学法"，虽包含教学方法，也同备课相关，而它本身属于教育学科中的一个研究领域，是按学科建构的教材—教法知识体系。其中"教法"主要是同教材相关的方法。教师的"教学法研究"，主要是指对本学科教材—教法的掌握及在实际情况下的运用。在我国，原先曾把"各科教学法"（教材—教法体系）作为教师职前、职后教育的必修课程。由于这门课程本身有一定的局限性（其实每一门学科的价值都有限），加之以缺乏教学经历的师范生为对象的教学法课程，很难被学生领会，也就不受学生欢迎，以致这门课程逐渐萎缩，在职教育中的教学法课程也莫名其妙地随之消亡。于是，教研组活动除了泛泛的学习以外，一般以备课为主，从而使教研组变成"备课组"，而缺乏教学法指导的备课，只同具体的教材与班级情况直接相关。其中虽少不了动动脑筋，总不免带有就事论事的性质。至于如今甚嚣尘上的各种牌号的"教学法"，大都属于个人经验或看法，与普适性的"教学法"实无多大干系。

三

在我国，尽管从来没有关于集体备课的明文规定，教研组的建立，实际上使集体备课成为一种相当通行的制度。这种制度的形成倒不无原因。

1. 在此以前，我国课堂教学中普遍存在教师自由发挥的状态。这种状态似乎表示教师的教学有个性，有个人风格，令人向往；然而教师面对学生履行的是公职，课堂不是教师随意发表个人意见的地方。容许教师在课堂自由发挥，想怎样教就怎样教，虽使敬业的、水平较高的教师有发挥个人专长的空间，而从教学的一般情况看来，很难避免教学的随意性。在这种背景下形成的集体备课制度，曾经在促进教学规范化的过程中发挥过重要作用。

2. 一般说来，由于教师的教学经历不同，敬业程度与业务能力参差不齐，集体备课如果得法，可能起到集思广益、相互交流、以老带新、以新促老的作用。

3. 尤其在社会变革与教学革新的转变关头，教学中出现新情况，提出新课题，迫使教师重新学习，重新适应，重新探索。在这种情况下，个人往往无能为力，特别需要得到集体力量的支持与帮助。

既然如此，世界上许多国家并无教研组的设置，亦无集体备课的常例，而又基本上不存在教学失范问题。其故安在，不也值得考虑么?

不讲别的,就以美国为例。据古得莱得主持的"学校教育研究"课题从对7个州13个社区38所小学、初中与高中调查的情况看来,在这个国家的学校教学环境中,几乎看不到教师之间有什么积极的正在展开的思想和实践交流,在学校之间没有这样的交流,甚至在同一所学校的教师之间也没有这样的交流。在教师中,尤其是在中学教师中,普遍缺乏教学法培训。某一学区所开展的教师进修活动,旨在促进某一流行的教学模式,但没有一项活动能同时得到所有教师或大部分教师的响应。以致教师作为学校中"孤立的"个人存在,几乎成为那个国家教师职业的一个特征:"教师在教室里度过大量的时光,而教室本身的构造,象征着教师的孤立。它把教师互相隔开,并妨碍教师接触超出他们个人背景的思想源泉。"[①]尽管这并未影响课堂教学有序地运作,终究是教师的憾事。

那么,在别的国家为什么没有建立像中国这样的教研组和集体备课制度呢?

1. 本来,教师的本职是按照学校通常的要求,承担足够数量的教学任务。教师须对他的教学负责。校长、教导主任检查教师的教学工作,主要看其是否完成他应承担的教学任务,教学的成效如何。教学的成效虽同课前准备相关,只要把握教学的成效,备课便成为次要的问题。备课是教师个人的事。他在备课中是不是需要别人的帮助,那是他自己的事。如果对教师

---

① 古得莱得.一个称作学校的地方[M].苏智欣,胡玲,陈建华,译.上海:华东师范大学出版社,2006:199-201.

备课添加外在的强制性的干涉，那么怎能要求教师个人对他教学的结果负责？

2. 本来，教师的教学研究是教师的自愿活动。如果把教学的"研究"作为教师的本职工作，而又无法测定"研究"的成效，那么这种附加的"本职"工作或者流于形式，或者因容易引起争议而缺乏可行性。正由于教学的"研究"非教师的本职，教师个人如有志于研究教学，或参与培训活动，也只能在"工作日"以外的时间进行，以示"工作"的严肃性。如美国学校的"工作日"，一般为 8：00—16：00。美国课程专家费希尔（L. Fischer）有感于教师职前培训少效，提倡在职培训。他提到的日常教师进修时间为：放学后、晚上、星期六上午或像三明治夹层似的种种安排。[1]教师的进修主要出于教师自主的选择。

相比之下，在中国的学校里，教师不仅有充分的校内交流与校际交流的机会，而且可以占用工作时间进行教学研究，多么令人羡慕！至于人们是否羡慕，那是另一个问题。

《中国教育报》从 2005 年 1 月开始，曾就"集体备课"问题开展讨论。争议双方意见虽不一致，但即使是赞成集体备课的人，倒也难以为教师被动参加集体备课、不以个人钻研为基础的集体备课、集体备课中的"一言堂"以及集体备课耗费时间之类的现象辩护。

由于不同教研组文化氛围、人际关系、集体备课的要求与运作不尽相同，集体备课的利弊、得失自然不能一概而论。就

---

[1] 费希尔.教师在职培训：一项激进的建议［M］//瞿葆奎，主编.教育学文集·教师卷.北京：人民教育出版社，1991：491.

一般情况来说，尚有一些在这场关于集体备课的讨论中未提出的问题，也不可忽视。

尽管并不是每一课都有必要集体准备，由于教学要求很难准确地把握，也就有理由要求每一课都集体讨论一番。

在个人准备不足的情况下，集体备课对个人不见得有帮助。由于教师工作繁忙，事实上，很难做到每一次都是在个人充分准备的基础上集体备课。

以往教学辅导材料不多，个人备课中需花费很多时间查阅资料，教研组教师分工查阅资料可减轻个人备课中的负担。如今教学辅导材料汗牛充栋，辅导材料的内容越来越具体，个人备课也就不再非靠他人帮助不可。

惟其如此，沿袭多年的集体备课，这才受到挑战。

我国的教研组虽作为"集体备课组织"应运而生，其实，它作为中国学校中特有的现象，并非单纯出自"教学研究"与"集体备课"的需要。

四

中国的教研组与苏联的教学法小组或其他国家学校中某种经验形式的教学研究小组之间的区别，更在于后者是单纯的教学研究组织，前者是并且越来越是学校行政的基层组织。

我国教育部在1957年颁布《中学教学研究组工作条例（草案）》时，曾附带说明：教研组是教学研究组织，它"不是行政组织的一级"；其任务是组织教师进行教学研究工作，以提高教学质量，而"不是处理行政事务"，教研组长负责领导本组教学研究工作，而"不是介乎校长、教导主任和教师中间的一级行政干部"。[①]这附带说明，并非无所指。因为我国的教研组从开始建立时起，就不是单纯的教学研究组织，或者说它起初就带有一定的行政组织的属性，为学校校长、教导主任分担一定的行政事务。所以中国的教研组长，按照《中学教学研究组工作条例（草案）》规定，由校长聘请，而不像苏联那样，教学法小组组长由本组教师推选。苏联的《中等普通教育学校章程》还规定，不得使教师脱离本职工作，不得为了其他目的占用教学计划和课程表规定的教师的教学时间。故教学法小组组长无权支配教师在教学法研究以外的活动。

作为行政组织的教研组与作为教学研究组织的教研组的区别在于：后者理应是教师自愿参与的组织，而在当时苏联背景下，成为依照行政指令设置的非行政性的组织；前者是带有强制性的组织。后者比较松散，组长只是教学法研究会议的召集人；前者是一种比较稳定的组织，组长兼理本组教师日常事务。

由此可见，从表面现象看来，我国的教研组是借鉴苏联先例建立的。其实它是我国特殊历史条件的产物。

1. 我国教研组是在多数学校尚不具备建立学科教学研究组织条件的情况下建立的。在中华人民共和国初期，学校规模较小，小学一般实行教师"包班制"，即在小学低年级（有些学校还在中年级）由一个教师教一个班级的所有课程，并且教师跟

---

① 何东昌，主编.中华人民共和国重要教育文献（1945—1975）［G］.海口：海南出版社，2003：720.

班上（根据古得莱得调查，在美国迄今仍是如此）。有2—3个平行班的中学已经不错了，超过4个平行班的中学并不多见。这样，除语文、数学学科以外，同一学科的教师人数甚少，为数不多的同学科教师还要承担不同年级的课程。所以单就教学研究与集体备课来说，并不存在普遍建立教研组的需求。不过，为了把教学纳入正常的轨道，率先在有条件的学校建立教研组，也有一番道理。

2. 尽管我国在很长时间里，受学校规模限制，并不具备在学校中普遍建立教研组的条件，并且在1957年发布教研组工作条例以后将近20年间，学校正常的教学秩序经常受到冲击。其中几乎没有任何教学研究的教研组也存在了许多年，而只在很短的时间内取消过教研组，主要由于我国从建立农村革命根据地以来，早就形成把尽可能多的社会成员组织起来的传统，尤其是使每个工作人员归属一些大大小小的单位。既调动一切积极力量，又便于对工作人员与无工作的人员的管理。就学校来说，这才是建立与保持教研组的更主要的原因。

这样，我国的教研组不只是教师教学研究的组织，它更是为学校行政分担教师管理事务的组织；同时又是学校基层教育工会的下属组织。在有条件的学校，教研组中还有共产党小组、共青团小组。教研组与组内的这些组织，似可分，又难以区分，从而导致教研组事务繁杂，名不副实。

3. 如果说以往限于学校规模，尚不充分具备在学校中普遍设立教研组的条件，那么如今尤其在大城市，称作学校的地方越来越膨胀，拥有30多个班级的小学、40—50个班级的初中或高中，已经不稀奇，导致学校对教师的管理鞭长莫及。于是，教研组或年级组事实上已经成为学校中的一级行政组织。尽管此举迄今仍无法规依据，教研组长既未列入"干部编制"，也不作为"干部培训"的对象，也只得把带有行政组织属性的教研组，作为既成事实加以默认。

　　总之，别国有没有像我国这样的教研组，与我们无干。我国的教研组是我国国情使然。只是尽管可以为建立与保持这样的教研组列举很多很多理由，又不得不承认，它算不上是名副其实的"教研组"。

也谈"不敢读史"

——《不敢读史》平议

看了《教育参考》杂志2005年2月号刊载的题为"不敢读史"的署名文章,颇有同感。这是由于多年来每逢青年朋友要我推荐中国教育参考资料时,我常常建议他们不妨读读商务印书馆于1909—1948年发行的《教育杂志》及同期出版的一些教育著作。除此以外,自己还有另一种经历:有些明明是自己苦思冥想的心得,后来常常发现前人早有这种见识,且说得比我地道,以致不得不承认,自己未必达到前人在50年前甚至更早前已经达到的水平。所以,"不敢读史",一语道出了我的况味。

话说回来,所谓"不敢读史",也得看如何读史。我之"不敢读史",并非由于现在才发觉"话竟然可以这样说""书竟然可以这样编""课竟然可以这样上""试竟然可以这样考",而是出于"前人距现代甚近,今人离前人太远"的感受。

一

前人距离现代究竟是远还是近?这要具体分析。因为事情有真相假象之别。

譬如，据引，早在800年前，朱熹就曾论定："读书是自己读书，为学是自己为学，不干别人一线事，别人助自家不得……事事都用你自己去理会，自去体察，只是做个引路底（的）人，做个证明底（的）人，有难处，同商量而已。"说得多妙啊！难怪在今人看来，"如果隐去他的姓名，任谁都难以想到近千年前就已有人将教与学的关系论说得如此透辟，而且说得是那样生动。近两年才在教育界精英话语中出现的'互动''探究'等字眼，在他那里以更为中国化、更有人情味的方式表达出来：'同商量而已'。"

要说教与学的关系，早于朱熹1 600年左右的孔子，或许比朱熹说得更透辟、更生动一些。那就是"不愤不启，不悱不发，举一隅不以三隅反，则不复也"，以至被现代人羡称为"启发式教学法"。还不妨一提，据称在孔子同时代，还有一位授徒设学的"圣人"，叫作王骀，"从之游者与夫子中分鲁"，即同孔子平分秋色。此公"立不教，坐不议"，而弟子"虚而往，实而归"，"固有不言之教，无形而心成邪？"意思是：他不言而教，居然使弟子头脑空空而来，思想充实而去。这确比"不愤不启，不悱不发"更胜一筹，以致就连孔老先生也佩服之至："丘将以为师"，"丘将引天下而与从之。"（《庄子·德充符》）或许由于这是孤证，故后人对此并不介意。不过，"课竟然可以这样上"，即使作为庄子的虚构，亦不羞煞今人也么哥？因为"以不教为教"，不仅至今仍是心向往之而尚未能至之举，我们甚至还以为这是当代某个名人的创见！如此看来，怎不会觉得两千多年前的前人距今甚近呢？

二

不过，如果不满足于话语的比配，那就不能不承认，就教与学的情境与要求来说，在古人与今人之间，毕竟存在无法徒步跨越的大海和大洋。因为古代课程实质上是学程，近代人的使命在使学程转变为适合近代需求与条件的教程；鉴于传统的教程日益同现代需求脱节，故又出现向学程转化的趋势。只是这种转化不是向古代学程回归，而是建构现代条件下的学程，即不失教程之长的"新学程"。这正是课程辩证发展的必由之路。传统的教程则是横亘在古代学程与现代学程之间的大海、大洋。

说到教与学的关系，古人似乎颇有"先见之明"。那是由于在古代，有机会受正规教育的人为数甚少，教育又重在使人成人。当时正宗教材，如包括"五经""四书"在内的"九经"（《大学》《中庸》在《礼记》中）总共不到50万字（实数为480 090字），合起来相当于现代一本厚书。何况并不要求弟子都通经，更何况并不要求教师都照本宣科，又采取个别施教，且不要求所有学子都达到同等学力。在此情境下，高明的教师固然可以认定"读书是自己读书"，就连蹩脚的教师也可以此推托。由于不要求所有弟子都达到同等学力，也就推托得了。

如果说在古代，"课竟然可以这样上"，那么在现代，几乎可以断定，课绝对不能"那样上"。现在的教师并不比古人傻，不是不懂得"以不教为教"之理，也还知道"不愤不启，不悱不发"之道。只是一旦走进课堂，果然"不教"，又将如何？学生"不愤"，我就"不启"，他们"不悱"，我偏"不发"，虽合圣人之道，而师生之间，一则呆立，一则静坐，成何体统？果有此"愤"彼"悱"，也难以顺势"因材施教"。总不能把别的学生撇开不管，何况尚有课程标准制约。如果有哪位高明的教师，笃信"读书，是自己读书……不干别人一线事"之类的教条，虽不违先哲之教，而在校长面前，除了被当作鱿鱼炒掉，还能有什么结局？

说到古人距离现代未必远，只就对沿袭至今的传统课程的反思，才有意义。它证明这种课程并非什么天经地义，它从学程历史地转化而来，也将历史地向新型学程转化而去。至于我国正在兴起的课程改革，充其量只是课程历史性变革的开端。

其实，放眼世界，现代课程历史性的变革，早在进入20世纪之初，已见端倪。如今，这也成为我们不敢卒读的历史。因为我们在这方面，起步实在太晚了。这同这段历史本身距离我们远近无干，倒是由于我们自己距离这段历史太远。是我们在长达半个世纪的岁月中，有意识地同其保持距离。因为我们曾经以为绕过历史可以创新，甚至相信不绕过历史就不能创新。至于现在是不是还这样想，那就不得而知了。惟其如此，像我这种保守，这样没出息的人，这才至今仍"不敢读史"。

跋

　　本书并非教育专业理论读物，也不是提供什么教育知识的读物，大体上近乎运用教育价值观念及常理常规审视当时不容忽视的教育现象及相关言行尝试短作的结集。收入本书的短作，均未对原作的观点有所更改，以示对评议对象负责。如果说二十年前及其后那些被评议的对象，随着时间的流逝，大都到达该去该留的地方，那么本书收入的诸拙作，作者也准备继续接受时间的检验。至于其中或存在审视教育的价值，收获公正的评议，将不失为人生的快事。

　　运用可靠的知识正当而且恰当地解决问题，可算是以智慧识教育的尝试。其中正当地解决问题，有别于适当地解决问题。正如恰当地解决问题不同于问题的正当解决。"正当"主要指以适合时宜的价值取向或由正当的价值取向派生的行为规范为判断言行的价值准则；"恰当"是指恰如其分地解决问题。如此尝试，简单地说便是对教育的是非、正误、对错、信疑、真假作出正当而又恰当的判断。

　　1.通常以客观事实为判断是非的准则，其实事实的陈述中还存在是否作出合乎逻辑的论证问题。如流行的公式化表述，以逻辑审视，不成其为客观事实的陈述，其实是以套话搪塞客观关系的矛盾。

2. 失误的言行最怕予以"正视"。如当真看待，即假如把误言当真，其谬误便昭然若揭。

3. 对与错为价值判断的评价。以适合时宜的价值取向以及由此派生的行为规范为价值判断的准则。如以过时的价值观念为判断言行的标准，便属于将错就错。如所谓"一个好校长就是一所好学校"，不过是过时的家长制的余绪。何况如今所谓"好校长"究竟"好"在哪里，也少不得具体分析。

4. 学习过程，尤其是探索过程中，将信将疑是常有的事情。怕就怕的是可信不信，可疑不疑，或乱信乱疑。如学生是否都难教，或是否果真没有教不好的学生，教师是否果真不会教，如领会正当而且恰当之"教"的具体分析只能将信将疑而已矣。

5. 如此以教育实施成效衡量，凭教育阅历和经验也不难判断教育言行的真假，若刻意耸人听闻，那是另一回事。

本书中的议论并无深文大义，不成其为教育"理论"著作。其中或同一阵又一阵风里来、雨里去的时髦设词相关，由于不过是以平常心看待不平常的教育，故又同那堆时髦设词不相干。

在一般情况下，教育言行中存在是非、正误、对错、信疑、真假之类判断的分歧，不足为怪。一定时期在某种舆论氛围中，不正当或不恰当甚至对错颠倒的教育价值判断，作为时髦的论调，小出风头，或者大出风头，至少表明，正当而且恰当的教育基础理论尚未到位。

本书美其名曰"教育实话"，怕就怕的是名不副实。为此不妨重申我的一本同名旧作序言中的交代：说是"教育实话"，也只是平心而论。其中的短作，无非是针对我国如今中小学或多或少存在并经媒体渲染的旧俗新俗、新旧套话发表的一些距离常道、常理、常规和常情不算太远的意见。"教育实话"，不表示其中对中小学教育的切实需要，现实条件和教师意愿已经作出了如实反映。至于其中间或好事坏说、坏事好说，不过是一种写作趣味而已。何况哪些实话该说，哪些不该说，也有选择。

本书得以面市，蒙本书责任编辑董洪硕士鼎力赞助，编辑过程又经年轻学子王厚红君多所帮助，顺致感谢。

陈桂生

2020 年 11 月

图书在版编目（CIP）数据

教育实话 / 陈桂生著. — 上海：上海教育出版社，
2023.3
ISBN 978-7-5720-1879-4

Ⅰ.①教… Ⅱ.①陈… Ⅲ.①教育研究 Ⅳ.①G40-03

中国国家版本馆CIP数据核字(2023)第028923号

责任编辑　董　洪
书籍设计　陆　弦

JiaoYu ShiHua
教育实话
陈桂生　著

出版发行　上海教育出版社有限公司
官　　网　www.seph.com.cn
地　　址　上海市闵行区号景路159弄C座
邮　　编　201101
印　　刷　上海展强印刷有限公司
开　　本　890×1240　1/32　印张 17.375　插页 5
字　　数　361 千字
版　　次　2023年3月第1版
印　　次　2023年3月第1次印刷
印　　数　1—3,000 册
书　　号　ISBN 978-7-5720-1879-4/G·1690
定　　价　89.00 元

如发现质量问题，读者可向本社调换　电话：021-64373213